DIREITO PENAL

Coordenação
MARCO ANTONIO ARAUJO JR.
DARLAN BARROSO

Diretora Responsável
GISELLE TAPAI

Diretora de Operações de Conteúdo
JULIANA MAYUMI ONO

Equipe de Conteúdo Editorial: Bruna Schlindwein Zeni, Elisabeth Bianchi, Flávio Viana Filho, Henderson Fiirst, Ítalo Façanha Costa e Rodrigo Salgado

Coordenação Editorial
JULIANA DE CICCO BIANCO

Analistas Editoriais: Amanda Queiroz de Oliveira, Ana Beatriz de Melo Cyrino, Camila Amadi Bonfim Rosa, Érica Hashimoto, George Silva Melo, Georgia Renata Dias, Ivo Shigueru Tomita e Laudizio Parente Júnior

Capa: Chrisley Figueiredo

Coordenação Administrativa
RENATA COSTA PALMA E ROSANGELA MARIA DOS SANTOS

Assistentes: Cibele Souza Mendes, Karla Capelas e Tatiana Leite

Editoração Eletrônica
Coordenação
ROSELI CAMPOS DE CARVALHO

Equipe de Editoração: Adriana Medeiros Chaves Martins, Ana Paula Lopes Corrêa, Carolina do Prado Fatel, Gabriel Bratti Costa, Ladislau Francisco de Lima Neto, Luciana Pereira dos Santos, Luiz Fernando Romeu, Marcelo de Oliveira Silva e Vera Lúcia Cirino

Produção gráfica: Caio Henrique Andrade

Assistente: Rafael da Costa Brito

Dados Internacionais de Catalogação na Publicação (CIP)
(Câmara Brasileira do Livro, SP, Brasil)

Junqueira, Gustavo Octaviano Diniz
    Direito penal / Gustavo Octaviano Diniz Junqueira. – 13. ed. rev., atual. e ampl. – São Paulo : Editora Revista dos Tribunais, 2013. – (Coleção elementos do direito ; v. 7 / coordenação Marco Antonio Araujo Jr., Darlan Barroso)

    Bibliografia
    ISBN 978-85-203-4680-8

    1. Direito penal 2. Direito penal – Brasil I. Araujo Jr., Marco Antonio. II. Barroso, Darlan. III. Título. IV. Série.

13-01339   CDU-343

Índices para catálogo sistemático: 1. Direito penal   343

GUSTAVO OCTAVIANO DINIZ JUNQUEIRA

DIREITO PENAL

13.ª edição
revista, atualizada e ampliada
2.ª tiragem

ELEMENTOS DO DIREITO | 7

Coordenação
MARCO ANTONIO ARAUJO JR.
DARLAN BARROSO

THOMSON REUTERS
REVISTA DOS TRIBUNAIS™

ELEMENTOS DO DIREITO | 7

DIREITO PENAL

GUSTAVO OCTAVIANO DINIZ JUNQUEIRA

Coordenação

MARCO ANTONIO ARAUJO JR.

DARLAN BARROSO

13.ª edição revista, atualizada e ampliada

2.ª tiragem

9.ª edição, 1.ª tiragem: julho de 2009; *2.ª tiragem:* janeiro de 2010; *3.ª tiragem:* fevereiro de 2010; *4.ª tiragem:* março de 2010; *5.ª tiragem:* agosto de 2010 – *10.ª edição:* 2010 – *11.ª edição:* 2011 – *12.ª edição:* 2012 – *13.ª edição, 1.ª tiragem:* fevereiro de 2013.

0511

© desta edição [2013]

EDITORA REVISTA DOS TRIBUNAIS LTDA.

GISELLE TAPAI

Diretor responsável

Visite nosso *site*

www.rt.com.br

CENTRAL DE RELACIONAMENTO RT

(atendimento, em dias úteis, das 8 às 17 horas)

Tel. 0800-702-2433

e-mail de atendimento ao consumidor

sac@rt.com.br

Rua do Bosque, 820 – Barra Funda

Tel. 11 3613-8400 – Fax 11 3613-8450

CEP 01136-000 – São Paulo, SP – Brasil

TODOS OS DIREITOS RESERVADOS. Proibida a reprodução total ou parcial, por qualquer meio ou processo, especialmente por sistemas gráficos, microfílmicos, fotográficos, reprográficos, fonográficos, videográficos. Vedada a memorização e/ou a recuperação total ou parcial, bem como a inclusão de qualquer parte desta obra em qualquer sistema de processamento de dados. Essas proibições aplicam-se também às características gráficas da obra e à sua editoração. A violação dos direitos autorais é punível como crime (art. 184 e parágrafos, do Código Penal), com pena de prisão e multa, conjuntamente com busca e apreensão e indenizações diversas (arts. 101 a 110 da Lei 9.610, de 19.02.1998, Lei dos Direitos Autorais).

Impresso no Brasil [07 – 2013]

Universitário (texto)

Fechamento da edição em [14.02.2013]

ISBN 978-85-203-4680-8

*Para minha filha que ainda não conheço,
mas já é minha extrema motivação.*

Nota da Editora

Visando ampliar nosso horizonte editorial para oferecer livros jurídicos específicos para a área de Concursos e Exame de Ordem, com a mesma excelência das obras publicadas em outras áreas, a Editora Revista dos Tribunais apresenta a nova edição da coleção *Elementos do Direito*.

Os livros foram reformulados tanto do ponto de vista de seu conteúdo como na escolha e no desenvolvimento de projeto gráfico mais moderno que garantisse ao leitor boa visualização do texto, dos resumos e esquemas.

Além do tradicional e criterioso preparo editorial oferecido pela RT, para a coleção foram escolhidos coordenadores e autores com alto cabedal de experiência docente voltados para a preparação de candidatos a cargos públicos e bacharéis que estejam buscando bons resultados em qualquer certame jurídico de que participem.

Apresentação da Coleção

Com orgulho e honra apresentamos a coleção *Elementos do Direito*, fruto de cuidadoso trabalho, aplicação do conhecimento e didática de professores experientes e especializados na preparação de candidatos para concursos públicos e Exame de Ordem. Por essa razão, os textos refletem uma abordagem objetiva e atualizada, importante para auxiliar o candidato no estudo dos principais temas da ciência jurídica que sejam objeto de arguição nesses certames.

Os livros apresentam projeto gráfico moderno, o que torna a leitura visualmente muito agradável, e, mais importante, incluem quadros, resumos e destaques especialmente preparados para facilitar a fixação e o aprendizado dos temas recorrentes em concursos e exames.

Com a coleção, o candidato estará respaldado para o aprendizado e para uma revisão completa, pois terá a sua disposição material atualizado de acordo com as diretrizes da jurisprudência e da doutrina dominantes sobre cada tema, eficaz para aqueles que se preparam para concursos públicos e exame de ordem.

Esperamos que a coleção *Elementos do Direito* continue cada vez mais a fazer parte do sucesso profissional de seus leitores.

Marco Antonio Araujo Junior
Darlan Barroso
Coordenadores

Sumário

NOTA DA EDITORA 7

APRESENTAÇÃO DA COLEÇÃO 9

Parte Geral

1. INTRODUÇÃO 23
    1.1 Evolução do direito penal 23
        1.1.1 Direito penal nos povos primitivos 24
        1.1.2 Direito penal romano 25
        1.1.3 Direito penal medieval 25
        1.1.4 Direito penal nos Estados absolutos 26
        1.1.5 Período humanista 26
        1.1.6 Escolas de direito penal 26
            1.1.6.1 Escola clássica 27
            1.1.6.2 Escola positiva 27
            1.1.6.3 Escola eclética 28
            1.1.6.4 Escola técnico-jurídica 28
            1.1.6.5 Escola correcionalista 29
            1.1.6.6 Escola de defesa social 29
            1.1.6.7 Garantismo penal 29
            1.1.6.8 Escola funcionalista 30
            1.1.6.9 Lei e ordem 30
    1.2 Relações entre criminologia, política criminal e direito penal 30
    1.3 Fontes do direito penal 31
    1.4 Classificação das normas penais 32
    1.5 Direito penal objetivo e subjetivo 32

2. PRINCÍPIOS DE DIREITO PENAL 33
    2.1   Princípio da lesividade 33
    2.2   Princípio da intervenção mínima 33
            2.2.1   Princípio da subsidiariedade 34
            2.2.2   Princípio da exclusiva proteção a bens jurídicos com dignidade penal 34
            2.2.3   Princípio da fragmentariedade 35
            2.2.4   Princípio da insignificância 35
            2.2.5   Princípio da inadequação social 36
            2.2.6   Princípio da adequação da intervenção penal 36
    2.3   Princípio da culpabilidade 36
    2.4   Princípio da humanidade das penas 37
    2.5   Princípio da pessoalidade da pena 37
    2.6   Princípio da individualização da pena 38

3. APLICAÇÃO DA LEI PENAL 39
    3.1   Princípio da legalidade 39
            3.1.1   Reserva legal 39
            3.1.2   Taxatividade 39
            3.1.3   A vedação da analogia *in malan parten* 40
                      3.1.3.1   Legalidade da pena 42
            3.1.4   Regra da anterioridade da lei 42
            3.1.5   Norma penal em branco 43
    3.2   Conflito de leis penais no tempo 44
    3.3   Tempo do crime 48
    3.4   Lugar do crime 49
    3.5   Territorialidade 50
    3.6   Extraterritorialidade 50
    3.7   Pena cumprida no estrangeiro 53
    3.8   Eficácia de sentença estrangeira 53
    3.9   Prazos 53
    3.10   Legislação especial 54
    3.11   Conflito aparente de normas 54

4. DO CRIME – FATO TÍPICO 59
    4.1   Nota explicativa 59
    4.2   Conceito de crime 59

4.3	Fato típico		61
	4.3.1	Conduta humana e relevância da omissão	61
	4.3.2	Resultado	65
	4.3.3	Nexo de causalidade	65
	4.3.4	Tipicidade	68
		4.3.4.1 Tipicidade e adequação típica	68
		4.3.4.2 Tipicidade objetiva	69
	4.3.5	Tipicidade subjetiva	72
		4.3.5.1 Tipicidade dolosa	72
		4.3.5.2 Tipicidade culposa	75
	4.3.6	Crimes qualificados pelo resultado	78
4.4	Erro de tipo		79
	4.4.1	Erro de tipo essencial	79
		4.4.1.1 Erro sobre elementar de tipo incriminador	79
	4.4.2	Descriminante putativa por erro de tipo	80
	4.4.3	Erro de tipo acidental	82
		4.4.3.1 Erro sobre o objeto *(error in re)*	82
		4.4.3.2 Erro sobre a pessoa *(error in persona)*	82
		4.4.3.3 Erro na execução *(aberratio ictus)*	83
		4.4.3.4 Erro quanto ao resultado *(aberratio delicti)*	83
		4.4.3.5 Erro quanto ao nexo causal *(aberratio causae)*	84
	4.4.4	Erro determinado por terceiro	85
4.5	Crime consumado e crime tentado		85
4.6	Desistência voluntária e arrependimento eficaz		91
4.7	Arrependimento posterior		93
4.8	Crime impossível		94
4.9	Imputação objetiva		96

5. DO CRIME – ANTIJURIDICIDADE/ILICITUDE 101

5.1	Legítima defesa	103
5.2	Estado de necessidade	107
5.3	Estrito cumprimento do dever legal	109
5.4	Exercício regular de direito	110

6. CULPABILIDADE 111

6.1	Imputabilidade		112
	6.1.1	Doença mental e desenvolvimento mental incompleto ou retardado	112

		6.1.2	Consequências da inimputabilidade	113
	6.2	Embriaguez		114
	6.3	Emoção e paixão		116
	6.4	Potencial consciência da ilicitude		116
	6.5	Delito putativo por erro de proibição		118
	6.6	Exigibilidade de conduta diversa		119
		6.6.1	Coação moral irresistível	119
		6.6.2	Obediência hierárquica	120
7.	CONCURSO DE PESSOAS			121
	7.1	Requisitos para o concurso de pessoas		122
	7.2	Classificação entre coautoria e participação		124
	7.3	Formas de participação		125
	7.4	Autoria mediata		126
	7.5	Autoria colateral		127
	7.6	Autoria incerta em autoria colateral		127
8.	CLASSIFICAÇÃO DOS CRIMES			129
	8.1	Crime instantâneo e crime permanente		129
	8.2	Crime de forma livre e crime de forma vinculada		129
	8.3	Crime comum e crime próprio		129
	8.4	Crime de mão própria		130
	8.5	Crime vago		130
	8.6	Crime de dano e crime de perigo		130
	8.7	Crime unissubsistente e crime plurissubsistente		131
	8.8	Crime unissubjetivo (concurso eventual) e crime plurissubjetivo		131
		8.8.1	Crime pluriofensivo	131
		8.8.2	Crime exaurido	132
	8.9	Delitos de impressão		132
	8.10	Delitos de alucinação = crime putativo por erro de proibição		132
	8.11	Delitos de ensaio/de experiência/de flagrante preparado		132
	8.12	Crime a prazo		132
	8.13	Crime multitudinário		132
	8.14	Crime complexo		132
	8.15	Crimes de ação única		133
	8.16	Crimes de ação múltipla/conteúdo variado		133
	8.17	Crime de dano cumulativo		133

8.18	Crimes de resultado cortado		133
8.19	Crime mutilado de dois atos		133
8.20	Crime de tendência		133
8.21	Crime de preparação		133
8.22	Crime de ímpeto		134
9. TEORIA DA PENA			135
9.1	Conceito de pena		135
	9.1.1	Teorias absolutas	135
	9.1.2	Teorias relativas	136
	9.1.3	Teorias ecléticas	137
9.2	Espécies de pena		138
	9.2.1	Penas privativas de liberdade	138
		9.2.1.1 Regimes de cumprimento de Pena	140
		9.2.1.2 Fixação de regime inicial de cumprimento de pena	141
		9.2.1.3 Autorização de saída	144
		9.2.1.4 Progressão e regressão de regime de cumprimento de pena	145
		9.2.1.5 Trabalho do preso e remição	148
		9.2.1.6 Da unificação das penas	150
		9.2.1.7 Detração penal	151
	9.2.2	Penas restritivas de direitos	152
		9.2.2.1 Tempo de duração	153
		9.2.2.2 Classificação	153
		9.2.2.3 Requisitos	153
		9.2.2.4 Espécies	154
		9.2.2.5 Conversão da(s) pena(s) restritiva(s) de direitos em pena privativa de liberdade	158
		9.2.2.6 Aplicação	159
	9.2.3	Multa	159
10. MEDIDA DE SEGURANÇA			163
10.1	Pressupostos para aplicação da medida de segurança		163
	10.1.1	Periculosidade	164
10.2	Prazo		164
10.3	Liberação condicional		165

10.4 Espécies de medida de segurança 165
11. APLICAÇÃO DA PENA 167
   11.1 Classificação das circunstâncias 167
   11.2 O sistema trifásico 174
   11.3 Conflito entre circunstâncias 176
12. REINCIDÊNCIA 179
13. *SURSIS* 181
   13.1 Espécies de *sursis* 182
   13.2 Classificação das condições do *sursis* 182
   13.3 Revogação do *sursis* 183
   13.4 Prorrogação automática 183
14. LIVRAMENTO CONDICIONAL 185
   14.1 Requisitos 185
   14.2 Condições 186
   14.3 Revogação 186
   14.4 Consequências da revogação por condenação 187
   14.5 Consequências da revogação por descumprimento de condição imposta 187
   14.6 Prorrogação automática 187
15. CONCURSO DE CRIMES 189
   15.1 Concurso material ou real 189
   15.2 Concurso formal ou ideal 190
   15.3 Crime continuado 190
   15.4 Concurso material benéfico 192
   15.5 Pena de multa no concurso de crimes 192
16. DOS EFEITOS DA CONDENAÇÃO 195
17. REABILITAÇÃO 197
18. CAUSAS EXTINTIVAS DA PUNIBILIDADE 199
   18.1 Morte do agente 199
   18.2 *Abolitio criminis* 200
   18.3 Anistia 200

18.4	Graça e indulto	201
18.5	Renúncia ao direito de queixa	202
18.6	Perdão do ofendido	203
18.7	Retratação	204
18.8	Perempção	204
18.9	Decadência	205
18.10	Perdão judicial	206
18.11	Prescrição	206
	18.11.1 Prescrição da pretensão punitiva (PPP)	207
	18.11.1.1 Termo inicial	207
	18.11.1.2 Causas suspensivas do prazo prescricional	208
	18.11.1.3 Causas interruptivas da prescrição (art. 117 do CP)	209
	18.11.1.4 Prescrição em abstrato	210
	18.11.1.5 Prescrição superveniente	211
	18.11.1.6 Prescrição retroativa	212
	18.11.1.7 Prescrição virtual	214
	18.11.1.8 Observações sobre a PPP	214
	18.11.2 Prescrição da pretensão executória (PPE)	215
	18.11.3 Imprescritibilidade	217
	18.11.4 Observações	218

Parte Especial

1. DOS CRIMES CONTRA A VIDA			219
1.1	Homicídio		219
	1.1.1	Homicídio privilegiado	220
	1.1.2	Homicídio qualificado	221
	1.1.3	Homicídio circunstanciado	225
	1.1.4	Homicídio culposo	225
	1.1.5	Perdão judicial	226
	1.1.6	Homicídio e extermínio de pessoas	227
1.2	Indução, instigação e auxílio ao suicídio		227
	1.2.1	Figura típica de aumento de pena	230
1.3	Infanticídio		230
1.4	Aborto		231

    1.4.1   Considerações gerais 232
    1.4.2   Autoaborto 233
    1.4.3   Aborto provocado (sem o consentimento da gestante) 234
    1.4.4   Aborto consensual (com consentimento da gestante) 235
    1.4.5   Aborto qualificado 235
    1.4.6   Aborto legal 235

2. DAS LESÕES CORPORAIS 237
    2.1   Lesão corporal leve 239
    2.2   Lesão corporal grave 239
    2.3   Lesão corporal gravíssima 240
    2.4   Lesão corporal seguida de morte 240
    2.5   Lesões corporais privilegiadas 240
    2.6   Lesão dolosa circunstanciada 241
    2.7   Lesão corporal culposa 241
    2.8   Perdão judicial 241
    2.9   Violência doméstica 241
    2.10   Vítima portadora de deficiência 242

3. DA PERICLITAÇÃO DA VIDA E DA SAÚDE 243
    3.1   Da omissão de socorro 243

4. DA RIXA 247

5. DOS CRIMES CONTRA A HONRA 249
    5.1   Calúnia 250
    5.2   Difamação 252
    5.3   Injúria 254
    5.4   Disposições comuns 255
        5.4.1   Aumento de pena 255
        5.4.2   Exclusão 255
        5.4.3   Retratação 256
        5.4.4   Ação penal 256

6. DOS CRIMES CONTRA A LIBERDADE INDIVIDUAL 259
    6.1   Constrangimento ilegal 259
    6.2   Ameaça 261
    6.3   Sequestro e cárcere privado 262
    6.4   Redução a condição análoga à de escravo 264

7. DOS CRIMES CONTRA O PATRIMÔNIO 271
    7.1   Furto 271
        7.1.1   Elemento subjetivo 273
        7.1.2   Consumação e tentativa 273
        7.1.3   Furto de energia 275
        7.1.4   Furto noturno 275
        7.1.5   Furto privilegiado ou mínimo 275
        7.1.6   Furto qualificado 276
    7.2   Furto de coisa comum 280
    7.3   Roubo 281
        7.3.1   Elemento subjetivo 283
        7.3.2   Consumação e tentativa 283
        7.3.3   Causas de aumento de pena 285
        7.3.4   Roubo seguido de lesão grave ou morte 288
    7.4   Extorsão 289
        7.4.1   Sequestro relâmpago 291
    7.5   Extorsão mediante sequestro 292
        7.5.1   Delação premiada 293
    7.6   Extorsão indireta 293
    7.7   Dano 294
        7.7.1   Dano qualificado 294
    7.8   Apropriação indébita 295
    7.9   Apropriação indébita previdenciária 296
    7.10   Estelionato 298
        7.10.1 Causas de aumento e diminuição de pena 301
    7.11   Receptação 301
        7.11.1 Elemento subjetivo 303
        7.11.2 Receptação culposa 303
        7.11.3 Aumento de pena 304
    7.12   Imunidades (também chamadas escusas absolutórias) 304

8. DOS CRIMES CONTRA A PROPRIEDADE IMATERIAL 307
    8.1   Violação de direito autoral 307

9. DOS CRIMES CONTRA A ORGANIZAÇÃO DO TRABALHO 309
    9.1   Atentado contra a liberdade de trabalho 309

9.2   Atentado contra a liberdade de contrato de trabalho e boicotagem violenta 311
9.3   Atentado contra a liberdade de contrato de trabalho 311
9.4   Boicotagem violenta 312
9.5   Atentado contra a liberdade de associação 312
9.6   Paralisação de trabalho, seguida de violência ou perturbação da ordem 313
9.7   Paralisação de trabalho de interesse coletivo 315
9.8   Invasão de estabelecimento industrial, comercial ou agrícola. Sabotagem 315
9.9   Frustração de direito assegurado por lei trabalhista 316
9.10 Frustração de lei sobre a nacionalização do trabalho 317
9.11 Exercício de atividade com infração de decisão administrativa 318
9.12 Aliciamento para o fim de emigração 319
9.13 Aliciamento de trabalhadores de um local para outro do território nacional 320

10. DOS CRIMES CONTRA A DIGNIDADE SEXUAL 323
    10.1 Estupro 324
    10.2 Violação sexual mediante fraude 329
    10.3 Assédio sexual 330
    10.4 Estupro de vulnerável 332
          10.4.1 Indução de vulnerável à satisfação da lascívia de terceiro ... 336
    10.5 Satisfação da lascívia mediante presença de criança ou adolescente 338
    10.6 Favorecimento da prostituição ou outra forma de exploração sexual de vulnerável 339
    10.7 Disposições gerais 341
          10.7.1 Causa de aumento de pena da Lei de Crimes Hediondos 341
          10.7.2 Ação penal 342
          10.7.3 Causa de aumento de pena 343
    10.8 Lenocínio e tráfico de pessoas 343
          10.8.1 Mediação para servir a lascívia de outrem 343
          10.8.2 Favorecimento da prostituição ou outra forma de exploração sexual 345
          10.8.3 Casa de prostituição 346
          10.8.4 Rufianismo 346

	10.8.5	Tráfico de pessoas	347
	10.8.6	Tráfico interno de pessoas	348
10.9	Ultraje público ao pudor		349
	10.9.1	Ato obsceno	349
10.10	Disposições Gerais II		350

11. DOS CRIMES CONTRA A PAZ PÚBLICA 353
    - 11.1 Quadrilha ou bando 353
        - 11.1.1 Causa de aumento de pena 354
        - 11.1.2 Peculiaridades 354
    - 11.2 Constituição de milícia privada 355

12. DOS CRIMES CONTRA A FÉ PÚBLICA 359
    - 12.1 Noções gerais 359
    - 12.2 Falsificação de documento público 359
    - 12.3 Falsificação de documento particular 362
    - 12.4 Falsidade ideológica 363
    - 12.5 Uso de documento falso 364
    - 12.6 Falsa identidade 365
    - 12.7 Outras falsidades 366

13. DOS CRIMES CONTRA A ADMINISTRAÇÃO PÚBLICA 369
    - 13.1 Conceito de funcionário público 369
    - 13.2 Crimes praticados por funcionário público contra a administração em geral 370
        - 13.2.1 Peculato 370
            - 13.2.1.1 Peculato-apropriação ou desvio 370
                - 13.2.1.1.1 Peculato-apropriação 370
                - 13.2.1.1.2 Peculato-desvio 371
            - 13.2.1.2 Peculato furto 371
            - 13.2.1.3 Peculato culposo 372
            - 13.2.1.4 Peculato mediante erro de outrem 372
        - 13.2.2 Concussão 373
        - 13.2.3 Excesso de exação 373
        - 13.2.4 Corrupção passiva 374
        - 13.2.5 Prevaricação 375
        - 13.2.6 Prevaricação qualificada 375

13.3 Crimes praticados por particular contra a Administração em geral 376
    13.3.1 Resistência 376
    13.3.2 Desobediência 377
    13.3.3 Desacato 378
    13.3.4 Corrupção ativa 378
    13.3.5 Contrabando ou descaminho 379
13.4 Crimes contra a administração da justiça 380
    13.4.1 Denunciação caluniosa 380
    13.4.2 Comunicação falsa de crime ou contravenção 383
    13.4.3 Autoacusação falsa 384
    13.4.4 Falso testemunho ou perícia 385
        13.4.4.1 Retratação 388
    13.4.5 Coação no curso do processo 389
    13.4.6 Exercício arbitrário das próprias razões 389
        13.4.6.1 Ação penal 390
    13.4.7 Favorecimento pessoal 391
        13.4.7.1 Escusa absolutória 392
    13.4.8 Favorecimento real 393
    13.4.9 Evasão mediante violência contra a pessoa 394
    13.4.10 Patrocínio infiel 395
        13.4.10.1 Patrocínio simultâneo ou tergiversação 396

BIBLIOGRAFIA 397

Parte Geral

Introdução

O direito penal não pode ser visto simplesmente como meio que possibilita a ação do Estado sobre os mais caros interesses do cidadão, como a liberdade. Na verdade, o direito penal é, também, e de forma primordial, garantia do cidadão contra as possibilidades de o Estado tangenciar sua esfera de direitos. O direito penal tem como função precípua demarcar ao cidadão o espaço de sua liberdade, limitar a atuação do poder estatal e, também, prevenir crimes e diminuir a violência social, por meio da ameaça da pena e de sua imposição. A prevalência da função de garantia em confronto com o escopo punitivo é característica marcante de um direito penal democrático.

Assim, como quer Silva Sánchez, há de se reconhecer um conflito dialético de três objetivos no direito penal moderno: diminuição da violência na comunidade por meio da prevenção do crime *versus* diminuição da violência do Estado por meio da diminuição dos castigos *versus* preservação dos direitos e garantias individuais. Há de se buscar o máximo de eficiência com o máximo de garantias.

O *favor rei*, em sua mais ampla acepção, não se confunde com ideias de impunidade ou abolicionismo penal. É, na verdade, reforço da ideia matriz da estrutura do direito penal moderno, que busca proteger o cidadão contra o excesso de poder do Estado, e vetor a partir do qual deve ser compreendido, predominando sobre as demais funções assinaladas.

1.1 EVOLUÇÃO DO DIREITO PENAL

Importante conhecer os principais movimentos históricos do direito penal para que seja possível reflexão sobre a evolução e a manutenção de determinadas práticas primitivas, bem como para relacionar cada prática a uma determinada concepção de Estado e Humanidade. Em razão dos objetivos do presente trabalho, faremos referências apenas às principais características de cada época e região, ressalvando a evidente ocorrência de movimentos contrários e isolados em cada período.

1.1.1 Direito penal nos povos primitivos

A ideia de punição e imposição de castigo acompanha a humanidade desde suas origens, quando evidente a ausência de justificativa racional para o suplício, que se baseava em tabus (Freud) e outras reações quase instintivas. Conforme assinala Bernardino Gonzaga, não estavam ainda fixadas as noções de causalidade, culpa ou reprovabilidade, ou seja, se um mal assolava a comunidade, significava que alguma afronta teria sido feita à divindade que deveria proteger o grupo. A consequência mais comum era que a alguém (ou a determinado grupo de pessoas) fosse atribuída tal responsabilidade, o que resultava em sacrifícios para resgatar a proteção da divindade (pagando com a imposição de suplício o mal que gerou a ira da divindade – retribuição).

Desde logo, possível vislumbrar a influência das noções de retribuição/prevenção, ainda que bastante distante de qualquer justificativa racional. Importante lembrar que, para alguns autores (por todos, Duek), ainda é possível perceber na sociedade atual a imposição de sanções com escopo vingativo, irracional, como nos povos primitivos.

A responsabilidade não era atribuída necessariamente ao causador, tampouco a imposição da pena, uma vez que tais noções ainda não haviam se desenvolvido. Assim, as reações eram mensuradas de forma irracional, com a vingança de grupos contra indivíduos, ou de grupos contra grupos, num ciclo de violência que, aos poucos, foi se tornando incompatível com a necessidade de contatos e convivência com grupos vizinhos.

Surge como primeiro limite, marcado à possibilidade de interferência penal, a ideia do talião (*ius taliones*), referenciada até mesmo na Bíblia: "olho por olho, dente por dente". O Código de Hammurabi é comumente apontado como a primeira concretização da ideia do talião conhecida. Com a imposição de limites, começa a ganhar força a noção de publicização das sanções, quer na apreciação, julgamento ou até mesmo, em momento posterior, na aplicação da sanção.

A imposição de limites é, certamente, o grande marco final do direito punitivo dos povos primitivos, pois acompanhada pela individualização e aparente racionalização das punições, fazendo desaparecer as características apontadas no início do capítulo.

1.1.2 Direito penal romano

No início da formação do povo romano, como na maioria dos povos, poderia ser percebido o caráter sacro da punição. No entanto, conforme observa Aníbal Bruno, o povo romano foi um dos que mais cedo libertou a explicação punitiva do vínculo religioso. Se em um primeiro momento prevalece a vingança, esta é seguida pelo abrandamento advindo do talião (Lei das XII Tábuas) e, então, até a possibilidade da composição. Assim como a própria estrutura do Estado Romano, que evolui gradativamente para a concentração de poder (período expansionista), aos poucos os crimes vão perdendo o caráter privado e a pena adquire caráter eminentemente público. Fragoso anota que, na "última fase" (séculos II e III d.C.), já se distinguiam dolo e culpa.

1.1.3 Direito penal medieval

Merece destaque o direito penal germânico que, dentre suas características originais, tem a prevalência do direito costumeiro e a responsabilidade objetiva – independente de dolo ou culpa, muito comum no direito civil moderno. Antes da grande invasão, há forte influência da chamada justiça privada, cabendo ao agredido ou seu grupo familiar a reação punitiva. Em busca da diminuição da violência e manutenção do grupo, aos poucos foi sendo permitida a troca da punição em igual medida pela compra da paz, com o pagamento de indenizações ou outras prestações (composição).

Em período próximo, mas com maior longevidade, surge o direito canônico que, se a princípio buscava regular atitudes no seio da Igreja, aos poucos alastra sua influência como consequência do crescimento do cristianismo na sociedade e no Estado. Essa influência pode ser percebida na justificativa da pena, que passa a se preocupar com a recuperação do condenado/pecador (aumentar o rebanho, converter os infiéis). A partir da alteração da justificativa da sanção, é possível perceber também mudanças nas principais espécies de pena e mesmo na estrutura do crime. A privação da liberdade passa a ser a principal espécie de pena, visando o arrependimento e "purificação" do criminoso/pecador, que expia seus pecados e, se o caso, pode voltar ao convívio social. Daí a origem de nosso atual sistema de penas e da nomenclatura "penitenciária".

O período inquisitivo, que se inicia timidamente no século XIII, é considerado por muitos o grande flagelo punitivo do mundo ocidental no período. Perde força apenas quatro séculos depois, e é assinalado por Fragoso, entre outros, como grande mancha negra na história da Igreja.

Por volta do século X d.C., é apontado o surgimento de um *direito penal comum*, resultado das influências do direito romano, germânico e canônico. Já no século XII, surgem os glosadores (Bolonha), que retomam os estudos do direito romano. Dois séculos depois, há destaque para os praxistas, que buscavam maior sentido prático em suas obras, a partir dos estudos dos diversos sistemas jurídicos apontados.

1.1.4 Direito penal nos Estados absolutos

Com a concentração de poder nas mãos do soberano, necessária para garantir a paz na comunidade e a sobrevivência dos súditos (Hobbes), há um marcante incremento de violência no direito penal, na busca de comunicar, através do terror das execuções públicas, o imenso poder do soberano. A punição é intencionalmente desproporcional, pois, mais que restabelecer justiça ou reeducar o criminoso, serve, na lição de Foucault, para comunicar poder, intimidar, enfim, reprimir o povo que, assolado pela miséria e pelos tributos, precisava ser afastado de anseios revolucionários.

O terror penal e a exacerbação da finalidade de intimidação da pena são, assim, as marcas mais características dos processos punitivos durante o absolutismo, além da insegurança jurídica e ausência de meios de controle dos julgamentos, em razão da já referida concentração de poder.

O descontrole e a ilegitimidade das punições tornam insuportável a manutenção do regime, e o povo reage com as diversas revoluções que marcam o início da idade contemporânea.

1.1.5 Período humanista

No início do renascimento e com a primazia dos ideais iluministas, o homem passa a se nortear pela razão, buscando assim justificativas terrenas e racionais para a imposição da pena. Sendo o homem o centro do universo, é razoável exigir sua valorização e respeito, o que culmina com uma cultura humanista. Mais e ainda, com o primado da razão, surge a valorização do livre arbítrio, implicando na reestruturação e valorização da categoria da culpabilidade. A pena passa a carecer de justificativa racional, não bastando mais o sentimento de vingança ou a justificação divina.

1.1.6 Escolas de direito penal

A partir do Renascimento, não mais se costuma dividir as fases evolutivas do direito penal em períodos, mas em escolas, uma vez que não obedecem, necessariamente, a um critério cronológico corrente. As escolas são identificadas a partir da semelhança de ideias acerca da estrutura do crime e/ou finalidades da pena. Ousamos, ao final, acrescentar alguns movimentos aos classicamente apresentados pela doutrina, na busca de introduzir o leitor na compreensão das atuais tendências político-criminais.

1.1.6.1 Escola clássica

Com ampla inspiração no racionalismo iluminista, distingue dolo e culpa, baseia a culpabilidade no livre arbítrio e tenta justificar a pena de maneira racional.

Como todo homem tem total controle de seus atos e perfeita compreensão do mundo que o cerca, é absolutamente livre para escolher entre o caminho do justo ou do injusto, do lícito ou do ilícito. Escolhendo o caminho do ilícito, deve ser punido por ter mal utilizado sua liberdade, para que se estabeleça justiça, ou seja, para que haja equilíbrio (identidade das noções de equilíbrio e justiça) entre o mal causado e o mal da pena. Pune-se porque é justo e no limite da igualdade/proporcionalidade, pois de outra forma, como alertava Carrara, seria instigada a prática de crimes mais graves. Alguns autores buscam na pena finalidades preventivas, tentando orientar terceiros ao bom uso da liberdade, apregoando que apenas a ameaça da pena inserida em uma lei clara poderia prevenir a prática de crimes, além de garantir o indivíduo contra o arbítrio estatal (Feuerbach).

Pouca ênfase no criminoso, que é tratado como ente abstrato, até porque todos os homens são, por presunção, igualmente livres e racionais.

1.1.6.2 Escola positiva

Inspirada na evolução das ciências experimentais, busca estabelecer nexos de causa e efeito similares aos da física para as demais ciências. Parte da indução e da experimentação, acreditando assim alcançar respostas exatas ("científicas") para os problemas da criminalidade. É sempre classificada em três fases:

a) o determinismo biológico de Lombroso: a partir da observação e levantamento de dados acerca dos criminosos, o referido autor, médico por origem, elaborou teoria a partir da qual seria possível determinar a tendência do sujeito à prática criminosa em razão de determinadas características corporais, chegando a trazer detalhes da face como indício da índole criminosa. Há que se entender tal tese como determinista, uma vez que admite ser a característica biológica peculiar da pessoa o que a leva a praticar crimes, ou seja, as pessoas não têm a mesma liberdade para escolher entre praticar ou não a infração: algumas tendem ao crime, naturalmente, e outras não;

b) o determinismo de Ferri: além dos fatores biológicos, o homem é fruto do meio, ou seja, é determinado pelo ambiente em que vive a se portar de uma ou outra maneira, inclusive a praticar crimes. A melhor maneira de evitar a prática de crimes é alterar os ambientes, de forma a diminuir o incentivo à criminalidade, bem como afastar o criminoso de seu meio anterior. Mais uma vez, o homem não tem liberdade de escolher entre o caminho do crime ou do lícito, pois é determinado pelas características biológicas e pelo meio a um ou outro comportamento;

c) o determinismo de Garófalo: traduz e combina as ideias dos anteriores para a linguagem jurídica, tendo como principais traços a possibilidade de um conceito natural de crime, a definição de periculosidade como o potencial para a futura prática criminosa e a justificação da pena a partir da responsabilidade social do sujeito. O que seria tal responsabilidade social? Afastada a responsabilidade moral pelo mau uso da liberdade, visto que o homem da escola positiva não é livre (mas sim determinado), deve ser responsabilizado o infrator simplesmente porque vive em sociedade e deve arcar com os ônus para tanto.

1.1.6.3 Escola eclética

Busca combinar conceitos da escola clássica e da escola positiva. Não faz opção entre o livre-arbítrio e o determinismo, partindo da faculdade de determinação normal. Busca a ciência penal total, adaptando a linguagem e os dados da criminologia à dogmática jurídico-penal, como leciona Figueiredo Dias. A pena teria função intimidativa e seria aplicada aos imputáveis, e as medidas de segurança aos inimputáveis.

1.1.6.4 Escola técnico-jurídica

Restringe o campo de conhecimento do direito penal. Para os adeptos dessa escola, que tem sua maior influência no Brasil através da obra de Rocco, a intervenção no direito penal de conceitos das chamadas ciências exatas, e mesmo da filosofia, tornava incompreensível o sistema jurídico. Assim, o estudioso do direito penal deveria se ater ao estudo da norma posta e suas relações internas e interpretativas, deixando às outras ciências a reflexão crítica das estruturas, a elaboração de novas políticas e o gerenciamento dos dados advindos da experimentação.

Pela compreensão do crime como ente abstrato, foram chamados por muitos de neoclássicos.

1.1.6.5 Escola correcionalista

Parte, assim como a escola positiva, da ideia de que o criminoso tem um problema interno a ser resolvido, demandando assim pena indeterminada (Roeder). Mas, em vez de observar a questão a partir do ângulo biológico ou sociológico, prefere o âmbito da ética. Busca, assim, corrigir o criminoso do ponto de vista ético, fazendo com que a pena seja um bem. Na lição de Concepción Arenal, a pena não será jamais "neutra", mas sim um "bem" ou um "mal" para o criminoso, e é melhor (tanto a partir de um prisma ético-humanista como utilitarista) que seja um bem, para que o sujeito possa se readaptar à sociedade.

1.1.6.6 Escola de defesa social

Busca abolir o direito penal em prol de um direito de defesa social, que busca adaptar o indivíduo à ordem social. A pena seria substituída pela medida de defesa, buscando humanizar o tratamento do afastado (Gramatica). Em Ancel, na nova defesa social, ao invés de abolir o direito penal, a ideia é adaptá-lo às novas exigências do humanismo, mormente nas condições e objetivos do cumprimento da pena. A adoção das ideias humanistas na nova defesa social influenciou a maioria das legislações penitenciárias da atualidade.

1.1.6.7 Garantismo penal

Trata-se de concepção filosófica acerca do direito, que, por ter exemplificação corrente na temática do direito penal, pode ser entendida, em seus contornos gerais, como opção de justificação punitiva. Destaca a importância da Constituição na compreensão do direito penal democrático, anotando que apenas a supremacia da constituição pode proteger o indivíduo da imposição arrogante e tirânica das penas. Partindo da premissa contratualista, prega o respeito aos direitos e garantias do indivíduo como premissa no tratamento de suas relações com o Estado, ressaltando o papel do juiz no fortalecimento de tais direitos, e também a compreensão das funções estatais a partir de sua função de diminuição da violência social. Sem função racional, a intervenção estatal é ilegítima. A pena é necessária a partir de sua função principal de evitar violência, saciando, principalmente, a ânsia de vingança da população. Se não houvesse pena, as reações informais e desproporcionais da população iriam incrementar os níveis de violência social, como assinala Ferrajoli. No entanto, como a corrente filosófica parte da primazia do indivíduo, apenas seria legítima a pena estritamente necessária, proporcional e aplicada após um processo estruturado sobre a mais ampla defesa e proteção à dignidade humana.

1.1.6.8 Escola funcionalista

Mais que uma corrente acerca da teoria do delito, acreditamos que se trata de uma nova escola, pelas peculiares formas de enfrentar as questões sobre a justificativa e possibilidades do direito penal. Essa escola busca justificar todos os institutos a partir de suas funções político-criminais, como esclarece Roxin, ou seja, busca aniquilar as fronteiras entre a política criminal e a dogmática jurídico-penal, de forma a permitir a instrumentalização dos conceitos, sempre normativos, em busca dos fins do direito penal. A pena teria como finalidade e justificativa a comunicação da manutenção da vigência da norma, como forma de estabilizar as expectativas no meio social: quando se quebra uma norma, comunica-se que ela não vale, e é a partir da sanção que se comunica, com mais força, que ela continua valendo. Busca revitalizar a confiança do meio social na vigência da norma.

1.1.6.9 Lei e ordem

Com base na manutenção da ordem moral e do interesse social, prega que o apego aos direitos humanos resultou no incremento da violência, uma vez que "os infratores" se veem protegidos na prática criminosa com ampla possibilidade de impunidade e brandura da pena. Apenas o maior rigor penal poderia proteger a sociedade "dos criminosos". Conta com o apoio *a priori* da população, impressionada com a divulgação de notícias sobre violência crescente, resultando assim em forte apelo político-eleitoral e, consequentemente, a reformas legislativas. Acreditamos que o ideal do movimento afronta, por restringir direitos individuais, os princípios constitucionais democráticos e de proteção à dignidade do ser humano, bem como resulta na ineficaz busca de diminuição da violência, como já assinalava Araújo Jr.

1.2 RELAÇÕES ENTRE CRIMINOLOGIA, POLÍTICA CRIMINAL E DIREITO PENAL

A criminologia, ciência "do *ser*" derivada da sociologia, com método experimental e indutivo, tem como objeto a coleta e a análise de dados sobre o crime, o criminoso, a vítima (de onde derivou a vitimologia) e as formas de controle social.

A *política criminal* é ciência com índole crítica e reflexiva, que, a partir de informações empíricas, busca traçar estratégias e criar opções para a utilização de instrumentos penais como forma de redução da violência. Serve como ponte entre as informações obtidas pela criminologia e o direito penal.

Entenda-se aqui direito penal não como a ciência penal total, como apregoava Liszt e defende Figueiredo Dias, mas sim como ciência dogmática, que se utiliza do método lógico abstrato, dedutivo, e que tem como objeto o estudo da lei penal.

As relações e interferências entre a criminologia, a política criminal e o direito penal nem sempre foram aceitas pacificamente pelos penalistas. Há vários ciclos em que tais relações se fortalecem, e depois se desfazem em nome da "pureza" de cada ciência/linguagem. Atualmente, há um forte movimento pela integração, como o funcionalismo teleológico de Roxin, que prega a admissão de uma maior influência da política criminal na compreensão do direito penal como única forma de construção de um sistema coerente, pensamento que adotamos.

1.3 FONTES DO DIREITO PENAL

As fontes podem ser classificadas como materiais (de produção) ou formais (de conhecimento). A fonte material é o Estado, sendo que, no Brasil, só tem competência para legislar em matéria penal, em princípio, a União, conforme art. 22, I, da CF. As fontes formais podem ser divididas em: (a) imediatas: a lei em sentido estrito, que é o centro de gravitação do direito penal, visto que tal ramo do direito se erige a partir do princípio da legalidade, que abre o Código Penal; (b) mediatas: costume e princípios gerais do direito. Embora não possam "criar" crimes, são tidas como fontes por influenciarem diretamente o âmbito de eficácia das leis, permitindo interpretar, por exemplo, o que é considerado "obsceno". O costume tem um componente objetivo, que é a reiteração do comportamento, e um subjetivo, que é a crença em sua obrigatoriedade. O costume pode não revogar a lei penal, ou seja, crime poucas vezes punido não perde seu caráter criminoso, mas influencia – podendo restringir – a compreensão da amplitude da norma, e normalmente leva o legislador a revogá-la ou alterá-la. Os princípios gerais do direito são os mais abstratos do ordenamento e lhe dão alicerce de compreensão, como o que manda não lesar terceiros, dar a cada um o que é seu ou, atualmente, o que estrutura o ordenamento a partir do respeito à dignidade humana.

1.4 CLASSIFICAÇÃO DAS NORMAS PENAIS

Classificamos como norma o preceito de conduta, o mandamento previsto na lei. Como veremos, as normas incriminadoras vêm dispostas, normalmente, nos tipos penais. Assim, em vez de reproduzir o mandamento, ou seja, a norma (que seria "não mate alguém"), a lei prefere descrever a conduta proibida ("matar alguém"), cominando em seguida a pena respectiva. Por isso se diz que o agente que pratica crime age nos moldes descritos na lei ("matar alguém"), afrontando com isso a norma que lhe dá conteúdo ("não mate alguém"). O sistema de descrição das condutas proibidas, ou seja, os tipos penais, é atribuído a Binding.

Podem ser classificadas em *incriminadoras* e *não incriminadoras*. Incriminadoras quando descrevem crimes e cominam penas. As não incriminadoras podem ser *permissivas* e *explicativas* ou *finais*. As permissivas podem ser *justificantes*, quando excluem a antijuridicidade, e *exculpantes*, quando excluem a culpabilidade (Greco). As *explicativas*, *complementares* ou *finais* esclarecem o conteúdo de outra norma, como no caso do conceito de funcionário público, ou tratam de regras gerais para aplicação das demais normas, como a que disciplina a tentativa, o nexo de causalidade.

1.5 DIREITO PENAL OBJETIVO E SUBJETIVO

Consideramos como direito penal objetivo o conjunto de regras penais postas, as normas penais trazidas pelo Estado. Tratamos como direito penal subjetivo o poder do Estado de criar normas e a possibilidade de, a partir delas, impor penas, ou, ainda, o chamado *ius puniendi*.

Princípios de Direito Penal 2

2.1 PRINCÍPIO DA LESIVIDADE

A legalidade formal, ou seja, a simples correspondência aparente entre o tipo penal e o fato não era mais suficiente para resolver problemas diários, nos quais a intervenção penal se fazia claramente desnecessária. Assim, além da subsunção *formal*, também é requisito para a intervenção penal a real lesividade social da conduta, ou seja, é necessário que não se trate apenas de um comportamento ou conduta interna, mas sim conduta exteriorizada capaz de lesar ou expor terceiros a risco, o que se convencionou chamar *alteridade penal* (ou transcendentalidade). O sujeito não pode ser punido por autolesão, nem pelo que é (afastando-se o direito penal do autor), mas apenas pelo que fez (favorecendo o direito penal do fato). Enfim, é necessária a adequação da conduta a um conceito *material* de crime.

2.2 PRINCÍPIO DA INTERVENÇÃO MÍNIMA

O Brasil vive atualmente um conflito entre duas ideologias penais: de um lado, o *law and order*, ainda crente na antiga promessa do direito penal de acabar com a criminalidade, tendo como instrumento o incremento da sanção penal; de outro lado, a ideologia da intervenção mínima, resultado da evolução dos ideais iluministas da primazia da razão e do antropocentrismo.

A partir do princípio da intervenção mínima, temos que, em um Estado Democrático, a intervenção do Estado na esfera de direitos do cidadão deve ser sempre a mínima possível, com o intuito de permitir seu livre desenvolvimento. Por outro lado, como a pena é medida extrema e grave, apenas quando a intervenção estatal realmente diminuir a violência social, impedindo a vingança privada e prevenindo crimes por meio da intimidação ou da ratificação da vigência da norma (não esquecendo a adequação da sanção), será legítima a intervenção da estrutura penal.

Se a violência da pena é superior àquela evitada com a aplicação da sanção penal, o Estado subverte sua função primordial, que é permitir o convívio social e o desenvolvimento individual (bem comum), e passa a não ter justificativa racional para a apenação. Conforme ideário iluminista, sendo o Estado produto da razão, não há legitimação possível para a sanção penal justificada pelo sentimento social (carência) de vingança.

Enfim, se é possível medir o avanço político de um povo com base em seu sistema penal, podemos afirmar que quanto mais rígido e amplo seu sistema de penas, mais tem a caminhar na busca da democracia.

Entendemos ser a viga mestra do direito penal democrático, possuindo maior grau de abstração. Em nossa visão, é daí que decorrem os princípios a seguir arrolados: subsidiariedade, exclusiva proteção de bens jurídicos com dignidade penal, fragmentariedade, insignificância e adequação da intervenção penal.

2.2.1 Princípio da subsidiariedade

O direito penal é um remédio subsidiário, ou seja, deve ser reservado apenas para aquelas situações em que outras medidas estatais ou sociais (sanção moral, administrativa, civil etc.) não foram suficientes para provocar a diminuição da violência gerada por determinado fato. Se possível evitar a violência da conduta com atuações menos gravosas que a sanção penal, a criminalização da conduta se torna ilegítima por desproporcional.

2.2.2 Princípio da exclusiva proteção a bens jurídicos com dignidade penal

O direito penal não pode proteger atos tidos como meramente imorais por parcela da comunidade (Nilo Batista), nem tentar impor determinada ideologia política ou crença religiosa, sob pena de inconstitucionalidade. Sua legitimação vem da finalidade de proteger bens jurídicos, e, se não há bem jurídico claramente colocado como objeto de proteção, é ilegítima a tipificação da conduta como relevante penal.

No entanto, nem todo bem jurídico, nem tudo aquilo que satisfaz uma necessidade humana pode ser considerado merecedor de tutela penal. Apenas os bens jurídicos realmente vitais para a vida em sociedade, relacionados e cristalizados na Constituição, podem ser resguardados pela intervenção penal. Impossível esquecer que a liberdade de um indivíduo será violada com a imposição da sanção penal, e a liberdade, pelo seu inestimável valor, não pode ser tangenciada sem extrema necessidade, e para a proteção de outro bem jurídico.

2.2.3 Princípio da fragmentariedade

Nem toda lesão a bem jurídico com dignidade penal carece de intervenção penal, pois determinadas condutas lesam de forma tão pequena, tão ínfima, que a intervenção penal, extremamente grave, seria desproporcional, desnecessária. Apenas a grave lesão a bem jurídico com dignidade penal merece tutela penal. Acreditamos ser uma decorrência da subsidiariedade.

2.2.4 Princípio da insignificância

Intimamente relacionado com a própria fragmentariedade, orienta a irrelevância penal das infrações à pura letra da lei penal que não revelem significativa lesão ou risco de lesão aos bens jurídicos tutelados. Assim, ainda que formalmente haja infração penal, materialmente não haverá crime, pois a insignificância da lesão afasta a intervenção penal.

Polêmico há 10 anos, atualmente não mais se discute a aplicação do princípio da insignificância, restando a controvérsia para os requisitos de seu reconhecimento.

Prevalece que os critérios devem ser objetivos, ou seja, dependem prioritariamente da apreciação do fato objetivamente considerado, desprezados os caracteres específicos do autor. Nesse contexto, a posição tradicional é aquela que leva em consideração o ínfimo desvalor de resultado, em contraponto à gravidade da intervenção penal.

Recentemente, os Tribunais Superiores fixaram requisitos para o reconhecimento da insignificância, quais sejam: 1) a mínima ofensividade da conduta, 2) a ausência de periculosidade social da ação, 3) o reduzido grau de reprovabilidade do comportamento e 4) a inexpressividade da lesão jurídica (HC 92.463 e HC 92.961, no STF; e REsp 1.084.540, no STJ). Possível perceber que os requisitos não levam em conta características pessoais do autor.

Há entendimento não pacificado nos Tribunais Superiores, do qual discordamos, no sentido de que deve ser levada em conta a primariedade do acusado para o reconhecimento da insignificância, ou seja, a repetição (ou habitualidade) da conduta criminosa afastaria a aplicação do princípio da insignificância (HC 60.949, STJ; e HC 100240, STF).

Em nosso entender, não podem ser levadas em conta circunstâncias subjetivas para apreciação da insignificância, sob pena de consagração de um inconstitucional direito penal do autor, que pune o sujeito pelo que é, e não pelo que faz (STF, HC 104.468).

2.2.5 Princípio da inadequação social

A ideia de que a conduta adequada socialmente não merece tutela penal é óbvia, mas a doutrina tem buscado resolver o problema de diversas maneiras. No presente enfoque, afirmamos que apenas aparentemente o tipo descreve condutas (eventualmente) socialmente adequadas. Na verdade, quando buscamos seu sentido (e interpretar é buscar o alcance e sentido da norma), concluímos que jamais poderia trazer como merecedora de tutela penal conduta aceita ou até mesmo fomentada pela sociedade, como o caso da cirurgia plástica para alteração de sexo, da perfuração para colocação de brincos em crianças ou da criação de risco permitido (viajar de avião). É verdade que os mesmos problemas podem ser resolvidos em outros momentos, como na teoria do crime e especificamente na tipicidade, mas a inspiração é a mesma: o conceito material de crime. Daí o estudo no presente tópico, sendo que acreditamos ser uma decorrência da subsidiariedade.

Há quem defenda que a venda, em pequena monta, de CDs e DVDs "piratas" pode ser considerada socialmente adequada, eis que não traz repulsa social e, pelo contrário, tem adesão de grande parte da população, que consome tais produtos. O Superior Tribunal de Justiça rejeita a tese, e em vários julgados confirma o caráter criminoso da conduta, asseverando que o fato de parte da população adquirir tais produtos não afasta o caráter criminoso do clandestino comércio (HC 147.837).

2.2.6 Princípio da adequação da intervenção penal

Ainda que o bem jurídico tutelado mereça proteção penal, que haja grave lesão e mesmo que outros instrumentos de controle social não tenham surtido efeito na defesa do bem, nem sempre a intervenção penal se legitima, pois é preciso que seja, ainda, adequada. Adequada no sentido de proporcionar, com a aplicação da pena, uma diminuição de violência. Por mais que esteja justificada mediante os demais princípios, se a intervenção penal/criminalização do fato não se mostra adequada a conter as violações ao bem jurídico, não diminuindo ou aumentando a violência, não há justificativa racional para o instrumento penal.

2.3 PRINCÍPIO DA CULPABILIDADE

Tem duas vertentes: (a) *nullum crime sine culpa* – não há crime sem culpa ou dolo. Veda a possibilidade do reconhecimento da responsabilidade objetiva em direito penal. Assim, não basta que fisicamente o sujeito tenha lesado o bem jurídico – é preciso que tenha atuado com dolo ou culpa. Há quem reconheça que o direito penal brasileiro traz exceções a tal princípio na responsabilidade do embriagado (em razão da *actio libera in causa*) e na responsabilidade penal da pessoa jurídica; (b) a pena não pode ser maior que a reprovabilidade do sujeito pelo fato praticado, o que impede que o Estado instrumentalize o sujeito buscando exemplo para prevenir novos crimes. Inviabiliza ainda a possibilidade de o sujeito ser responsabilizado pelo que *é*, e não pelo que *fez*, determinando a prevalência do direito penal do fato sobre o direito penal do autor. A culpabilidade, assim, se refere primordialmente à conduta, ao fato praticado, e não à vida anterior do autor. Se não há culpabilidade (reprovabilidade), não pode haver punição.

2.4 PRINCÍPIO DA HUMANIDADE DAS PENAS

Salvo exceção constitucional em tempo de guerra declarada, não é possível a aplicação da pena de morte, e não é possível, por vedação constitucional, a aplicação de penas cruéis, trabalhos forçados e banimento, por atentatórias à dignidade humana.

A morte é vedada porque seria contrária ao contrato social, e é premissa da dignidade. As penas cruéis são incompatíveis com a primazia do indivíduo e os ideais humanistas que lastreiam o Estado Democrático. O trabalho forçado, mediante constrangimento físico, é inadmissível na medida em que despersonaliza o condenado, equiparando-o a um animal doméstico. O banimento era tido na antiguidade como o máximo suplício, violando direito humano a conviver com os seus e ter uma pátria (arts. XII e XV da Declaração Universal dos Direitos Humanos).

Não confundir trabalhos forçados com trabalho obrigatório ao preso, que é permitido e determinado pela Lei de Execução Penal, sob ameaça de sanção.

2.5 PRINCÍPIO DA PESSOALIDADE DA PENA

Também chamado princípio da personalidade da pena ou intranscendência da pena. A pena não pode passar da pessoa do condenado (art. 5.º, XLV, da CF). Mesmo com a mudança da legislação em relação à pena de multa, que a faz ser cobrada na forma da lei fiscal, não houve alteração na sua natureza de sanção penal, e, assim, não pode ultrapassar a pessoa do condenado, sendo vedada sua cobrança dos herdeiros no caso de morte do agente. Diferente é a situação da obrigação extrapenal de reparar os danos, que é transmitida aos herdeiros (como as dívidas civis em geral) até as forças da herança.

2.6 PRINCÍPIO DA INDIVIDUALIZAÇÃO DA PENA

A individualização da pena é a concretização da isonomia, visto que implica no tratamento diferenciado a situações e pessoas diferentes, na medida das respectivas diferenças. Quem pratica crime mais grave, em situação mais reprovável, deve ter pena mais intensa que aquele que pratica leve infração com pequena censurabilidade.

Não precisaria de previsão expressa na Constituição, visto que decorrência da isonomia. No entanto, sua previsão expressa (art. 5.º, XLVI) apenas reforça sua importância, o que tem gerado reflexos nas recentes decisões do País. Costumamos dizer que a individualização da pena ocorre em três fases: (a) na elaboração legislativa, pois a pena deve ser proporcional ao crime cometido; (b) na aplicação da sanção ao caso concreto (sentença), sendo que os critérios legais podem ser encontrados nos arts. 33, 59 e 68 do CP; e (c) na execução das penas, pelo sistema progressivo, bem como por institutos como o livramento condicional, saídas temporárias e outros. Sem dúvida, o acento na garantia individual se faz nas duas últimas, quando as condições de cada apenado são ressaltadas.

revisão

Princípios do direito penal	
1) Lesividade	
2) Intervenção mínima	a) subsidiariedade; b) exclusiva proteção a bens jurídicos com dignidade penal; c) fragmentariedade; d) insignificância; e) inadequação social; f) adequação da intervenção penal.
3) Culpabilidade	a) proibição de responsabilidade objetiva; b) proporcionalidade da pena.
4) Humanidade das penas	
5) Pessoalidade das penas	
6) Individualização das penas	

Aplicação da Lei Penal   3

3.1 PRINCÍPIO DA LEGALIDADE

Presente no art. 1.º do CP, estabelece que não há crime sem lei anterior que o defina ou pena sem prévia cominação legal. *Nullum crimen, nulla poena sine praevia lege.* O princípio também tem força constitucional. O objetivo de tal princípio é permitir ao cidadão conhecer o exato espaço de sua liberdade, ou seja, até onde ele pode chegar sem receber a sanção penal. Em contrapartida, há a limitação ao poder do Estado, que deve se ater a determinados limites para a atuação penal. Algumas regras se destacam na análise dos critérios a que se sujeita a intervenção penal para que se respeite o princípio da legalidade em toda a sua extensão.

3.1.1 Reserva legal

Apenas lei em sentido estrito pode legislar matéria penal. Outras espécies legislativas, como medidas provisórias, leis delegadas, resoluções e decretos, não podem veicular matéria penal incriminadora, ou seja, não podem trazer novos limites ao espaço de liberdade do indivíduo. O cidadão tem direito a ter sua liberdade restringida apenas por *lei*. O sentido de tal restrição pode ser indicado por pelo menos duas justificativas: (a) apenas os pares do cidadão, ou seja, aqueles que o representam na condução do Estado (parlamento), podem restringir sua liberdade; (b) o processo legislativo permite interferência e repercussão popular (em tese) na elaboração da lei incriminadora.

Em nosso entendimento, não há problema em medida provisória *pro reo*, até mesmo porque as críticas enumeradas não seriam aplicáveis.

3.1.2 Taxatividade

A conduta proibida é descrita na lei por meio dos tipos. Tipo é o modelo de conduta, e os tipos incriminadores descrevem o modelo de conduta proibida. O tipo deve descrever a conduta proibida de forma pormenorizada, sob pena de perder sua função, pois, para que o cidadão conheça o espaço de sua liberdade, é preciso que consiga compreender o que é ou não proibido. Se a lei não traz a descrição detalhada da conduta proibida, perde função a legalidade, e cai o cunho garantista do direito penal.

Classifica-se como tipo fechado aquele que traz a descrição pormenorizada da conduta proibida. Tipo aberto é aquele que não cumpre tal requisito. Os tipos dolosos devem ser (e em regra são) fechados, sob pena de violação ao princípio da legalidade, o que refletiria, para muitos, em inconstitucionalidade. Os tipos culposos, no entanto, podem ser abertos (e na maioria das vezes são). A justificativa para tal exceção é a inviabilidade de descrição de toda conduta descuidada (essência da ideia da culpa) que venha a merecer tutela penal.

Exemplo interessante de tipo doloso aberto é o ato obsceno. A receptação culposa é consagrado e raro exemplo de tipo culposo fechado.

3.1.3 A vedação da analogia in malam partem

A analogia não é forma de interpretação de lei, mas sim instituto de integração do ordenamento jurídico. Partindo do dogma de que o ordenamento jurídico é completo, ou seja, é capaz de regular todo conflito social, surgem instrumentos que, como a analogia, visam completar lacunas legislativas deixadas pela falibilidade humana ao editar leis.

Seria perigoso demais permitir a analogia de norma penal incriminadora, delegando-se ao Poder Judiciário tarefa do Legislativo. Mais ainda, perderia função garantista o princípio da legalidade, pois o cidadão, consultando a lei escrita e certificando-se da inexistência de proibição expressa, não teria ainda certeza sobre a possibilidade de praticar determinada conduta, uma vez que poderia ser considerada criminosa por analogia. Para que o cidadão possa conhecer verdadeiramente o espaço de sua liberdade, é preciso que apenas a conduta descrita na lei possa ser considerada como criminosa. *Nullum crimen sine lege scripta.*

Assim, por mais que a conduta se pareça com um crime e mereça punição pelo senso comum de moral ou justiça, sem previsão legal escrita, não é possível a incriminação ou incremento da pena sem autorização legal escrita. Por exemplo: o crime de tráfico de drogas é equiparado a hediondo. No entanto, a associação para a prática de tráfico de drogas (art. 35 da Lei 11.343/2006) não está arrolada como crime hediondo ou equiparado. Assim, ainda que seja muito semelhante, e que para o senso comum "mereça" ser arrolada como crime hediondo, não será possível a conclusão pela hediondez do crime de associação pela vedação da analogia *in malam partem* (STJ, HC 56.529).

É possível analogia a favor do acusado (*in bonam partem*), pois não há violação, no caso, a qualquer função do princípio da legalidade. Exemplo marcante é a possibilidade de remição pelo estudo (Súmula 341 do STJ) mesmo sem previsão legal, ou seja, por analogia *in bonam partem*.

Há controvérsia sobre a possibilidade de ser a lei penal objeto de interpretação extensiva. E o que é interpretação extensiva? É a compreensão do mandamento normativo por meio da ampliação do significado normal dos termos da lei. Quando se utiliza? Faz-se interpretação extensiva quando a lei diz menos do que queria dizer, ou seja, a literalidade não corresponde ao conteúdo da norma (preceito) que a lei quer refletir. Na mesma toada, é possível afirmar que se realiza interpretação restritiva quando a lei diz mais do que queria dizer, e declaratória quando a lei diz exatamente o que queria, refletindo com perfeição a norma. Extensiva, declaratória e restritiva são classificações da interpretação quanto ao resultado. Quanto à interpretação restritiva e declaratória da norma penal incriminadora, não há qualquer discussão, sendo apenas controversa a possibilidade de interpretação extensiva.

Há corrente no sentido de que, mesmo em matéria penal incriminadora, é possível a interpretação extensiva, pois o intérprete, no caso, atinge seu objetivo, ampliando o sentido aparente da lei para alcançar o conteúdo da norma, valendo ainda acentuar que não se pode permitir o vácuo de proteção penal em nome de falhas de literalidade da lei. Para evitar abusos, exige-se para a interpretação extensiva de norma incriminadora o argumento *a fortiori*, ou seja, é argumento "com mais razão". Assim, se a bigamia é criminosa, a trigamia, com mais razão, também o será.

Uma segunda posição aponta a impossibilidade de interpretar de forma extensiva, pois haveria perda na função de garantia do princípio da legalidade, sendo muito difusa a fronteira entre a interpretação extensiva e a analogia, cabendo lembrar a função primordial de garantia do direito penal. Aliás, se há falhas na literalidade da lei que impedem o Estado de alcançar a necessária função preventiva, basta alterar o texto, e aplicá-lo aos casos futuros. A ideia se resume no brocardo *Favorabilia sunt amplianda, odiosa sunt restringenda*.

Para Hungria, se mesmo após o emprego de todos os métodos interpretativos resta dúvida insanável na compreensão da norma, deve ser resolvida em favor do réu.

> **dica**
>
> Não confundir analogia com interpretação analógica. A primeira já foi analisada. A segunda é forma de interpretação comum em nossa legislação, sempre que uma enumeração casuística é seguida de uma fórmula genérica, como o inc. IV do art. 121, § 2.º, do CP: "à traição, de emboscada, ou mediante dissimulação ou outro recurso que dificulte ou torne impossível a defesa do ofendido". Traição, emboscada e dissimulação são exemplos de modo que merecem qualificar a conduta do homicídio. Para atingir outras situações semelhantes sem a descrição detalhada, que poderia ser insuficiente, o legislador utilizou a expressão "ou outro recurso". Percebe-se que a enumeração casuística dá sentido e limite à cláusula genérica, ou seja, orienta a interpretação por semelhança. Não é qualquer modo que dificulte a defesa da vítima, mas tão somente aquele que dificulta no mesmo sentido das expressões traição, emboscada ou dissimulação (ou seja, deve haver surpresa). Por não haver prejuízo para a legalidade e seus objetivos, uma vez que a enumeração casuística limita o sentido possível da cláusula genérica (auxilia o limite ao poder do Estado, ajuda a compreender o espaço de liberdade), prevalece ser possível interpretação analógica em norma penal incriminadora. Infelizmente, nem sempre a jurisprudência compreende e aplica corretamente o instituto, como poderá ser observado no estudo da parte especial.

3.1.3.1 Legalidade da pena

Além de ter direito a conhecer o espaço de sua liberdade, o cidadão tem o direito de conhecer, de forma clara, qual a consequência de sua atitude criminosa. É a suprema consagração da crença no livre arbítrio e na racionalidade humana, respeitando a possibilidade de escolha, e confiando em que, na apreciação razoável entre o prazer do delito e o mal da pena, a opção seria pela abstenção da ilicitude. Assim, a legalidade irradia seus efeitos tanto no que toca a conduta proibida como na sanção penal possível àquele que praticou infração penal.

Possível defender que limites muito amplos para a fixação da pena também violam o contorno material do princípio. Ora, se a lei prevê pena de 1 a 20 anos de prisão, não traz qualquer segurança ao indivíduo ou à sociedade, concretizando evidente fraude ao princípio.

3.1.4 Regra da anterioridade da lei

Consequência dos fundamentos da legalidade, é claro que a exigência de lei penal incriminadora apenas garante o indivíduo quando lhe permite conhecer a proibição de determinada conduta antes de praticá-la, ou seja, apenas a conduta anteriormente definida em lei como infração penal pode ser punida.

note BEM

Princípio da legalidade

a) estrita reserva legal;
b) taxatividade;
c) exigibilidade de lei escrita;
d) legalidade das penas;
e) anterioridade.

3.1.5 Norma penal em branco

É aquela cujo preceito primário carece de complemento de outra norma, ou seja, aquela em que a definição da conduta criminosa apenas é possível com a utilização de outra norma, que especifique seu conteúdo. É o caso da Lei de Drogas (Lei 11.343/2006 – em outra norma está o rol de substâncias consideradas entorpecentes) e do crime de conhecimento prévio do impedimento (art. 236 do CP – apenas na lei civil se encontram os impedimentos que tornam o casamento nulo).

A *norma complementar*, ou seja, aquela que especifica o conteúdo do preceito primário do tipo penal, pode ser de mesmo patamar (lei ordinária) ou patamar inferior (resolução, portaria etc.). No primeiro caso, classifica-se como *norma penal em branco homogênea (ou* lato sensu), e, no segundo, *norma penal em branco heterogênea (ou* stricto sensu).

A justificativa para a existência das normas penais em branco está relacionada com a facilidade para alterar o conteúdo do complemento, no caso das normas penais em branco heterogêneas. Se fosse necessário novo processo legislativo para alterar o rol de substâncias entorpecentes a cada nova descoberta, a frequente criação de novas drogas inviabilizaria a repressão ao tráfico.

Outra justificativa é a necessidade de extensos complementos técnicos, como sói ocorrer em crimes ambientais, quando necessária a descrição pormenorizada de substâncias proibidas, que teria difícil (ou impossível) trâmite e compreensão nas vias legislativas ordinárias.

note BEM

Lei penal em branco

a) homogênea (*lato sensu*): lei + lei
b) heterogênea (*stricto sensu*): lei + ato normativo diverso de lei

3.2 CONFLITO DE LEIS PENAIS NO TEMPO

Atividade da lei é o período no qual ela surte efeitos, e normalmente se confunde com o período de sua vigência, a partir do *tempus regit actum*.

Denominamos extra-atividade quando a lei surte efeitos para fatos anteriores à sua vigência, ou é aplicada mesmo após sua autorrevogação.

É possível, como observado, que a lei venha a atingir fatos anteriores à sua vigência, como no caso da lei penal que favorece o acusado, sendo *retroativa*. Se provocar efeitos mesmo após sua vigência, classificamos como *ultra-ativa*.

O art. 2.º do CP traz o princípio da retroatividade da lei penal que beneficia, de qualquer forma, o indivíduo. O mesmo princípio tem patamar constitucional no art. 5.º, XL, da CF.

Se a nova lei revoga o tipo penal incriminador, há *abolitio criminis*, que afasta todos os efeitos penais da sentença condenatória, ainda que já tenha ocorrido o trânsito em julgado. *Abolitio criminis* é arrolada como causa extintiva da punibilidade no art. 107, III, do CP.

Se, apesar de persistir como infração penal, há alteração da legislação, que passa a sancionar o fato com pena mais branda, a nova lei se aplica imediatamente ao fato, ainda que ocorrido antes de sua vigência, não importando, também aqui, a existência de condenação com trânsito em julgado.

Da análise de alguns casos, podemos tirar importantes conclusões:

Lei branda que sucede lei gravosa: se a lei penal benéfica é retroativa, significa que a lei mais grave vigente na época do fato não subsistirá com seus efeitos após a perda de sua vigência, o que significa que não é ultra-ativa.

Lei gravosa que sucede lei branda: por outro lado, se apenas a lei que favorece o indivíduo é retroativa, aquela que agrava sua situação não o é, o que permite concluir a regra da *irretroatividade da lex gravior*. Se a lei que agrava a situação do indivíduo não vai retroagir, significa que a lei mais branda anterior vai continuar irradiando efeitos aos fatos que ocorreram durante sua vigência, mesmo após sua revogação, como, por exemplo, no momento da sentença, o que permite concluir pela *ultra-atividade da lex mitior*.

A retroatividade da lei que favorece o réu (*lex mitior*) implica, assim:
- na não ultra-atividade da lei que agrava (*lex gravior*) a situação do indivíduo;
- na ultra-atividade da lei que favorece o indivíduo em determinados casos;

– na irretroatividade da lei que agrava a situação do indivíduo.

Novatio legis in mellius: nova lei que beneficia o réu. A expressão costuma ser utilizada quando a nova lei não deixa de considerar infração penal a conduta, diferenciando da *abolitio criminis*, embora em nossa compreensão a *abolitio* seja apenas espécie do gênero *novatio legis in mellius*.

Novatio legis in pejus: nova lei que agrava a situação do acusado.

Por que a lei que favorece o acusado retroage? Porque se o Estado já reconheceu, com a edição de norma favorável, que não era necessário sanção ou que menor resposta penal já se mostra suficiente, não haveria explicação racional para continuar aplicando a pena mais grave da lei anterior.

É possível aplicar a *lex mitior* mesmo no período de *vacatio legis*? Há três posições:

1) Se a lei foi aprovada, significa que a sociedade, por meio de seus representantes, concluiu pela desnecessidade da antiga intensidade de repressão penal, e, assim, não há justificativa racional para persistir com a lei gravosa. Daí a concepção de parte substancial da doutrina, com a qual concordamos, de que a *lex mitior* (lei favorável) aplica-se mesmo durante a *vacatio legis*, uma vez que o Estado já reconheceu a suficiência da nova situação.

2) Não é possível aplicar a nova lei favorável ainda em período de *vacatio*. Em primeiro, há o argumento formal inarredável de que, na *vacatio*, não há vigência, e, assim, não é conceitualmente possível que a lei surta efeitos. Em segundo, é possível que a lei seja revogada ainda em *vacatio*, e então seria consagrada a aplicação de uma lei que, de fato, nunca entrou em vigor, o que é inaceitável. Necessário concluir que é precipitada a aplicação da *lex mitior* ainda no período de *vacatio*, e que por imperativo de segurança jurídica deve ser aguardada sua vigência.

3) Não é possível a aplicação da *lex mitior* no período de *vacatio*, mas em homenagem à liberdade o juiz pode antecipar alguns de seus efeitos em caráter cautelar. Assim, se o fato deixa de ser criminoso com a nova lei ainda em *vacatio*, o juiz não deve proferir julgamento definitivo sobre a extinção da punibilidade, mas deve antecipar a soltura de condenados, vez que presentes os requisitos da cautelaridade (*fumus boni iuris* com a publicação da lei e *periculum in mora* na manutenção do cárcere àqueles cuja prisão é reconhecidamente desnecessária).

É possível combinação de leis em favor do acusado, ou seja, "misturar" uma parte de uma lei nova com uma parte de uma lei antiga para favorecer o acusado? A questão é bastante controversa. A posição tradicional é pela impossibilidade, pois, ao aceitar a combinação de leis, o Poder Judiciário estaria criando uma nova lei, jamais apreciada em sua integralidade pelo Legislativo, e, assim, haveria desequilíbrio na harmonia entre os poderes. A posição outrora minoritária defende que a retroatividade da lei benéfica não encontra limites na Constituição e, por isso, não seria legítimo ao intérprete fazê-lo.

Há exceção à regra da retroatividade da lei que favorece o réu? Sim, a doutrina costuma apontar as leis de vigência temporária (excepcionais ou temporárias).

Nos crimes permanentes, o advento de lei gravosa durante a "permanência" possibilita o tratamento mais gravoso ao acusado, pois ele continua praticando/consumando o crime na vigência da nova lei, ou seja, há atividade (*tempus regit actum*), e não retroatividade da lei mais gravosa. No crime continuado, da mesma forma, é possível, com o advento de lei mais gravosa entre um fato e outro, a aplicação da lei mais severa, pois a pena a ser aplicada é a "mais grave", aumentada de um sexto a dois terços, na forma do art. 71 do CP.

Teoria da continuidade normativa típica: Taipa de Carvalho ensina que há vários critérios para aferir, na sucessão de leis, se houve ou não descriminalização a exigir aplicação da nova lei benéfica, mas adota a continuidade normativo-típica, ou típico-normativa: a continuidade normativo-típica tem como ponto de referência o tipo legal, e permite duas conclusões pacíficas e uma divergente:

I– permanece a punibilidade do fato sempre que a lei nova se traduz em um alargamento da punibilidade por meio da supressão de elementos especializadores constantes da lei antiga, como no caso de lei que deixa de exigir criação de perigo de dano concreto para a tipificação;

II – se há alterações do tipo legal que consistem em permuta de elementos da factualidade típica, há, na verdade, troca da incriminação de um fato pela incriminação de outro, ou seja, deve ser reconhecida a descriminalização ou desqualificação (ex) se uma lei prevê a criminalização de gritos em praça pública, e a nova lei incrimina gritos com pedras na mão. Nesse caso não é possível ao Estado a punição por fato anterior à nova lei mesmo que demonstre que o sujeito gritava em praça pública com pedras na mão, pois a elementar "pedras na mão" não poderia retroagir em desfavor do réu.

III – se há redução da punibilidade por adição de novos elementos, há divergência entre os que negam a despenalização e os que a apregoam, sendo que, para Taipa de Carvalho, há despenalização se os novos elementos são especializadores (ex.: perigo abstrato que passa a exigir um perigo concreto), e não há se são especificadores (ex.: valor do bem furtado que passa a ser especificado).

O complemento, na norma penal em branco, retroage em favor do réu? Depende. Se o complemento vier em lei, ou seja, se for norma penal em branco homogênea, deve retroagir. Se o complemento vier em ato normativo inferior, ou seja, se se tratar de norma penal em branco heterogênea, a retroatividade dependerá da natureza do complemento. Se o complemento tratar de tema relacionado ao aspecto temporal, com característica de excepcionalidade, e a alteração não implicar em mudança na estrutura da norma, não haverá retroatividade. Por outro lado, se o complemento não tem relação com o aspecto temporal, não traz previsão excepcional e altera a estrutura da norma, haverá retroatividade. No exemplo da venda de produtos acima da tabela de preços fixada pelo governo, a edição posterior de tabela com preços mais altos não retroage, pois o preço estava vinculado ao tempo de vigência da antiga tabela, uma vez que as variáveis do mercado tornam o "preço justo" oscilante. Da mesma forma, a alteração na tabela não alterou a estrutura do crime, pois, ao tempo da venda a maior, o comerciante havia vendido acima da tabela. Em outro exemplo, como a posse de drogas, a retirada de determinada substância da tabela daquelas consideradas drogas ilícitas retroage em favor do réu, pois nada tem a ver com aspectos temporais, uma vez que uma substância não deixa de ser droga com o passar do tempo: ou ela é ou não é, e, se foi retirada, é porque estava equivocadamente prevista. Mais e ainda, se a substância não é droga, como reconhecido pelo Estado com a exclusão da tabela, então o sujeito nunca portou droga, nos termos que justificam a incriminação, ou seja, substância que efetivamente tenha colocado em risco a saúde pública.

Não confundir norma penal em branco com norma penal incompleta ou imperfeita. Nessas, como ensina Regis Prado, há o inverso da norma penal em branco, ou seja, o crime está perfeitamente descrito, mas o vislumbre da pena é que precisa do complemento de outra norma, referida pela incompleta. Exemplo clássico é o crime de genocídio (Lei 2.889/1956), em que a conduta proibida é completamente descrita, mas não há cominação direta de pena, mandando aplicar a pena do crime de homicídio qualificado, dependendo assim do complemento desta.

Leis excepcionais ou temporárias: são chamadas leis de vigência temporária porque, ao contrário da maioria das normas, não têm vigência indeterminada, no aguardo que norma posterior as revogue. Trazem em seu bojo o momento de sua *autorrevogação*.

Lei excepcional: é aquela que tem sua vigência atrelada à permanência de determinada situação excepcional, como o "período de seca", por exemplo.

Lei temporária: é aquela que traz em seu bojo a data final de sua vigência, fixando expressamente o termo, como "10 de junho do corrente ano".

As leis de vigência temporária são, sempre, ultra-ativas, ou seja, sempre irradiam efeitos mesmo após o final do prazo de sua vigência. A justificativa é que outra compreensão as esvaziaria de qualquer eficácia preventiva, pois os indivíduos contariam com a demora na persecução penal para aguardar o final da vigência, e se beneficiariam com a impunidade exigindo a aplicação da nova lei, que não mais consideraria infração penal determinado fato.

note BEM

Lei penal no tempo	
Retroatividade da lei penal benéfica	a) não ultra-atividade da lei penal gravosa; Obs.: para parte da doutrina, as leis de vigência temporária excepcionam a "não ultra-atividade da lei gravosa", pois serão sempre aplicadas aos fatos praticados durante sua vigência. b) irretroatividade da lei penal gravosa; c) ultra-atividade da lei penal benéfica.

3.3 TEMPO DO CRIME

Extremamente importante a abordagem quanto ao tempo do crime, pois é este o marco que servirá para descobrir a lei aplicável ao caso concreto. Na hipótese de sujeito que desfere golpe com faca em terceiro, que vem a falecer dois meses depois, qual o momento do crime? O golpe de faca? A morte? Ou tanto um como o outro?

Quanto ao tempo do crime, há três teorias apontadas pela doutrina:

Atividade: considera-se tempo do crime o momento da *ação ou omissão* ainda que outro seja o momento do resultado.

Resultado: considera-se momento do crime o momento do *resultado*, ou aquele em que o resultado deveria ocorrer, ainda que outro seja o momento da ação ou omissão.

Ubiquidade: considera-se momento do crime tanto aquele da *ação ou omissão* quanto o do *resultado*.

No Brasil, conforme redação do art. 4.º do CP, é adotada a teoria da atividade. É a única teoria que se compatibiliza com o objetivo garantista da legalidade. De outra forma (aplicando-se a teoria do resultado), se "A" esfaqueasse "B" em maio, sobrevindo lei mais gravosa ao homicídio em junho, com a morte ocorrendo apenas em julho, a lei gravosa seria aplicada, pois apenas em julho (momento) ocorreria o crime.

3.4 LUGAR DO CRIME

Quanto ao lugar do crime, também há três teorias apontadas pela doutrina, muito semelhantes àquelas do tempo do crime:

Atividade: considera-se lugar do crime o da *ação ou omissão* ainda que outro seja o local do resultado.

Resultado: considera-se lugar do crime o do *resultado*, ou aquele em que o resultado deveria ocorrer, ainda que outro seja o lugar da ação ou omissão.

Ubiquidade: considera-se lugar do crime tanto aquele da *ação ou omissão* quanto o do *resultado* (onde ocorreu ou deveria ocorrer).

No Brasil, é adotada a teoria da ubiquidade. A justificativa vem dos chamados crimes à distância, em que a conduta ocorre em um país e o resultado em outro. Qualquer das outras teorias diminuiria a possibilidade de se considerar praticado o crime em território nacional, restringindo a configuração da territorialidade e a atuação da jurisdição penal brasileira, que é ato de soberania. Tanto o resultado que ocorre (ou deveria ocorrer) em território nacional como a conduta aqui praticada causam lesão social suficiente a motivar a reação estatal (imagine-se disparo de arma de fogo ocorrido na fronteira, com atirador no território nacional e vítima em território estrangeiro, ou vice-versa). Daí a adoção da referida teoria, que exige, na feliz expressão de Hungria, que o crime tenha tocado o território nacional para que se considere praticado no Brasil.

note BEM

L	U	T	A
U	B	E	T
G	I	M	I
A	Q	P	V
R	U	O	I
	I		D
	D		A
	A		D
	D		E
	E		

3.5 TERRITORIALIDADE

É adotada no Brasil a territorialidade *temperada* ou *relativa*, ou seja, é aplicada a lei nacional ao crime praticado em território brasileiro, mas há *exceção* em relação aos *tratados e convenções internacionais*. Seria absoluta se não fosse possível a aplicação dos referidos tratados.

O território nacional é formado pela superfície terrestre entre fronteiras, águas territoriais e espaço aéreo correspondente. São consideradas extensões do território nacional as embarcações ou aeronaves públicas ou a serviço do governo brasileiro onde quer que se encontrem. Também as aeronaves ou embarcações privadas em alto-mar ou espaço aéreo correspondente. Será ainda aplicada a lei nacional à aeronave ou embarcação estrangeira privada quando em território nacional.

3.6 EXTRATERRITORIALIDADE

É a aplicação da lei brasileira ao crime cometido fora do território nacional.

Há princípios arrolados pela doutrina que fundam e justificam as hipóteses de extraterritorialidade. O *princípio real* ou *de defesa* justifica as hipóteses das alíneas *a, b* e *c* do inciso I do art. 7.º do CP. O *princípio da justiça universal* justifica a alínea *d* do inciso I e a alínea *a* do inciso II, do referido artigo. No inciso II, a alínea *b* se justifica pelo *princípio da personalidade ativa* e a alínea *c*, pelo chamado *princípio da representação*. O § 3.º é inspirado pelo *princípio da personalidade passiva*. Faremos a indicação no rol de hipóteses a seguir.

A extraterritorialidade pode ser incondicionada e condicionada, sendo que há uma hipótese com condições especiais (art. 7.º, § 3.º, do CP).

I – Incondicionada

Hipóteses:

a) "contra a vida ou a liberdade do Presidente da República";

b) "contra o patrimônio ou a fé pública da União, do Distrito Federal, de Estado, de Território, de Município, de empresa pública, sociedade de economia mista, autarquia ou fundação instituída pelo Poder Público";

c) "contra a administração pública, por quem está a seu serviço" (até aqui, todos se justificam pelo *princípio real, de defesa ou proteção*);

d) "de genocídio, quando o agente for brasileiro ou domiciliado no Brasil" (*princípio da justiça universal*).

II – Condicionada (as condições se encontram no § 2.º do art. 7.º do CP)

Condições:

a) "entrar o agente no território nacional";
b) "ser o fato punível também no país em que foi praticado";
c) "estar o crime incluído entre aqueles pelos quais a lei brasileira autoriza a extradição";
d) "não ter sido o agente absolvido no estrangeiro ou não ter aí cumprido pena";
e) "não ter sido o agente perdoado no estrangeiro ou, por outro motivo, não estar extinta a punibilidade, segundo a lei mais favorável".

Hipóteses:

a) os crimes que por tratado ou convenção o Brasil se obrigou a reprimir (*princípio da justiça universal*);
b) crimes praticados por brasileiro (*princípio da personalidade ativa*);
c) crimes praticados em aeronaves ou embarcações privadas quando em território estrangeiro e aí não sejam julgadas (*princípio da representação*).

O § 3.º traz o que poderíamos chamar de extraterritorialidade condicionada especial, pois, além das condições já enumeradas, há ainda mais duas (as alíneas *a* e *b* do § 3.º do art. 7.º do CP):

a) "não foi pedida ou foi negada a extradição";
b) "houve requisição do Ministro da Justiça".

A hipótese é do crime cometido por estrangeiro contra brasileiro (*princípio da personalidade passiva*).

note BEM

Extraterritorialidade	1) Incondicionada	a) vida ou liberdade do Presidente da República (real ou proteção);	
		b) patrimônio ou fé pública da União, DF, Estado, Município, empresa pública, sociedade de economia mista, autarquia ou fundação pública (real ou proteção);	
		c) contra a Administração Pública, por quem está a seu serviço (real ou proteção);	
		d) genocídio, se o agente for brasileiro ou domiciliado no Brasil (justiça universal).	
	2) Condicionada	a) tratado ou convenção que o Brasil se obrigou a reprimir (justiça universal);	**Condições cumulativas**
		b) praticados por brasileiro (personalidade ativa);	a) entrar em território nacional;
		c) aeronaves ou embarcações privadas quando em território estrangeiro e aí não sejam julgadas (representação);	b) ser o fato punível no país em que foi praticado;
		d) praticados contra brasileiro (personalidade passiva)*	c) crime passível de extradição pela lei brasileira;
		* OBS.: No crime praticado contra brasileiro, além das condições enumeradas, ainda são necessárias: (a) não ter sido pedida ou sido negada a extradição; (b) requisição do Ministro da Justiça.	d) não ter sido absolvido no estrangeiro ou não ter aí cumprido a pena;
			e) não ter sido perdoado no estrangeiro, ou não estar extinta a pena pela lei mais favorável.

3.7 PENA CUMPRIDA NO ESTRANGEIRO

O art. 8.º do CP busca dar eficácia ao princípio do *ne bis in idem*, determinando que a pena cumprida no estrangeiro, pelo mesmo crime, atenua a pena aqui imposta quando distintas, e nela é computada quando idênticas (muito parecido, no segundo caso, com a detração).

3.8 EFICÁCIA DE SENTENÇA ESTRANGEIRA

Para que seja possível a execução da medida de segurança e o pleito pela reparação/restituição civil dos danos, a sentença estrangeira deve ser homologada pelo Superior Tribunal de Justiça, pois seria incompatível com a atual noção de soberania que julgado de outra nação pudesse ser executado no País sem a necessidade de qualquer controle. O controle exercido pelo STJ busca a regularidade nos requisitos extrínsecos da sentença.

A sentença estrangeira, para impedir a extraterritorialidade e configurar a reincidência, não precisa ser homologada.

3.9 PRAZOS

Há grande diferença entre prazos penais e processuais. Nos prazos processuais, há a exclusão do dia do início, bem como a suspensão do marco inicial e do termo (final) quando incidem em feriados.

Nos prazos penais, a contagem é simples, incluindo-se o dia do início, não importando se o marco inicial ou o termo incidem em feriados ou dias úteis.

Para o prazo penal, não importa o número de dias do mês ou do ano. A contagem é feita de forma padronizada, ou seja, se o prazo é de 1 mês e se inicia no dia 20 de junho, termina em 19 de julho seguinte. O exemplo ora referido poderia permitir a conclusão de que é excluído o dia do final, o que não é verdade. O que ocorre é que a contagem do dia 20 de julho implicaria a adição de mais um dia ao prazo de um mês. Ao término do dia 19 está concluído o referido prazo (de um mês). O prazo de 5 dias iniciado no dia 10 termina no final do dia 14 (perceba-se que não foi excluído o dia do final). O prazo de um ano a partir de 20 de junho de 2002 termina em 19 de junho de 2003.

Na contagem das penas são desprezadas as frações de dia no caso de pena privativa de liberdade, ou seja, será contado o dia do início da pena, por exemplo, ainda que o encarceramento se dê no final da noite. Para a pena pecuniária também são desprezadas as frações da moeda.

Embora não haja consenso, considera-se majoritariamente prazo penal todo aquele que se refere à extinção (total ou parcial) do poder de punir do Estado.

3.10 LEGISLAÇÃO ESPECIAL

As normas penais foram codificadas mas, quer pela inflação legislativa, quer pela inabilidade na elaboração da lei, o número de leis penais especiais é exagerado. Prevendo conflito entre as normas gerais e as especiais, o legislador quis esclarecer a ausência de supremacia do Código, determinando que a aplicação das regras gerais codificadas apenas ocorrerá, na lei especial, quando esta não dispuser de forma diversa. Na verdade, apenas tornou expressa a adoção do princípio da especialidade, regra básica de interpretação.

3.11 CONFLITO APARENTE DE NORMAS

A doutrina majoritária parte do dogma da completude e não contradição do ordenamento jurídico, ou seja, se por um lado não há conduta que não seja regulada (proibida, permitida ou facultada), por outro, ainda que um excesso de normas permita, a princípio, alguma confusão acerca de qual deva ser aplicada, cada situação tem apenas uma regra pertinente.

Daí falar-se em *conflito aparente de normas*. Quando aparentemente mais de uma norma se aplica a determinado fato, sabemos desde logo que apenas uma regra deve ser aplicada. Há, então, uma série de instrumentos que permitem decifrar, entre as opções apresentadas, qual a que melhor se aplica ao fato examinado.

Os referidos instrumentos são comumente chamados pela doutrina brasileira de princípios, e são elencados das mais diversas maneiras. Apresentaremos extenso rol, advertindo desde logo que a classificação não é de forma alguma pacífica, embora permita, ao final, as mesmas conclusões.

Os princípios consagrados são:

Especialidade: Trata-se do mais claro e pacífico instrumento para solucionar conflito aparente de normas. Sempre que uma norma for considerada especial em relação a outra, deve prevalecer. Quando deve ser considerada uma norma especial? Quando contém todos os elementos da outra, acrescidos de alguns especializantes. Seriam elementos especializantes aqueles que especificam particularidade de gênero, como na relação alguém mulher. Algumas vezes será possível perceber, ainda, a especificação de outras circunstâncias, como tempo, lugar, estado anímico (logo após, durante estado puerperal etc.).

É possível perceber que o tipo do estupro tem todos os elementos do constrangimento ilegal, embora a atitude em relação à qual se exige tolerância esteja especificada (ato libidinoso). Também no tipo do infanticídio temos todos os elementos do homicídio, mas estão especializados o sujeito passivo, o ativo e até mesmo as circunstâncias biopsíquicas que envolvem o sujeito ativo (o estado puerperal). Os exemplos são interessantes também para esclarecer que a relação de especialidade despreza a gravidade do crime: o estupro é mais grave que o constrangimento ilegal, enquanto o infanticídio tem penas mais amenas que o homicídio; no entanto, a norma especial sempre prevalece.

Subsidiariedade: Determinada norma descreve lesão ao bem jurídico maior do que aquela prevista em outra norma, que resta assim, na expressão de Hungria, como um "soldado de reserva". A norma menos grave (subsidiária) só será aplicada se, por algum motivo, for excluída a aplicação da norma mais grave. A norma que descreve a lesão de maior gravidade absorve aquela que descreve a lesão menor, pois a segunda já compõe a primeira. Quando se pune o crime de homicídio, a grande pena cominada já traz implícita a sanção do crime de lesão corporal e, por isso, ao punir o primeiro (maior), o segundo (menor) já se encontra punido.

Na doutrina há grande divergência acerca dos limites da subsidiariedade, havendo aqueles que indicam tal regra como principal, capaz de resolver a maioria dos casos. No entanto, prevalece sua pouca importância em decorrência do desenvolvimento da regra da consunção, que lhes extrai muitos casos, havendo quem, como Greco, a entende desnecessária. Na verdade, não há limites precisos entre hipóteses inseridas na regra da consunção e na regra da subsidiariedade, sendo a falta de clareza consequência natural da controvérsia e inexistência de construção-paradigma, e não problema de compreensão do operador.

O crime complexo, para muitos (majoritário), tem seu problema de conflito aparente de normas resolvido na subsidiariedade. Lembrando que, para a doutrina, o *crime complexo* é aquele formado pela soma ou justaposição de dois ou mais crimes, o que hoje se define como "crime complexo em sentido estrito" (prevalece outra compreensão nos Tribunais Superiores, no sentido de ser complexo o formado pelo acréscimo de elementos a um crime já previsto, o que se convencionou chamar de "crime complexo em sentido amplo"), o crime-origem ou crime-parte é sempre absorvido pela descrição típica resultante. Ou seja, o furto e a ameaça são absorvidos pelo crime de roubo. O crime de roubo e o de homicídio são absorvidos pelo latrocínio. Há quem busque solução para o conflito aparente de normas do crime complexo na *consunção*.

A subsidiariedade pode ser expressa, quando o preceito secundário traz *"a pena é de (...) se não constitui crime mais grave"*, ou expressão equivalente, e pode ser implícita, quando evidente a relação de *minus a plus*, de continente a conteúdo. Perceba-se, por fim, que a norma subsidiária funciona como "soldado de reserva", ou seja, quando impossível a punição pela lesão maior (pela falta de provas, por exemplo), certamente será o caso de examinar a norma que pune a lesão menor.

Consunção: A norma que descreve fato que traduz ato preparatório, meio necessário, fase da execução ou mero exaurimento de outro fato descrito por norma mais ampla é por esta absorvida. A norma "mais ampla" consome a "menos ampla".

Como já referido, há sérias controvérsias sobre os limites da regra, e o operador poderá perceber que, em alguns casos, a questão poderia ser resolvida pela subsidiariedade. Preferimos tratar a maioria dos casos na consunção, por ser a regra mais lembrada na doutrina pátria.

A partir da regra exposta, podemos dividir o critério da consunção em subcritérios: crime progressivo, progressão criminosa, *ante factum* não punível e *post factum* não punível.

a) *Crime progressivo:* importante desde logo, para o estudo de tais institutos, diferenciar *ato* e *ação*. Ação seria o conjunto eventual de atos em busca de um resultado, ou seja, a ação pode ser formada por um ou por vários atos, desde que voltados a um objetivo. Se João desfere 10 golpes de faca para matar José, há 10 *atos*, mas apenas uma *ação*. É a partir de tal noção que será possível diferenciar o *crime progressivo* da *progressão criminosa*.

No crime progressivo, o sujeito faz a previsão de um resultado, e pratica uma sequência de atos progressivamente (gradativamente) mais gravosos ao bem jurídico, com o fim de atingir o resultado querido. É o caso retromencionado, no qual o sujeito quer o resultado morte, e desfere diversas facadas, cada vez mais profundas e gravosas, até atingir o resultado morte. Apesar de saber e querer lesar a integridade corporal, não responderá pelo crime de lesão corporal, mas apenas pelo homicídio, que é o resultado querido.

Assim, se o sujeito pratica atos sequencialmente mais gravosos em busca de um resultado lesivo previamente representado, responde apenas pelo resultado final querido, e não pela cumulação dos crimes que teriam se aperfeiçoado a cada ato. Perceba-se que, como há *sequência de atos em busca de um fim,* há apenas uma ação. Eis a regra do crime progressivo.

b) *Progressão criminosa:* o sujeito busca um resultado e pratica atos para alcançá-lo. Terminada a ação, toma nova resolução acerca da lesão mais grave, e passa a nova sequência de atos em busca da lesão maior, e assim por diante (sempre no mesmo contexto de fato). Imagine-se que o sujeito quer lesar a vítima, e para tanto raspa a lâmina de uma faca em seu braço. Após atingir seu objetivo, resolve que irá perfurar um de seus olhos, e ataca novamente com a faca. Já alcançado o objetivo, resolve perfurar o outro olho. Já alcançado o novo objetivo, resolve matar e, aproveitando-se da dificuldade da vítima em se defender, atinge seu ventre de forma fatal. Não responderá por cada uma das lesões causadas, mas apenas pela maior (homicídio), que consumirá as anteriores, apesar da pluralidade de ações.

Enfim, se o sujeito pratica, no mesmo contexto fático, *uma série de ações (frise-se: ações, e não atos) sequencialmente mais gravosas a determinado bem jurídico*, a ação final mais gravosa absorverá as anteriores.

Qual a diferença entre crime progressivo e progressão criminosa? No crime progressivo, há apenas uma ação (apenas um resultado querido), formada por atos sequencialmente mais gravosos ao bem. Na progressão criminosa, há uma série de ações (pois há resultados atingidos e novos resultados buscados, todos queridos). A semelhança é que nas duas situações o sujeito apenas responde pelo resultado final mais gravoso.

O operador pode se confundir, aqui, não reconhecendo o limite exato entre a subsidiariedade e os critérios de crime progressivo e progressão criminosa. Sem problema, pois vale repetir que não há tal preciso limite. Se o importante é encontrar a resposta e há mais de um caminho para que se alcance o mesmo resultado, não há prejuízo na referida falta de clareza. Sugerimos, sempre, o exame primeiramente do critério da consunção, seguido pela subsidiariedade, em razão do maior desenvolvimento instrumental daquele.

c) Ante factum *não punível:* são casos nos quais evidentemente não seria possível, na apreciação concreta da situação, a realização do crime querido sem a afronta a outra norma penal, que seria mero ato preparatório (porte de arma para o homicídio), meio necessário (falsa identidade na prática de estelionato) ou fase da execução (violação de domicílio para furtar eletrodoméstico). O crime anterior é fase necessária ou normal do posterior, que, por ser mais amplo, o absorve.

Em tais casos, a dupla punição resultaria em exacerbação da intervenção penal, incompatível com os racionais fins da pena. O crime deve ser considerado em sua unidade funcional, e não a partir dos fragmentos de previsão normativa em abstrato.

Famoso caso de *ante factum* não punível é o estelionato por meio de cheque, que absorve a falsificação da cártula. Vide comentários ao crime de *falsificação de documento público*.

d) Post factum *não punível*: considera-se o fato como "mero exaurimento" na hipótese de a lesão causada ser insignificante se comparada com a lesão provocada pela conduta anterior, ou seja, se esgota, de forma não mais relevante, os efeitos lesivos de conduta criminosa já concretizada. Também se é, na lição de Fragoso, um normal aproveitamento do crime anterior. Ex.: o sujeito furta eletrodoméstico e, tempos depois, o destrói. O objeto ainda pertencia à vítima, mas não será relevante o crime de dano, pois a destruição apenas exauriu a lesão já concretizada no furto, não merecendo nova relevância penal.

Alternatividade: Para muitos, não se trata de hipótese de conflito aparente de normas, pois haveria apenas uma norma. Na verdade, a hipótese cuida de pluralidade de normas previstas no mesmo tipo, por meio da descrição de várias condutas proibidas (norma é o preceito, o mandamento de conduta, e várias normas podem estar no mesmo tipo, embora tal técnica não seja aconselhável).

É o caso dos chamados crimes de ação múltipla, nos quais várias condutas são descritas e incriminadas, como, por exemplo, tráfico de entorpecentes (art. 33 da Lei 11.343/2006) e porte de armas (art. 14 da Lei 10.826/2003). Em tais hipóteses, como os crimes de ação múltipla no Brasil são *alternativos* (entenda-se: se o sujeito pratica tal conduta, *ou* aquela, *ou*...), o sujeito responderá por um crime apenas, ainda que concretize mais de uma das condutas proibidas no mesmo contexto fático.

O sujeito que importa, recebe, transporta, expõe à venda e vende substância entorpecente (no mesmo contexto) não responde por cinco crimes de tráfico de entorpecentes, mas apenas por um. É que o bem jurídico é atingido apenas uma vez, e a intenção da variedade de verbos no tipo é ampliar a possibilidade de punição de condutas perigosas ao bem, e não ampliar o *quantum* da punição.

Conflito aparente de normas	1) Especialidade	
	2) Subsidiariedade	
	3) Consunção	a) crime progressivo;
		b) progressão criminosa;
		c) *ante factum* não punível;
		d) *post factum* não punível.
	4) Alternatividade	

Do Crime – Fato Típico

4

4.1 NOTA EXPLICATIVA

O operador do direito certamente perceberá a quantidade de conceitos que povoa o ambiente do direito penal, em uma quantidade exagerada frente aos demais ramos do direito. Tal concentração de conceitos e teorias se faz marcante aqui, na teoria do crime. Será realmente necessário tão grande encadeamento de teorias para a compreensão do crime ou é apenas preciosismo exagerado dos autores? A necessidade é evidente. Sendo o direito penal ramo que lida com bem jurídico tão caro ao cidadão, como a liberdade, a imprecisão da linguagem e os limites próprios à expressão legislativa trazem a necessidade de uma construção dogmática forte, capaz de aumentar o grau de segurança da operação, ratificando a ideia da legalidade e permitindo a segurança mínima nas decisões suficiente para pacificar o meio social.

A leitura dos artigos de lei que tratam de temas como nexo de causalidade e erro de tipo jamais permitiria conceber toda a construção teórica sobre os referidos institutos. Apenas a pesquisa e o esforço em compatibilizar o texto com os mandamentos constitucionais, bem como a verificação do resultado na aplicação de determinadas teorias são capazes de eleger construções como predominantes, como melhores, permitindo, assim, a padronização da compreensão (eleição de modelos – paradigmas) na busca da referida segurança jurídica. Daí a justificativa para o belíssimo arcabouço conceitual que iremos examinar, de forma bastante resumida, nos próximos capítulos.

4.2 CONCEITO DE CRIME

A doutrina traz, entre outras concepções, a possibilidade de um conceito *material* e um *analítico* (para alguns, chamado de *formal*) de crime.

O conceito material de crime busca a essência da conduta criminosa, como ação humana que, consciente ou descuidadamente, lesa ou expõe a risco de grave lesão bem jurídico vital para a vida em sociedade, que de outra forma, que não a intervenção penal, não poderia ser protegido. Percebe-se a nítida influência das ideias aqui relacionadas com a lesividade, matéria à qual remetemos o leitor.

Há diversas sugestões para a construção de um conceito material de crime, sempre inspiradas nos princípios referidos. Nossa síntese seria "ação humana que, consciente ou descuidadamente, lesa de maneira grave ou expõe a risco de grave lesão bem jurídico vital para a vida em sociedade, que de outra forma, que não a intervenção penal, não poderia ser protegido".

No nível analítico (chamado por alguns de formal) busca-se um caminho, um método para racionalizar a instrumentalização das estruturas penais. Se cada aplicador do direito utilizasse métodos próprios para verificar se há ou não crime, não haveria qualquer segurança jurídica, e mesmo a vertente garantista do direito penal teria se perdido. Assim, foi preciso dividir o crime em estratos, estruturas que, em ordem preestabelecida, formam o caminho a ser percorrido pelo operador para concluir se a conduta foi ou não criminosa (Zaffaroni).

Há controvérsia sobre quantas grandes estruturas formam o conceito analítico de crime. Há ainda alguma divergência no Brasil, sendo comum encontrar na doutrina a concepção bipartite, segundo a qual crime é *fato típico e antijurídico* (a culpabilidade seria mero *pressuposto de aplicação da pena*), como Dotti, Damásio e Mirabete. Na doutrina estrangeira, e atualmente também no Brasil, prevalece concepção tripartite, segundo a qual crime é *ação típica, antijurídica e culpável*, conforme Regis Prado e Bittencourt. Vale ainda assinalar posição que divide o crime em quatro *estratos* como, entre outras, a *ação típica, antijurídica, culpável e punível*.

Chamamos de injusto penal o fato típico e antijurídico. Assim, para a corrente tripartida (majoritária), o crime é um injusto penal culpável.

Alguns termos devem ser conhecidos no trato da estrutura do crime. Entre eles podemos selecionar:

a) *sujeito ativo*: designa aquele que pratica a conduta descrita pelo tipo penal. Em princípio, apenas o homem pode ser sujeito ativo de crime. A Constituição brasileira prevê a responsabilidade penal da pessoa jurídica para os crimes ambientais, o que as tornaria potenciais sujeitos ativos. A questão é ainda bastante controversa, havendo vários defensores da possibilidade (Shecaira) e os que se posicionam contra tal possibilidade (Regis Prado). Para os contrários, entre os quais nos incluímos, há frontal incompatibilidade entre o direito penal e a pessoa jurídica, e as medidas sancionadoras da lei de crimes ambientais teriam caráter extrapenal.

b) *sujeito passivo*: é o titular do bem jurídico protegido pela norma. Classifica-se como formal (sempre o Estado) e material, que é o titular do interesse protegido pela norma especificamente considerado. Não confundir *sujeito passivo* com *prejudicado*, uma vez que, por via reflexa, terceiros podem ser atingidos de forma negativa pela prática delituosa, sem que sejam classificados como sujeitos passivos.

c) *objeto jurídico*: é o bem jurídico tutelado pela norma examinada.

d) *objeto material*: pessoa ou coisa sobre a qual recai a conduta do agente. Todo crime tem sujeito ativo, sujeito passivo e objeto jurídico, mas nem todos têm objeto material, visto que em alguns delitos não se exige alteração do mundo exterior.

note BEM

Conceito Analítico de Crime		
Bipartite	Tripartite	Quadripartite
Fato típico + Antijurídico	Injusto penal + Culpabilidade	Fato típico + Antijurídico + Culpabilidade	Fato típico + Antijurídico + Culpabilidade + Punibilidade

4.3 FATO TÍPICO

Todo fato típico carece de *ação humana* e *tipicidade*, *dolosa* ou *culposa*. Alguns fatos ainda têm *resultado naturalístico*, que deve ser causado pela conduta. Outras estruturas vêm surgindo na doutrina brasileira, acrescentando conteúdo aos conceitos referidos. Vamos analisar cada uma dessas subestruturas.

4.3.1 Conduta humana e relevância da omissão

A conduta humana é requisito essencial do fato típico, e não poderia ser diferente. Como a norma é comando de dever ser, de nada adiantaria proibir um evento da natureza, que não poderia se deixar intimidar ou conduzir. Apenas a conduta humana pode ser motivada pela norma penal. Por outro lado, o "ser" não é criminoso, ou seja, o direito penal moderno é um direito penal de condutas (normalmente chamado direito penal de fatos), e não de autores. O sujeito não pode ser punido pelo que é, ou pelo que pensa, mas apenas pelo que faz, em prol da garantia da individualidade e da liberdade de pensamento. Daí a necessidade de ação humana, ainda que omissiva (é diferente ser mau e fazer maldade), para que haja crime. Para o finalismo, corrente predominante no País, ação é toda ação humana, positiva ou negativa, consciente e voluntária, dirigida a uma finalidade.

Além da escola finalista, podemos destacar ainda os seguintes conceitos de conduta:

a) *clássico*: movimento corpóreo voluntário que coloca em marcha um processo causal;

b) *social*: ação ou omissão voluntária com relevância social;

c) *funcionalista*: toda manifestação da personalidade (Roxin) ou o não evitamento de um resultado evitável (Jakobs).

Percebe-se que no conceito de conduta estão tanto a ação como a omissão. Entenda-se consciência, aqui, como o reino dos sentidos, ou seja, não há consciência, e, por consequência, não há conduta, nos estados de inconsciência, como sono e sonambulismo. Também não há conduta quando a ação não é fruto da vontade, como no caso de *coação física irresistível* (segura a mão do sujeito com força e agride terceiro), ou por força irresistível da natureza (sujeito levado por enxurrada que acaba por atingir terceiros), ou *ato reflexo* (exemplo: espirro, movimento da perna causado pelo choque na articulação).

Para a escola finalista, ainda hoje adotada de forma majoritária no Brasil, a ação teria os seguintes momentos: representação mental do resultado querido; escolha dos meios para alcançar o resultado; aceitação dos resultados concomitantes, também chamados de efeitos colaterais; realização do projeto, ou seja, emprego dos meios escolhidos em busca dos resultados tidos como necessários ou prováveis.

Relevância da omissão: os crimes podem ser praticados na forma comissiva e na forma omissiva.

Comissivos, quando a ação descrita no tipo penal é positiva, ou seja, quando a norma pretende que o sujeito se abstenha de agir de forma lesiva a bens jurídicos: "não furte" (art. 155 do CP). *Omissivos*, quando a norma impõe um dever jurídico de agir, ou seja, quando a norma ordena que o sujeito impeça um determinado risco ou resultado lesivo ao bem jurídico: "socorra a criança extraviada" (art. 135 do CP – omissão de socorro).

Quanto aos crimes omissivos, eles podem ser classificados em omissivos próprios e omissivos impróprios (também chamados de omissivos espúrios, impuros, ou comissivos por omissão).

Classificamos de *omissivos próprios* os crimes referidos por tipos da Parte Especial de forma direta (a omissão é narrada expressamente no tipo), nos quais há simplesmente o dever jurídico de agir. São crimes de mera conduta, pois não contêm previsão de resultado naturalístico a ser evitado. No instante em que o sujeito não age como o legislador espera e a norma determina, já está consumado o delito (ex.: omissão de socorro e omissão de notificação de doença). Greco afirma existir, nos crimes omissivos próprios, um dever genérico de proteção.

Nos crimes omissivos próprios, como dito, não há dever de evitar o resultado, mas apenas de agir, e, assim, a realização do resultado não importa para a tipicidade: há fato típico mesmo sem resultado. Em casos específicos, no entanto, a ocorrência de um resultado que poderia ser evitado pode ser capaz de influir na pena, como no próprio crime de omissão de socorro (art. 135, parágrafo único, do CP), em que o resultado lesão ou morte qualificam o crime.

São *omissivos impróprios* aqueles nos quais a omissão não é narrada de forma direta. São crimes, em princípio, comissivos (homicídio, lesão corporal etc.), nos quais há previsão da produção de resultado naturalístico. Percebe-se que, em tais casos, o sujeito não tem simplesmente um dever jurídico de agir, mas sim um dever jurídico de agir para impedir um resultado. Quando podemos dizer que há o dever de agir para impedir o resultado? Quando o sujeito assume a posição de "garante", ou seja, quando o ordenamento jurídico penal reconhece no sujeito aquele que deve atuar para impedir determinado resultado lesivo (garantir a integridade do bem). Em que hipóteses o ordenamento faz tal reconhecimento? Art. 13, § 2.º, do CP: (a) tenha por lei obrigação de cuidado, proteção ou vigilância; (b) de outra forma, assumiu a obrigação de impedir o resultado; (c) com seu comportamento anterior, criou o risco da produção do resultado.

Na hipótese da alínea *a*, trata-se do dever legal direto, ou seja, quando a lei (não necessariamente a lei penal) impõe o dever de cuidado, proteção ou vigilância. Trata-se do consagrado exemplo da mãe que deixa de amamentar o filho recém-nascido, que vem a falecer em virtude da inanição. O dever de agir para impedir o resultado advém da lei civil, que impõe o dever de bem criar os filhos.

Na hipótese da alínea *b*, ainda que não haja obrigação direta imposta pela lei, o agente assumiu a responsabilidade de impedir o resultado, como no caso da babá que aceita cuidar do bebê até que os pais voltem do cinema, ou do vizinho nas mesmas circunstâncias.

A alínea *c* trata do agente cuja conduta anterior gerou o risco da produção do resultado, vale dizer, aquele que cria o perigo da lesão deve evitar que ele se concretize. É o exemplo do grupo que está em excursão em bosque e acende uma fogueira para assar aperitivos, e com isso cria o perigo do resultado. Quando o fogo se alastra, surge o dever de agir para impedir resultados lesivos a outros grupos ou moradores próximos do local.

Em tais casos, o sujeito responde pelo resultado, ou seja, por homicídio. Percebe-se que é um crime normalmente punido na forma comissiva (quando se pensa em um homicídio, logo são imaginados disparos de arma de fogo, facadas, veneno etc.), excepcionalmente relevante na forma omissiva, quando o sujeito se encontra na posição de garante – dever jurídico de agir para impedir o resultado (hipóteses – art. 13, § 2.º, do CP). Por essa razão tais crimes são chamados de *comissivos por omissão*. Aqui, Rogério Greco diz haver um dever especial de proteção.

OMISSIVOS PRÓPRIOS, PUROS	OMISSIVOS IMPRÓPRIOS, IMPUROS OU COMISSIVOS POR OMISSÃO
Dever jurídico de agir	Dever jurídico de agir para impedir um resultado
Crimes de mera conduta – não há resultado naturalístico previsto no tipo. O resultado evitável pode, se houver previsão legal, influir na dosagem da pena	Resultado naturalístico sempre relevante
Previsão típica direta (o não fazer está expressamente previsto no tipo)	Dever de garante (art. 13, § 2.º, do CP):
Dever genérico de agir	Hipóteses de dever de garante: a) dever legal b) dever contratual c) dever de ingerência
Possibilidade de agir	Possibilidade de agir e evitabilidade do resultado

4.3.2 Resultado

É possível classificar o conceito de resultado em jurídico e naturalístico. *Resultado jurídico* seria a afronta à norma penal, ou seja, toda infração penal tem resultado jurídico. Na tradicional doutrina brasileira, a noção de resultado jurídico vem ganhando importância com a gradativa adoção dos princípios relacionados à imputação objetiva. *Resultado naturalístico* é a alteração do mundo físico, diverso da própria conduta, mas causada por ela. Quanto ao resultado naturalístico, os tipos podem ser classificados em:

a) *materiais*: o tipo traz a descrição do resultado e o exige para a consumação;

b) *formais*: o tipo traz a descrição do resultado mas não o exige para a consumação. Como não há coincidência entre o que o tipo exige para a consumação (conduta) e o que o agente quer (resultado), também são chamados de tipos incongruentes. Poderíamos ainda dizer que no caso dos crimes formais não há perfeita sintonia entre a tipicidade objetiva e a subjetiva;

c) *mera conduta*: o tipo sequer traz descrição de resultado.

Para escolher entre os vários eventos quais podem ser considerados causas de determinada lesão relevante para a lei penal, há intrincada doutrina acerca da relação de causalidade, que será examinada no tópico seguinte.

note BEM

	Classificação dos crimes quanto ao resultado	
	Previsão do resultado	Necessidade do resultado
Material	Há previsão no tipo.	Necessário para a consumação do crime.
Formal	Há previsão no tipo.	Desnecessário para a consumação.
Mera conduta	Não há previsão no tipo.	–

4.3.3 Nexo de causalidade

É a relação dita natural, de causa e efeito, entre conduta e resultado naturalístico. É o liame entre a conduta e o resultado, necessário (mas não suficiente) para que se possa atribuir a responsabilidade pelo resultado ao agente.

Há várias teorias na busca da melhor explicação sobre a relação causal, como a teoria da causalidade adequada e a da causalidade eficiente. É adotada no Brasil a *teoria da equivalência dos antecedentes*, segundo a qual *considera-se causa tudo aquilo que contribui para a geração de um resultado*. A princípio, a conclusão não parece ser muito esclarecedora, pois se utiliza do genérico "tudo". Propõe-se então critério instrumental para selecionar entre os eventos conhecidos quais podem ser considerados *causa*: para descobrir se determinado evento é ou não causa de determinado resultado, basta excluí-lo hipoteticamente da cadeia causal e verificar se, idealmente, o resultado persistiria nas mesmas circunstâncias. Se o resultado persiste, não é causa (pois sem ele o mesmo resultado foi gerado). Se o resultado deixa de ocorrer, é causa. É o que se denomina *critério da eliminação hipotética*.

A teoria é bastante criticada, entre outras falhas, por sua demasiada amplitude, como o *regresso ao infinito* (é possível considerar causa a extração do minério com que se moldou a arma, ou o encontro do pai com a mãe do assassino). Seus defensores justificam que a existência de relação de causalidade não implica a ocorrência de crime ou a responsabilização do causador, argumentando que outras estruturas (dolo, culpa etc.) são suficientes para restringir o alcance do conceito de causa. Outras teorias teriam problemas ainda maiores, e não resolveriam tão grande número de casos de maneira satisfatória.

O Brasil não adota tal teoria de forma absoluta, havendo uma exceção: a *causa superveniente relativamente independente (que por si só causa o resultado) rompe o nexo causal*, ou melhor, entende-se que na superveniência de causa relativamente independente não há nexo entre a conduta e o resultado. Assim, quando incide a exceção, uma conduta que pelo critério da eliminação hipotética seria considerada causa, deixa de ser assim considerada para fins penais. E o que seria causa superveniente relativamente independente?

Para compreender a exceção, é preciso classificar as causas em:

a) *Dependentes*: são aquelas que se encontram na linha de desdobramento previsível e esperado da conduta. É o que *costuma acontecer*.

b) *Independentes*: são aquelas que não se encontram na linha de desdobramento previsível e esperada da conduta. Podem ser divididas em:

Relativamente independentes: quando precisam da associação da conduta para que venham a gerar o resultado.

Absolutamente independentes: quando não precisam da associação da conduta para que venham a gerar o resultado. Geram o resultado ainda que isoladas.

Cada uma das categorias enumeradas ainda pode ser classificada, quanto ao momento em que atua, como *preexistente* (quando anterior à conduta), *concomitante* (quando coincide no tempo com a conduta) e *superveniente* (quando posterior à conduta).

Se as causas são *dependentes*, sempre haverá nexo entre conduta e resultado, pois em tais casos uma se encontra no desdobramento normal da outra, e depende da anterior para ocorrer. Sem a anterior, a posterior não ocorreria, e assim por diante (imagine-se aqui o movimento do dedo que faz o gatilho funcionar como alavanca e provoca o movimento do cão da arma de fogo que provoca o estouro da espoleta que faz o projétil ser lançado no ar, e assim por diante).

Se houver causa *absolutamente independente*, não há nexo causal entre a conduta e o resultado, pois, ainda que a conduta venha a ser eliminada, o resultado permaneceria (aplicação do critério da eliminação hipotética, por exemplo, no caso daquele que quer matar terceiro com café envenenado e, após a ingestão da substância, mesmo antes de qualquer efeito tóxico, a pretensa vítima vem a ser alvo de disparo letal no coração – a conduta de envenenar a bebida não pode ser considerada causa, pois, mesmo que excluída, o resultado permaneceria nas mesmas circunstâncias).

A peculiaridade se encontra na causa relativamente independente. Como já assinalado, ela precisa da associação da conduta para que possa gerar o resultado, ou seja, sem a conduta o resultado não seria produzido. Pela aplicação do critério da eliminação hipotética, sempre haveria nexo de causalidade entre a conduta e o resultado em tais casos. No entanto, o Código Penal, expressamente, no art. 13, § 1.º, traz uma exceção: quando a causa relativamente independente for superveniente, não será considerado existente o nexo causal. A existência de uma causa superveniente relativamente independente rompe o nexo causal.

Assim, no famoso exemplo em que "A", ao atravessar cruzamento proibido, atropela "B", que, com as pernas fraturadas, é levado ao hospital, vindo a ambulância a bater com um caminhão-tanque em chamas no caminho, tendo enfim a vítima morrido em virtude de queimaduras no trajeto. A solução deve seguir os seguintes passos: está na linha de desdobramento previsível e esperado de quem atravessa cruzamento proibido gerar o resultado morte por queimadura? Não (a causa é independente). Foi necessária a conduta de "A" para que "B" morresse? Sim (a causa é relativamente independente). O acidente da ambulância que a levou a ficar em chamas é anterior, concomitante ou superveniente à conduta de "A"? Superveniente. Como a causa superveniente relativamente independente rompe o nexo causal, não se considera "A" como causador da morte (poderá responder pela fratura nas pernas de "B").

Nos outros casos de causa superveniente relativamente independente, ou seja, na causa relativamente independente preexistente ou concomitante, persiste o nexo causal entre conduta e resultado (apenas na superveniente há exceção). Assim, no caso daquele que oferece a sujeito diabético café com açúcar, vindo este a falecer em decorrência da reação anormal de seu organismo, os passos devem ser os seguintes: está na linha de desdobramento previsível e esperada que a ação de oferecer café com açúcar para alguém venha a lhe causar a morte? Não (a diabetes é causa independente). Sem o café com açúcar o sujeito teria morrido nas mesmas circunstâncias? Não (então a conduta é relativamente independente). A diabetes já existia, foi concomitante ou posterior à conduta de entregar a xícara com café? É preexistente (e não superveniente, que romperia o nexo). Assim, há nexo entre conduta e resultado.

4.3.4 Tipicidade

4.3.4.1 Tipicidade e adequação típica

Tipicidade penal é a perfeita adequação entre o fato concreto e o tipo incriminador (modelo abstrato).

O vocábulo *tipo* é utilizado com o sentido de modelo, e, assim, o tipo penal incriminador seria o modelo de conduta proibida, a princípio. Em vez de descrever a própria proibição da conduta ("não matar, sob pena de ..."), o sistema de modelos (tipos) traz a descrição da conduta proibida no preceito primário, e no secundário, a sanção.

Chamamos de núcleo do tipo o verbo que descreve a conduta proibida ou determinada. O juízo de tipicidade permite concluir que a conduta é, a princípio, proibida pelo ordenamento penal. Apenas com a verificação da antijuridicidade, no entanto, será possível ter certeza de que a conduta é realmente contrária ao (proibida pelo) ordenamento jurídico-penal.

A adequação típica pode ser: *imediata*, nos casos em que o fato concreto se adapta diretamente à hipótese típica, ou seja, o tipo espelha a conduta realizada no mundo exterior; e *mediata* ou *indireta*, nos casos em que o fato não encontra correspondente direto na narrativa típica, sendo necessário o emprego de outra norma para que ocorra tipicidade. Exemplo: não há um tipo que narre "tentar matar alguém". A adequação típica apenas ocorrerá de forma mediata, ou seja, será preciso o concurso com a norma de ampliação da adequação típica da tentativa para que a tentativa de homicídio seja considerada conduta típica. O mesmo acontece com concurso de pessoas. Adotamos, com o finalismo, a concepção de um tipo penal complexo, com parte objetiva e subjetiva.

A tipicidade comporta, assim, análise objetiva e subjetiva. A tipicidade objetiva se preocupa com a análise formal e material do tipo; a subjetiva, com o dolo e a culpa.

note BEM

Tipicidade	1) objetiva	a) formal
		b) material
	2) subjetiva	a) dolosa
		b) culposa

4.3.4.2 Tipicidade objetiva

A tipicidade objetiva pode ser formal e material.

Tipicidade *formal* é aquela que se relaciona com a letra da lei, ou seja, com os dados que constam do tipo incriminador. Os dados típicos podem ser classificados como elementares e circunstâncias:

Elementares são os dados essenciais da figura típica, sem os quais ocorre atipicidade absoluta ou relativa. Há *atipicidade absoluta* quando, com a eliminação hipotética do dado, a conduta deixa de ser relevante penal (retire hipoteticamente o termo "outrem" do crime de lesão corporal e o fato deixa de ter relevância penal, pois a autolesão não é, em princípio, punível). Consideramos que houve *atipicidade relativa* quando a exclusão hipotética do dado resulta na alteração da classificação típica, ou seja, o fato passa a ser capitulado em outro tipo (elimine a violência ou grave ameaça do roubo, e o fato passa a constituir furto). Na verdade, na maioria dos casos (quando a redação legal é correta, o que nem sempre acontece, principalmente nas leis especiais), as elementares são encontradas no *caput*. Se a retirada de um determinado dado não interfere na classificação típica, esse dado não é uma elementar (se retirado o repouso noturno do furto, a conduta persiste sendo classificada como furto – assim, o repouso noturno não é uma elementar, e sim uma circunstância).

As elementares podem ser classificadas em *objetivas* e *subjetivas*. As *objetivas* podem ser classificadas em *descritivas* e *normativas*:

a) *objetivo-descritiva*: o sentido da elementar é aferido pela simples observação, como os verbos ou termos de significado evidente, que não carece de valoração (matar, subtrair, ofender, alguém, mulher);

b) *objetivo-normativa*: o sentido da elementar apenas é alcançado com a realização de juízo de valor, a partir de referenciais jurídicas (elementar normativa jurídica, como "alheia") ou extrajurídicas (elementar normativa extrajurídica, como "obsceno");

c) *subjetiva:* normalmente o elemento subjetivo dos tipos dolosos é o dolo, que esgota a referência subjetiva, e está implícito nos tipos incriminadores. No entanto, em alguns casos, há elementares que tratam de especial fim de agir do agente, peculiar objetivo do sujeito ao agir (perceptível pelo emprego das locuções "para o fim de", "para", "com o fim de"), e são chamadas elementares subjetivas.

Circunstâncias são dados acessórios da figura típica que orbitam as elementares e têm como função influir na dosagem da pena.

As circunstâncias também podem ser divididas em *objetivas* e *subjetivas.* Subjetivas quando tratam do agente e objetivas quando lidam com aspectos externos ao sujeito. Essa classificação é muito importante ao tratar do tema "concurso de pessoas", bem como na "aplicação da pena".

Tipicidade *material* é aquela que se relaciona com o conteúdo da norma proibitiva. Exige a valoração do fato para que se avalie se se encontra no âmbito de proteção de determinada norma penal, ou seja, se foi praticada conduta que o tipo buscava alcançar.

A tipicidade material exige o cotejo de princípios constitucionais penais, como a intervenção mínima, a subsidiariedade, a insignificância e a adequação social. Por tal razão é possível afirmar que condutas insignificantes são materialmente atípicas.

Sobre a insignificância como vetor de compreensão da tipicidade pelo julgador, importante destacar dois pontos:

1. *imprecisão sobre a insignificância.* Há quem entenda que apenas condutas extremamente irrelevantes podem ser atingidas pela insignificância – nos crimes contra o patrimônio, apenas o furto de alfinetes ou folha de papel em branco, por exemplo. Prevalece, no entanto, que a insignificância pode alcançar lesões mais intensas, como o furto de bicicleta ou mesmo a sonegação de valores superiores a 30 salários mínimos. Dada a controvérsia, o STF buscou arrolar requisitos para o reconhecimento da insignificância, hoje consagrados: (a) mínima ofensividade da conduta do agente; (b) nenhuma periculosidade social da ação; (c) reduzidíssimo grau de reprovabilidade do comportamento; e (d) inexpressividade da lesão jurídica provocada.

Mesmo diante dos requisitos arrolados, acreditamos que o STF não conseguiu afastar a tão temida insegurança acerca dos limites da insignificância. O uso de expressões como mínima e reduzidíssima impõe intenso subjetivismo, pouca possibilidade de controle, permitindo, ainda, as mais variadas interpretações sobre a insignificância.

2. *insignificância e reincidência*. Prevalece nos tribunais que a reincidência afasta a insignificância, por afetar a reprovabilidade do comportamento (STF, HC 100.240). Discordamos de tal entender, pois a reincidência somente poderia ser considerada no exame da culpabilidade, enquanto a insignificância afasta a tipicidade, como já entendeu o STF (HC 104.468).

Ainda na tipicidade material, merece análise a proposta da tipicidade conglobante.

Tipicidade conglobante: Em sua tradicional formulação, a tipicidade conglobante sofistica a análise da tipicidade material. Além da tradicional compreensão de tipicidade material, já analisada, para que haja tipicidade conglobante é necessário que a conduta seja antinormativa, isto é, proibida *a priori* pelo ordenamento. Se desde logo fomentada ou determinada, não há antinormatividade, e o fato será atípico sob o prisma conglobante. Tal formulação altera a natureza do *estrito cumprimento do dever legal* e de parte do *exercício regular de direito*: é que a conduta do policial ao prender em flagrante, normalmente explicada pelo estrito cumprimento do dever legal, deve ser desde logo considerada atípica, pois o ordenamento manda o policial prender. Se manda, não proíbe *a priori*, e não há tipicidade conglobante. Da mesma forma nas práticas normalmente resolvidas pela excludente de antijuridicidade do exercício regular de direito, que consistem em ações fomentadas pelo Estado. A prática de judô é fomentada pelo Estado, e, assim, o atleta que desfere um golpe no adversário pratica conduta desde logo atípica do ponto de vista conglobante, sendo desnecessário aplicar a excludente de antijuridicidade do exercício regular de direito. Em suma, o estrito cumprimento do dever legal e parte do exercício regular do direito (condutas fomentadas) passam a afastar a própria tipicidade.

Estão fora do âmbito de alcance da tipicidade conglobante, ainda, as lesões insignificantes (sobre a *insignificância* vide comentários no capítulo "Princípios do direito penal"). Acrescentamos aqui, ainda, as criações de risco permitido, ou seja, a tipicidade conglobante exigiria a já comentada tipicidade material, levando-se em conta o que foi dito sobre lesividade. Tipicidade penal seria, enfim, tipicidade formal + tipicidade conglobante (antinormatividade + tipicidade material).

> **note BEM**
>
> **Tipicidade conglobante**
>
> Tipicidade penal = Tipicidade formal + Tipicidade conglobante
>
> Tipicidade conglobante = Antinormatividade + Tipicidade material

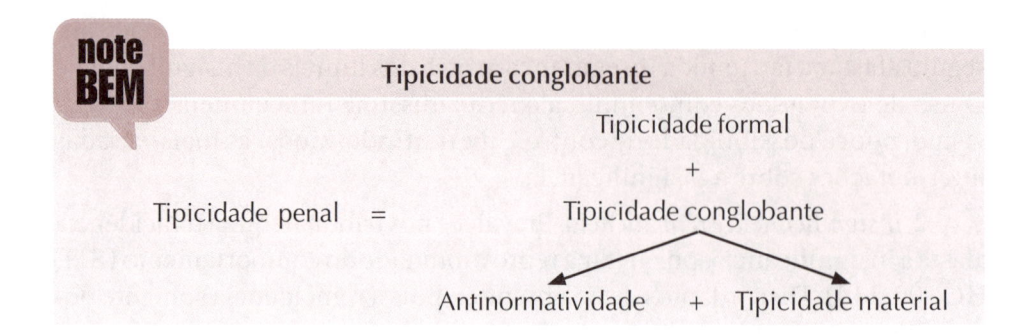

4.3.5 Tipicidade subjetiva

Como já visto ("Princípios do direito penal"), o princípio da culpabilidade impõe imperativo de responsabilidade subjetiva, ou seja, não há crime sem dolo ou culpa. Os tipos incriminadores serão, assim, dolosos ou culposos.

Como descobrir se o tipo incriminador é doloso ou culposo? Todos os tipos incriminadores são, a princípio, dolosos, pois o dolo está implícito em todos eles. No art. 121 do CP, no qual se lê "matar alguém", a compreensão deve ser "matar *dolosamente* alguém". No art. 140 do CP, a letra da lei traz "injuriar alguém, ofendendo-lhe a dignidade ou o decoro", mas a compreensão deve ser "injuriar *dolosamente* alguém...", e assim por diante.

Ora, se o dolo está implícito em todos os incriminadores, como restará prevista a culpa? A culpa será regida pela regra da excepcionalidade do crime culposo: a culpa somente terá relevância penal se expressamente prevista, o que é raro em nossa legislação. Se não prevista expressamente, a prática da conduta culposa será irrelevante, atípica.

4.3.5.1 Tipicidade dolosa

Costuma-se designar dolo como intenção, vontade. Preferimos a atual noção de dolo como consciência e vontade (elemento cognitivo + elemento volitivo).

Há várias teorias sobre o dolo, dentre as quais se destacam:

a) teoria da vontade: dolo é querer um determinado resultado;

b) teoria do assentimento ou consentimento: dolo é (ao menos) aceitar o risco, tolerar um resultado;

c) teoria da representação: dolo é fazer previsão do resultado, é ter o resultado como possível;

d) teoria da probabilidade: dolo é ter o resultado como provável.

O art. 18, I, do CP adota as teorias da vontade e do assentimento, ao definir que o crime é *"doloso, quando o agente quis o resultado ou assumiu o risco de produzi-lo".*

Elementos constitutivos do dolo

Há duas importantes teorias acerca dos elementos constitutivos do dolo:

a) *teoria normativa do dolo*: dolo é consciência, vontade e consciência da ilicitude;

b) *teoria psicológica do dolo*: dolo é consciência e vontade de estar concretizando/concretizar os elementos do tipo. Aliás, a consciência é o dado essencial, mormente para que se compreenda, logo mais, o erro de tipo. Desde logo é possível concluir que quem não tem consciência de que concretiza os elementos do tipo não tem dolo.

O Brasil adota a teoria psicológica, seguindo a tendência finalista. O dolo normativo, que exigia a consciência da ilicitude, ou seja, que o sujeito soubesse sobre o caráter proibido de sua conduta, foi abandonado. Basta, hoje, que o sujeito tenha *consciência* do que faz e *vontade* de fazer.

Classificação do dolo

O dolo é classicamente classificado em:

a) *dolo direto*: quando o sujeito faz a previsão do resultado e atua no sentido de alcançá-lo. O sujeito age para conseguir o resultado (dispara para alcançar o resultado morte);

b) *dolo eventual*: quando o sujeito faz previsão do resultado e tolera o risco de sua produção. O sujeito não quer o resultado, mas continua agindo, aceitando sua produção como preço para permanecer com sua conduta (não quer matar os pedestres, mas tolera o risco da produção do resultado para poder continuar conduzindo seu carro em velocidade muito maior que a permitida).

Há ainda a classificação, cada vez menos adotada no Brasil, entre dolo direto e dolo indireto, do qual dolo eventual e dolo alternativo seriam espécies. A figura do dolo alternativo vem recebendo pouca atenção, mas seria, em tese, a previsão e aceitação por parte do sujeito de um resultado ou outro. Tais resultados alternativos podem se dar em relação à gradação da lesão ao bem (ou ferir, ou matar) ou ainda quanto ao bem lesado (ou patrimônio, ou vida – no exemplo daquele que atira aceitando acertar o cachorro ou o dono). Acreditamos, como grande parte da doutrina, que os problemas propostos podem ser resolvidos apenas com os institutos do dolo direito ou, especialmente, do dolo eventual.

Voltando à consagrada classificação, enquanto no dolo direto o mais importante para o sujeito é alcançar o resultado, no dolo eventual o que importa é permanecer com a conduta, apesar do resultado, ou seja, o resultado é apenas tolerado pelo agente.

Ganha força hoje no Brasil uma subdivisão do dolo direto: o dolo direto pode ser classificado como dolo direto de primeiro grau e de segundo grau:

a) *dolo direto de primeiro grau* ocorreria em relação aos resultados propostos inicialmente pelo sujeito, que configuram as verdadeiras finalidades de sua ação.

b) *dolo direto de segundo grau* seria a previsão e aceitação dos resultados concomitantes (efeitos colaterais) tidos como necessários – ex.: sujeito manda explodir seu próprio navio, com a intenção de receber seguro, tendo como certa, ainda que lamentável, a morte dos tripulantes.

Há dolo direto de primeiro grau quanto à fraude, mas de segundo quanto à morte dos tripulantes (o exemplo é de Cirino dos Santos).

A classificação referida permite maior clareza em relação à diferença entre o dolo direto e o dolo eventual:

c) *dolo eventual* – previsão e aceitação dos resultados concomitantes (efeitos colaterais) tidos como possíveis ou prováveis – ex.: "A" coloca bomba no carro de "B" para matá-lo, tendo como certa a morte de sua esposa "C" e como possível ou provável a lesão de pedestres que estejam passando pelo local. "A" tem dolo direto de primeiro grau em relação a "B", dolo direto de segundo grau em relação a "C" e dolo eventual em relação aos pedestres.

A classificação do dolo pode ter influência direta na tipificação, eis que há crimes que exigem dolo direto e outros para os quais basta o dolo eventual. Pode influir até mesmo no reconhecimento de determinadas qualificadoras, que seriam incompatíveis com o dolo eventual (p. ex., a qualificadora da surpresa no tipo de homicídio – art. 121 § 2.º, IV – exige dolo direto: STF, HC 95.136).

Dolo geral

Relaciona-se com espécie de erro quanto ao nexo causal. É chamado erro sucessivo, ou seja, quando o sujeito pratica conduta que acredita ser mero exaurimento de crime já praticado, mas atinge apenas nesse momento o resultado querido. Imagine-se que determinado desalmado quer se livrar de sua sogra e aperta seu pescoço até que ela perca os sentidos, imaginando tê-la matado. Para esconder o fato, amarra uma pesada pedra nos pés do "corpo" e o arremessa ao rio. O corpo é encontrado, e o exame necroscópico revela que a sogra morreu, na verdade, afogada. O sujeito desalmado responderá por homicídio consumado (e não pela tentativa de homicídio cumulada com o homicídio culposo). A justificativa é que a previsão de resultado e a predisposição inicial de atuar para alcançá-lo devem ser reprovadas, apesar da relevante alteração de curso causal. A solução é controversa, havendo, principalmente na doutrina estrangeira, quem defenda que o sujeito, nessa hipótese, deveria responder pela tentativa de homicídio em concurso com o homicídio culposo. Mais comentários no tópico "Erro sobre o nexo causal".

Dolo x desejo

Por fim, importa não confundir dolo com desejo. O desejo é o livre e "mero querer" passivo, não relacionado com a vontade que baseia a ação. Dolo é consciência e vontade, ainda que não seja livre, mas sempre vinculada a alcançar o fim mediante os meios escolhidos e controlados. Assim, quando alguém pratica ação mediante ameaça, como na coação moral irresistível, tem dolo (a vontade viciada/constrangida continua existindo) mas não tem desejo, pois não era livre. Por outro lado, quando alguém deseja que terceiro morra em acidente, e tal acontece, não tem dolo, pois não controla sua ocorrência, ainda que presente o desejo.

4.3.5.2 Tipicidade culposa

Os elementos constitutivos da culpa são:

a) quebra do dever objetivo de cuidado.

b) previsibilidade objetiva.

Quebra do dever objetivo de *cuidado*: para que seja possível a vida em sociedade, é preciso que todos tomem determinados cuidados, ainda que não previstos na lei. É preciso determinado cuidado para andar na calçada, para que terceiros não sejam derrubados, e também é preciso que não se deixem vasos equilibrados na janela de prédios, para que não caiam sobre transeuntes. São cuidados normalmente conhecidos, que não precisam estar determinados em lei. A *quebra* desse *dever de cuidado*, imposto a todos, é o núcleo do tipo culposo.

Já apontamos que, no Brasil, nem todos os crimes são punidos também na forma culposa, exatamente porque, como não há a intenção de praticar a conduta proibida, há menor reprovação social. Apenas quando bens jurídicos especialmente importantes são atingidos, com quebra de relevante dever de cuidado, é que se faz necessária a punição. Daí a mencionada regra da excepcionalidade do crime culposo.

Previsibilidade objetiva: Já estudamos a conduta, o nexo de causalidade e o resultado. Na tipicidade culposa, é preciso, ainda, a *quebra de um dever objetivo de cuidado*, causando um resultado *objetivamente previsível*. Já discorremos sobre o dever objetivo de cuidado. O que seria objetivamente previsível? O termo "objetivamente" demonstra que não importa a previsão do agente, e sim a previsibilidade normal, o que se espera que aconteça. É esperado que a manobra de ultrapassar semáforo com sinal vermelho resulte em choque com outro veículo. É esperado que subir em penhasco sem segurar os filhos pequenos resulte em sua terrível queda.

A ideia da previsibilidade objetiva considera, assim, o que normalmente seria previsível. É controverso se os especiais (des)conhecimentos (ou condições) do sujeito devam ser considerados na apreciação da previsibilidade, sendo que nos posicionamos pela resposta afirmativa, afastando o conceito do *homem médio*. É que a ideia do homem médio costuma ser tecida de forma preconceituosa, muito mais próxima do homem ideal, do membro da classe média ou do próprio julgador, do que realmente do homem comum. Infelizmente, a jurisprudência atual ainda se utiliza em larga margem do critério do homem médio.

Possível, no entanto, perceber que, quer com a relevância das especiais condições do sujeito, quer com o tradicional conceito do homem médio, há grande grau de subjetivismo no conceito, gerador de insegurança jurídica pela pouca previsibilidade do posicionamento do julgador. Para diminuir a subjetividade do conceito (ganhando segurança jurídica), podemos nos utilizar do *princípio da confiança*. Por tal princípio, limitador e orientador de sentido da previsibilidade objetiva, quem cumpre seus deveres de cuidado tem o direito de acreditar que terceiros cumprirão seus próprios deveres. *Contrario sensu*, não será obrigado a prever que terceiros descumprirão seus deveres de cuidado, limitando a incidência do crime culposo. Assim, jamais poderá ser considerado previsível resultado que dependa da quebra do dever de cuidado de terceiros: o motorista não pode ser obrigado a prever que terceiro irá invadir cruzamento proibido, nem o garçom será obrigado a prever que o cozinheiro não lavou as verduras.

Exceção ao princípio da confiança: se as circunstâncias do fato permitem concluir que, no contexto concreto, terceiros estão rompendo o dever de cuidado. "A" conduz seu veículo em preferencial e vê cinco carros, em sequência, atravessando sem qualquer cuidado um cruzamento próximo. Diante de tal cenário, é necessariamente previsível que um sexto carro também o fará naquele contexto, e fica afastada, assim, a incidência do princípio da confiança.

Modalidades de culpa: No Brasil, é dada grande importância à diferenciação entre negligência, imprudência e imperícia, classificadas como modalidades de culpa. Acreditamos exagerada a importância, uma vez que a diferença não é instrumental, e, muitas vezes, apenas linguística (a classificação depende do ângulo da narrativa), o que é desinteressante para o direito penal:

a) *negligência*: é deixar de tomar o cuidado devido para evitar o resultado lesivo. Para alguns, a culpa em sua forma omissiva – ex.: deixar de recolher frascos de água sanitária após limpeza, em casa onde circulam crianças; não verificar os pneus;

b) *imprudência*: é o agir descuidado, a quebra do dever de cuidado em ação positiva – ex.: dirigir bicicleta em alta velocidade entre pedestres;

c) *imperícia*: é a falta de especial habilidade ou conhecimento específico para determinada profissão, arte ou ofício – ex.: médico que realiza intervenção cirúrgica sem conhecimento necessário sobre seus procedimentos.

Classificação da culpa:

A culpa pode ser classificada em consciente e inconsciente:

a) *consciente*: o sujeito faz a previsão do resultado, mas confia que não o produzirá, não tolerando sua ocorrência. Ex.: o sujeito sabe que está em alta velocidade e prevê a possibilidade de atropelamento, mas confia em ser capaz de desviar e controlar seu veículo em tais circunstâncias, evitando qualquer acidente;

b) *inconsciente*: o sujeito não faz sequer previsão do resultado, que seria objetivamente previsível – ex.: nas mesmas circunstâncias, o sujeito nem pensa em atropelamento, mas sim em chegar rapidamente em casa.

Já é possível distinguir, aqui, o dolo eventual da culpa consciente: em ambos há a previsão do resultado, mas no dolo eventual ele é tolerado, aceito, enquanto na culpa consciente o sujeito acredita que irá evitá-lo, ou seja, não o tolera.

A chamada *culpa levíssima*, em que a quebra do dever ordinário de cuidado não é facilmente perceptível, não tem relevância penal. Seria a exigência de cuidado incomum, anormal. Apenas quando claramente houve quebra de dever de cuidado é que o agente pode ser punido por crime culposo. Aliás, não haveria qualquer função na punição da culpa levíssima, uma vez que terceiros não passariam a agir com níveis excepcionais/anormais de cuidado.

Configurado o crime, a gradação da culpa pode, ainda, influir na dosagem da pena, conforme interpretação do art. 59 do CP (ver tópico "Aplicação da pena").

Culpa imprópria é a que deriva de descriminante putativa por erro de tipo evitável (veja tópico próprio no estudo do "erro de tipo").

DOLO E CULPA		
Dolo direto	Sujeito faz previsão do resultado	Quer o resultado
Dolo eventual	Sujeito faz previsão do resultado	Aceita o risco, tolera a ocorrência do resultado
Culpa consciente	Sujeito faz previsão do resultado	Não aceita o risco, não tolera o resultado. Tem certeza que irá evitá-lo
Culpa inconsciente	Sujeito não faz previsão do resultado	X

4.3.6 Crimes qualificados pelo resultado

Há crime qualificado pelo resultado quando o legislador, após descrever o fato criminoso de forma completa, faz a previsão de evento posterior, causado ao menos culposamente (art. 18, parágrafo único, do CP), capaz de influenciar na dosagem da pena. Preferimos a denominação crime qualificado por evento posterior.

O trato com os crimes qualificados pelo resultado não é pacífico, sendo que, em nossa visão, são previstas no Código Penal todas as possibilidades. É possível que o crime seja doloso e o evento posterior também seja previsto a título de dolo (latrocínio doloso) ou, então, de culpa (lesão corporal seguida de morte). Também é possível que o crime seja previsto na forma culposa e o resultado – com alguma ampliação de sentido ao termo – seja doloso (homicídio culposo com evento posterior fuga do local do acidente dolosa) ou culposo (incêndio culposo com resultado morte culposa).

No entanto, apesar de todas as possibilidades, apenas uma recebe denominação especial: o crime praticado mediante ação dolosa com resultado posterior culposo, chamado de *preterdoloso (além do dolo)*. Assim, quando a ação antecedente é punida na forma dolosa, mas o tipo traz previsão de resultado posterior punível na forma culposa, podemos afirmar que se trata de previsão de crime preterdoloso.

4.4 ERRO DE TIPO

Consideramos que o sujeito atua em erro quando tem uma equivocada percepção da realidade. Tipo penal é o modelo de conduta descrita pela norma. O tipo pode ser incriminador ou permissivo.

O erro de tipo pode ser classificado em essencial e acidental. Estudaremos primeiramente o erro essencial.

4.4.1 Erro de tipo essencial

Seguindo classificação ora majoritária, o erro essencial pode ser classificado em erro sobre elementar, erro sobre circunstância e erro sobre descriminante (erro sobre pressupostos fáticos de uma causa de justificação).

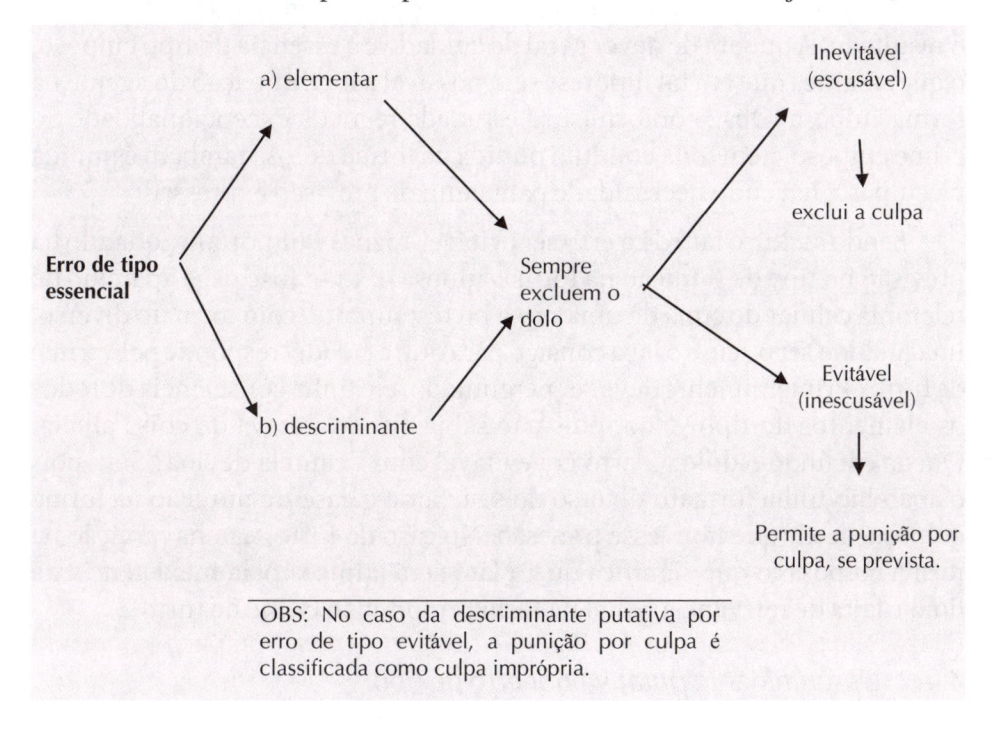

```
                            a) elementar                                Inevitável
                                                                        (escusável)
                                                                            ↓
                                                                      exclui a culpa
Erro de tipo                              Sempre
essencial                                 excluem o
                                          dolo
                            b) descriminante                            Evitável
                                                                        (inescusável)
                                                                            ↓
                                                                  Permite a punição por
                                                                   culpa, se prevista.
```

> OBS: No caso da descriminante putativa por erro de tipo evitável, a punição por culpa é classificada como culpa imprópria.

4.4.1.1 Erro sobre elementar de tipo incriminador

Já verificamos que o dolo tem aspecto cognitivo e volitivo, sendo formado por consciência e vontade. Já foi lembrado que elementar é o dado essencial da figura típica, normalmente encontrado no *caput* do artigo.

Imagine-se uma temporada de caça na qual João, na crença de ter visualizado um urso, dispara a longa distância contra sujeito que carrega pele de urso, vindo a matá-lo. João tem equivocada percepção da realidade acerca de matar alguém (pensa que mata algo), ou seja, atua em erro sobre elementar de tipo incriminador. Seria o mesmo afirmar que João não tem consciência que dispara contra um homem (alguém), e, se a consciência é elemento formador do dolo, não há dolo. Daí a conclusão: o erro sobre elementar de tipo incriminador sempre exclui o dolo.

O erro pode ser inevitável (escusável) ou evitável (inescusável). Se inevitável, significa que não foi quebrado qualquer dever geral de cuidado na conduta do sujeito, ou seja, não é possível a punição a título de culpa. Afastados dolo e culpa, não há tipicidade (princípio da culpabilidade).

Por outro lado, se o erro for evitável, significa que o agente rompeu com o cuidado devido, e a tomada das cautelas exigíveis ordinariamente evitaria o resultado. A quebra de dever geral de cuidado é a essência do tipo culposo, o que significa que em tal hipótese será possível a incriminação do agente na forma culposa. Obs.: conforme a já estudada regra da excepcionalidade do crime culposo, nem toda conduta punida na forma dolosa também é punida na culposa, havendo necessidade para tanto de previsão expressa.

Sendo assim, o fato de o erro ser evitável apenas é importante quando há previsão no tipo de punição na forma culposa. Ex.: se José pega aparelho de telefonia celular de cima de uma mesa no restaurante, com formato diverso, imaginando ser o seu, e o leva consigo para outra cidade, responde pelo crime de furto? Primeiramente deve ser perguntado: ele tinha consciência de todos os elementos do tipo? Não, pois não sabia que se tratava de coisa alheia. Queda excluído o dolo. O erro era evitável com a cautela devida? Sim, pois o aparelho tinha formato diverso do seu. Seria o caso de punição na forma culposa, desde que houvesse previsão. No caso do furto, não há punição na forma culposa, o que significa que o fato será atípico (pela inexistência de dolo e falta de relevância penal na forma culposa no crime de furto).

4.4.2 Descriminante putativa por erro de tipo

Também chamada de erro sobre pressuposto fático de causa excludente de antijuridicidade, de descriminante putativa por erro de tipo ou, enfim, de erro de tipo permissivo, nomenclatura que empregaremos para desenvolver o raciocínio.

Os tipos incriminadores descrevem condutas em princípio proibidas, por meio da previsão da sanção. É possível chamar as normas que tratam de causas excludentes de antijuridicidade de tipos permissivos, pois trariam a descrição de situações que, em princípio relevantes penais, seriam toleradas (permitidas) pelo ordenamento.

Conforme a *teoria limitada da culpabilidade*, que para a doutrina é a corrente seguida pela legislação pátria, o erro sobre tipo permissivo tem a mesma consequência do erro sobre elementar de tipo incriminador, ou seja, sempre exclui o dolo. Se inevitável, exclui também a punição por crime culposo. Se evitável, permite a punição por crime culposo, se houver punição. Obs.: quando o crime é punido na forma culposa em razão de erro de tipo permissivo inescusável, classifica-se tal modalidade de culpa como *culpa imprópria*.

Há autores que admitem a possibilidade de tentativa de crime culposo quando se trata de culpa imprópria, ou seja, quando se trata de erro de tipo permissivo evitável – ex.: criança entra na casa de José para pegar bola que acaba de passar o muro, durante a madrugada. O proprietário, acreditando que é um ladrão, assim que vê o vulto passa a disparar vários tiros, sem qualquer cuidado quanto à identificação do invasor ou prévia advertência. O invasor não é atingido. Seria possível punir a tentativa nesses casos porque se trata de crime doloso punido como se fosse culposo, ou seja, a estrutura é de crime doloso, e o sujeito quer o resultado, que imagina estar acobertado por excludente de antijuridicidade.

Exemplo clássico de erro de tipo permissivo inevitável é o de João, exímio atirador, que jura de morte José, acusando-o de traição. José compra arma para se defender e, tarde da noite, depara-se com João em rua isolada. João coloca a mão na cintura rapidamente, mas não antes de José, assustado, disparar com a certeza de que se defende. Descobre-se que João iria retirar uma carta com pedido de desculpas, pois havia descoberto a identidade do verdadeiro traidor. No caso, José imaginava presente a iminência de injusta agressão, e reagiu. Errando sobre a presença dos elementos do tipo permissivo, queda excluído o dolo. Considerando que não era exigida a cautela de aguardar a provável agressão para reagir, concluímos que o erro é inevitável, restando excluída também a culpa.

Podemos também imaginar o erro de tipo permissivo evitável – ex.: Rambo resolve dormir com arma debaixo do travesseiro. Durante a noite, seu filho tem sede, e bate em seu peito para acordá-lo, pedindo água. Assustado e com a arma entre os dedos, Rambo vem a alvejar seu filho, resultando em morte. Como imaginava estar sob injusta agressão, há que se falar em legítima defesa (descriminante) putativa, o que exclui o dolo. Como faltou com a cautela devida, considera-se o erro evitável, e o sujeito responde pelo crime na forma culposa (pois o homicídio é punido na forma culposa).

Aprofundando o estudo, é possível perceber na hipótese acima que a ação de Rambo foi dolosa, pois queria matar (imaginando que era um assaltante) e, no entanto, ficou excluído o dolo, eis que incidiu a descriminante putativa por erro de tipo, restando a punição apenas por culpa. Em suma, havia dolo de matar, mas a lei manda que se aplique a pena do crime culposo. Por tal razão, a culpa que deriva da incidência da descriminante putativa por erro de tipo evitável não é uma culpa comum, mas sim uma ação dolosa punida com as sanções de um crime culposo, gerando a chamada "culpa imprópria".

Pela chamada teoria extrema da culpabilidade, que muitos autores preferem, embora admitam não ser a adotada pela legislação pátria, todo erro sobre a presença de uma descriminante, quer pela equivocada apreciação dos fatos, quer pela errônea concepção sobre a existência ou limites de uma causa de justificação, seria considerado erro de proibição.

4.4.3 Erro de tipo acidental

O erro acidental pode ser dividido em erro sobre o objeto, erro sobre a pessoa, erro na execução (*aberratio ictus*), erro sobre o resultado (*aberratio delicti*) e erro sobre o nexo causal (*aberratio causae*).

4.4.3.1 Erro sobre o objeto (error in re)

O agente se equivoca quanto ao objeto material do crime, que é uma coisa. Ex.: sujeito furta CD do Elvis em vez de CD do Queen, ou vice-versa. Consequência: nenhuma. Não há qualquer repercussão típica, sendo que o sujeito responde da mesma forma pelo crime praticado.

4.4.3.2 Erro sobre a pessoa (error in persona)

Por equivocada identificação da vítima o sujeito atinge pessoa diversa da pretendida. Sujeito vê em João a pessoa de José, ou seja, quer atuar contra José, e, por considerar de forma equivocada a realidade, imagina que João é José. O agente por equivocada apreciação da realidade alveja o corpo no qual mirou, mas imagina que a vítima real é terceiro que gostaria de atingir. Consequência: responde como se tivesse acertado quem queria (mata João, mas responde como se tivesse acertado José – art. 20, § 3.º, do CP).

Percebe-se mais uma vez aqui o exacerbado relevo para o tipo subjetivo, pois o Código faz ficção jurídica quanto ao tipo objetivo para sancionar o tipo subjetivo.

4.4.3.3 Erro na execução (aberratio ictus)

Por falha na precisão do golpe executório (falha de mira, equívoco na seleção dos meios) o sujeito vem a acertar pessoa diversa da que queria.

Qual a diferença com o erro sobre a pessoa? Lá o sujeito tem mira perfeita, mas se equivoca quanto à pessoa-alvo (pensa que um é outro). Aqui o sujeito sabe quem quer acertar (sabe quem é o alvo certo), mas erra no disparo.

A consequência varia de acordo com o número de lesões produzidas.

Se há resultado único (simples), o sujeito responde como se tivesse acertado quem queria.

Se há resultados múltiplos (complexo), não há qualquer ficção, respondendo o sujeito pelos resultados produzidos em concurso formal (art. 73 do CP).

4.4.3.4 Erro quanto ao resultado (aberratio delicti)

Se o sujeito quer produzir um resultado criminoso, mas vem a produzir outro, na redação do art. 74 do CP, é possível que responda apenas pelo resultado produzido, na forma culposa (queda excluída a punição pela tentativa do crime querido).

Em termos mais simples, podemos dizer que se o sujeito quer praticar o crime A, mas acaba por praticar o crime B por descuido, responderá, de uma em três formas possíveis: (a) se há resultado único e o crime B é punido na forma culposa, ele absorve a tentativa de A, ou seja, o sujeito responde apenas por B culposo; (b) se o crime B não é punido na forma culposa, não há como ele absorver a tentativa de A, ou seja, o sujeito responderá (apenas) pela tentativa de A; (c) se houver resultado duplo, e B for punido na forma culposa, o sujeito responde pelo concurso formal de crimes: A doloso em concurso formal com B culposo.

A figura não é das mais coerentes nem frequentes, uma vez que depende, para sua aplicação, de que o resultado produzido seja punido na forma culposa.

O exemplo clássico se configura no agente que quer acertar o vidro de um estabelecimento, mas vem a acertar transeunte. Sem qualquer ficção, responderia pelo crime de tentativa de dano cumulado com a lesão corporal culposa. No entanto, de acordo com a redação do art. 74 do CP, deverá responder tão somente pelo crime culposo, que absorve a punição por tentativa.

Curioso apontar o que aconteceria se o sujeito estivesse tentando acertar o transeunte, mas viesse apenas a quebrar o vidro: como não é punido o dano culposo, não há como aplicar a regra do art. 74 do CP, e o sujeito responde pela tentativa de lesão corporal. Daí a pouca aplicação do instituto.

E se, no primeiro exemplo, quando quer acertar o vidro, viesse também a acertar o transeunte, sendo que a pedra termina por quebrar o vidro? Responderá pelos crimes produzidos em concurso formal, pois se trata do já referido erro quanto ao resultado com efeito múltiplo.

Para parte da doutrina, o crime culposo só poderia absorver a tentativa do crime de doloso se punido de forma mais grave. Não há previsão legal nesse sentido.

4.4.3.5 *Erro quanto ao nexo causal* (aberratio causae)

Quando há divergência entre os meios e modos que o sujeito queria aperfeiçoar para alcançar o resultado e aqueles que realmente provocaram a lesão.

Se a alteração do curso causal é irrelevante, o crime foi praticado em apenas um ato, e o sujeito responde pelo crime consumado, normalmente. É que a previsão do curso causal pelo homem deriva de sua experiência, ou seja, é sempre genérica (sabemos que disparar arma de fogo contra alguém causa morte, mas nem sempre dominamos os mecanismos internos do organismo que causam a morte), e pequenos desvios não têm qualquer influência (Muñoz Conde). Exemplo famoso é o daquele que quer matar terceiro afogado e o lança no rio de cima da ponte. No caminho, mesmo antes de atingir a água, o terceiro bate a cabeça e morre. O sujeito responderá normalmente pelo crime consumado, e não pela tentativa de homicídio somada ao homicídio culposo.

Quando a alteração do curso causal faz com que o resultado venha a ser produzido em "dois atos", há um desvio relevante, que chamamos de erro sucessivo, já comentado na matéria "dolo geral". Nesse caso, quando há "dois atos", há controvérsia sobre a solução, sendo possível encontrar as seguintes posições:

a) se se trata de consumação antecipada, ou seja, se o sujeito atinge o resultado antes do que queria produzi-lo, Bacigalupo entende que o sujeito deve responder pelo crime doloso consumado. Exemplo é o sujeito que ministra sedativo para após matar a vítima afogada. Ocorre que, ao ministrar o sedativo, vem a provocar, pelo excesso, a sua morte. Como já havia dolosamente iniciado o processo executivo do crime, responderá pelo homicídio doloso;

b) se a alteração é importante e não deriva do risco criado pelo sujeito no primeiro ato (como na hipótese de causa superveniente absolutamente independente – dispara contra a vítima, que vem a morrer em virtude de incêndio no hospital), o agente deve responder somente pela tentativa;

c) se o resultado deriva do risco criado no primeiro ato, como no caso do sujeito que pensa ter matado a vítima e ateia fogo para destruir o suposto cadáver, vindo a gerar a morte pelas queimaduras, prevalece que deve responder pelo crime consumado (Muñoz Conde). Bacigalupo discorda, entendendo que a melhor solução, no caso, é que o sujeito responda pela tentativa de homicídio doloso seguida do homicídio culposo. Para Roxin, depende da espécie de dolo: se havia dolo direto de homicídio, deve responder pelo homicídio consumado, pois isso correspondia ao plano do autor. Se se tratava de dolo eventual, deve responder pelo concurso de crimes.

4.4.4 Erro determinado por terceiro

O erro pode ser espontâneo ou provocado por terceiro. No caso de erro determinado por terceiro, aquele que determina o agente em erro responderá pelo resultado atingido. Se a provocação se deu a título de dolo, responderá na forma dolosa. Se a título de culpa, na forma culposa. Se o erro é inevitável, o provocado por nada responderá, pois o erro inevitável afasta o dolo e a culpa. Se o erro for evitável, poderá responder por crime culposo, se houver previsão.

Se o provocado percebe a realidade da situação, deixa de haver erro provocado.

O erro provocado por terceiro é uma das hipóteses em que se vislumbra autoria mediata, uma vez que o provocado serve como mero instrumento para a prática criminosa por parte do provocador (vide "Autoria mediata" no capítulo "Concurso de pessoas").

4.5 CRIME CONSUMADO E CRIME TENTADO

Considera-se consumado o crime quando aperfeiçoados todos os elementos de sua definição legal, conforme o inc. I do art. 14 do CP. Assim, há crime consumado quando todos os seus dados abstratos encontram reflexo no mundo real.

Costumam ser classificadas as fases do crime em quatro: cogitação, atos preparatórios, execução e consumação (alguns autores arrolam o exaurimento como um quinto momento no *iter criminis*).

É *mera cogitação* o plano mental acerca da prática criminosa, com a representação do resultado querido, a escolha dos meios possíveis e a opção pelo mais adequado, a previsão dos resultados concomitantes etc. Aqui a conduta ainda não é relevante penal, pois vigora o limite da *alteridade*, segundo o qual o direito penal não pode se preocupar com pensamentos pecaminosos, mas apenas com atitudes geradoras de violência no meio social, condutas que venham a lesar terceiros (*cogitationis poenam nemo patitur*).

Os *atos preparatórios*, ou seja, todos aqueles anteriores ao início da execução, mas dirigidos à sua realização também são irrelevantes penais. Considera-se aqui a inexistência de risco *relevante* ou *direto* ao bem jurídico protegido, tornando a intervenção penal abusiva e desnecessária.

Curioso perceber que em determinadas hipóteses o legislador prevê como crimes autônomos (ou seja, há atos de execução e consumação) condutas que normalmente seriam mera preparação para outros crimes, como no caso de formação de quadrilha e porte de arma. Diz-se então que o legislador se antecipou na busca de melhor resguardar bens jurídicos vitais. Na verdade, em tais hipóteses não se pune o fato por ser ato preparatório do crime querido, mas sim por já constituir crime autônomo devido à impaciência do legislador. Assim, continua vigorosa a regra segundo a qual, se o crime não chega à fase executória, não há relevância penal nos atos preparatórios.

No caso de concurso de pessoas, determinados atos de colaboração podem configurar atos preparatórios, como o empréstimo da arma do crime, ou de mapa do local, ou a carona até o local em que se planeja praticar o crime. Nesse caso, a lei (art. 31 do CP) é clara em estabelecer que o ajuste, a determinação ou instigação e o auxílio, salvo disposição expressa em contrário, não são puníveis, se o crime não chega, pelo menos, a ser tentado. É a confirmação legal de que o ato preparatório, por nossa legislação, é a princípio impunível.

Execução: Inicia-se a agressão ao bem jurídico, ou seja, a norma de dever é afrontada pela conduta que se quer evitar. Não há limite seguro acerca do momento do início da execução, embora a importância do tema seja traumática, pois pode significar a relevância penal do fato e consequente limitação da liberdade de alguém.

Há uma série de teorias acerca do momento do início da execução, merecendo destaque:

Teoria objetivo-formal ou do verbo nuclear: aquela segundo a qual o ato deve corresponder ao verbo típico, ou seja, inicia-se a execução quando o sujeito realiza a conduta proibida na norma (mata, subtrai, injuria...). Há quem acrescente aqui como suficiente para o início da execução a realização de outros elementos do tipo que não o verbo, como qualificadoras.

Teoria objetivo-material: para Greco, citando Parma, seria um complemento da teoria objetivo-formal, que anteciparia o momento do início da execução para os atos normalmente dirigidos à realização do crime. Necessário se faz que a tentativa seja analisada a partir de cada crime, de seu contexto e do conteúdo de seu injusto. Cirino critica a teoria por antecipar a punibilidade, e por incluir na esfera de relevância penal fatos externos ao tipo, que haviam sido desde logo excluídos pelo legislador.

Teoria da hostilidade ao bem jurídico: leva em consideração o início de ataque ao bem jurídico, ou seja, quando o sujeito pratica ato capaz de matar, de atingir o patrimônio, de atingir a honra, da forma como a norma quis protegê-lo. Há autores que identificam a presente teoria com a anterior.

Teoria subjetiva: inicia-se a execução com a prática do primeiro ato que, no plano do autor, faz parte da execução do crime. Pelo elevado subjetivismo e difícil prova, não é adotada.

Teoria do ato inequívoco: inicia-se a execução com a prática do primeiro ato inequívoco para a prática delitiva (Carrara).

Teoria objetivo-subjetiva ou objetivo-individual: além do incontroverso componente subjetivo, qual seja o dolo (teoria subjetiva), faz-se necessário que o ato esteja direcionado à execução do crime, como normalmente ocorre, ou seja, ações que, pela normal vinculação, são consideradas parte do tipo (teoria objetivo material). Há autores que permitem uma variação da presente teoria, exigindo, além da parte subjetiva, que tenha sido realizada formalmente a ação prevista no tipo (teoria objetivo-formal).

Considerar que apenas se inicia a execução com o verbo nuclear traz critério seguro, mas, para muitos, demasiadamente restrito (muito difícil considerar existente o início da execução, dificultando a punição). O critério do início da lesão ao bem jurídico, assim como o da ação inequívoca, são mais justos, ou seja, trazem maior guarida aos bens jurídicos, mas também carecem de objetividade, restando ao julgador a tarefa de resolver o que deve ser considerado inequívoco ou quando pode ser entendida como iniciada a agressão ao bem. É claro que tão grande subjetivismo diminui a segurança jurídica e as garantias individuais, pois a obscuridade do sistema é complementada pela convicção do julgador.

A adoção de uma ou outra teoria no Brasil é bastante controversa. Mirabete utiliza a teoria objetivo-formal, a objetivo-material, a do risco ao bem jurídico e a do ato inequívoco. Regis Prado entende que deve ser adotada a teoria objetivo-formal como base, mas admite a interferência da objetivo-material e da subjetiva. Bittencourt adota as teorias objetivas. Greco admite a controvérsia, e apenas alerta que, em caso de dúvida, deve ser adotado entendimento que beneficie o sentenciado, alerta repetido por Queiroz. Entre as várias teorias, cientes que somos minoritários, adotamos a objetivo-individual, que leva em conta a teoria objetivo-formal, ou seja, além de realizar a conduta prevista no tipo, é necessário que se demonstre que faz parte do plano do autor a prática delitiva. Assim, se o sujeito ingressa em quintal alheio e pega pedaço de ferro, não é possível saber se vai quebrar a janela, bater no proprietário ou abrir compartimento para subtrair objeto; deve ser esperado ato que indique a direção do dolo para que se possa falar em início da execução de determinado tipo. No caso examinado, apenas houve execução de violação de domicílio.

É possível perceber que nossa opção traz forte limite à atuação penal na consideração do momento do início da execução. Como o momento do limite da execução é fundamental para a consideração da tentativa, como veremos a seguir, a adoção do critério da conduta idônea e inequívoca aumenta o âmbito de situações consideradas como atos preparatórios impuníveis e diminui o que pode ser considerado tentativa. Não fizemos a opção de forma arbitrária. Justificamos partindo da premissa de que a adequação típica na tentativa, como vimos no tópico "tipicidade", é mediata, ou seja, a segurança da redação dos tipos incriminadores já é ferida pelo necessário aumento do campo de punição determinado pela norma do art. 14, II, do CP (se a proibição de "matar alguém" é bastante clara, não tem a mesma clareza a compreensão do que seja "tentar matar alguém"). É claro que isso reduz a força da garantia da legalidade. Diante de tal panorama, apenas a compreensão mais restritiva possível, do que pode ser considerado como tentativa, pode ser considerada compatível com os ditames de segurança jurídica de um Estado Democrático de Direito.

Há consenso entre os autores de que, com a realização da qualificadora, houve início da execução do crime.

Consumação: Como já dito, quando presentes todos os elementos de sua definição legal. Nos crimes omissivos impróprios, a consumação ocorre com o resultado, enquanto nos omissivos próprios a consumação se dá com a própria conduta omissiva. Nos crimes habituais, só há consumação quando a conduta se torna um hábito.

Obs.: Há autores que arrolam o *exaurimento* como uma quinta fase no *iter criminis* (Greco), lembrando que exaurimento é o esgotamento, após a consumação, da potencialidade lesiva da conduta, ou, nos dizeres de Fragoso, o normal aproveitamento do crime anterior. Cirino indica que o exaurimento também pode ser chamado de consumação material, ou seja, o momento em que o sujeito ativo consegue atingir o bem jurídico. Conforme Paulo Queiroz, o exaurimento pode ser irrelevante penal, como na maioria dos casos, mas pode configurar crime autônomo (ocultação de cadáver) ou mesmo qualificadora ou causa de aumento de pena (inexecução do ato no crime de resistência).

Tentativa: Há tentativa quando, *iniciada a execução, o sujeito não atinge a consumação por circunstâncias alheias à sua vontade*, conforme art. 14, II, do CP.

O momento do início da execução já foi debatido, bem como o momento da consumação. Basta, assim, que o primeiro se inicie sem que o segundo seja atingido. O mais importante, no entanto, é que tal interrupção do *iter criminis* se faça por circunstâncias alheias à vontade do agente.

Se é reconhecida a tentativa, a pena será reduzida, pois não há o mesmo desvalor de resultado. A redução se faz de um a dois terços, e será tão maior quanto mais distante do resultado o agente permanecer.

Para distinguir os motivos alheios à vontade do agente, destaca-se sempre a famosa fórmula de Frank: na tentativa o sujeito quer atingir o resultado, mas não pode. Se pode, mas não quer, não há tentativa (mas sim desistência voluntária ou arrependimento eficaz, como será visto a seguir).

Difícil questão é a da tentativa nos crimes omissivos impróprios. Entre os que a admitem, há aqueles que consideram iniciada a execução no primeiro momento em que a ação era possível, mas não foi praticada. Outros entendem que só se inicia a execução no último momento em que a ação deveria ser praticada. A lei brasileira trata da tentativa nos crimes comissivos, olvidando-a dos crimes omissivos. Por tal razão, autores como Cirino e Mestieri entendem incabível a tentativa de crimes omissivos impróprios. Outros, como Tavares e Bittencourt, a entendem possível, adotando a teoria/critério da última oportunidade (último momento).

A tentativa pode ser classificada como branca e cruenta. *Branca* quando não resulta em lesão ao bem (disparo para acertar a cabeça de alguém, que passa bem próximo, mas não lesa), e *cruenta* quando resulta lesão (disparo dirigido à cabeça que acerta o braço).

Pode ainda ser classificada em perfeita e imperfeita. *Perfeita* (crime falho) quando o agente esgotou todos os meios escolhidos para atingir o resultado, e *imperfeita* quando mesmo a realização dos meios escolhidos foi interrompida.

No primeiro caso, o sujeito dispara seis tiros na cabeça da vítima, chuta seu corpo e pisa em seu peito, convencido de ter atingido o resultado, vai para casa, mas vem a saber que não atingiu o resultado. No segundo, buscando os mesmos meios, com seis projéteis no tambor do revólver, faz dois disparos, e é interrompido por populares, não conseguindo sequer descarregar a arma na vítima, como havia planejado.

Infrações penais que não admitem tentativa:

a) *crimes unissubsistentes*: são aqueles cujo momento do início da execução é o mesmo da consumação. Sendo assim, não é possível iniciar a execução e não atingir a consumação, o que impede a tentativa (ex.: injúria verbal, crimes omissivos próprios, como a omissão de socorro);

b) *crimes culposos* (culpa própria): se o sujeito não quer o resultado desde o início, jamais o resultado deixará de ser alcançado por circunstâncias alheias à sua vontade. Há autores que admitem a tentativa de crime culposo quando se trata de culpa imprópria (vide "Erro sobre descriminante"). Prevalece ser impossível a tentativa também nos crimes preterdolosos, pela mesma razão, uma vez que o resultado é alcançado a título de culpa, e não há tentativa de resultado culposo Há ainda autores (Cirino) que entendem possível a tentativa de crime qualificado pelo resutado preterdoloso, quando há diferentes bens jurídicos em jogo (tentativa de estupro com resultado morte);

c) *crimes habituais*: são aqueles que exigem o hábito da conduta para que haja relevância penal. Prevalece que não é possível tentar ter hábito, pelo que impossível a tentativa de crime habitual. Da mesma forma, se apenas com o hábito é que surge a relevância penal, sem hábito não há relevância suficiente sequer para a punição de tentativa;

d) *contravenções penais*: irrelevante a tentativa pela expressa letra da lei (art. 4.º da Lei de Contravenções Penais). Uma vez que as contravenções penais são essencialmente infrações de perigo, e a tentativa pune o perigo ao bem jurídico, punir a tentativa de contravenção seria punir o perigo do perigo. Pela distância com a lesão do bem, a sanção penal seria ilegítima, desproporcional;

e) *crimes de atentado*: se tentar alcançar o resultado já é crime consumado, é impossível a tentativa (tentar tentar) por imperativo lógico. Exemplo clássico é o art. 352 do CP, em que tentar a fuga já está descrito na lei como crime consumado.

Os crimes de mera conduta aceitam, normalmente, a tentativa, desde que dolosos e subsistentes (Cirino). Os crimes qualificados pelo resultado em que o antecedente (crime) é doloso e o consequente (resultado agravador) também é doloso admitem tentativa, eis que é possível que a tentativa se dirija ao último resultado, também querido (ex.: latrocínio tentado, tentativa de lesão corporal com perda de sentido ou membro).

Tentativa e dolo eventual: Prevalece que é compatível a tentativa com o dolo eventual, como no caso do sujeito que atira em direção a outro, não necessariamente para matá-lo, mas sim para afugentá-lo, aceitando o risco do resultado letal. Se o resultado não se verifica, haveria tentativa, ainda que com dolo eventual. É que, se o tipo aceita dolo direto ou eventual, a tentativa também aceitará as duas espécies. Se for necessário o dolo direto para a consumação do crime, ele também será necessário para a tentativa. Minoritário, Greco entende impossível tentativa com dolo eventual, visto que não há no dolo eventual a vontade necessária para a tentativa.

4.6 DESISTÊNCIA VOLUNTÁRIA E ARREPENDIMENTO EFICAZ

Se o sujeito inicia o processo executório, mas desiste de prosseguir, evitando a consumação, não há falar em tentativa, pois não foi preenchido o requisito *circunstâncias alheias à sua vontade* (o que evitou o resultado foi a própria vontade do agente). Nesse caso, também não se pode falar em punição pelo crime consumado, pois esta não foi alcançada. O que fazer? Não punir, pela falta de previsão legal, além dos limites dos resultados já alcançados. Assim, se o sujeito tinha 6 tiros disponíveis, disparou 2 e cessou voluntariamente, responderá apenas pela lesão causada, ou pelos atos já praticados, desde que expressamente previstos na lei como infrações penais (disparo de arma de fogo, periclitação da vida e da saúde...), nos moldes do art. 15 do CP.

Exemplo clássico de desistência voluntária é presente na obra *Dom Casmurro*, em que Bentinho oferece a seu filho uma xícara de café envenenado e, assim que esse vai ingerir a bebida, Bentinho recua e coloca a xícara novamente na mesa.

O mesmo raciocínio se aplica ao arrependimento eficaz, com a diferença de que, nesta figura, o sujeito já esgotou o processo executório, apenas não tendo ainda atingido a consumação. Toma, então, providências para evitar a referida consumação, com sucesso. Da mesma forma, o resultado não deixou de ocorrer por circunstâncias alheias à vontade do agente, mas sim por sua vontade, pelos seus atos voluntários, o que afasta tanto a hipótese de crime tentado como consumado. A consequência também será a mesma, ou seja, o sujeito apenas responderá pelos resultados já provocados, se existentes.

Na desistência voluntária, entendemos como melhor critério, para compreender como voluntária a atitude do sujeito, o fato de ele figurar como dono da decisão, ou seja, quando tem liberdade para optar entre o sim e o não na continuidade da conduta. Não é necessário que a desistência seja espontânea, desde que realmente voluntária. Daí a ideia de que a sugestão de terceiro não afasta a voluntariedade, enquanto a aproximação de policiais impede o reconhecimento da desistência voluntária. Famosa a distinção "quero, mas não posso (tentativa); posso, mas não quero (desistência voluntária)", atribuída a Frank.

Diz-se que na desistência voluntária e no arrependimento eficaz há uma "ponte de ouro" a ser atravessada pelo agente, com vistas a afastar ou reduzir a pena, para que sejam evitados os resultados lesivos.

Nos dois casos, se, apesar da desistência ou das atitudes para evitar a consumação, esta ocorre, o sujeito responde normalmente pelo crime consumado.

Natureza jurídica da desistência voluntária: Como se viu no raciocínio descrito no parágrafo anterior, prevalece que se trata de atipicidade do fato, afastando a desistência a possibilidade de responder pela tentativa. Partindo dessa premissa, a desistência se comunica aos colaboradores no caso de concurso de pessoas. Há posição minoritária (Luiz Flávio) no sentido de que se trata de causa pessoal de isenção de pena, ou seja, o fato persiste sendo típico, mas fica isento de pena aquele que voluntariamente desiste de prosseguir na execução. Para essa segunda corrente, não se comunica a desistência aos colaboradores.

No caso de concurso de pessoas, o que ocorre se um desiste e o(s) outro(s) não?

a) *coautoria*: se já iniciada a execução, prevalece que apenas a atuação suficiente no sentido de evitar que o outro alcance o resultado surtiria o efeito do afastamento da tentativa (controverso, então, se a tentativa é afastada para ambos ou apenas para quem evitou, permanecendo para o outro coautor). Se não iniciada a execução, não há realmente falar em coautoria, pois ainda não há a prática de atos executórios, tampouco alguém alcançou o verdadeiro domínio do fato;

b) *participação*: se ainda não iniciada a execução, o sujeito que se afasta da execução, torna inócua sua contribuição causal e comunica sua decisão aos demais restaria afastado da punição no caso do crime posterior (há quem entenda que só não será punido se conseguir impedir que o crime ocorra);

c) *participação*: por fim, se "A" induz terceiro a praticar o crime e, após o início da execução, o executor resolve desistir, não tendo ainda alcançado qualquer resultado, "A" será beneficiado? Acreditamos que sim, como boa parte da doutrina, pois o fato deixou de ser típico na forma tentada ou consumada (posição no sentido de que a desistência voluntária afasta a tipicidade). Há posição em sentido contrário, entendendo que o partícipe responderia pela tentativa (partindo da premissa de que a desistência voluntária afasta apenas a punibilidade).

Desistência voluntária e arrependimento eficaz são impropriamente denominados de espécies de *tentativa qualificada* (Damásio).

A consequência da desistência voluntária é a mesma do arrependimento eficaz. Qual a diferença? A principal distinção é: na desistência voluntária basta interromper a execução para impedir a consumação, enquanto no arrependimento eficaz é necessária a prática de ação salvadora para que a consumação não ocorra.

Desistência voluntária	Arrependimento eficaz
Basta interromper a execução para que a consumação não ocorra	É necessária ação salvadora para impedir a consumação

4.7 ARREPENDIMENTO POSTERIOR

Não há nenhuma relação estrutural com arrependimento eficaz, que afasta a tentativa. Aqui o crime já se consumou. Tratamos de uma causa de diminuição de pena para os crimes praticados sem violência ou grave ameaça dolosa à pessoa, nos quais o prejuízo é reparado até o momento do recebimento da denúncia ou queixa.

A reparação, mais uma vez, não precisa ser espontânea, bastando que seja voluntária. Vale novamente o raciocínio de que o sujeito precisa ser dono da decisão.

Controverso se a reparação do dano por terceira pessoa, relacionada com o infrator, é capaz de reduzir a pena. Acreditamos que sim, eis que cumpridos os principais objetivos do instituto e diminuída a lesividade social do fato, mormente porque em muitos casos o infrator não terá condições de reparar pessoalmente (p. ex., se estiver preso, ou impedido de acessar seus bens...).

A reparação deve ser, em princípio, total. No entanto, se a vítima se satisfaz com a reparação parcial, Silva Franco entende que deve incidir o arrependimento posterior. O tema não é pacífico.

A redução é de um a dois terços, e prevalece que a redução será tanto maior quanto mais célere a reparação. Tratamos aqui de um velho instituto já preocupado com a nova tendência de resgatar o papel da vítima no conflito penal, estimulando a reparação do dano.

É possível tanto nos crimes dolosos como nos culposos.

No caso de concurso de pessoas, a reparação por parte de um infrator se comunica aos demais, eis que da mesma forma diminuído o desvalor do resultado.

Obs.: a reparação do dano no crime de estelionato por meio de cheque, até o recebimento da denúncia, tem efeito diverso. Conforme interpretação da Súmula 554 do STF, não há justa causa para a ação penal nos casos em que, no crime previsto no art. 171, § 2.º, VI, há reparação do dano antes do recebimento da denúncia. Assim, a denúncia não deve ser sequer oferecida, e, se oferecida, a ação deve ser trancada. Se houver sentença, deve ser absolutória pela atipicidade do fato, eis que a reparação rápida do dano demonstra a inexistência de dolo de fraudar.

Interessante notar também que, no peculato culposo (art. 312, § 2.º, do CP), a reparação do dano até a sentença definitiva extingue a punibilidade, e se posterior ainda reduz a pena em metade (art. 312, § 3.º, do CP).

4.8 CRIME IMPOSSÍVEL

Como já dito, não basta para que uma conduta seja criminosa que formalmente ela se encaixe na descrição em abstrato da conduta proibida. Além disso, é necessário que haja lesão ou risco de lesão ao bem jurídico, para que se satisfaça o conceito material de crime, a tipicidade material.

Aqui reside o fundamento do crime impossível, também chamado de *tentativa inidônea* ou *quase-crime*. Apesar de buscar determinado resultado, o sujeito não é punido quando o meio escolhido ou o objeto material selecionado não permite concluir que houve lesão ou risco de lesão ao bem jurídico protegido pela norma penal.

Há três hipóteses de crime impossível consagradas na doutrina: por inidoneidade absoluta do meio, por impropriedade absoluta do objeto e por obra do agente provocador:

a) *inidoneidade absoluta do meio*: quando o meio escolhido não tem qualquer possibilidade razoável de lesar o bem jurídico. Seria o caso do agente que quer matar terceiro com o poder da mente, ou com feitiços. Por mais que se concentre, faça força e acredite em seu poder, não poderá ser punido por tentativa de homicídio, simplesmente porque não há qualquer chance de atingir o resultado. Como a vida do terceiro não entrou sequer em risco, não há relevância penal no fato;

b) *impropriedade absoluta do objeto*: quando o objeto material não reveste o bem jurídico protegido pela norma penal. Ex.: sujeito quer matar o cunhado, mas, quando entra pela porta de sua casa, este já está morto. Sem tal consciência, desfere vários tiros no corpo. Perceba-se: o objeto material (corpo) não reveste o bem jurídico protegido pela norma (vida). Daí a inviabilidade da punição, uma vez que o bem jurídico não foi sequer colocado em risco;

c) *por obra do agente provocador (também chamado de delito de ensaio)*: quando o agente estatal estimula o mecanismo causal do fato, após ter tomado as providências que tornam impossível a consumação. Se forem tomadas providências para que o bem não seja sequer colocado em risco, não há como falar em crime.

São os famosos casos de flagrante provocado ou preparado, em que o sujeito imagina que está praticando um crime, mas na verdade apenas está participando de um jogo de cena montado pela autoridade estatal, que já tomou as providências no sentido de resguardar o bem jurídico. Aliás, se tais providências não forem tomadas e o bem jurídico correr risco real, a autoridade poderá responder pela prática do crime.

Exemplo clássico é do policial que, disfarçado, pede a um jovem que venda droga para ele. O jovem responde que não mexe com isso. O policial oferece, então, alta quantia para que ele consiga a droga. O jovem, sob vigilância do agente estatal, vai até a casa do traficante, pega a droga pedida e entrega para o policial, que o prende em flagrante. Será legítimo tal proceder? Não, pois houve a intervenção do agente estatal no mecanismo causal do fato, e a vigilância tornou inviável qualquer risco ao bem jurídico, a saúde pública. No mais, se tivesse havido realmente crime, o policial teria de "se prender" em seguida, pois teria fomentado a traficância. Tal não ocorre porque, como já anotado, não há crime na realidade, mas sim jogo de cena, teatro, que tem como máximo efeito permitir a descoberta de provas acerca de crimes anteriores. No caso em tela, por exemplo, serviria para descobrir onde mora o traficante. E o traficante, poderia ser preso? Sim: ele já guardava a droga com destinação ao comércio ilícito antes da chegada do policial e, tratando-se de crime permanente, sua prisão em flagrante seria possível. Vide "Delito putativo por obra do agente provocador", no capítulo "Culpabilidade".

A Súmula 145 do STF assinala: "Não há crime, quando a preparação do flagrante pela polícia torna impossível a sua consumação".

Acreditamos que, na hipótese de crime impossível por obra do agente provocador, não há uma terceira espécie de crime impossível, mas sim uma especificação das anteriores, pois em tais casos sempre ocorrerá impropriedade absoluta do meio ou inidoneidade absoluta do objeto.

Diferente do flagrante provocado ou preparado, há o flagrante esperado, em que não há provocação da autoridade no mecanismo causal do fato, mas apenas vigília da autoridade em local que se sabe ser cenário de crime iminente, aguardando sua prática para a prisão. Prevalece, assim, que apenas o flagrante provocado ou preparado é que torna o crime impossível, permanecendo criminosa a infração praticada no caso de flagrante esperado.

No entanto, concordamos com Greco (minoritário) no sentido de que, na realidade, não importa se o flagrante é preparado ou esperado: se não houve risco ao bem pela inviabilidade de consumação, deveria ser reconhecido o crime impossível.

4.9 IMPUTAÇÃO OBJETIVA

Trata-se, majoritariamente, de uma nova estrutura dentro da tipicidade objetiva, embora alguns preferam tratar o tema como mais uma teoria sobre nexo de causalidade. Imputar significa atribuir responsabilidade, ou seja, a estrutura busca, dentro do âmbito objetivo-normativo, compreender que lesões ou riscos a bens jurídicos podem ser considerados obra de determinado autor, resultado de determinado agir, sempre a partir da necessidade de tutela penal.

Tem como objetivo racionalizar a inexistência de relevância penal de determinados fatos que, a princípio, parecem se adequar ao modelo típico compreendido em sua estrutura tradicional. Várias teorias foram apresentadas para explicar o afastamento da relevância penal em tais casos (teoria da adequação social, teoria social da conduta, princípio da confiança nos crimes culposos...), mas a atual teoria da imputação objetiva tem a vantagem de trazer critérios mais seguros de aplicação, pelo que tem merecido da doutrina e da jurisprudência, principalmente no exterior, grande adoção.

Não há sentido em atribuir relevância penal ao comportamento normal, esperado. Também é irracional proibir o acaso, pois apenas a vontade (ainda que racionalizada, generalizada) pode ser controlada. É preciso ainda transcender a compreensão literal do tipo para aceitar sua função político-criminal, ou seja, o que a norma busca evitar/fomentar, com o que se percebe a inspiração funcionalista do instituto. A partir de tais ideias foram traçados critérios de exclusão da imputação objetiva, quais sejam:

a) *a criação ou incremento de um risco juridicamente proibido*: partindo da premissa de que, quanto mais sofisticada a sociedade, maiores as chances de lesão aos interesses dos cidadãos, vivemos em uma sociedade de crescente risco. O tráfego automotivo e aéreo, a utilização de agrotóxicos nas lavouras, o tratamento de água, o convívio com aparelhos elétricos, são exemplos de riscos que nos cercam. No entanto, ninguém deixa de dirigir, beber água, comer frutas... apesar dos riscos conhecidos. É que os riscos citados são aceitos e inocuizados a partir da expectativa de que cada um irá cumprir seu papel social (os motoristas obedecerão às regras de trânsito, os restaurantes irão lavar as frutas, a qualidade da água será fiscalizada pelos órgãos competentes...), evitando lesões inesperadas, ou ainda podem ser aceitos para preservar outros interesses.

Algumas lesões, frutos dos normais riscos aceitos, não necessitam de sanção penal como fator de prevenção. Percebe-se, assim, que é impossível ao direito penal a missão de proteger bens jurídicos de quaisquer riscos, merecendo relevância apenas aqueles inaceitáveis, desvalorados, proibidos.

Apenas a criação ou incremento de um risco proibido é que poderá, assim, merecer relevância penal. A criação ou incremento de um risco permitido, ainda que resulte em lesão, não merecerá relevância penal.

Enfim, (a) se não há criação ou incremento de risco ao bem na ação do autor, ou ainda (b) se o risco criado ou elevado é tolerado, não há imputação objetiva, restando afastada a tipicidade.

Ex.: se "A" desvia curso de pedra que vai atingir a cabeça da vítima, de forma que a mesma lesione sua perna, ainda que consciente do resultado, não responderá pelo crime: é que, apesar de haver conduta dolosa, nexo de causalidade e resultado, não há imputação objetiva, pois o risco para o bem jurídico (integridade física – vida) foi diminuído (e não criado ou ampliado).

Ex.: jovem quer matar o pai, e o presenteia com várias viagens aéreas. O avião cai, com a morte de todos os passageiros. O jovem não responde pelo crime, pois, apesar de haver conduta dolosa, nexo de causalidade e resultado, o risco criado (viajar de avião) é permitido, e assim não há imputação objetiva.

b) *que o resultado a ser sancionado seja a concretização do risco proibido criado ou incrementado*: é possível que um risco proibido não resulte em lesão relevante, como tantas vezes acontece nos crimes de dano. Se o dano é resultado de outra contingência que não o risco criado, deve ser afastada a imputação objetiva. Da mesma forma, é sabido que toda norma busca afastar determinadas espécies de risco a um determinado interesse, ou seja, tem um âmbito de atuação desde logo determinado. Se o resultado não é a concretização do risco abrangido pela norma, não é possível a imputação objetiva. Ex.: dois motociclistas trafegam, durante a noite e em fila, com luz apagada. O primeiro vem a ser atropelado por não ter sido possível ao motorista de um caminhão vê-lo. Se o segundo estivesse com a luz acesa, não haveria atropelamento, pois ambos seriam vistos pelo motorista do caminhão. O segundo motociclista pode ser responsabilizado? Não, pois os riscos (que a norma buscava evitar) criados ao dirigir com a luz apagada são (a) não ver com perfeição os veículos que trafegam e (b) não ser visto por terceiros. Como o segundo motociclista não se envolveu no acidente, ou seja, o resultado não foi gerado porque deixou de ver terceiros ou porque terceiros não o viram, o risco normativamente relevante gerado por sua conduta não foi concretizado no resultado, pelo que não pode responder por ele, por ausência de imputação objetiva. O risco de que terceiros não se vejam, embora tenha sido criado *in concreto* no caso, não está abrangido pelo alcance da norma que foi quebrada, e por isso, no caso, o resultado não foi a concretização do risco (normativamente relevante) gerado por sua conduta, daí a inexistência, no exemplo, de imputação objetiva. Da mesma forma (Jakobs), não há imputação objetiva quando o condutor de veículo ultrapassa o sinal vermelho e vem a atropelar pedestre um quilômetro depois. É verdade que descumpriu dever de cuidado e que, se tivesse respeitado a sinalização, não haveria o atropelamento (pois o pedestre já teria atravessado a rua quando o veículo chegasse ao local), mas não há imputação objetiva, pois o risco gerado com a desobediência ao sinal se referia a outros veículos e pedestres naquele cruzamento, e não em local distante, quando outros cuidados é que deveriam evitar acidentes. Assim, apesar de presentes a conduta imprudente, o nexo de causalidade e o resultado, a menos que se demonstre outro descuido por parte do motorista, não haverá responsabilidade penal, por ausência da imputação objetiva.

Também se entende que o risco não se realizou quando, mesmo com o comportamento conforme ao direito, o resultado teria ocorrido. Assim, se, após o fato, altera-se hipoteticamente a conduta para aquela esperada pelo ordenamento, e, ao final, percebe-se que o resultado teria ocorrido da mesma forma, entende-se que não houve realização do risco criado no resultado, e, assim, não há imputação objetiva. Ex.: ciclista embriagado é ultrapassado por caminhão, que desrespeita a distância mínima no momento da ultrapassagem. O ciclista perde o equilíbrio e vem a morrer esmagado pelos pneus do caminhão. Se se concluir que, mesmo que tivesse sido respeitada a distância, o ciclista teria se desequilibrado, em razão de sua embriaguez, e caído sob o caminhão, não há imputação objetiva, pois com o comportamento alternativo conforme ao direito o resultado persiste, e assim não há como dizer que o risco criado se concretizou no resultado. Há, aqui, controvérsias sobre o critério, sendo que para alguns é preciso certeza de que o comportamento alternativo conforme ao direito teria gerado o mesmo resultado para que se possa afastar a imputação objetiva, enquanto para outros basta a dúvida (*in dubio pro reo*).

c) *que o resultado, na forma como ocorrido, se encontre no âmbito de proteção da norma*: é o critério menos objetivo, seguro, dentre os apresentados pela doutrina. Acreditamos que se trate de cláusula residual, que responde tanto a problemas já resolvidos pelos critérios anteriores como a novos problemas, especialmente os relacionados com a autonomia da vítima (Tavares).

Nos casos em que a vítima se coloca livre e conscientemente em risco, não deve haver imputação objetiva, por não ser esse o âmbito de proteção buscado pela norma. Como admitir tal solução frente ao art. 122 do CP, que traz a incriminação da colaboração no suicídio? Tavares responde que o que a norma referida proíbe é a conduta diretamente dirigida a colaborar para que terceiro destrua sua própria vida, não havendo incriminação da conduta daquele que colabora para que terceiro se coloque (apenas) em perigo. Com esse raciocínio, o critério exposto ganharia força também no ordenamento jurídico nacional. Assim, no exemplo em que o sujeito induz terceiro a participar de racha, sendo que ele vem a falecer em virtude de acidente durante a competição não autorizada (o exemplo é de Tavares), não seria possível a imputação objetiva, pois não há propriamente suicídio na conduta daquele que participa de racha, mas apenas autocolocação em perigo. Da mesma forma no famoso exemplo do sujeito que entrega drogas a terceiro, sendo que este faz uso indevido e abusivo da substância, vindo a falecer. Pode responder pelo tráfico, mas não pelo homicídio, pois não há imputação objetiva entre conduta e resultado.

Não há imputação objetiva quando o resultado se coloca em âmbito de responsabilidade alheio.

Baseia-se no princípio da confiança (vide crime culposo). Não se pode entender como objetivamente imputável o resultado quando ele se insere no âmbito de responsabilidade alheia. Dentro da organização social, as relações interindividuais se concretizam a partir de determinadas expectativas sobre cada círculo de auto-organização. Assim, não posso ser responsabilizado por algo que seria responsabilidade de terceiro evitar, no exame de uma determinada relação. Ex.: motorista para seu caminhão, sem bateria, no acostamento. Acende uma pequena, mas suficiente, sinalização visual para que terceiros não o atinjam. Com a chegada da polícia rodoviária, a sinalização é retirada para que outra, mais adequada, seja colocada em seu lugar, bem como para que o reboque venha a atuar. Nesse momento, um veículo dirigido por terceiro, iludido pela escuridão, atinge o caminhão. O motorista não pode responder, pois, a partir do momento em que retirou a sinalização anterior, o policial rodoviário assumiu a responsabilidade de agir para impedir riscos de lesão. O resultado, assim, se coloca no âmbito de responsabilidade do policial.

Do Crime – Antijuridicidade/Ilicitude

No Brasil, prevalece que as expressões antijuridicidade e ilicitude são sinônimas.

A antijuridicidade costuma ser compreendida como "juízo de proibição jurídica", e é conceituada como a contrariedade da ação com o "todo" do ordenamento jurídico.

A antijuridicidade é o segundo passo a ser percorrido no conceito analítico de crime, após a tipicidade.

Sobre a relação entre a tipicidade e a antijuridicidade, é possível apontar três importantes momentos:

1) *causalismo naturalista*: a relação entre a tipicidade e a antijuridicidade é apenas formal. O tipo é a mera emanação da lei, ato de poder de estatal, e não significa nenhum juízo de valor, positivo ou negativo. Dada sua neutralidade valorativa, é chamado "tipo acromático";

2) *neokantismo*: o tipo deve ser compreendido como "tipo total", englobando a antijuridicidade. A antijuridicidade fundamenta e dá sentido ao tipo, e por isso com ele se confunde. A antijuridicidade seria a essência da tipicidade (para alguns, a tipicidade seria a essência da antijuridicidade – *ratio essendi*), e todo fato típico seria antijurídico, tornando desprezível a separação das estruturas. Tal concepção fomenta a conclusão de que todos os tipos teriam "implícita" a negação das causas excludentes da antijuridicidade, formada pelos chamados "elementos negativos do tipo". Ex.: "matar alguém", na verdade, seria "matar alguém salvo em legítima defesa, estado de necessidade (...)".

3) *finalismo*: resgata proposta de Mayer de que a tipicidade tem caráter indiciário da antijuridicidade – *ratio cognoscendi*. É o que prevalece no Brasil. A partir da conclusão de que determinada conduta é típica, é possível con-

cluir com alto grau de probabilidade que também é antijurídica. Preferimos ir além, afirmando que toda conduta típica é antijurídica, em princípio, a menos que no caso concreto ocorra alguma das causas capazes de excluir a antijuridicidade.

Quando analisamos a tipicidade, argumentamos que a existência de fato típico significa a proibição, a princípio, da conduta descrita pelo ordenamento jurídico-penal. O juízo de antijuridicidade permitiria a confirmação (ou não) da proibição. Se ausente causa que exclua a antijuridicidade, o fato realmente é proibido. Se presente, o fato deixaria de ser proibido, vindo a ser tolerado pelo ordenamento jurídico-penal.

Percebe-se tanto no neokantismo como no finalismo a importância do juízo de valor sobre a proibição da conduta. Fiel a tal concepção valorativa, em muitos casos, quando se trata de infração a bem jurídico disponível, entende-se que o consentimento do ofendido exclui a antijuridicidade, pois, apesar da prática do fato típico, o consentimento aliado à disponibilidade do bem afasta a ilicitude/proibição do fato, gerando assim causa extralegal (alguns preferem supralegal) excludente da antijuridicidade Outros entenderão que o consentimento do ofendido afastaria sempre a própria tipicidade.

A prova da excludente de antijuridicidade, após a reforma do Código de Processo Penal, não precisa mais ser absoluta, ou seja, não é mais ônus da defesa demonstrar, sem sombra de dúvida, a presença da excludente de antijuridicidade. É que a nova redação do art. 386, VI, do CPP permite a absolvição se houver fundada dúvida sobre a existência da excludente.

Requisito subjetivo das excludentes: Para receber o benefício da excludente de antijuridicidade, o sujeito que pratica o fato típico deve conhecer as circunstâncias fáticas que tornam sua conduta justificada. Assim, para ser beneficiado pela legítima defesa, é necessário que o sujeito saiba da iminência ou atualidade da injusta agressão, sob pena de não incidir a excludente. Ex.: esposa aguarda marido que não chega até a madrugada. Ao perceber que a porta está abrindo, oculta-se buscando atingir seu marido com um pedaço de madeira, com o intuito de matá-lo. Desfere o golpe, e, então, percebe que matou terceiro, depois identificado como perigoso latrocida que há havia matado duas de suas vizinhas: não será beneficiada pela legítima defesa, visto que não conhecia as circunstâncias fáticas (fato de ser um invasor na iminência de agredi-la) que justificariam sua conduta.

As causas que excluem a antijuridicidade no Brasil estão arroladas no art. 23 do CP: legítima defesa, estado de necessidade, estrito cumprimento do dever legal e exercício regular de direito. São ainda aceitas, tanto pela doutrina como pela jurisprudência, causas supralegais (ou extralegais) excludentes de antijuridicidade, como o consentimento do ofendido, já referido.

5.1 LEGÍTIMA DEFESA

Para que haja legítima defesa, é preciso que o sujeito esteja reagindo a injusta agressão, atual ou iminente, contra direito próprio ou de terceiro, utilizando os meios necessários de forma moderada.

Agressão significa que deve haver conduta humana ofensiva, ou seja, apenas a ação humana de terceiro pode ser considerada agressão. O evento da natureza e o ataque de animal selvagem não podem ser considerados agressão capaz de fazer surgir a legítima defesa (embora possam configurar o perigo caracterizador do estado de necessidade). É claro que, se um animal doméstico é estimulado pelo dono, há agressão, pois, no caso, o animal é simples instrumento da agressão.

Commodus discessus: é a saída cômoda da situação de injusta agressão. Na legítima defesa, ainda que possível a saída mais cômoda, o agredido tem o direito de reagir, sob a justificativa de que "ninguém é obrigado a ser covarde".

É possível legítima defesa contra agressão de inimputável, mas, nesse caso, entende-se que, se possível a *commodus discessus*, deve ser utilizada. É que, pela peculiar condição do agressor, apenas quando inevitável é que a reação pode ser tolerada. É verdade que o direito não obriga ninguém a ser covarde e, por isso, normalmente, mesmo com a possibilidade de fuga, é possível a reação em legítima defesa, mas, no caso específico do inimputável, a fuga não demonstraria covardia, mas sim conduta "sensata e louvável", nos dizeres de Hungria.

Injusta, aqui, não tem o sentido vulgar. Significa contrária ao ordenamento jurídico, ou seja, agressão não permitida pela norma, não acobertada por uma excludente de antijuridicidade. Daí a impossibilidade de legítima defesa real contra legítima defesa real, também chamada de *legítima defesa recíproca*. Ora, se um dos agentes está em legítima defesa real, sua agressão é *justa*, e não admitirá a legítima defesa de seu antagonista. No entanto, se não for possível distinguir quem começou a agressão, ou seja, qual dos contendores está em legítima defesa e qual não, a solução deve ser a absolvição de ambos – *in dubio pro reo*.

Atual é a que está ocorrendo. *Iminente* é a que irá ocorrer no próximo instante. Não é possível falar em legítima defesa contra agressão futura (sujeito ameaça que um dia irá matar). Da mesma forma, não é possível legítima defesa contra agressão que já cessou, pois seria a legitimação da vingança, bem como fratura intolerável no monopólio da violência por parte do Estado.

Bem jurídico próprio ou de terceiro: é necessário que o sujeito esteja protegendo bem jurídico tutelado, próprio ou de terceiro, sendo permitida, ao lado da legítima defesa própria, a legítima defesa de terceiro. Para compreender a legítima defesa de terceiro, basta lembrar que quem age em legítima defesa busca proteger os mesmos bens jurídicos resguardados pelo ordenamento. Ou, na definição de Aníbal Bruno: "Quem defende, seja embora violentamente, o bem próprio ou alheio injustamente atacado, não só atua dentro da ordem jurídica, mas em defesa dessa mesma ordem". Além disso, deve haver proporcionalidade entre o bem atacado e aquele atingido pela reação, ou seja, não se concebe que, para a proteção de um bem jurídico de pequeno valor (patrimônio), seja feito ataque direto e grave a outro bem de maior valor (vida), sendo que, para tal ponderação, devem ser levados em conta, ainda, os requisitos abaixo estudados, quais sejam os meios necessários e o uso moderado.

Meio necessário é o meio menos lesivo ao alcance do agente suficiente para afastar a agressão. O ordenamento não poderia permitir a reação desenfreada, e os limites se iniciam na escolha dos meios, que devem ser compatíveis com o necessário para conter a agressão. É claro que a suficiência deve ser ponderada com as circunstâncias, não se exigindo frieza ou precisão na escolha, bastando que seja razoável. Da mesma forma, devem ser observadas as possibilidades no caso concreto (se não era necessário para afastar a agressão, a princípio, arma de fogo, bastando uma faca, mas nas circunstâncias não há faca ao alcance do agente, torna-se necessária a arma de fogo).

Uso moderado é o emprego dos meios necessários da forma menos lesiva, mas suficiente para afastar a agressão. Percebe-se desde logo a conexão deste critério com o anterior, uma vez que um condiciona o outro. Mais uma vez, é importante ressaltar que a moderação deve ser apreciada a partir da perspectiva da razoabilidade, não sendo necessário extrema precisão, bastando que não haja grave infração a dever de cautela na verificação da moderação.

Classificações da legítima defesa:

a) *legítima defesa sucessiva:* aquela que se opõe ao excesso doloso ou culposo em legítima defesa. "A" agride "B", que reage. No entanto, a reação é excessiva, persistindo "B" a desferir golpes mesmo depois de já afastada a agressão. A partir do momento em que há excesso,

"A" passa a poder agir em legítima defesa ao excesso de "B", a que se dá o nome de legítima defesa sucessiva;

b) *legítima defesa subjetiva*: aquela em que há excesso exculpante, ou seja, excesso que não deriva de dolo ou culpa;

c) *legítima defesa putativa*: é aquele exercida em erro de tipo ou erro de proibição.

Cabimento da legítima defesa:

a) *legítima defesa real contra legítima defesa real*: não é possível, pois para que haja legítima defesa é preciso que uma das agressões seja injusta, e, como já visto, quando a agressão é acobertada por uma excludente, a agressão é justa;

b) *legítima defesa putativa contra legítima defesa putativa*: possível. No sistema jurídico-penal brasileiro, a questão é solucionada no âmbito da tipicidade, pois o erro de tipo sobre descriminante repercute, majoritariamente, no dolo e na culpa (vide erro de tipo sobre descriminante). Assim, é possível a referida hipótese, em tese, como no exemplo em que dois inimigos, que já trocaram juras de morte, se encontram e imaginam que estão na iminência de injusta agressão. Concomitantemente, sacam suas armas e disparam. Ainda que a hipótese pareça surreal, é preciso lembrar que, no momento da produção da prova, a dúvida é interpretada a favor do réu, ou seja, a menos que a acusação demonstre que a hipótese ora estudada não ocorreu, ela poderá ser acatada;

c) *legítima defesa real contra legítima defesa putativa por erro de tipo*: é possível. Entende-se que, objetivamente, a agressão praticada em legítima defesa (ou qualquer outra descriminante) putativa é injusta, e, assim, permite a legítima defesa real, que, nesse ponto, deve ser encarada apenas a partir do prisma objetivo. Assim, no exemplo em que "A", imaginando que está na iminência de ser agredido gravemente por "B", dispara sua arma de fogo, provocando reação em "B", que termina por atingir "A" de forma letal, "B" será absolvido por estar em legítima defesa.

Em nosso sistema penal, a solução é paradoxal, pois, em princípio, não deveria ser possível no caso de erro de tipo inevitável. É que a legítima defesa putativa por erro de tipo inevitável afasta o dolo e a culpa, e, assim, não haveria sequer fato típico sobre o qual incidiria o juízo de antijuridicidade. A solução adotada, no sentido de que haveria um "injusto objetivo" (Damásio), não nos convence, e, na verdade, apenas busca paliativo para resolver problema criado pela adoção da teoria limitada da culpabilidade (vide erro de tipo sobre descriminante). Se fosse adotada a teoria extremada, a legítima defesa putativa apenas repercutiria na culpabilidade, e não na tipicidade, ou seja, a agressão seria injusta, ainda que não culpável (como propõe Bittencourt), e seria bem mais fácil explicar o cabimento da legítima defesa real em face da legítima defesa putativa por erro de tipo. Felizmente, ainda que tortuosa a justificativa, prevalece, como dito, a possibilidade de legítima defesa real contra legítima defesa putativa por erro de tipo;

d) *legítima defesa real contra legítima defesa putativa por erro de proibição*: possível. Se o sujeito se equivoca sobre os limites da descriminante da legítima defesa, é possível legítima defesa real contra sua agressão. É que a agressão, mesmo praticada em erro de proibição, continua injusta, pois o erro de proibição apenas influencia na culpabilidade. Presentes os requisitos, possível a legítima defesa real (ex.: sujeito morador de pequena comunidade interiorana que acredita ser legítimo matar a esposa adúltera em legítima defesa de sua honra, em razão de permissivo legal que, de fato, não permite reação de tal monta – a esposa, ao se defender, estará agindo em legítima defesa real).

Excesso: Ainda que a figura do excesso possa ser investigada em relação a todas as descriminantes, vale o estudo, desde já, na legítima defesa, sendo questão de simples adaptação a aplicação às outras hipóteses. A escolha é feita, ainda, pela consagração do instituto na legítima defesa, que com maior incidência é comentada e questionada.

O excesso pode ser doloso, culposo ou exculpante.

Excesso doloso: O que reage extrapola os limites da legítima defesa propositadamente, sabendo que usa de meios ou modos mais lesivos que o necessário ou razoável para afastar a agressão. É o caso do sujeito que fere com faca o agressor e, mesmo percebendo que este está fora de combate, aproveita a situação para persistir na agressão e eliminar o inimigo.

Diz-se que no excesso doloso o sujeito atua movido por emoções fortes – afetos estênicos, como o ódio, a vingança, a ira. A percepção de tais sentimentos permitiria a caracterização do excesso doloso.

Consequência: a partir do momento em que há o excesso, o sujeito responde normalmente pelo crime, ou seja, no caso referido, a partir do segundo golpe de faca o sujeito seria punido como se não houvesse, a princípio, legítima defesa. Se dos golpes em excesso resultar morte, responderá por homicídio doloso; se causar perda de função, lesão corporal gravíssima, e assim por diante.

Excesso culposo: A desnecessária lesividade dos meios ou modos é resultado de uma grave falta de cautela na apreciação das circunstâncias, ou seja, aquele que reage não toma as mínimas cautelas necessárias acerca da continuidade da agressão, de sua força e do que seria necessário para afastá-la.

No excesso culposo, assim como no exculpante, o sujeito é movido por sentimentos fracos – afetos astênicos, como o medo, o pavor, o desespero.

Consequência: a partir do momento em que a reação deixar de ser razoável, será punido pelo resultado praticado na forma culposa.

Excesso exculpante: Há excesso, ou seja, imoderação na reação, mas é fruto da compreensível falibilidade humana, e não de grave quebra de dever de cautela ou de dolo. É o caso da vítima que, apavorada com a presença do agressor sobre seu corpo, dispara arma de fogo uma vez. Sentindo ainda o peso do corpo sobre o seu e as mãos em seu pescoço, não sabe que o agressor já perdeu a consciência e dispara novamente. Ainda que o uso não tenha sido moderado, a falta de moderação não é atribuída a uma grave falta de cautela (não seria razoável exigir que ela perguntasse ao ofensor se continuava a agredi-la antes do segundo disparo).

Consequência: sem dolo ou culpa, não há crime, e o excesso não tem relevância penal.

5.2 ESTADO DE NECESSIDADE

O ordenamento jurídico quer proteger bens jurídicos. Por vezes, não é possível resguardar todos os bens jurídicos ao mesmo tempo, sendo necessário o sacrifício de alguns em detrimento de outros. É claro que a lei não poderia deixar à livre escolha do indivíduo a oportunidade para tal sacrifício sem punição, e, por isso, traz requisitos que justificam a excepcional agressão no art. 24 do CP, sob a rubrica do estado de necessidade.

Age em estado de necessidade aquele que, diante de situação de perigo atual que não provocou, sacrifica bem jurídico com o fim de salvaguardar outro, desde que o sacrifício seja inevitável e razoável.

Inevitável é o sacrifício que o sujeito não pode evitar, sem risco pessoal, para salvar o bem jurídico. O sujeito não pode ser obrigado a correr riscos para evitar o sacrifício, pois o direito penal quer a normalidade da convivência e busca a normalidade de comportamentos não lesivos, não podendo cobrar condutas heroicas. Assim, é considerado inevitável o sacrifício ainda que se demonstre a possibilidade de evitar lesão a bens, mas com risco ao agente: o indivíduo comum não é obrigado pelo direito penal a assumir riscos à sua integridade.

É preciso que o sacrifício seja razoável. No Brasil, prevalece que é razoável o sacrifício de um bem para salvar outro de maior ou igual valor. Assim, é possível o sacrifício do patrimônio para salvar a vida, e também é possível sacrificar uma vida para salvar outra. Apenas o sacrifício de um bem para salvar outro de menor valor é que afastaria a excludente da ilicitude. Nesse caso, mesmo valorando como não razoável o sacrifício, poderá o juiz diminuir a pena, como permite o art. 24, § 2.º, do CP.

Teorias sobre a natureza do estado de necessidade

- *teoria unitária / não diferenciadora*: é a adotada no Brasil. O estado de necessidade sempre exclui a antijuridicidade, e considera-se razoável, como visto, o sacrifício de um bem para salvaguardar outro de maior ou igual valor;
- *teoria diferenciadora*: prevalece fora do Brasil. O estado de necessidade pode excluir a antijuridicidade e a culpabilidade. Excluirá a antijuridicidade se um bem for sacrificado para salvar outro de maior valor (interpretação restritiva sobre o que é sacrifício razoável). Poderá excluir a culpabilidade se o sacrifício busca proteger bem de igual ou menor valor.

Possível perceber que, de um lado, a teoria não diferenciadora tem interpretação mais abrangente sobre o que é sacrifício razoável. De outro, a teoria diferenciadora legitima a absolvição mesmo se o sacrifício não for razoável, permitindo que se afaste a culpabilidade.

Não há estado de necessidade se o agente provoca voluntariamente a situação de perigo, pois de outra forma seria fácil a utilização do instituto com o fim de legitimar a ofensa a bens alheios. O que significa voluntariamente? Prevalece que a expressão "voluntariamente" deve ser interpretada de forma restritiva, como "dolosamente". Assis Toledo, com apelo à técnica conceitual, lembra que a conduta culposa também é voluntária, e assim também afasta o estado de necessidade se o perigo for criado por culpa.

Curioso apontar que a situação deve ser de perigo atual, não trazendo a legislação a previsão do perigo iminente. Como deve ser compreendida tal norma? Prevalece atualmente que, ainda que o perigo seja iminente, é possível alegar estado de necessidade, pois seria absurdo aguardar que o perigo iminente se tornasse atual (risco desnecessário para o bem) para que se permitisse a reação. É a compreensão que melhor resolve o maior número de problemas, ainda que ao arrepio da letra da lei. No entanto, é possível defender, diante da literal compreensão da lei, que apenas em situação de perigo atual pode ser alegado o estado de necessidade.

Acreditamos que a polêmica referida não tem sentido, uma vez que o termo "perigo", desde logo, traz a noção da iminência, de situação que inspira cuidado. Não há como distinguir seriamente entre perigo atual e iminente, pois o perigo é a iminência provável da lesão.

Como dito, o sujeito comum não é obrigado a se colocar em risco para a proteção de todos os bens jurídicos, pois o direito penal não exige dele tais posturas heroicas. No entanto, conforme o art. 24, § 1.º, do CP, não pode alegar estado de necessidade quem tem o dever legal de enfrentar o perigo, como é o caso do bombeiro. A correta interpretação do dispositivo – afastando o exagero – permite concluir que aquele que tem o dever legal de enfrentar o perigo não pode alegar o estado de necessidade para deixar de enfrentá-lo, ou seja, o bombeiro não pode alegar estado de necessidade para se afastar do fogo que tem o dever legal de combater. Explica Bittencourt que a proibição não é absoluta, esclarecendo Regis Prado que, em caso de risco excessivo, é permitida a alegação de estado de necessidade, apesar da literalidade da lei.

Para Nucci, o "dever legal" de enfrentar o perigo deve ser interpretado como "dever jurídico", abrangendo também o dever que advém de outras relações jurídicas, como o contrato de trabalho. Para Hungria e Bittencourt, apenas o dever advindo diretamente da lei pode restringir a alegação do estado de necessidade. Por se tratar de norma que excepciona descriminante, acreditamos que a interpretação deve ser restritiva, abrangendo apenas o dever "legal".

5.3 ESTRITO CUMPRIMENTO DO DEVER LEGAL

Para muitos, desnecessária a previsão, pois quem se atém aos estritos limites da lei, atendendo a seu comando, não poderia estar agindo de forma antijurídica. Aqui o sujeito pratica fato (ao menos formalmente) típico, mas nos limites de comando legal. São exemplos a prisão em flagrante e a remoção de bem feitas por oficial de justiça (que a princípio poderiam ser tipificadas como sequestro e furto, respectivamente).

É necessário cuidado com a redação da excludente: o dever legal pode ser cumprido além dos limites permitidos pela lei, tornando-se relevante penal, mas o *estrito* cumprimento do dever legal afasta, desde logo, a possibilidade de excesso.

5.4 EXERCÍCIO REGULAR DE DIREITO

Mais uma vez, a previsão seria desnecessária, pois quem normalmente exerce conduta regulamentada pelo direito, de acordo com a norma, não poderia realmente estar praticando conduta antijurídica (contrária ao todo do ordenamento).

É o caso dos esportes de contato, em que a lesão corporal pode ser regulada, e até fomentada, como é o caso do boxe. No entanto, importante verificar aqui o excesso, causado pelo exercício irregular do direito, que implicará a relevância penal da conduta (hipótese do jogador de futebol que, fora das regras do jogo, dá um soco em adversário para evitar que nos próximos minutos ele possa fazer um gol). O mesmo para a cirurgia estética, que pode a princípio ofender a integridade corporal, mas, dentro de limites estabelecidos, é permitida pelo ordenamento.

Ofendículos: são aparatos materiais predispostos para a defesa de interesses. Para alguns, trata-se de exercício regular de direito. Para outros, de legítima defesa predisposta. Concretizam-se os ofendículos no emprego de mecanismos de defesa a bens jurídicos capazes de provocar lesão no agressor, como cerca elétrica, cães bravos, fosso etc.

O emprego de tais mecanismos é considerado legítimo, de regulamento pelo direito. A reação deve ser proporcional e não pode configurar armadilha. Seria realmente absurdo legitimar a conduta do "justiceiro" que deixa sacola com valores em seu quintal aberto, mas camufla trincheira com lanças ao redor do bem, provocando a morte de todos que tentem alcançá-la.

Excludentes de antijuridicidade (ilicitude)	1) Legítima defesa	a) agressão injusta;
		b) atual ou iminente;
		c) bem jurídico próprio ou de terceiro
		d) meios necessários;
		e) uso moderado.
	2) Estado de necessidade	a) situação de perigo atual não criada voluntariamente pelo sujeito;
		b) sacrifício inevitável e razoável do bem.
	3) Estrito cumprimento do dever legal	
	4) Exercício regular do direito	
	Obs.: São aceitas causas supralegais excludentes de antijuridicidade, como o consentimento do ofendido.	

Culpabilidade 6

Para alguns, a culpabilidade é simples pressuposto de aplicação da pena. Já prevalece, hoje, que é estrutura do crime, dentro de uma noção tripartida: crime é a ação típica, antijurídica e culpável. É na estrutura da culpabilidade que se deixará de trabalhar com um sujeito "em abstrato", para valorar (julgar) a ação do indivíduo em concreto, respeitando as peculiaridades pessoais e as circunstâncias em que agiu.

Atualmente prevalece que a culpabilidade é estrutura relacionada à reprovabilidade, no sentido de juízo de censura sobre a conduta do sujeito que, livre para agir, poderia e deveria ter agido de acordo com o direito; que poderia ter sido motivado pela norma e não afrontar o ordenamento. Percebe-se grande importância da noção de livre-arbítrio (o sujeito é normalmente livre para agir, e responde criminalmente se mal utiliza tal liberdade).

Se o sujeito não poderia e deveria agir de acordo com o direito, ou seja, se não lhe era exigível nas circunstâncias que se deixasse motivar pela norma, resta afastada a culpabilidade. Em outros termos, se determinado fato influenciava sua liberdade de optar entre o caminho do lícito e do ilícito, tal vício na liberdade deve ser levado em consideração no momento de "reprovar" o indivíduo. Se não havia nenhuma liberdade, é caso de afastar a culpabilidade. Se estava diminuída, a reprovabilidade pode ser diminuída.

A estrutura da culpabilidade costuma ser sistematicamente dividida em imputabilidade, potencial consciência da ilicitude e exigibilidade de conduta diversa. Assim, aquele que é imputável, tem potencial consciência da ilicitude, e de quem é exigível, na situação dada, conduta diversa, é considerado plenamente livre para agir, e, por isso, plenamente reprovável (culpável). Faltando qualquer um dos requisitos expostos, não haverá reprovabilidade pessoal, e o sujeito não pode ser considerado culpável, ou terá sua culpabilidade diminuída, se o caso. Se não há culpabilidade, o sujeito não pode ser condenado nem punido (princípio da culpabilidade).

A lei traz as causas que considera capazes de afastar a imputabilidade, a potencial consciência de ilicitude e a exigibilidade de conduta diversa.

6.1 IMPUTABILIDADE

Imputar significa atribuir responsabilidade. O juízo de inimputabilidade valora o sujeito como incapaz de ser responsabilizado.

6.1.1 Doença mental e desenvolvimento mental incompleto ou retardado

Apesar de haver controvérsia sobre o significado das teorias, há ao menos três que buscam caracterizar a inimputabilidade. Utilizaremos o sentido usualmente empregado na doutrina brasileira:

Biológica: apenas se preocupa com a causa, ou seja, com o que determinaria a perda da autodeterminação. No caso da legislação brasileira, seria tão somente a presença de doença mental ou desenvolvimento mental incompleto ou retardado. A teoria não é adotada como regra no Brasil, mas sim como exceção, no caso de menores de 18 anos. Com inspiração na concepção biológica, o menor de 18 anos tem sua inimputabilidade reconhecida pela lei (presunção absoluta) por presumido desenvolvimento mental incompleto. Não importa se ao tempo da ação ou omissão tinha condições de compreender o caráter ilícito de sua conduta, ou seja, não importam as consequências de seu presumido desenvolvimento mental incompleto. É inimputável simplesmente por ter menos de 18 anos, ou seja, o critério é unicamente etário.

Há movimento legislativo na busca de diminuir a idade (atualmente 18 anos) para que se presuma inimputável o sujeito, em busca de satisfazer demanda preventiva da população. Há, no entanto, forte corrente doutrinária no sentido de que tal diminuição seria inconstitucional, pois o art. 228 da CF traz o limite de 18 anos como marco, e a alteração seria impossível por se tratar de emenda tendente a restringir/abolir garantia individual (núcleo constitucional intangível – cláusula pétrea, art. 60, § 4.º, IV).

Obs.: O inimputável em razão da menoridade tem tratamento especial regulado pelo Estatuto da Criança e do Adolescente, não sendo alcançado pelos institutos sancionatórios do direito penal.

Psicológica: preocupa-se apenas com a consequência, ou seja, se ao tempo da ação ou omissão o sujeito era capaz de compreender o caráter ilícito de seu comportamento (ainda que não se defina a causa anômala ou mesmo sua existência) e portar-se de acordo com tal entendimento. A alteração das funções psíquicas pode inviabilizar a compreensão das normas sociais, bem como provocar compulsões que tornem absolutamente irresistível, inevitável, a afronta a tais normas.

Tal teoria não é adotada no Brasil em sua pureza, mas apenas quando relacionada com a anterior, conforme se perceberá adiante.

Biopsicológica: para que haja inimputabilidade, é preciso causa e consequência, ou seja, além de doença mental ou desenvolvimento mental incompleto ou retardado (causa), é preciso que o sujeito não tenha ao tempo da ação ou omissão condições de compreender o caráter ilícito do que faz e portar-se de acordo com tal entendimento (consequência). É a regra adotada no Brasil.

Daí a propalada necessidade de perícia para que se reconheça a inimputabilidade, uma vez que alguns requisitos (talvez todos) fogem aos conhecimentos do operador do direito, havendo necessidade dos *experts*.

Importante perceber a relação da inimputabilidade com a questão da liberdade, que fundamente a culpabilidade. O sujeito que, pela doença mental ou desenvolvimento mental incompleto ou retardado, não consegue compreender o sentido da norma não é livre para escolher entre o caminho do direito e o caminho do ilícito, pois não os compreende, não os distingue. Da mesma forma, no caso daqueles que não conseguem se portar de acordo com tal entendimento pela influência do desvio mental, como no caso da compulsão patológica, não tem liberdade de opção entre os caminhos, pois a doença mental determina o comportamento. Daí a coerência do tema com a culpabilidade.

6.1.2 Consequências da inimputabilidade

A consequência do reconhecimento da inimputabilidade é a inviabilidade de condenação, pelo afastamento da culpabilidade. Se reconhecida a prática de ação típica e antijurídica, ainda assim o sujeito será absolvido, mas agora de forma imprópria, sendo sancionado com a medida de segurança. Teoricamente, a medida de segurança não tem caráter punitivo, mas apenas de defesa social e readaptação do agente – daí a possibilidade de aplicação mesmo ao sujeito não culpável.

É prevista ainda em nossa legislação a semi-imputabilidade, quando, por doença mental ou desenvolvimento mental incompleto ou retardado, o sujeito perde parcial (e não total) capacidade de compreender o caráter ilícito de sua conduta ou de portar-se de acordo com tal entendimento. Percebe-se que aqui o requisito "causa" é idêntico, havendo abrandamento do requisito "consequência". Não sendo afastada por completo a imputabilidade, também não o é a culpabilidade, ou seja, o sujeito permanece sendo culpável, o que permite, no caso de reconhecida prática de injusto penal, a condenação.

Peculiar a situação do semi-imputável: reconhecida a prática do injusto penal (fato típico e antijurídico), o sujeito será condenado, pois tem capacidade de culpabilidade, ainda que diminuída (art. 26, parágrafo único, c/c art. 98 do CP). Poderá receber pena atenuada ou ter a pena convertida em medida de segurança, sendo que tal opção será feita, de acordo com a doutrina, com base em laudos periciais.

6.2 EMBRIAGUEZ

É a intoxicação de caráter agudo causada pela ingestão de álcool ou substância de efeitos análogos, capaz de provocar desde ligeira excitação até a perda da consciência.

A embriaguez tem também relevância no exame da culpabilidade por eventualmente excluir a liberdade do sujeito para atuar de acordo com o direito durante o estado de embriaguez.

A embriaguez pode ser classificada em:

Preordenada: o sujeito se embriaga propositadamente para praticar o crime, para buscar coragem, para perder algum freio inibitório. Aqui o sujeito se coloca como um instrumento para a prática delitiva ao embriagar-se. A consequência na aferição da culpabilidade é que ela não só é mantida, como agravada por meio de uma circunstância agravante (art. 61, II, *l*, do CP).

Voluntária ou culposa: o termo voluntário contrapondo-se ao culposo não é o mais adequado, pois na conduta culposa também há vontade. Seria melhor usar o termo intencional, ou deliberada. Entenda-se embriaguez voluntária como aquela em que o sujeito se embriaga de forma proposital, ou seja, atua para embebedar-se. Culposa quando o sujeito não age para se embriagar, mas acaba colaborando com o resultado ao não tomar a cautela devida para impedir a própria embriaguez.

A consequência, conforme a jurisprudência brasileira, é que a embriaguez voluntária ou culposa não influencia a culpabilidade, que é mantida. Em termos de culpabilidade, o sujeito responde como se estivesse sóbrio no momento do fato (Capez).

O argumento é a aplicação da *actio libera in causa*, cuja interpretação hoje realizada seria: se em um primeiro momento o sujeito tinha liberdade para ingerir ou não a substância capaz de embriagar, tal liberdade contamina (se transfere para) o momento da conduta (Moura Telles), presumindo-se que no instante da prática delitiva o sujeito era livre e culpável (Silva Franco). A ação criminosa é presumidamente livre porque livre em sua causa.

A doutrina não concorda com tal premissa, mesmo porque essa não seria a correta interpretação da *actio libera in causa* (Cirino dos Santos). Infelizmente, é a solução adotada de forma praticamente pacífica na jurisprudência, como constata Bittencourt.

Percebe-se que tal visão da *actio libera in causa* a transforma em *presunção contra o acusado, responsabilidade objetiva*, incompatível com a concepção de direito penal em um Estado Democrático de Direito (Silva Franco). No entanto, qual outra solução poderia ser adotada? Como deixar de sancionar tantos casos de graves lesões praticadas em embriaguez profunda, frente à demanda social punitiva? Não há, na concepção da jurisprudência brasileira, teoria que melhor resolva um maior número de casos. Daí a adoção da odiosa interpretação da referida teoria, atendendo de forma confessa mais aos interesses preventivos sociais que às garantias penais individuais democráticas. Soluções propostas pela doutrina: 1) criação de um tipo autônomo para a embriaguez que resulta na prática delitiva (Silva Franco); 2) para que possa responder por crime doloso, deve no momento anterior à autocolocação em estado de embriaguez representar e querer a realização do crime determinado (Cirino dos Santos, Dotti), o que seria aplicação mais fiel da *actio libera in causa*, que se dirigiria não apenas à culpabilidade, mas também ao dolo.

Acidental: o estado de embriaguez não é resultado da intenção ou da falta de cautela do sujeito, mas sim de caso fortuito ou força maior. São os casos em que a ingestão da substância é forçada, camuflada ou imprevisível (sujeito cai acidentalmente em uma piscina de vinho).

Em tais casos, não há como se aplicar a *actio libera in causa*, pois o sujeito não era livre no momento da ingestão da substância. Também não é possível ignorar a importância da embriaguez como fato que vicia a liberdade do sujeito. Assim, a embriaguez completa afasta a culpabilidade (absolvição própria), bem como a incompleta propicia (condenação e) redução de pena, conforme letra do art. 28, II e § 2.º, do CP.

As expressões embriaguez completa ou incompleta não levam em consideração um determinado e preciso índice de álcool no sangue, mas sim o juízo feito pelo julgador sobre a influência do álcool na livre determinação do réu.

Patológica: é o alcoolismo ou doença congênere, capaz de propiciar a inimputabilidade, cujos efeitos já foram estudados.

Importante salientar que, quando o torpor ou patologia forem causados por substâncias entorpecentes, os instrumentos legislativos estão previstos na legislação especial, embora tenham consequências muito parecidas.

Embriaguez	1) Preordenada: circunstância agravante do art. 61, II, *l*, do CP;	
	2) Voluntária ou culposa: não gera inimputabilidade nos termos do art. 28, II, do CP (*actio libera in causa*);	
	3) Acidental	a) completa: afasta a culpabilidade (art. 28, § 1.º);
		b) incompleta: diminui a pena (art. 28, § 2.º);
	4) Patológica: é a doença mental que pode gerar a inimputabilidade, nos termos do art. 26 do CP.	

6.3 EMOÇÃO E PAIXÃO

Apesar das críticas da doutrina, a emoção e a paixão não têm relevância, salvo nos casos de previsão específica, como no homicídio, na lesão corporal, e como componente da atenuante do art. 65, III, *c*, do CP.

A moderna teoria tem enfrentado – ainda de forma minoritária – tal posicionamento legislativo (Nahum), argumentando que o exame da emoção e paixão deveria ser considerado em sua força real na determinação do comportamento, uma vez que impossível ignorar a importância de tais fatores no agir humano. O mito do homem plenamente racional e a vergonha das emoções, que o tornaria impuro, deveriam ser deixados para trás. Como fatores que influenciam o comportamento e a liberdade de racionalmente escolher entre o caminho do direito e do ilícito, é provável que em futuro próximo venham a ter outro enfoque no estudo da culpabilidade.

6.4 POTENCIAL CONSCIÊNCIA DA ILICITUDE

O desconhecimento da lei é inescusável. No direito penal, ainda que vigore o princípio, é muito importante a percepção da chamada *consciência profana do injusto*. É que se o sujeito não tem, pelas suas circunstâncias específicas, condições de conhecer o conteúdo do injusto, não tem liberdade para escolher entre o caminho do direito e o do ilícito. Se não tinha condições de se motivar pela norma, não pode ser censurado por ter agido em sentido contrário ao do ordenamento.

Erro de proibição significa a equivocada percepção acerca do que é proibido e permitido. Se o sujeito não sabe que o proibido é proibido, atua em erro de proibição, não tendo atual consciência da ilicitude. A falta de atual consciência da ilicitude afasta a culpabilidade? Não, apenas a falta de potencial consciência da ilicitude afasta. E o que é a potencial consciência da ilicitude? É a possibilidade de conhecimento do injusto nas específicas circunstâncias do sujeito.

Por tal razão, classifica-se o erro de proibição em evitável e inevitável. Evitável se o sujeito não sabe que o proibido é proibido, mas poderia saber nas circunstâncias. Inevitável se o sujeito não sabe que o proibido é proibido, nem poderia saber nas circunstâncias.

O erro de proibição inevitável dirime a culpabilidade. O evitável diminui a pena.

Ex.: senhor idoso, trabalhador rural desde a infância, analfabeto e sem aparelho de televisão em casa, aprisiona ave da fauna silvestre, praticando injusto penal previsto na lei ambiental. Não tem conhecimento de que realiza conduta proibida, nem poderia ter em suas circunstâncias, uma vez que tal conduta era praticada por seu avô, seu pai, e desde criança tem tal divertimento sem qualquer objeção. Como vê centenas de aves todos os dias, não consegue imaginar o escoamento do recurso natural, e certamente teria dificuldades para imaginar o bem jurídico meio ambiente como carente de proteção. Como houve erro de proibição inevitável, queda afastada a culpabilidade.

Ex.: estudante de medicina imagina que é crime de corrupção oferecer dinheiro para funcionário público deixar de praticar ato de ofício, mas não para que pratique ato devido, como prevê a lei. Oferece dinheiro para que oficial de justiça cumpra mandado de citação dentro do prazo e é processado. Possível reconhecer a diminuição de pena pelo erro de proibição evitável, pois não tinha conhecimento da proibição, ainda que as circunstâncias o permitissem.

É verdade que o erro de proibição não tem grande incidência na jurisprudência brasileira, mas a justificativa para tanto é o desprezo arraigado em nossa cultura pela noção de culpabilidade. A construção dogmática, sem dúvida, se justifica.

É possível ainda falar em descriminantes putativas por erro de proibição, também chamado erro de proibição indireto (em contraposição ao erro sobre a proibição da conduta, que seria o direto), ou erro de permissão. No caso, o sujeito imagina que exista causa excludente de antijuridicidade que não é prevista no ordenamento, ou se equivoca quanto aos limites da justificação.

Vale mais uma vez lembrar que, pela adoção da teoria limitada da culpabilidade, o erro quanto aos pressupostos fáticos (situação de fato) de uma causa de justificação afasta o dolo, e se inevitável também a culpa (erro de tipo permissivo). O erro quanto à existência ou limites de descriminante (no ordenamento jurídico) resulta em afastamento da culpabilidade (erro de proibição). Se adotássemos a teoria extremada – mudança sugerida pela doutrina majoritária –, em todos os casos referidos seria afastada a culpabilidade por erro de proibição.

A consequência do erro de proibição indireto é a mesma do direto, ou seja, se o erro é evitável, diminui a pena; se inevitável, afasta a culpabilidade.

Ex.: sujeito chega em casa e vê a esposa aos beijos com o vizinho. Imagina que exista a descriminante específica da legítima defesa da honra, e lava seu orgulho com sangue, matando ambos. Também o sujeito que, por interpretar de forma equivocada a mensagem de determinados filmes norte-americanos, entende que pode disparar contra qualquer um que esteja no interior de seus domínios sem autorização. No primeiro caso, o sujeito se equivoca quanto à existência de descriminante. No segundo, quanto aos limites de descriminante existente.

Nos casos em que o erro de proibição se refere a crime omissivo, em que o sujeito desconhece seu dever jurídico de agir, alguns doutrinadores o classificam como erro de proibição mandamental, visto que o sujeito erra sobre a existência do mandamento normativo de agir. As consequências são as mesmas das espécies de erro de proibição anteriores, ou seja, se evitáveis, diminuem a pena, e se inevitáveis, afastam a culpabilidade.

6.5 DELITO PUTATIVO POR ERRO DE PROIBIÇÃO

O que é delito putativo por erro de proibição? Delito putativo seria o delito errado, o delito imaginário. Diz-se delito putativo porque, embora o sujeito imagine estar praticando delito, não está, ou seja, o delito apenas existe na cabeça do sujeito, o delito é imaginário. O delito putativo pode ser: (a) por erro de tipo; (b) por erro de proibição; (c) por obra do agente provocador.

Delito putativo por erro de tipo: o sujeito erra quanto à existência das elementares do tipo, imaginando presente nas circunstâncias fáticas elementar de crime que, se realmente existisse, traria relevância penal à conduta. É o que ocorre em grande parte dos casos de impropriedade absoluta do objeto. No caso do sujeito que desfere golpes contra um corpo sem vida, imaginando praticar homicídio, o delito de homicídio apenas existe na cabeça do sujeito, ou seja, é imaginário, é putativo. O sujeito imagina presente no mundo real a elementar "alguém" que, se realmente existisse, traria relevância penal à conduta. Como se trata de um corpo sem vida, ou seja, não é "alguém", o crime apenas existe na cabeça do agente, e a conduta não tem relevância penal.

Delito putativo por erro de proibição: o sujeito imagina, por equivocada percepção do conteúdo do ordenamento jurídico penal, que determinada conduta seja criminosa, mas na verdade não é. É o caso da livre relação incestuosa entre pessoas maiores e capazes. Muitos imaginam que qualquer relação sexual entre pais e filhos, ainda que maiores e capazes, seja criminosa. Não é. Trata-se na hipótese de delito que apenas existe na cabeça do agente, ou seja, é imaginário, putativo. O sujeito imagina proibida conduta permitida pelo ordenamento e, assim, erra sobre a proibição.

Delito putativo por obra do agente provocador: o sujeito imagina que está praticando um crime, mas apenas participa de "jogo de cena" criado pela autoridade estatal para angariar provas sobre fatos anteriores (*vide* "Crime impossível por obra do agente provocador", no capítulo "Do crime – Fato típico").

6.6 EXIGIBILIDADE DE CONDUTA DIVERSA

Baseia-se na teoria da normalidade das circunstâncias, ou seja, o legislador previu como reprováveis determinadas condutas, imaginou a atitude do sujeito em circunstâncias normais. Se as circunstâncias estão substancialmente alteradas, de forma a alterar a normal liberdade de percepção e opção entre o caminho do direito e o caminho do ilícito, a reprovabilidade também será influenciada. Assim, se as circunstâncias tornam a conduta diversa (de acordo com o direito) inexigível, fica afastada a culpabilidade.

Ainda que sejam aceitas no Brasil as chamadas causas supralegais de inexigibilidade de conduta diversa, baseadas nas ideias acima expostas, nossa legislação traz duas hipóteses expressas que tratam de casos de inexigibilidade: coação moral irresistível e obediência hierárquica.

6.6.1 Coação moral irresistível

A violência física afasta a existência de conduta. A coação moral mantém a conduta, mas afasta a liberdade na tomada da decisão. Se irresistível, é tamanha a influência na referida liberdade que a atitude passa a não ser passível de censura, de reprovabilidade.

Assim, a coação moral irresistível afasta a culpabilidade.

Ex.: sujeito ordena, com o emprego de arma de fogo, que namorado dê um tapa na namorada. É até possível, mas não exigível, que ele enfrente a ameaça. Praticada a conduta, ficará afastada a culpabilidade, uma vez que absolutamente viciada sua liberdade para optar entre o caminho do lícito e do ilícito. É claro que em tais casos o coator responderá pelo crime praticado (*vide* "Autor mediato", no capítulo "Concurso de pessoas").

6.6.2 Obediência hierárquica

Há obediência hierárquica na ordem não manifestamente ilegal de superior para inferior hierárquico, com vínculo público.

Entende-se como manifestamente ilegal aquela que, nas circunstâncias dadas, não despertaria sequer dúvida acerca de sua correção na mente do inferior, que a perceberia ilegítima incontinenti.

O vínculo deve ser público, não valendo o eclesiástico e o particular.

Assim como na coação moral irresistível, na obediência hierárquica o superior responde pelo crime como autor mediato (a matéria será estudada em "Concurso de pessoas").

revisão

Dirimentes de culpabilidade	1) Inimputabilidade	a) etária: menor de 18 anos (art. 27 do CP);
		b) Embriaguez acidental (art. 28, § 1.º, do CP);
		c) Desenvolvimento mental incompleto ou retardado (art. 26 do CP).
	2) Erro de proibição inevitável (art. 21 do CP)	
	3) Inexigibilidade de conduta diversa (art. 22 do CP)	a) coação moral irresistível;
		b) obediência hierárquica.
	Obs.: São aceitas causas supralegais decorrentes da culpabilidade.	

Concurso de Pessoas

7

Assim como tantas outras atividades da vida, a prática criminosa pode ser realizada por mais de um agente. Em tais casos, os estudiosos sentiram-se obrigados a desenvolver teorias que melhor resolvam a responsabilidade de cada um dos envolvidos.

As teorias podem ser divididas, quanto à incidência típica das pessoas, em monista, dualista e pluralista. Para a teoria *monista*, todos os que colaboram na prática delitiva respondem pela mesma infração. Para a *dualista*, os coautores respondem por uma infração, e os partícipes por outra. Para os *pluralistas*, cada colaborador deve responder por uma infração diversa.

No Brasil, é adotada a teoria monista, conforme art. 29 c/c art. 30 do CP. Todos os que colaboram na prática de um crime devem ser sancionados com as penas a ele cominadas. Mais ainda, o art. 30 determina a comunicação dos dados de natureza subjetiva quando elementares do crime.

Comunicabilidade dos dados de natureza típica: os dados da previsão típica incriminadora podem ser divididos em elementares e circunstâncias, conforme já estudado no capítulo "Fato típico". Também podem ser divididos em objetivos e subjetivos. Subjetivos quando se referem ao sujeito e suas peculiaridades, e objetivos quando se referem a aspectos externos ao sujeito. Todos os dados de natureza objetiva, ou seja, tanto as elementares como as circunstâncias, comunicam-se a todos os colaboradores no caso de concurso de pessoas. Tais conclusões podem ser extraídas da interpretação do art. 30, que poderia ser lido como "todos os dados da figura típica se comunicam, salvo as circunstâncias de caráter subjetivo".

Há, no entanto, *exceções à teoria monista*, ou seja, hipóteses nas quais, apesar de presentes os requisitos do concurso de pessoas, os colaboradores não responderão pelo mesmo crime: 1) previsão expressa da conduta de cada colaborador em tipo autônomo; 2) cooperação dolosamente distinta.

Previsão especial e autônoma da conduta dos colaboradores: Em alguns casos o legislador prevê, de forma especial, a punição por infrações diversas, ainda que presentes os requisitos do concurso de pessoas acerca de determinado fato. Como há previsão especial, perde espaço a regra geral da concepção monista. São consagrados os casos da corrupção ativa e passiva (quem oferece a vantagem pratica um crime e quem recebe outro – arts. 317 e 333 do CP) e autoaborto e prática de aborto com consentimento (a gestante responde em relação a um tipo e o agente que realiza o procedimento por outro – arts. 124 e 126 do CP). Em tais hipóteses, ainda que presente o liame subjetivo e a relevância de cada comportamento para a proibida lesão ao bem, cada um responderá por infração prevista em tipo específico.

Cooperação dolosamente distinta (ou colaboração em crime de menor gravidade): Conforme o art. 29, § 2.º, do CP, o agente que quer participar de crime menos grave responde, em princípio, pelas penas deste. É mais uma consequência do princípio da culpabilidade, pois se o agente não assumiu o risco da conduta proibida não pode responder por crime doloso praticado. Deve responder nos limites de seu dolo. Mais e ainda, se a aderência da vontade se deu apenas em relação a fato menos grave, não há realmente concurso de pessoas em relação ao fato mais gravoso (falta o requisito do liame subjetivo em relação a ele). É o que a doutrina chama de excesso do colaborador, que vai além do concurso de vontades, e deve responder sozinho pelo excesso.

Há exemplo clássico do sujeito que, acreditando que nenhum dos comparsas está armado, aceita participar de crime de furto, acreditando que o local dos fatos está abandonado. Enquanto aguarda do lado de fora de determinada residência, os que adentraram percebem que há uma arma caída do lado de fora da casa e a apanham. Com a arma, acabam por matar o proprietário que lá estava e reagiu ao crime. O sujeito que estava aguardando do lado de fora não poderia responder por latrocínio, mas tão somente por furto, pois era o limite de seu tipo subjetivo. Da mesma forma, se o sujeito que ingressa na casa resolve, após entrar e perceber que há uma moça na casa, praticar um estupro.

A parte final do referido § 2.º do art. 29 do CP alerta que há aumento de pena se o resultado criminoso mais grave era previsível.

7.1 REQUISITOS PARA O CONCURSO DE PESSOAS

Os requisitos para que se configure o concurso de pessoas são:

a) pluralidade de pessoas;

b) liame subjetivo: é necessário que haja aderência entre uma vontade e a outra.

Normalmente, ocorre o prévio acordo de vontades. Não é, no entanto, necessário tal acordo, ou seja, o liame recíproco. É reconhecido o liame subjetivo ainda que haja apenas a aderência de uma vontade à outra, sem a reciprocidade. É o caso da empregada que abre a porta para que ladrão que ronda a vizinhança possa furtar eletrodoméstico. Ele não aderiu à vontade dela, mas tão somente ela à dele, e, por isso, em relação à empregada houve concurso de pessoas, e ela poderá responder pelo furto. Também não é necessário que seja prévio, podendo ser estabelecido durante a execução. Não há concurso de pessoas, no entanto, se o liame só ocorre após a consumação.

c) relevância causal: se a colaboração é querida, mas não tem qualquer relevância, não será punida. É o caso de José que, sabendo que João quer matar seu cunhado, empresta a seu pedido arma de fogo. Cego de ódio, João nem se lembra da arma e mata o cunhado aos pontapés. Não houve relevância da atuação de José.

O requisito da relevância causal vem perdendo sua configuração original, que remetia à teoria da *conditio sine qua non* e critério da eliminação hipotética (*vide* "Nexo de causalidade"). O que importa, aqui, é se a contribuição foi importante, se houve realmente influência no mecanismo do fato. Apenas serão excluídas aquelas condutas que evidentemente não tiveram qualquer relevância.

Se é necessária a relevância para a prática criminosa, é claro que a atuação deve ser anterior à consumação do delito. Se posterior, resta afastada a hipótese de concurso de pessoas.

Muitos autores entendem que há um quarto requisito, que seria a *unidade de crime*, ou seja, que todos respondam pelo mesmo crime. Acreditamos que não se trata de um requisito para o concurso de pessoas, mas sim uma consequência de seu reconhecimento.

Natureza da norma do art. 29 do CP: Possível aqui refletir sobre a natureza da norma do art. 29, que fundamenta o concurso de pessoas. Trata-se de norma de ampliação de extensão típica, ou seja, é uma norma da Parte Geral que permite ampliar os limites dos tipos da Parte Especial. Nesse caso, a ampliação serve para que sejam punidos todos aqueles que, com aderência de vontades, colaboram de forma relevante na prática de infração penal. Na ausência de um tipo que faça a previsão "dirigir conduzindo terceiros para que pratiquem roubo", a norma de ampliação da adequação típica permite, sem afronta ao princípio da legalidade, que toda colaboração relevante e consciente seja considerada penalmente relevante. E como será classificada a conduta daquele que simplesmente dirigiu, presentes os requisitos do concurso de pessoas? Conforme a regra de teoria monista, responderá pelo crime que colaborou para que ocorresse, ou seja, no nosso exemplo, pelo roubo.

7.2 CLASSIFICAÇÃO ENTRE AUTORIA E PARTICIPAÇÃO

Na busca de melhor compreender o instituto e trazer segurança na aplicação da pena a cada um dos colaboradores, no caso de concurso de pessoas, foram elaboradas teorias que diferenciam em categorias os agentes. Assim, aqueles que teriam conduta mais importante seriam considerados autores, e os de conduta acessória, menos importante, partícipes.

Assim, podemos fazer uma primeira classificação entre teorias não diferenciadora e diferenciadora: a primeira não aceita a classificação entre autores e partícipes, entendendo que caberá ao juiz, sem qualquer classificação que o auxilie, aplicar a pena de cada um de forma proporcional à sua culpabilidade. A segunda teoria diferencia os colaboradores em autores e partícipes, auxiliando o julgador no momento de aplicar a sanção e comunicá-la. Aqui, é importante um esclarecimento acerca das expressões "autoria" e "coautoria": na lição de Welzel, coautoria é autoria, e, assim, podemos concluir que há "coautoria" se, no concurso de pessoas, mais de um colaborador ocupa a posição de autor.

Dentro da teoria diferenciadora, ou seja, partindo da premissa de que é interessante distinguir autores e partícipes, são várias as correntes que propõem critérios diferenciadores, valendo destacar:

Objetivo-formal: é a teoria de aplicação mais segura, pois o critério é bastante rígido. Nesta, considera-se autor aquele que realiza o verbo nuclear do tipo, e partícipe aquele que, sem realizar o verbo nuclear, colabora de outra forma relevante. Foi muito adotada no exterior e no Brasil, podendo ainda ser considerada majoritária. Embora seja a mais segura, não resolve problemas simples, pois considera, em princípio, o mandante (mentor intelectual) como partícipe.

Subjetiva: é autor aquele que atua com ânimo de autor, ou seja, que quer o crime como seu, e partícipe aquele que atua com ânimo de simples auxílio, que quer o crime para terceiro. Além da evidente dificuldade em matéria probatória, a teoria que resolve de forma perfeita o problema do mandante tem dificuldades para explicar a punição daquele que, contratado para pagar dívida, vem a colaborar na execução do crime. Querendo o crime como alheio, seria mero partícipe.

Objetivo-material, objetivo-subjetiva ou teoria do domínio do fato: não traz contornos sólidos, nem a segurança da primeira. Busca melhorar a explicação de situações como a do mandante (considerado coautor) e daqueles que colaboram na estrutura da prática criminosa pela divisão de tarefas. Assim, será autor todo aquele que tiver o controle da existência e dos motivos da realização do fato (quer o crime como seu), sendo que a existência e a relação dos requisitos assinalados devem ser percebidas e examinadas em cada caso concreto. Tem controle da existência, além daquele que realiza o verbo, também o que colabora de forma relevante dentro de uma divisão de tarefas.

Na hipótese de divisão de tarefas, ensina Nilo Batista que a ideia de "coautoria" se destaca, eis que todos detêm o controle a partir da fragmentação operacional da atividade comum.

As noções sobre a chamada teoria do domínio do fato são as mais diversas, o que se pode perceber desde a classificação como teoria *objetivo-material* (relevo apenas para o maior risco ao bem causado pelo agente) e *objetivo--subjetiva*, sendo que apenas a segunda lembra o critério subjetivo e lhe dá maior importância. Sem dúvida, é a teoria que dá maior amplitude ao conceito de autor, o que, a princípio, implica na maior gravidade da intervenção penal. Sua crescente adoção pode ser compreendida como reflexo da demanda de intervenção punitiva frente à chamada criminalidade organizada, facilitando uma maior repressão.

Partícipe, mais uma vez, seria um conceito por exclusão: será aquele que colabora na prática delitiva sem ter o controle da existência e motivos do fato, como o sujeito que empresta arma ou instiga vizinho vingativo a matar o cachorro de estimação da sogra.

Conforme art. 29, § 1.º, do CP, se a colaboração do sujeito é considerada "participação de menor importância", a pena pode ser reduzida de 1/6 a 1/3.

A pouca importância que a jurisprudência dá ao tema permite concluir que adote, de forma majoritária, teoria não diferenciadora, apesar da referência expressa na exposição de motivos da Parte Geral do Código Penal (n. 25).

7.3 FORMAS DE PARTICIPAÇÃO

A participação pode ser classificada como:

a) moral

- induzimento: fazer surgir na mente do agente o propósito de praticar a infração penal. É o caso do sujeito que confessa a outro que não aguenta mais as visitas da sogra, e este sugere, com seriedade, "por que você não a mata?"
- instigação: fomentar propósito criminoso preexistente. Aqui o agente já tem a ideia da prática delitiva, que é encorajada por terceiro. Sujeito diz que vai matar a sogra, e o terceiro o instiga: "Vá mesmo, ela não merece viver...". Por atuar na mente do agente, as formas induzimento e instigação são chamadas de participação moral.

b) material
- auxílio material secundário: é aquele que se desdobra no mundo dos fatos, sem, no entanto, configurar a autoria, como é o caso do sujeito que empresta mapa do local ou arma para a prática delitiva. Alguns chamam o auxílio material secundário de cumplicidade.

Apenas há punição pela participação se o crime chega ao menos a ser tentado, ou seja, a atuação daquele que quer colaborar (instigando, induzindo), mas não consegue sequer fazer o *iter* chegar ao início da execução, não será merecedora de intervenção penal.

Por ter natureza acessória, a relevância penal da participação depende da relevância da conduta delitiva principal. Há vários graus de consideração da acessoriedade previstos pela doutrina:

- *acessoriedade mínima*: basta que a conduta principal seja típica para que possa ser relevante penal a participação;
- *acessoriedade limitada*: para que seja punível a participação, é preciso que o fato seja ao menos típico e antijurídico. É adotada no Brasil;
- *acessoriedade máxima ou extrema*: para que seja punível a participação, além de ser típico e antijurídico, o fato deve ser culpável;
- *hiperacessoriedade*: é preciso que a conduta principal seja típica, antijurídica, culpável e punível para que haja, em princípio, participação punível.

7.4 AUTORIA MEDIATA

Considera-se autor mediato aquele que se serve de um inculpável ou alguém que esteja incidindo em erro como instrumento para a prática criminosa. É o caso do sujeito que manda criança de 5 anos de idade cortar o pescoço do vovô ou que pede para que o louco pule da janela garantindo que irá voar (o louco seria utilizado para provocar a própria morte). Também do coacto e do inferior hierárquico, nos casos de inexigibilidade de conduta diversa. Tratamos do erro no caso do médico que se utiliza da enfermeira para aplicar injeção letal em paciente (ela não tem consciência que mata – erro de tipo determinado por terceiro). Não confundir com mandante, que já teve abordagem em tópico anterior.

Há autores que classificam, ainda, como autoria mediata o caso do sujeito que cria situação de justificação para terceiro, buscando a lesão de determinado bem. É o caso daquele que induz "A" a lesar "B", sabendo que "B" está armado, conseguindo assim que "B" mate "A". Como ambos teriam sido instrumentos para a morte de "A", haveria autoria mediata.

7.5 AUTORIA COLATERAL

Trata-se da prática coincidente do mesmo crime por mais de um agente, sem que haja liame subjetivo (consequentemente, sem concurso de pessoas). No caso, dois sujeitos, um sem conhecer o outro nem saber de suas intenções, ficam cada um de um lado de um desfiladeiro aguardando que a vítima comum passe. No mesmo instante os dois atiram. Como falta o requisito do liame subjetivo para que haja concurso de pessoas, cada qual responderá pelo resultado que causar, se causar (se o disparo letal for de "A", "B" responderá apenas por homicídio tentado).

7.6 AUTORIA INCERTA EM AUTORIA COLATERAL

Se, no caso anterior, não for possível distinguir, pela deficiência de provas, quem foi o autor do disparo letal, o que ocorre? Não é possível punir apenas um pela consumação, pois não se sabe qual foi. Não se pode punir ambos pelo resultado, pois não houve concurso de pessoas. A única solução é punir ambos por tentativa, que é o limite da certeza da conduta de cada um.

Classificação dos Crimes

Além das classificações já enumeradas até aqui, há outras que permitem compreender melhor os tipos da Parte Especial.

8.1 CRIME INSTANTÂNEO E CRIME PERMANENTE

Crime instantâneo é aquele cujo momento consumativo não perdura no tempo, aperfeiçoando-se em um único instante, como o homicídio e o furto. Crime permanente é aquele cujo momento consumativo perdura no tempo, como no caso do sequestro.

Os crimes instantâneos podem, ainda, ser classificados como de efeitos permanentes e de efeitos não permanentes. Há crimes que, embora se consumam em fração de segundos, têm efeitos perenes e não controláveis pela vontade do agente, como o homicídio (a doutrina costuma assinalar aqui também a bigamia). Outros podem ter seus efeitos revertidos, como é o caso do furto.

8.2 CRIME DE FORMA LIVRE E CRIME DE FORMA VINCULADA

O crime de forma livre permite que se alcance o resultado por qualquer meio escolhido (aborto), enquanto o de forma vinculada traz, de maneira específica, qual a forma que torna relevante penal alcançar o resultado (curandeirismo).

8.3 CRIME COMUM E CRIME PRÓPRIO

Crime próprio é aquele que exige do sujeito ativo ou passivo qualidade especial. O peculato exige do sujeito ativo a qualidade de funcionário público. O infanticídio exige, quer do sujeito ativo, quer do passivo, qualidades especiais (estar em estado puerperal, ser neonato ou nascente). Crime comum quanto aos sujeitos é aquele que não exige do sujeito ativo ou passivo qualquer qualidade especial.

8.4 CRIME DE MÃO PRÓPRIA

É aquele que não admite coautoria (mas pode, em regra, admitir participação), ou, ainda, aquele no qual o sujeito não pode se valer de outra pessoa para praticá-lo. Exemplo é o falso testemunho: como cada um depõe em seu momento, não é possível a prática em coautoria, tampouco possível que terceiro deponha em lugar daquele que deveria testemunhar.

8.5 CRIME VAGO

Crime que tem como sujeito passivo entidade sem personalidade, como a família, no caso da calúnia contra os mortos.

8.6 CRIME DE DANO E CRIME DE PERIGO

Consumação apenas com a possibilidade de dano. Ex.: rixa, contágio venéreo. Dividem-se em: (a) perigo concreto – "descrição do tipo alude a perigo ocorrido, real, de lesão, devendo, portanto, ser comprovado" (Queiróz); (b) perigo abstrato/presumido – a simples prática da ação tipificada independe de qualquer risco, é presunção *juris et de jure*. Não precisa ser comprovado. Queiróz critica-o sob a alegação de que ofende ao princípio da lesividade.

Crime de dano é aquele cujo tipo prevê dano ao bem jurídico, enquanto crime de perigo é aquele cujo tipo prevê perigo ao bem, ou seja, se consuma com a possibilidade de dano. Se o perigo se refere à pessoa ou a pessoas determinadas, trata-se de crime de perigo individual. Se atinge número indeterminado de pessoas, fala-se em crime de perigo coletivo.

Os crimes de perigo podem ainda ser classificados como crimes de perigo abstrato e de perigo concreto. Crime de perigo abstrato se a norma presume o risco ao bem jurídico a partir, tão somente, da prática da conduta descrita no tipo, ou seja, são casos nos quais a norma parece se referir diretamente à conduta, e não à criação de risco juridicamente desaprovado. Crime de perigo concreto se, além da prática da conduta, é preciso que esta tenha gerado realmente um incremento proibido de risco ao bem concretamente considerado, ou seja, a "descrição do tipo alude a perigo ocorrido, real, de lesão, devendo, portanto, ser comprovado" (Queiróz).

Em alguns tipos chamados de perigo abstrato, a demonstração de que o bem jurídico não sofreu qualquer risco vem resultando em juízo de atipicidade, ou seja, a prática da conduta permite a presunção da existência do perigo, mas tal presunção seria relativa, permitindo prova em contrário (Mantovani).

Há grande setor da doutrina, com o qual concordamos, no sentido de compreender como inconstitucional o crime de perigo abstrato, uma vez que o sujeito responde além dos limites de sua demonstrada responsabilidade (responde como se tivesse colocado em risco um bem, o que não se sabe se realmente ocorreu). Também porque um direito penal democrático só pode existir para proteger bens jurídicos, e atuar quando há real (e não presumida) lesão ou risco de lesão aos bens, sob pena de perda de limites na ingerência estatal sobre a esfera de direitos individuais.

8.7 CRIME UNISSUBSISTENTE E CRIME PLURISSUBSISTENTE

Unissubsistente é aquele que não tem lapso temporal entre o momento do início da execução e a consumação, como a injúria verbal e a omissão de socorro. O momento do início da execução coincide com o momento consumativo.

Plurissubsistente é aquele em que há lapso temporal entre o momento do início da execução e a consumação, como no homicídio e no furto.

A grande importância dessa classificação é que não cabe tentativa de crime unissubsistente, pois não é possível iniciar a execução sem atingir a consumação.

8.8 CRIME UNISSUBJETIVO (CONCURSO EVENTUAL) E CRIME PLURISSUBJETIVO

Há crimes que podem ou não ser praticados por um grupo de pessoas. São os chamados crimes unissubjetivos ou de concurso eventual, como o furto, o roubo e o homicídio.

Outros são necessariamente praticados por mais de um agente, como no caso da quadrilha, da rixa e da bigamia.

Os crimes plurissubjetivos podem ainda ser classificados em:

a) de condutas paralelas: caso as condutas coincidam (quadrilha);

b) de condutas contrapostas: a conduta de um é enfrentar a do outro (rixa);

c) de condutas convergentes: ainda que não coincidam, diferem, sem enfrentamento, na busca do fim (bigamia).

8.8.1 Crime pluriofensivo

Aquele que lesa ou expõe a risco de lesão mais de um bem jurídico, como o roubo (patrimônio e liberdade individual/integridade física).

8.8.2 Crime exaurido

Diz-se que o crime está exaurido caso aquelas circunstâncias que apenas ocorrem após a consumação sejam totalmente aperfeiçoadas. Damásio menciona o exemplo do crime de incêndio, que estaria exaurido no momento em que a casa resta totalmente devorada pelo fogo, ou do falso testemunho, que se consuma com o simples depoimento, mas estaria exaurido no momento em que o falso atinge seu objetivo de condenar um inocente.

8.9 DELITO DE IMPRESSÃO

Definido como aquele que causa resultado anímico na vítima. Divide-se em: (a) delito de inteligência – realiza-se com engano. Ex.: estelionato; (b) delito de sentimento – ataca faculdades emocionais. Ex.: injúria; (c) delito de vontade – incide sobre a vontade da vítima. Ex.: constrangimento ilegal.

8.10 DELITO DE ALUCINAÇÃO = CRIME PUTATIVO POR ERRO DE PROIBIÇÃO

O agente pensa que cometeu crime, mas na verdade sua conduta não passa de irrelevante penal.

8.11 DELITO DE ENSAIO/DE EXPERIÊNCIA/DE FLAGRANTE PREPARADO

Aquele em que a autoridade prepara/induz/provoca a prática delituosa.

8.12 CRIME A PRAZO

A consumação desse crime depende de determinado lapso, como o transcurso de mais de 30 dias no art. 129, § 1.º, ou de 15 dias no art. 169, parágrafo único, II.

8.13 CRIME MULTITUDINÁRIO

"É o praticado por uma multidão em tumulto, espontaneamente organizada no sentido de um comportamento comum contra pessoas ou coisas" (Hungria).

8.14 CRIME COMPLEXO

(a) sentido amplo – cria-se um segundo crime a partir de crime preexistente somado a novos elementos; (b) sentido estrito – soma ou justaposição de dois ou mais crimes.

8.15 CRIME DE AÇÃO ÚNICA

Contém uma só ação descrita no tipo, um único verbo. Ex.: matar, subtrair.

8.16 CRIME DE AÇÃO MÚLTIPLA/CONTEÚDO VARIADO

No tipo há várias modalidades de conduta. Ainda que praticada mais de uma conduta, o agente responde por uma só. Há vários verbos. Ex.: tráfico. Queiróz alerta para a dificuldade, na prática, de forma tentada, diante da diversidade de verbos.

8.17 CRIME DE DANO CUMULATIVO

São condutas que, isoladas, não são capazes de atingir o bem jurídico de forma relevante, mas, na repetição, trarão séria lesão. O crime contra o meio ambiente é o exemplo mais claro: a derrubada de uma dezena de árvores não é capaz de desequilibrar o meio ambiente, mas a cumulação dos danos repetidos é capaz de lesar o bem jurídico de forma irreparável.

8.18 CRIME DE RESULTADO CORTADO

O sujeito busca a produção de um resultado externo ao tipo, em momento posterior, sem necessidade de nova intervenção sua, como no caso da extorsão mediante sequestro.

8.19 CRIME MUTILADO DE DOIS ATOS

O sujeito só irá atingir seu objetivo se, após completar o tipo, praticar uma nova conduta, externa à previsão típica original, como no caso do crime de moeda falsa.

8.20 CRIME DE TENDÊNCIA

É o que exige especial intenção do agente. É exemplo claro o crime contra a honra, em que uma mesma expressão ou afirmação pode configurar o crime ou ser irrelevante penal, dependendo da intenção do agente de atingir a honra.

8.21 CRIME DE PREPARAÇÃO

É aquele no qual se vislumbra a impaciência do legislador, que, ansioso por proteger o bem jurídico, aumenta o âmbito de proteção jurídico-penal para alcançar e incriminar condutas que seriam, em princípio, meros atos preparatórios. Exemplos famosos são a quadrilha (art. 288 do CP), a formação de milícia (art. 288-A) e o crime de petrechos para falsificação de moeda, previsto no art. 291 do CP.

8.22 CRIME DE ÍMPETO

É o praticado sem premeditação.

Teoria da Pena

9.1 CONCEITO DE PENA

Há duas espécies de sanção penal: a pena e a medida de segurança.

A pena tem como característica:

a) *ser um sofrimento:* o direito penal tem como instrumento o mal, o castigo, que tenta obstar um comportamento, sendo raro o uso de medidas positivas para estimular comportamentos desejados, como as regalias previstas genericamente na Lei de Execução Penal;

b) *referência ao passado:* a pena só pode ser aplicada em razão da prática de um mal passado, e não pela previsão de mal futuro;

c) *devido processo penal:* a violência do Estado só se legitima pelo processo constitucionalmente previsto. Sem o devido processo, o mal imposto pelo Estado é violência arbitrária, que escapa ao controle do direito e não se adapta ao conceito de pena.

A medida de segurança será estudada no momento oportuno.

Finalidades da pena: Há diversas correntes que buscam justificar a aplicação da pena a partir de suas finalidades. Podemos dividi-las, de maneira sintética, em teorias retributivas (absolutas) e preventivas (relativas). Há ainda as concepções mistas ou ecléticas, que, na busca das vantagens de ambas, findam por unir as concepções.

9.1.1 Teorias absolutas

Partem da concepção de justiça como igualdade, ou seja, ao mal do crime o mal da pena, tendo origem na ideia do talião.

Não se pune para que algo ocorra, mas sim porque o crime foi cometido. É muito criticada por não ter fundamento racional, por não buscar um fim de pacificação social ou redução da violência, assemelhando-se à vingança.

A grande vantagem dessa concepção é trazer limite relacionado ao fato para a punição, pois, se a sanção quer compensar o mal causado, não pode ir além dele, o que é motivo de elogio por parte dos doutrinadores. A ideia de justiça como equilíbrio é aceita pelo contexto cultural ocidental, o que ratifica a aceitação da presente teoria também no ideário popular.

9.1.2 Teorias relativas

Pune-se com fins preventivos. A prevenção pode ser dividida em geral e especial. A prevenção geral busca atingir o meio social, e a especial tem como objetivo o próprio delinquente.

A prevenção geral pode ser:

a) *negativa:* aplica-se a pena para intimidar potenciais delinquentes, utilizando o apenado como exemplo;

b) *positiva:* pune-se para que seja comunicada (reforçada) a vigência da norma, que teria sido abalada com a prática delitiva.

A prevenção geral negativa tem grande força por fazer coro com a crença de que o exemplo do castigo (contraimpulso criminoso) é capaz de trazer freios ao potencial infrator, raciocínio comumente utilizado nas relações sociais informais, como família, escola etc. As críticas começam pela ausência de demonstração segura da eficácia do modelo com base em pesquisas. Também pela instrumentalização do indivíduo, que deixará de ser considerado como fim em si, passando a ser instrumento de castigo exemplar. Por fim, pela tendência ao chamado "direito penal do terror", pois, com a verificação do crescimento da delinquência, as penas tendem a aumentar, e novamente aumentar, até alcançar castigos desmedidos e incompatíveis com os ideais democráticos. Não por acaso, eram a intimidação e o medo da pena os efeitos buscados pela imposição de pena no auge do absolutismo.

A prevenção geral positiva teria como vantagem a inexistência de relação direta entre a dureza da sanção e a comunicação de vigência da norma, o que evitaria desde logo a hipótese do "terrorismo penal". Por outro lado, buscaria atingir não apenas os eventuais delinquentes, mas sim toda a comunidade, por meio da comunicação da vigência da norma, importante para o restabelecimento da padronização das expectativas e o bom funcionamento das relações sociais. A crítica permaneceria com a instrumentalização do homem e a falta de comprovação de eficácia.

Aspecto pouco comentado, mas igualmente importante, é que, com a punição, a comunidade sente aliviada sua carência de vingança, e não busca punições alternativas geradoras de violência (justiceiros, linchamentos).

A prevenção especial pode ser:

a) *negativa:* com a punição, o sujeito fica alijado da sociedade e não pode praticar crimes – criminoso trancado não faz mal à sociedade;

b) *positiva:* pune-se para buscar a ressocialização do condenado. A ideia da ressocialização inspirou nossa Lei de Execução Penal, conforme art. 1.º da LEP.

A prevenção especial negativa tem como ponto favorável a eficácia plena, pois é realmente inviável ao sujeito isolado ou morto que venha a lesar o meio social. No entanto, sofre grande número de críticas: incompatível com os ideais democráticos, pois gera a destruição do indivíduo, o que confronta com a formação de um Estado racional, pois o sujeito não aceitaria ingressar em Estado abrindo mão de seu direito à vida. Também pela carga pouco humanitária da sanção, o que se refletiria na sociedade como o desvalor à solidariedade e à compaixão. A prevenção especial negativa redunda, invariavelmente, na pena de morte, cada vez menos aceita pela civilização ocidental.

A prevenção especial positiva tem a vantagem de se preocupar com o condenado, buscando sua readaptação ao convívio social, o que é bom para a sociedade. As críticas vêm pela inviabilidade prática da proposta, uma vez que não se conseguem, em regime econômico dependente da pobreza, justificar benesses maiores aos presos do que ao mais miserável dos homens livres. Também pela possibilidade de manipulação cultural, uma vez que o padrão ressocializador seria, no mais das vezes, a busca do que o Estado espera do cidadão, e não a concessão de meios que permitam ao indivíduo a busca de sua realização individual.

9.1.3 Teorias ecléticas

Na busca de somar as vantagens das teorias anteriores, surge corrente mista, que adota preceitos de ambas. Prevalece, então, que a pena tem função prioritariamente preventiva, mas sempre dentro do limite da culpabilidade (limite do mal causado, de inspiração retributivista).

No Brasil, conforme art. 59 do CP (*"reprovar e prevenir"*), é adotada uma concepção eclética, formada pela soma das posições anteriores.

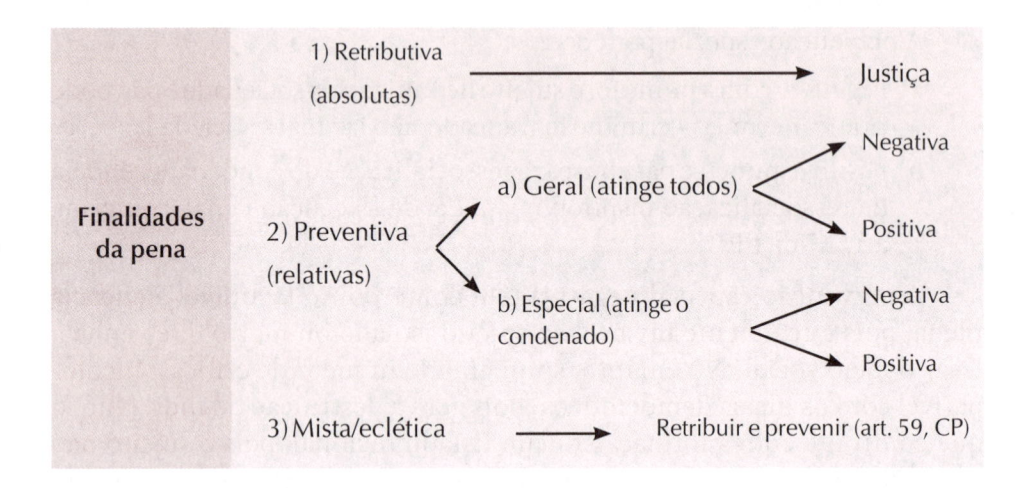

Finalidades da pena	1) Retributiva (absolutas) → Justiça
	2) Preventiva (relativas) — a) Geral (atinge todos) → Negativa / Positiva
	— b) Especial (atinge o condenado) → Negativa / Positiva
	3) Mista/eclética → Retribuir e prevenir (art. 59, CP)

9.2 ESPÉCIES DE PENA

A Constituição Federal permitiu as seguintes, no art. 5.º, XLVI:

a) privação ou restrição da liberdade;
b) perda de bens;
c) multa;
d) prestação social alternativa;
e) suspensão ou interdição de direitos.

O Código Penal tem classificação diversa, dividindo-as em três espécies:

a) pena privativa de liberdade;
b) pena(s) restritiva(s) de direitos;
c) multa.

9.2.1 Penas privativas de liberdade

Há duas no Código Penal: reclusão e detenção (a Lei de Contravenções Penais traz também a prisão simples).

Há diferenças no regime inicial de cumprimento de pena e no tratamento processual: nos crimes punidos com reclusão, há maior facilidade para decretar a prisão preventiva; a internação, na medida de segurança, é obrigatória; e apenas o juiz pode arbitrar fiança.

a) reclusão

A pena de reclusão pode ser cumprida em três regimes iniciais, nos termos do art. 33 do CP:

– fechado: pena superior a 8 anos;

– semiaberto: pena maior que 4 que não exceda a 8 anos;

– aberto: pena igual ou inferior a 4 anos.

Se o condenado for reincidente, não importa a quantidade da pena: será sempre regime fechado. Atualmente é possível que o regime seja apenas agravado, sem a imposição direta de regime fechado, como, por exemplo, na condenação a menos de 4 anos de reclusão ao reincidente, que pode ter fixado regime semiaberto. Há inclusive súmula do STJ a respeito:

> Súmula 269 do STJ: "É admissível a adoção do regime prisional semiaberto aos reincidentes condenados a pena igual ou inferior a 4 (quatro) anos se favoráveis as circunstâncias judiciais".

Se as circunstâncias do art. 59 do CP forem excepcionalmente desfavoráveis, também poderá iniciar o cumprimento da pena em regime inicial mais gravoso do que o indicado pela quantidade de pena. Há posições jurisprudenciais permitindo que as circunstâncias do art. 59 possam ser utilizadas também em benefício do acusado para abrandar os efeitos da reincidência e, até mesmo, descumprindo o critério objetivo do art. 33 do CP (tabela citada).

As definições e requisitos para progressão de regime de cumprimento de pena estão na Lei de Execução Penal.

b) detenção

Na pena de detenção, não existe regime inicial fechado. Pode chegar ao fechado em virtude de regressão.

Se for reincidente ou se as circunstâncias do art. 59 do CP lhe forem excepcionalmente desfavoráveis, iniciará sempre no regime mais grave previsto (semiaberto), não importando a quantidade da pena.

c) prisão simples

A prisão simples é específica para as contravenções penais, e deverá ser cumprida sem rigor penitenciário em estabelecimento especial ou seção especial de prisão comum, em regime semiaberto ou aberto, conforme art. 6.º da LCP. O condenado à prisão simples deverá estar sempre separado daqueles condenados à reclusão ou detenção, sendo o trabalho facultativo se a pena não exceder a 15 dias.

Em prisão simples, prevalece que não é possível o regime fechado, nem mesmo por motivo de regressão.

9.2.1.1 Regimes de cumprimento de pena

a) Regime fechado

Segundo o art. 33 do CP, é cumprido em estabelecimento de segurança máxima ou média. Há grande restrição à liberdade do recluso, que tem poucas oportunidades de contato com o meio social e mesmo com os outros presos. A LEP chega a prever a cela individual (art. 88), trazendo até mesmo espaço mínimo que garanta ao sujeito sua dignidade.

b) Regime semiaberto

A execução da pena é feita em colônia agrícola, industrial ou estabelecimento similar. A restrição da liberdade é diminuída, sendo, em tese, o condenado recolhido em cela coletiva, e são maiores as possibilidades de contato com a sociedade.

c) Regime aberto

A execução da pena se dá com o recolhimento noturno e aos finais de semana em casa de albergado ou estabelecimento adequado. Aqui, a restrição à liberdade é mínima, podendo o condenado voltar ao convívio social, trabalhar e manter seus contatos com o ambiente comunitário e familiar.

Há, ainda, a previsão de regime aberto domiciliar, apenas para situações excepcionais, como o condenado maior de 70 anos de idade ou portador de doença grave. Também no caso de condenada gestante, ou que tenha filho menor ou deficiente físico ou mental.

Pacífica a jurisprudência no sentido de que, no caso de inexistir casa de albergado ou local adequado para o cumprimento da pena, é possível ao condenado que não satisfaça as condições mencionadas o regime aberto domiciliar. Como praticamente não existem casas de albergado no País, a exceção acaba por se tornar regra, ou seja, a imensa maioria dos condenados em regime aberto cumpre pena em prisão albergue domiciliar.

> **observação**
>
> O chamado RDD, apesar de significar "regime disciplinar diferenciado", não é um regime de cumprimento de pena. É, sim, uma sanção disciplinar, gravíssima, que tem as seguintes características:
>
> I – duração máxima de 360 (trezentos e sessenta) dias, sem prejuízo de repetição da sanção por nova falta grave de mesma espécie, até o limite de 1/6 (um sexto) da pena aplicada
>
> II – recolhimento em cela individual

III – visitas semanais de duas pessoas, sem contar as crianças, com duração de duas horas

IV – o preso terá direito à saída da cela por 2 horas diárias para banho de sol.

O ingresso do preso no RDD só é possível com prévia autorização judicial, e para tanto o preso deve incidir em uma das seguintes situações: (a) prática de fato previsto como crime doloso que ocasione subversão da ordem ou disciplina internas ou (b) preso que apresente alto risco para a ordem e a segurança do estabelecimento penal ou da sociedade ou (c) quando recaiam fundadas suspeitas de envolvimento ou participação, a qualquer título, em organizações criminosas, quadrilha ou bando.

9.2.1.2 Fixação de regime inicial de cumprimento de pena

Para a fixação do regime inicial de cumprimento de pena, a primeira medida é notar qual espécie de pena privativa de liberdade está sendo aplicada: é que apenas a reclusão admite regime inicial fechado. A detenção e a prisão simples não admitem.

O principal critério orientador na fixação do regime inicial de cumprimento de pena é a quantidade de pena. No caso de reclusão, se a pena não supera 4 anos, são possíveis os regimes aberto, semiaberto ou fechado, apenas admitindo-se regime mais grave que o aberto em razão de excepcional circunstância do crime ou em caso de reincidência. Se supera 4 mas não excede 8, podem ser impostos os regimes iniciais semiaberto e fechado, mais uma vez só prevalecendo o fechado em razão de circunstâncias de específica gravidade do crime ou reincidência. Se a pena supera 8 anos, apenas poderá ser estabelecido regime fechado. A reincidência implicaria, pela lei, na fixação do regime mais severo possível para a espécie de pena (no caso da reclusão, regime fechado, independentemente da quantidade da pena). Apesar da dicção da lei, a Súmula 269 do STJ permite a aplicação de regime semiaberto aos reincidentes condenados à pena inferior a 4 anos de reclusão quando favoráveis as circunstâncias judiciais.

Na detenção, se a pena não supera 4 anos, são exequíveis os regimes aberto e semiaberto iniciais de cumprimento de pena, prevalecendo o aberto no caso de inexistência de circunstância que aponte a especial gravidade do fato concretamente analisado ou reincidência. Jamais o fechado inicial, repita-se, embora seja viável no caso de regressão. Se a pena supera 4 anos, apenas aplicar-se-á o regime semiaberto, mais grave para a espécie de pena.

No caso de reincidência, a lei manda aplicar o regime mais severo possível, qual seja o semiaberto.

Não é possível agravar o regime inicial de cumprimento de pena com base na gravidade em abstrato do crime, salvo nos casos de crime hediondo e decorrente de organização criminosa. Assim, os critérios comentados devem ser respeitados.

A lei abre uma exceção que permite ao juiz fixar regime inicial mais gravoso, mesmo ao primário, desde que as circunstâncias do crime, em concreto, indiquem tal gravame. No entanto, apenas as circunstâncias do crime concretamente considerado é que podem legitimamente fundamentar tal operação, não bastando considerações sobre o crime em abstrato. Assim, em crime de roubo, por exemplo, não basta ao juiz repetir que *o crime de roubo é grave porque cometido mediante violência*, eis que nada fala do caso concreto, mas sim do crime em abstrato. Há até mesmo súmulas do STF no sentido da insuficiência dos argumentos lançados sobre a gravidade em abstrato do crime: Súmula 719 do STF: *"A imposição do regime de cumprimento mais severo do que a pena aplicada permitir exige motivação idônea";* e ainda Súmula 718 do STF: *"A opinião do julgador sobre a gravidade em abstrato do crime não constitui motivação idônea para a imposição de regime mais severo do que o permitido segundo a pena aplicada".*

Muito comum a contradição interna da sentença condenatória na fixação da quantidade e do regime inicial de cumprimento da pena: é que o juiz, muitas vezes, fixa a pena no mínimo legal por entender que são favoráveis as circunstâncias, e, no momento seguinte, fixa regime mais grave do que o permitido pela lei, interpretando que as circunstâncias são desfavoráveis. Para evitar tal contradição, o STJ editou a súmula 440: *"Fixada a pena-base no mínimo legal, é vedado o estabelecimento de regime prisional mais gravoso do que o cabível em razão da sanção imposta, com base apenas na gravidade abstrata do delito".*

Repita-se: é preciso motivação com base em dados concretos do fato. A edição das súmulas foi necessária porque muitos julgados aplicavam (especialmente) ao crime de roubo regime mais gravoso que o admitido na lei com base na gravidade em abstrato do roubo, ou seja, porque entendia o julgador que o regime admitido na lei era brando demais. Não cabe, obviamente, ao julgador julgar a lei, mas sim o caso de acordo com a lei, sob pena de invasão na esfera de outro poder, o que gerou a edição da súmula. Assim, é perfeitamente cabível a fixação de regime semiaberto ao roubo com emprego de arma consumado (pena mínima de 5 anos e 4 meses) nos casos em que a pena não supera 8 anos, e deve ser fixado esse regime, a menos que haja especial circunstância no fato ou reincidência do autor. Da mesma forma, no roubo tentado, pode e deve ser fixado regime aberto caso a pena não supere 4 anos, a menos que seja apontada circunstância de especial gravidade ou reincidência do condenado.

Nos crimes hediondos e equiparados, pela letra da lei, deverá ser imposto regime inicial fechado, independentemente da pena fixada. No entanto, no HC 111.840, o Pleno do Supremo Tribunal Federal entendeu ser inconstitucional a previsão, devendo o magistrado fixar o regime inicial de maneira individualizada, nos termos do art. 33 e ss. do CP. Seria a única maneira de respeitar o princípio constitucional da individualização da pena.

A Lei 9.034/1995 prevê regime inicial fechado para os crimes que decorrem de organização criminosa. Da mesma forma, é possível concluir que o dispositivo é inconstitucional, por incompatível com a individualização da pena.

Ao fixar o regime inicial de cumprimento de pena, o magistrado deve considerar a detração, ou seja, deve levar em conta o lapso de prisão processual já cumprido pelo sentenciado.

Sobre a influência da detração no regime inicial de cumprimento de pena, são duas as posições:

a) *1.ª posição* (majoritária): a prisão processual deve ser descontada da pena aplicada e o regime fixado com base na pena que resta a cumprir. Assim, se fixada a pena em 4 anos e 6 meses de reclusão, mas já transcorrido lapso de 10 meses de prisão processual, poderá ser fixado regime inicial aberto, eis que restam apenas 3 anos e 8 meses a cumprir (pena a cumprir inferior a 4 anos, que permite regime aberto inicial);

b) *2.ª posição*: a prisão processual deve ser considerada tempo de cumprimento de pena, cabendo ao juiz, no momento da condenação, avaliar se já cumprido o lapso necessário para a progressão de regime de cumprimento de pena, e, reconhecendo tal operação na sentença, fixar desde logo regime inicial mais brando. Ex.: pelo sistema trifásico, a pena definitiva é de 6 anos de reclusão por crime comum, e o regime inicial seria o semiaberto. Sentenciado aguarda preso a condenação por 1 ano e 2 meses. Ora, como já superado o lapso de 1/6 da pena que seria originalmente aplicada, o magistrado deve reconhecer a situação nos autos e impor, desde logo, o regime inicial aberto para o cumprimento dos 4 anos e 10 meses que restam a cumprir.

9.2.1.3 Autorização de saída

a) Permissão de saída

No caso de falecimento ou doença grave do cônjuge, companheiro, ascendente, descendente ou irmão, ou pela necessidade de tratamento médico. A saída é feita mediante escolta, e o sujeito permanece o tempo todo sob vigilância. É possível tanto para o condenado em regime fechado como em semiaberto (em aberto não é necessária). É possível também aos presos provisórios.

Não se funda na confiança ou na intenção de ressocialização, mas sim na preservação da mínima dignidade e saúde do preso.

A saída terá a duração do que for estritamente necessário para que se atinja sua finalidade.

Pode ser concedida diretamente pelo diretor do estabelecimento carcerário, mas obviamente é possível o controle judiciário.

b) Saída temporária

Fundada na confiança e no objeto de ressocialização do condenado, busca permitir sua gradativa reintegração à comunidade. Esse tipo de permissão é possível para o preso em regime semiaberto que já tenha cumprido um sexto da pena, bem como tenha comportamento adequado e que os fins da saída sejam compatíveis com a ressocialização.

Pode ser deferida para visita à família ou para frequência em curso supletivo profissionalizante ou de segundo grau (há entendimento que amplia tais possibilidades, ou seja, para qualquer atividade de instrução). Também é possível para participação em atividades que, genericamente, contribuam para o retorno ao convívio social.

Não há escolta, e pode ser concedida por prazo de até 7 dias, cinco vezes por ano. É claro que na hipótese de frequência a curso não há limite de dias, tendo a saída a duração necessária para o cumprimento das atividades discentes (art. 124 da LEP).

A ausência de escolta não impede que o juiz condicione o benefício ao uso de aparelho de monitoramento eletrônico.

Durante o benefício, deverão ser fixadas três condições legais: fornecimento de endereço onde possa ser encontrado, recolhimento durante o período noturno e dever de não frequentar bares e congêneres. Além de tais deveres, o magistrado poderá fixar outras obrigações pertinentes aos objetivos de integração social da saída temporária.

Nos termos do art. 124, § 3.º, deve ser respeitado intervalo mínimo de 45 dias entre a concessão de duas saídas temporárias ao mesmo sentenciado.

A saída temporária é automaticamente cancelada se o sujeito pratica falta grave ou crime doloso, ou desatende às finalidades do instituto ou tem baixo rendimento no curso que frequenta. Apenas se for recobrada novamente a confiança no condenado será restabelecido o benefício.

9.2.1.4 Progressão e regressão de regime de cumprimento de pena

A execução da pena tem como finalidade a ressocialização do condenado, conforme art. 1.º da LEP. Entende-se que a devolução gradativa da liberdade condicionada ao cumprimento das obrigações estimula o bom comportamento do condenado e facilita sua reintegração. Impossível negar que o reingresso gradativo na comunidade é mais racional que a passagem da absoluta privação de liberdade diretamente para as ruas. Daí a adoção do regime progressivo de cumprimento de pena no Brasil. A progressão também é importante instrumento de individualização da pena, uma vez que tratados de forma desigual aqueles que aderem ao programa oferecido pelo Estado de trabalho e disciplina e os que persistem na prática de infrações e irregularidades mesmo dentro do estabelecimento carcerário. É o sistema de bônus e sanções, adotado há séculos como forma idônea de ajudar o indivíduo e adaptar sua personalidade ao convívio social e diminuir a reincidência.

a) Progressão

Progressão de regime de cumprimento de pena é a passagem de regime mais gravoso para outro mais ameno, caso o condenado cumpra os requisitos legais. É possível, assim, a progressão do regime fechado para o semiaberto e do semiaberto para o aberto. É vedada a progressão por salto, ou seja, a passagem direta do regime fechado para o aberto.

Os requisitos ordinários para a progressão são: (a) o cumprimento de pelo menos um sexto da pena (requisito objetivo) no regime anterior e (b) mérito do condenado (requisito subjetivo). O mérito é avaliado pelo juiz por meio de relatório do diretor do estabelecimento carcerário, conforme nova redação do art. 112 da LEP, ouvidos o Ministério Público e a defesa. O exame criminológico não está proibido, mas só poderá ser determinado pelo juiz em decisão fundamentada com as peculiaridades do caso concreto, nos termos da Súmula 439 do STJ.

Conforme a Lei 10.763/2003, o condenado por crime contra a Administração Pública terá a progressão de regime do cumprimento da pena condicionada à reparação do dano que causou, ou à devolução do produto do ilícito praticado, com os acréscimos legais.

No caso de crimes hediondos e equiparados, não é suficiente o cumprimento de 1/6 da pena: é necessário o cumprimento de 2/5 da pena, além do mérito, se não reincidente. Se reincidente o sentenciado, é necessário o cumprimento de 3/5 da pena para a progressão. Controverso se apenas a reincidência específica (em crimes hediondos ou equiparados) é que aumenta o prazo para progressão de 2/5 para 3/5, sendo essa nossa posição. Há posicionamento no sentido de que qualquer reincidência eleva o prazo para 3/5, ainda que a primeira condenação tenha sido por crime comum.

Progressão, crimes hediondos e conflito de leis no tempo: Antes da vigência da Lei 11.464/2007, a letra da Lei dos Crimes Hediondos vedava a progressão, mas tal proibição foi considerada inconstitucional pelo Pleno do Supremo Tribunal Federal, no julgamento do HC 82.959-7. Com as alterações promovidas pela Lei 11.464/2007, que entraram em vigor em 29.03.2007, a Lei de Crimes Hediondos passou a admitir progressão e foram fixados os já referidos requisitos de cumprimento de 2/5 de pena para o primário e 3/5 para o reincidente. Grande polêmica foi gerada em relação aos crimes anteriores a 29 de março de 2007: poderiam progredir com o cumprimento de apenas 1/6, ou seriam necessários 2/5 e 3/5?

1.ª posição: devem ser aplicados os marcos de 2/5 e 3/5, pois a antiga lei proibia a progressão, e a nova lei admite, e assim é benéfica, e deve ser aplicada aos fatos anteriores à sua vigência. Há que lembrar que a inconstitucionalidade da redação original da Lei de Crimes Hediondos não foi reconhecida em ação direta de inconstitucionalidade, e, assim, ela permanecia eficaz.

2.ª posição: a redação original da Lei de Crimes Hediondos era inconstitucional, e, assim, não integrava o ordenamento, não sendo obstáculo jurídico à progressão de regime de cumprimento de pena nos crimes hediondos e equiparados, tanto que a partir de fevereiro de 2006, quando julgado o HC 82.959-7, tribunais de todo o País passaram a admitir a progressão quando cumprido 1/6 da pena. Apenas a partir de 29.03.2007, com a vigência da Lei 11.464/200,7 é que passaram a ser exigidos 2/5 e 3/5 da pena, e, assim, é possível concluir que a alteração foi gravosa ao réu, e só pode ser aplicada aos crimes praticados após 29.03.2007. Aos crimes hediondos e equiparados anteriores a 29.03.2007 é possível a progressão com 1/6 da pena.

A 2.ª posição é vencedora, visto que o STF editou a Súmula Vinculante 26, e o STJ a Súmula 471 no mesmo sentido:

Súmula Vinculante 26: "Para efeito de progressão de regime no cumprimento de pena por crime hediondo, ou equiparado, o juízo da execução observará a inconstitucionalidade do art. 2.º da Lei 8.072, de 25 de julho de 1990, sem prejuízo de avaliar se o condenado preenche, ou não, os requisitos objetivos e subjetivos do benefício, podendo determinar, para tal fim, de modo fundamentado, a realização de exame criminológico".

Súmula 471 do STJ: "Os condenados por crimes hediondos ou assemelhados cometidos antes da vigência da Lei 11.464/2007 sujeitam-se ao disposto no art. 112 da Lei 7.210/1984 (Lei de Execução Penal) para a progressão de regime prisional".

b) Regressão

É a passagem de regime mais ameno para mais rigoroso.

É possível a regressão por salto, ou seja, a passagem direta do regime aberto para o fechado.

Pode ter como justificativa a prática de crime doloso, a prática de falta grave, ou mesmo a condenação por crime anterior se a soma da pena restante com a pena da nova condenação tornar inviável a manutenção do regime (ex.: sujeito que cumpre pena de 5 anos em regime semiaberto e sofre condenação que aplica mais 6 anos de prisão, somando 11 anos de pena a cumprir. Conforme o art. 33 do CP, a pena que ultrapassa 8 anos deve ser cumprida em regime fechado, inviabilizando o cumprimento em regime semiaberto).

Deve ser sempre possibilitado ao condenado defender-se, antes da decisão definitiva sobre a regressão. As decisões em sede de execução desafiam agravo em execução.

c) Falta de vagas em estabelecimento adequado

Vimos que, em tese, não é possível a progressão por salto. Também que o regime semiaberto traz menor restrição à liberdade que o fechado.

O art. 185 da LEP assevera que haverá excesso de execução sempre que algum ato for praticado além dos limites fixados na sentença, em normas legais ou regulamentos.

No caso de sujeito que tem direito a regime semiaberto de cumprimento de pena, quer em razão de fixação originária na condenação, quer em razão de progressão de regime, o que fazer quando não há vagas em estabelecimento adequado? Duas soluções são apresentadas: (a) a manutenção do condenado em estabelecimento com regime fechado até que seja encontrada vaga ou (b) sua colocação em regime aberto até que a mesma vaga seja providenciada.

Perceba-se, desde logo, que tanto na primeira como na segunda solução o sujeito está, juridicamente, em regime semiaberto. Como não há estrutura para tornar real tal situação jurídica, deve permanecer em outra situação fática até que a vaga seja providenciada.

É claro que nenhuma das soluções é ideal, mas infelizmente tal dilema é comum no País, dada a falta de infraestrutura para a aplicação da lei.

Prevalece na doutrina (na jurisprudência há grande controvérsia) a segunda posição, que permite ao sentenciado aguardar a vaga em regime aberto, escudada pelos seguintes argumentos: a execução da pena de forma mais grave que a admitida na sentença seria flagrante excesso, pois é regra básica da dinâmica processual que a providência executória não pode ir além do título emanado da decisão judicial. Por outro lado, o Estado é culpado pela falta de vagas, e assim é seu interesse, que deve sucumbir frente à liberdade do indivíduo. Por fim, sabe-se que a legalidade penal tem como objetivo exatamente fixar limites ao poder do Estado, e a legalidade das penas impede que seja executada sanção de forma mais gravosa que aquela prevista em lei. Assim, deve o sujeito permanecer em regime aberto até que seja providenciada a vaga em regime semiaberto.

Mas, no caso de progressão, a passagem direta do regime fechado para o aberto não seria progressão por salto? Não, pois juridicamente o sujeito está em regime semiaberto. Pela falta de estrutura ficará, de fato, em regime aberto, mas, assim que providenciada a vaga, deverá ser imediatamente transferido para o estabelecimento adequado.

Cumprimento de pena em regime aberto (casa de albergado): no caso de falta de vagas em casa de albergado, embora haja posição minoritária mais "conservadora", é praticamente pacífico que o sujeito será beneficiado com a prisão albergue domiciliar.

9.2.1.5 Trabalho do preso e remição

O direito ao trabalho é arrolado na Constituição como requisito para preservação da dignidade humana. Há que lembrar sempre que os direitos não atingidos pela condenação são preservados, e que a pena não pode atingir a dignidade do preso.

Daí o direito ao trabalho, que, além de direito, também é forma de incentivar a ressocialização do condenado.

Dever de trabalhar: O art. 39 da LEP traz como dever do preso a execução do trabalho, e o art. 50 da LEP assinala que é falta grave inobservar tal dever.

Assim, o condenado que se nega de forma injustificada a trabalhar recebe sanção, prejudicando a possibilidade de progressão, livramento condicional, saída temporária... Mas a Constituição não veda o trabalho forçado? Sim, não é possível constranger fisicamente (ex.: açoite) alguém ao trabalho, mas prevalece que não há inconstitucionalidade em premiar aquele que trabalha e deixar de premiar o condenado que não se adapta ao programa estabelecido na Lei de Execuções, trazendo eficácia ao sistema de bônus e sanções. Discordamos de tal entendimento, pois a nosso ver a ameaça de sanção àquele que não trabalha torna o trabalho forçado, o que é inconstitucional.

Vale lembrar que o trabalho é remunerado, sendo garantidos os benefícios da Previdência Social.

A remuneração, conforme o art. 29 da LEP, deve atender: (a) à indenização dos danos causados pelo crime, desde que determinados judicialmente e não reparados por outros meios; (b) à assistência à família; (c) a pequenas despesas pessoais; e (d) ao ressarcimento ao Estado das despesas realizadas com a manutenção do condenado, em proporção a ser fixada e sem prejuízo das destinações previstas nas letras anteriores. Se sobrar quantia, deve ser depositada em nome do preso para constituição do pecúlio, que poderá acessar quando solto, facilitando sua reintegração social.

O trabalho externo é admitido tanto para os presos em regime fechado como para aqueles em regime semiaberto. No caso de regime fechado, a vigilância deve ser direta, tomadas todas as cautelas contra a fuga e em favor da disciplina (art. 36 da LEP).

Remição pelo trabalho é a contagem dos dias trabalhados como cumprimento de pena, na razão de um dia de pena para cada três dias efetivamente trabalhados. A jornada de trabalho mínima é de seis horas, e deve ser respeitado o descanso semanal. Apenas vale para o preso em regime fechado e semiaberto, conforme art. 126 da LEP.

Se em razão de acidente vinculado ao trabalho o preso não puder trabalhar, continuará a beneficiar-se da remição, até que se recupere.

Remição pelo estudo é a contagem de horas de estudo como cumprimento de pena, na razão de um dia de pena para cada 12 horas estudadas. É necessário que as 12 horas estejam divididas em, ao menos, três dias.

É possível no regime fechado, semiaberto, aberto e também no livramento condicional.

Admite-se também o ensino à distância, desde que certificado pelas autoridades competentes.

Prêmio pela conclusão do curso: o art. 126, § 5.º, da LEP prevê um acréscimo de 1/3 ao tempo remido pelo estudo no caso de conclusão de ensino fundamental, médio ou superior.

Por expressa determinação legal é possível o cômputo dos dias de estudo e trabalho realizados durante a prisão cautelar.

Remição – Disposições gerais:

É possível a cumulação da remição pelo trabalho com a remição pelo estudo. Aliás, a lei diz que as atividades devem ser compatibilizadas.

Praticada falta grave, o art. 127 da LEP prevê que o juiz poderá decretar a perda de até 1/3 dos dias remidos. Nesse caso, nova contagem deverá ser reiniciada a partir da infração disciplinar.

O tempo remido será contado para todos os fins.

E se o Estado não providenciar ao preso oportunidade para trabalho? Primeiramente, deve-se observar que está sendo ferido direito inerente à dignidade humana e subversão das finalidades da pena, pois o ócio no ambiente prisional apenas prejudica a contínua construção da personalidade. Seria, no entanto, possível falar em remição?

Prevalece na jurisprudência que não, pois apenas há remição quando há efetivo trabalho. Há outra posição, mormente na doutrina, no sentido de que, se a culpa pela não efetivação do trabalho não se deve ao preso, mas sim ao Estado, que não cumpre seu dever de oferecer a vaga, deve ser contada a remição, pois o condenado não pode ser prejudicado pela desídia do Estado (é a chamada remição presumida). Se a falta de efetiva oportunidade para trabalho desde logo fere a dignidade, maior seria a lesão se aquele que não tem opção de trabalhar por culpa do Estado perdesse o direito ao prêmio da remição.

9.2.1.6 Da unificação das penas

O art. 75 do CP estipula que o tempo máximo de cumprimento de penas privativas de liberdade será de 30 anos.

Assim sendo, se um indivíduo for condenado a pena cuja soma seja superior a 30 anos, haverá unificação, para atender ao limite máximo temporal estipulado em lei (art. 75, § 1.º, do CP).

A unificação compete ao Juízo das Execuções, conforme art. 66, III, *a*, da LEP.

Se durante o cumprimento da pena privativa de liberdade sobrevier nova condenação, far-se-á nova unificação, desprezando-se o período de pena já cumprido, respeitando-se novamente o limite máximo de 30 anos (art. 75, § 2.º, do CP). Possível perceber que, pela regra exposta, é possível o cumprimento de pena privativa de liberdade por mais de 30 anos ininterruptos, se novo crime foi praticado durante o cumprimento da pena.

A contagem do prazo para a aplicação dos benefícios previstos em lei (ex.: a progressão de regimes, o livramento condicional etc.), para a jurisprudência majoritária, estará subordinada à pena efetivamente aplicada ao condenado, não sendo utilizada a regra do art. 75 do CP, mesmo que a somatória das penas ultrapasse o limite de 30 anos (Súmula 715 do STF: "A pena unificada para atender ao limite de 30 (trinta) anos de cumprimento, determinado pelo art. 75 do CP, não é considerada para a concessão de outros benefícios, como o livramento condicional ou regime mais favorável de execução"). Na doutrina há entendimento (Mirabete) de que o limite de 30 anos deve ser utilizado para o cálculo de todos os benefícios, pois, de outra forma, na verdade, a pena não teria sido unificada.

Há, ainda, outro sentido para a unificação das penas: é o reconhecimento tardio de crime continuado ou concurso formal não examinado na fase de conhecimento, dada a pluralidade de processos. Se dois ou mais crimes foram praticados em concurso formal ou crime continuado, mas o concurso (benéfico) não foi examinado pelo juízo da condenação pois os crimes foram julgados em processos diferentes (em muitos casos em juízos diferentes), caberá ao juiz das execuções penais o reconhecimento do concurso – formal ou continuado. O incidente que permite tal reconhecimento também é chamado unificação de penas.

9.2.1.7 Detração penal

Detração é desconto. Detração penal é o cômputo na pena privativa de liberdade do tempo de prisão provisória, prisão administrativa ou internação provisória.

Detração e pena restritiva de direitos: prevalece atualmente que é possível a detração no caso de pena restritiva de direitos, descontando-se do prazo de pena a cumprir a prisão processual. No caso de pena restritiva de direitos imensurável (prestação pecuniária), o juiz deve reduzir a pena valendo-se da equidade.

Detração e pena de multa: como a pena de multa não permite conversão em pena privativa de liberdade, prevalece ser impossível a detração. Acreditamos, no entanto, que em tais casos deve o juiz reduzir a multa (ou até mesmo extingui-la) em razão da chamada "detração analógica". É que, se até mesmo aquele punido com a pena privativa de liberdade merece tal desconto, com mais razão deve merecê-lo aquele que foi condenado apenas à pena de multa, que reflete menor censurabilidade.

A medida de segurança admite detração para o prazo mínimo de verificação de cessação de periculosidade.

Cabe detração em processos diferentes? Existem duas posições:

a) sim, desde que os crimes sejam conexos;

b) majoritária: sim, ainda que os crimes não sejam conexos. Condição: o crime em que houve a condenação tenha sido praticado antes, para evitar que o sujeito fique com *crédito*. Antes de quê? Há quem diga: (a) antes do fato pelo qual aguardou o processo custodiado e foi absolvido; (b) antes do término da prisão processual; ou (c) antes da absolvição definitiva. Como se percebe, a questão está longe de ser pacífica, servindo como melhor orientação a possibilidade de detração em tais casos desde que não se configure o referido *crédito de pena/ conta corrente de pena* (o sujeito se sente em crédito com o Estado, podendo praticar infração penal impunemente, pois já cumpriu pena e quer agora praticar crime que a ela corresponda).

A competência para o reconhecimento da detração era privativa do juízo da execução. Hoje, cabe ao juízo da condenação, na própria sentença, reconhecer a detração, e levá-la em conta na fixação do regime inicial de cumprimento de pena.

9.2.2 Penas restritivas de direitos

São penas autônomas, como as penas privativas de liberdade, constituindo, assim, efeito principal da condenação. Prevalece na doutrina que não há mais penas acessórias no Brasil.

A doutrina ainda arrola a sua característica de substitutivas, o que significa que só podem ser aplicadas em substituição, sendo possível perceber que os artigos da Parte Especial do Código Penal não cominam diretamente pena restritiva de direitos. Assim, para que seja aplicada, o juiz deve dosar a pena privativa de liberdade e depois substituir por pena restritiva de direitos. Há exceções a tal regra na legislação especial, como a nova Lei Antidrogas (11.343/2006), que comina apenas penas restritivas de direitos no art. 28 (porte de drogas para consumo pessoal), e no Código de Trânsito Brasileiro, em que há penas restritivas de direitos cumulativas com privativas de liberdade previstas para crimes como o homicídio culposo (art. 302 do CTB).

9.2.2.1 Tempo de duração

Será o mesmo da pena privativa de liberdade substituída, salvo a exceção do art. 46, § 4.º, do CP (prestação de serviços à comunidade com prazo superior a um ano), em que é permitido encurtar o período.

9.2.2.2 Classificação

A(s) pena(s) restritiva(s) de direitos classificam-se em genéricas e específicas: *específicas* são aquelas que se aplicam apenas a crimes determinados, ou seja, que exigem relação entre a espécie de crime e a espécie de pena, como as interdições temporárias de direitos; *genéricas* são as demais, que substituem as penas de quaisquer crimes, como a prestação de serviços à comunidade e limitação de fim de semana.

Não é pacífica a orientação acerca da interdição temporária de direitos de proibição de frequentar determinados lugares, havendo aqueles que a entendem como genérica (podendo ser aplicada a qualquer crime), e outros como específica (apenas aplicável quando há relação entre o crime e o local cuja frequência se quer interditar). Acreditamos que seja específica, pois apenas assim ganharia alguma eficácia, sendo hoje muito rara sua aplicação.

Espécies de penas restritivas de direitos:

a) prestação pecuniária;

b) perda de bens ou valores;

c) prestação de serviços à comunidade ou a entidades públicas;

d) limitação de fim de semana;

e) interdições temporárias de direitos.

9.2.2.3 Requisitos

Os requisitos são cumulativos:

a) crimes dolosos praticados sem violência ou grave ameaça à pessoa, quando a pena privativa de liberdade aplicada não for superior a quatro anos, ou qualquer que seja a pena se o crime for culposo;

b) que o condenado não seja reincidente em crime doloso (doloso + doloso). Alcança o primário e o beneficiado pela prescrição da reincidência. Exceção: ainda que reincidente, o juiz pode aplicar a substituição, desde que, em face da condenação anterior, a medida seja recomendável e a reincidência não tenha se operado em virtude da prática do mesmo crime;

c) culpabilidade, antecedentes, conduta social e personalidade do condenado, bem como os motivos e as circunstâncias do crime indiquem que seja suficiente a substituição.

Nos termos do art. 69, § 1.º, do CP, é vedada a substituição da pena privativa de liberdade por restritiva de direitos se, no concurso material de crimes, for imposta pena privativa de liberdade não suspensa para o outro delito. *Contrario sensu*, possível concluir que, mesmo no caso de concurso de crimes, se a pena pelo outro crime não for privativa de liberdade ou se for suspensa, é possível a conversão (STF, RHC 100.657)

Os Tribunais Superiores vêm reiteradamente admitindo a conversão da pena privativa de liberdade em restritiva de direitos mesmo em crimes hediondos e equiparados (STF, HC 99.888 e STJ HC 143.319), sob o argumento de que o regime inicial de cumprimento de pena não impede a conversão da espécie de sanção, de privativa de liberdade para restritiva de direitos.

9.2.2.4 *Espécies*

a) Prestação pecuniária

Não confundir pena de prestação pecuniária (que ora é estudada), que é espécie de pena restritiva de direitos, com *pena pecuniária*, que é sinônimo de pena de multa.

A confusão é muito frequente, dada a semelhança terminológica, mas imperdoável, pois a pena de multa é muito mais branda. Além dos requisitos mais restritos para a conversão em multa, as consequências do descumprimento são díspares: no caso da multa, o descumprimento resulta em conversão do montante em dívida de valor a favor da Fazenda Pública; se a sanção é de prestação pecuniária, o descumprimento resulta na conversão em pena privativa de liberdade.

Trata-se de pagamento em dinheiro à vítima, a seus dependentes, ou a entidade pública ou privada com destinação social, de importância fixada pelo juiz, entre 1 e 360 salários mínimos.

O valor será deduzido em eventual condenação em ação de reparação civil, se coincidentes os beneficiários.

Neste caso, se houver aceitação do beneficiário, a prestação pecuniária pode consistir em prestação de outra natureza, por alguns chamada de *prestação inominada*, como entrega de cestas básicas ou oferta de mão de obra pelo condenado diretamente à vítima. Há comentários sobre a inconstitucionalidade de tal previsão, mas é compreensão majoritária que tal espécie é possível desde que a prestação não venha a ferir a dignidade humana.

Conforme art. 17 da Lei 11.340/2006 (Lei Maria da Penha), não é possível a fixação, nos casos de violência doméstica e familiar contra a mulher, de penas de entrega de cestas básicas ou outras de prestação pecuniária.

b) Perda de bens ou valores

Os bens perdidos podem ser móveis ou imóveis.

Importante aqui distinguir a *pena* de perda de bens ou valores do *efeito secundário da condenação* da perda do produto do crime.

Pena de perda de bens e valores: impõe ao condenado perda em favor do Fundo Penitenciário Nacional do montante que tem como teto o prejuízo causado ou a vantagem auferida com a prática criminosa. Prevalece que a perda atinge o patrimônio de origem lícita.

Há quem entenda (Greco), no entanto, que a perda de bens e valores recai sobre os bens ilícitos (produto ou proveito do crime), o que torna a presente espécie apenas um adiantamento, como pena, dos efeitos secundários da sentença condenatória.

Os bens e valores declarados perdidos têm como destinatário o fundo penitenciário.

Efeito secundário da condenação: atinge, a princípio, o patrimônio de origem ilícita, ou seja, o produto do crime. Para fatos posteriores à Lei 12.694/2012, se o produto do crime não for encontrado ou estiver no exterior, será possível, ainda enquanto efeito secundário da condenação, decretar perda de bens e valores lícitos no limite do produto ou proveito granjeado com o crime. Trata-se de reação do legislador às frequentes manobras para encobrir/lavar o produto do crime.

Os valores declarados perdidos enquanto efeito secundário da condenação são repassados à vítima, no limite do prejuízo causado e, no caso de sobra, tem como destinatária a União.

c) Prestação de serviços à comunidade

É possível apenas nas condenações superiores a 6 meses de privação da liberdade.

Consiste na atribuição ao condenado de tarefas gratuitas em escolas, hospitais, clubes, entidades assistenciais etc.

As tarefas são necessariamente gratuitas (na pena privativa de liberdade, o trabalho é um dever decorrente do cumprimento da pena, e não a própria pena, e por isso é remunerado).

O tempo de duração é calculado na proporção de uma hora de tarefas diárias por dia de condenação, fixadas de modo a não prejudicar a jornada de trabalho.

Se a pena substituída for superior a 1 ano, é facultado ao condenado cumprir a pena substituída em menor tempo (art. 55 do CP), nunca inferior à metade da pena privativa de liberdade fixada. Dessa forma, é possível ao condenado antecipar o término da medida se lhe for conveniente.

O art. 148 da LEP permite ao magistrado adaptar as condições de cumprimento da prestação de serviços à comunidade e da limitação de final de semana a qualquer tempo, de forma a tornar a sanção adequada às condições pessoais do condenado e aos programas disponíveis.

É bastante comum que a essência dessa pena seja desvirtuada, com a imposição do pagamento de "cestas básicas" periódicas a entidades carentes, como se se tratasse de real serviço à comunidade, confundindo tal espécie com a prestação pecuniária. No caso da Lei 11.340/2006 (Lei Maria da Penha), não pode ser aplicada a pena de prestação de serviços que consista em fornecimento de cestas básicas (art. 17).

d) Limitação de fim de semana

Consiste na obrigação do condenado em permanecer durante 5 horas aos sábados e 5 horas aos domingos em casa de albergado ou estabelecimento congênere a fim de ouvir palestras, participar de cursos ou outras atividades educativas.

e) Interdição temporária de direitos

Subdividem-se em cinco, nos termos do art. 47 do CP:

I – proibição do exercício de cargo, função ou atividade pública, bem como de mandato eletivo;

II – proibição do exercício de profissão, atividade ou ofício que dependam de habilitação especial, de licença ou autorização do Poder Público;

III – suspensão de autorização ou de habilitação para dirigir veículo;

IV – proibição de frequentar determinados lugares; e

V – proibição de inscrever-se em concurso, avaliação ou exame públicos.

A primeira (proibição do exercício de função pública ou mandato eletivo) só é aplicada nos crimes cometidos no exercício de função ou mandato, com violação dos deveres que lhe são inerentes. Não confundir com a perda da função pública, que é efeito da condenação (art. 92, I, do CP). A proibição aqui é temporária, ao passo que a perda é definitiva. A proibição ora examinada substitui a privação da liberdade, enquanto a perda pode vir cumulada com pena privativa de liberdade, pois é efeito secundário da pena (art. 56 do CP).

A segunda (proibição do exercício de profissão, atividade ou ofício que dependa de habilitação especial, licença ou autorização do Poder Público) só pode ser aplicada nos crimes cometidos no exercício das referidas profissões, atividades ou ofícios com a quebra dos deveres que lhes são inerentes (art. 56 do CP).

A terceira (suspensão de habilitação para dirigir veículo) só é aplicada aos delitos culposos de trânsito. Não confundir suspensão com perda da habilitação, que é efeito secundário, e pode vir com a pena privativa de liberdade. A suspensão só se aplica aos delitos culposos de trânsito (art. 57 do CP), enquanto a inabilitação (perda) só se aplica aos crimes dolosos em que foi usado o veículo como meio para a prática de crime doloso (art. 92, III, do CP).

Há posição no sentido da derrogação da presente previsão, pois a matéria pertinente aos crimes de trânsito e respectivas sanções estaria toda prevista na legislação especial, qual seja o novo Código de Trânsito Brasileiro (revogação implícita). Majoritário, no entanto, o entendimento no sentido de que está apenas parcialmente revogado (derrogado) o inciso ora estudado, sendo ainda cabível nas hipóteses de crimes culposos de trânsito não abrangidas pela nova legislação (embarcações, por exemplo).

Na quarta espécie de interdição temporária de direitos, qual seja a proibição de frequentar determinados lugares, estes devem, em regra, ser especificados. Acreditamos que deveria haver, ainda, relação entre a sanção e o fato praticado, buscando de forma enfática a prevenção especial. Infelizmente, não costuma haver relação entre os lugares proibidos (normalmente bares e casas noturnas) e as funções preventivas da pena, o que torna tal espécie pouco aplicada.

A quinta e última espécie de interdição temporária de direitos é a proibição de inscrever-se em concurso, avaliação ou exame públicos. Inovação da Lei 12.550/2011 (que também tipificou a conduta de fraudes em certames de interesse público – art. 311-A), só é aplicável aos fatos praticados a partir de sua vigência, eis que constitui *novatio legis in pejus*.

Resta saber se a nova interdição de direitos trata de pena específica ou genérica, ou seja, se é exigida relação entre o crime praticado e a realização de concurso público ou similar para sua incidência. Não há determinação legal sobre a natureza específica, como ocorre nos arts. 56 e 57 do CP, o que permite conclusão sobre sua natureza genérica. No entanto, por limitar a participação popular na administração pública, que é um dos pilares da democracia, entendemos que deve ter interpretação restritiva, sendo, assim, reconhecida sua natureza específica.

9.2.2.5 Conversão da(s) pena(s) restritiva(s) de direitos em pena privativa de liberdade

Ocorre nas seguintes hipóteses:

a) Condenação superveniente à pena privativa de liberdade: Será obrigatória a conversão se a nova condenação tornar incompatível o cumprimento da sanção substitutiva. Se ainda for compatível, a conversão será simples faculdade do julgador, que apenas com fundamentação suficiente poderá impor a gravosa medida. Prevalece que exclusivamente a condenação irrecorrível é que permite a conversão.

Há posição no sentido de que a simples prisão em flagrante pode tornar impossível o cumprimento da medida, causando a revogação. Acreditamos insustentável, pois o sujeito não pode ser prejudicado pela existência de um processo no qual é presumidamente inocente. A melhor solução é a suspensão da execução da pena restritiva de direitos, até mesmo porque não estaria correndo a prescrição, até que a situação se torne definitiva, lembrando que os prazos de prisão provisória devem ser, e são, em regra, mínimos.

b) *Descumprimento injustificado da condição imposta.* O *injustificado* apenas enfatiza que a decisão deve ser submetida, como todas as do juízo da execução, ao contraditório, ou seja, deve ser dada oportunidade à defesa de tomar ciência dos atos, produzir prova e argumentar em defesa de seus interesses, buscando justificar o descumprimento.

Em qualquer caso, uma vez feita a conversão, impõe-se ao juiz fixar o regime de cumprimento de pena, não sendo caso de afastar-se totalmente o *sursis*.

Será descontado o tempo cumprido, mas sempre respeitado o saldo mínimo de 30 dias de reclusão ou detenção, conforme o art. 44, § 4.º, do CP. Se a medida for não mensurável (prestação pecuniária paga parcialmente), prevalece que a conversão deve ser feita tendo como critério a equidade.

Há posição doutrinária, com a qual concordamos, sobre a inconstitucionalidade do referido saldo mínimo de 30 dias, que não se justifica por várias razões: a pena restritiva de direitos também é pena autônoma e principal, ou seja, na medida em que vai sendo cumprida, vai se escoando o poder de punir em concreto, sendo inexplicável que o exaurimento se submeta a condição quando faltam 30 dias para o término. Também há quebra da isonomia, pois serão tratados da mesma forma aquele que deixa de cumprir 30 dias e o outro que apenas não cumpriu um dia da pena restritiva de direitos imposta, com a imposição a ambos de 30 dias de privação de liberdade.

9.2.2.6 Aplicação

Na condenação igual ou inferior a um ano, a substituição pode ser feita por pena de multa ou por uma pena restritiva de direitos. Se superior a um ano, a pena privativa de liberdade pode ser substituída por uma pena restritiva de direitos e multa ou por duas restritivas de direitos.

9.2.3 Multa

A nova Parte Geral do Código Penal (1984) rompeu com o critério de multas até então vigente.

Até 1984 a maioria das multas tinha o valor expresso. O novo critério rompeu com esta tradição: preocupada com a escalada inflacionária, a nova lei mandou cancelar todos os valores expressos. Este critério alcançou a Parte Especial do Código Penal, a Lei de Contravenções Penais e todas as leis que tinham valores expressos em cruzeiros. As leis especiais que tenham critérios próprios (Lei Antidrogas) não são alcançadas pela sistemática do Código Penal. Como fazer para fixar a pena de multa? A lei manda fixar o número de dias-multa e o valor do dia-multa. Multiplicando um pelo outro, o resultado é o valor da multa a ser paga pelo condenado.

Qual o número de dias-multa? A lei diz 10 a 360. Qual o critério para situar entre o mínimo e o máximo? Segundo a doutrina, há dois critérios:

a) deve ser adotado critério similar ao das penas privativas de liberdade, com especial atenção ao binômio gravidade do fato em concreto/culpabilidade do autor;

b) capacidade econômica: quanto mais rico, maior o número de dias-multa.

O primeiro critério ainda é majoritário.

O valor de cada dia-multa também será fixado, variando de 1/30 até 5 salários mínimos. O valor de cada dia-multa é fixado de acordo com a capacidade econômica do condenado.

O resultado da operação pode ser aumentado até o triplo quando, pela excepcional capacidade econômica do condenado, o valor venha a ser incapaz de atingir as finalidades da pena (art. 60, § 1.º).

O salário mínimo que deve ser levado em conta é aquele vigente na época do fato: princípio da anterioridade da pena. Como o valor do salário mínimo integra a pena, não pode ter previsão posterior ao fato.

A *multa* pode ser prevista na legislação de forma *isolada*, como nas contravenções penais. Pode ainda ser prevista de forma *alternativa*, ou seja, será imposta pena privativa de liberdade *ou* multa. Pode ser *cumulada*, ou seja, é imposta pena privativa de liberdade e multa. Por fim, pode ser *vicariante ou substitutiva*.

Multa vicariante ou substitutiva: o juiz pode substituir a pena privativa de liberdade por pena de multa. É um benefício para o agente. Requisitos:

a) pena aplicada igual ou inferior a um ano;

b) crime sem violência ou grave ameaça (há posição no sentido de ser possível nos casos em que se configure infração de menor potencial ofensivo, pois, se é possível transação penal com pena de multa, a multa também pode ser resultado da condenação);

c) que o condenado não seja reincidente em crime doloso, ou, sendo, que não seja pelo mesmo delito;

d) a medida seja recomendável frente à culpabilidade, antecedentes, conduta social, personalidade do condenado, motivos e demais circunstâncias do fato.

Cumulação de multas: a multa vicariante absorve a pena de multa cumulada prevista (Pena Privativa de Liberdade e multa, sendo que a Pena Privativa de Liberdade é substituída por pena de multa) ou com ela é cumulada? Há duas posições:

a) duas multas somadas – aplicam-se duas penas: a multa substitutiva da pena privativa de liberdade e a de multa originária cumulativa, pois têm natureza diversa (majoritária);

b) absorve – com a aplicação de apenas uma multa, estarão alcançadas as finalidades da pena, e a dupla valoração da culpabilidade e da capacidade financeira do sujeito implicaria resultado exagerado e injustificável.

A Súmula 171 do STJ diz que não cabe a substituição por multa (multa vicariante) quando a lei prevê pena privativa de liberdade cumulada com multa, se o crime estiver previsto na legislação especial. Apesar da súmula, os Tribunais Estaduais costumam permitir a substituição, mesmo no caso de lei especial.

Conversão de multa em detenção: a Lei 9.268/1996 proibiu a conversão da pena de multa em detenção. Motivo: o não pagamento da multa acabava sendo mais grave que o próprio crime, devendo, ainda, ser repelida a prisão por dívida. A redação do art. 51 do CP foi alterada. Hoje, o não pagamento da pena de multa permite apenas que ela seja considerada dívida de valor, sendo, então, aplicadas as normas da legislação relativa à dívida ativa da Fazenda Pública.

Prevalece que a competência para executar a pena de multa é da Vara da Fazenda Pública, ou seja, notificado o autor para pagamento, se ele não é realizado, deve ser enviada a execução para a Fazenda Pública.

No caso da Lei 11.340/2006 (Lei Maria da Penha), não pode ser aplicada a pena de multa isolada, nos termos de seu art. 17.

	Aplicação das penas restritivas de direito e multa
PPL ≤ 1 ano	1 pena restritiva de direito ou 1 multa
PPL > 1 ano	2 penas restritivas de direito ou 1 pena restritiva de direito + (e) 1 multa

Medida de Segurança

Prevalece ser sanção de caráter preventivo, aplicada ao sujeito que não tem plena ou parcial capacidade de culpabilidade (imputabilidade), em decorrência da prática de um injusto penal, com a finalidade de retirá-lo do convívio social e submetê-lo a tratamento para fazer cessar sua periculosidade (Nilo Batista reconhece na medida de segurança também caráter retributivo).

Há dois sistemas de aplicação da medida de segurança:

a) *duplo binário:* de acordo com esse sistema, aplica-se a pena e a medida de segurança, cumulativamente. Poderia ser aplicada medida de segurança aos imputáveis.

b) *vicariante:* de acordo com esse sistema, aplica-se pena ou medida de segurança – ou uma ou outra: a aplicação é alternativa.

O sistema adotado entre nós é o vicariante.

Podemos concluir que o sistema de sanções penais pode ser resumido da seguinte forma:

a) imputáveis: pena;
b) inimputáveis: medida de segurança;
c) semi-imputáveis: pena ou medida de segurança.

10.1 PRESSUPOSTOS PARA APLICAÇÃO DA MEDIDA DE SEGURANÇA

Sempre é importante lembrar que o menor de 18 anos de idade está sujeito a uma legislação especial.

a) *Prática de injusto penal:* deve estar demonstrada a prática de fato típico e antijurídico. Se não praticar infração penal, não se impõe medida de segurança apenas pelo fato de ter doença mental ou desenvolvimento mental incompleto ou retardado.

b) *Periculosidade:* a periculosidade costuma ser entendida como a potencialidade para a prática de novos atos lesivos ou como probabilidade que o agente tem de praticar novas infrações.

c) *Não imputabilidade:* incapacidade plena ou parcial para ser responsabilizado, ou seja, o sujeito deve ser portador de doença mental ou desenvolvimento incompleto ou retardado, capaz de afastar ou diminuir a capacidade de compreender o caráter ilícito do que faz ou portar-se de acordo com tal entendimento, no momento da prática da conduta. O grau de inimputabilidade é fator importante na determinação da periculosidade, como veremos adiante.

10.1.1 Periculosidade

Utiliza-se o termo periculosidade preferencialmente para os inimputáveis ou semi-imputáveis.

Embora seja usual o emprego do termo também para designar imputáveis (principalmente nas discussões sobre progressão de regime), trata-se de costume bastante criticado na doutrina atual, pois confunde o problema da ressocialização com doença, o que nem sempre (ou apenas na minoria das vezes) é correto. A periculosidade deveria, assim, ser isolada como critério específico para os não imputáveis.

No caso do semi-imputável, a necessidade de medida de segurança vem apoiada pela demonstração de que o sujeito, em decorrência de sua menor capacidade de autodeterminação, é perigoso. De outra forma, deverá ter apenas a pena reduzida. Esse é o critério eleito para permitir ao julgador escolher, no caso do semi-imputável, entre a pena reduzida e a medida de segurança. É na perícia que o julgador usualmente encontra os melhores dados para se convencer sobre a periculosidade do sujeito e a sanção mais adequada ao caso concreto.

No caso do inimputável, a prática de injusto penal determina a aplicação da medida de segurança, até que cesse a periculosidade. Daí ser comum dizer que, para o inimputável que pratica injusto penal, a periculosidade é presumida.

10.2 PRAZO

Terá o prazo de duração mínima de 1 a 3 anos, após o qual será feito um exame de cessação da periculosidade. Se positivo, o agente será liberado. Se negativo, o exame renovar-se-á a cada ano. Quando as evidências apontarem nesse sentido, o exame poderá ser feito até mesmo antes do prazo mínimo, ou a qualquer momento dentro dos intervalos referidos.

Quanto ao prazo máximo:

a) pela letra da lei, não há prazo máximo, ou seja, trata-se de sanção de prazo indeterminado. É a posição tradicional. A medida de segurança perdura enquanto perdurar a periculosidade. A justificativa doutrinária é que, como não tem finalidade de castigo, mas sim curativa, não precisa ter limite máximo, nem proporcionalidade com o mal do crime;

b) há forte corrente no STJ que adota o posicionamento de que a duração da medida de segurança deve ter como limite a pena máxima em abstrato prevista para o crime (HC 125.342). A justificativa é que, se a sanção supera o máximo da pena prevista em abstrato para o crime, será possível afirmar que o sujeito deixou de ser sancionado pelo que fez e passou a ser punido pelo que é, em inaceitável adoção de um direito penal do autor;

c) o STF (HC 84.219/SP) pacificou entendimento de que a medida de segurança não pode ultrapassar 30 (trinta) anos. O STJ ainda não firmou entendimento no mesmo sentido.

Majoritário que, se a medida de segurança é aplicada em razão de superveniência de doença mental durante o cumprimento da pena (conversão da pena já iniciada em medida de segurança), o prazo máximo é o da duração da pena "convertida".

10.3 LIBERAÇÃO CONDICIONAL

Liberado (ou desinternado) o agente, a medida de segurança poderá ser restaurada, se antes do decurso de um ano o agente praticar qualquer fato indicativo de sua periculosidade (não é crime, mas qualquer fato que indique que continua perigoso). Além disso, há doutrinadores entendendo que outras condições poderão ser fixadas pelo magistrado durante o período determinado.

10.4 ESPÉCIES DE MEDIDA DE SEGURANÇA

São duas:

a) medida de segurança detentiva: consiste na internação em hospital de custódia e tratamento psiquiátrico;

b) medida de segurança restritiva: é a submissão a tratamento ambulatorial.

Pela letra da lei, a detentiva é obrigatória nos crimes apenados com reclusão.

Se o crime é apenado com detenção, o juiz escolhe entre a medida de internação ou o tratamento ambulatorial.

Na Lei de Drogas (lei especial), a regra é diferente: inexiste internação obrigatória, devendo o juiz aplicar a medida mais adequada (art. 45 da Lei 11.343/2006).

Há posição doutrinária no sentido de abolir, mesmo no sistema do Código Penal, a referida diferenciação legal entre os efeitos da decisão acerca de crime punido com reclusão e detenção, com a qual concordamos. Não há qualquer relação entre a necessidade de recuperação do sujeito, e mesmo sua periculosidade, com a espécie de pena cominada. O fato de o crime ser punido com reclusão não pode resultar em internação inadequada e desnecessária. A espécie de medida de segurança deve(ria) variar de acordo com a necessidade do sujeito, e não conforme a espécie de pena privativa de liberdade cominada.

Aplicação da Pena

11

Elementar é um dado fundamental da figura típica, sem o qual o crime desaparece (atipicidade absoluta) ou se transforma em outro (atipicidade relativa). Integra a essência do crime.

Circunstâncias são dados acessórios da figura típica que orbitam as elementares e têm como função influir na dosagem da pena.

Na aplicação da pena, o juiz deve se ater primeiramente aos marcos definidos no preceito secundário da previsão típica (simples ou qualificada), e então combinar as circunstâncias de forma a individualizar a pena.

11.1 CLASSIFICAÇÃO DAS CIRCUNSTÂNCIAS

a) Objetivas e subjetivas

O que são circunstâncias subjetivas? São as que se referem ao sujeito, e não ao fato objetivamente considerado: primariedade, reincidência, antecedentes, conduta social, menoridade relativa, maioridade senil, motivos do crime.

As objetivas dizem respeito ao fato, e não ao agente: lugar do crime, meios empregados para a prática do crime, modos de execução, qualidades da vítima, qualidades da coisa.

b) Judiciais e legais

Também podem ser classificadas em judiciais e legais, conforme a disposição no Código Penal, o que é muito importante para o correto cumprimento do sistema trifásico de fixação da pena.

Legais são as agravantes e atenuantes, causas de aumento e diminuição de pena, como veremos adiante. *Judiciais* são as presentes no art. 59 do CP, e assim são chamadas porque admitem grande liberdade de interpretação, permitindo maior interferência das valorações do julgador.

c) Circunstâncias judiciais

São circunstâncias judiciais:

- *culpabilidade* (entenda-se grau de culpabilidade): de acordo com a maior ou menor reprovação do delito, a pena será maior ou menor. Alguns compreendem como objeto de exame a intensidade do dolo e a gravidade da culpa, como a premeditação do crime doloso e a culpa grave;
- *antecedentes criminais*: havia grande controvérsia acerca do alcance da expressão e era posição tradicional do STF (AI 60.404) que mesmo inquéritos arquivados ou decisões absolutórias configuravam maus antecedentes. Na doutrina atual, bem como no entender atual majoritário do STF (AI 741.101 e RE 535.477) e do STJ (HC 67.074), em homenagem ao princípio da presunção de inocência, prevalece que apenas decisões condenatórias definitivas podem gerar maus antecedentes. Nesse sentido, a Súmula 444 do STJ: "É vedada a utilização de inquéritos policiais e ações penais em curso para agravar a pena-base".

Curioso notar que, partindo dessa premissa, como a reincidência é circunstância legal agravante, apenas as decisões condenatórias com trânsito em julgado que não gerem reincidência caracterizarão maus antecedentes.

Equívoco muito comum é aumentar a pena em virtude de maus antecedentes e, depois, em virtude da reincidência, tendo como lastro uma única condenação anterior. Trata-se de *bis in idem* sempre afastado pelos Tribunais.

No entanto, se são várias as condenações anteriores, a orientação majoritária nos Tribunais Superiores é pela possibilidade do duplo incremento, pois uma condenação servirá como mau antecedente e a outra, como reincidência. Minoritários, discordamos de tal entendimento, pois nos parece ainda indisfarçável o *bis in idem*, eis que o objeto do desvalor não é a singularidade de cada certidão, mas sim o passado criminoso do réu, que, no caso, será desvalorado duas vezes.

- *conduta social*: é a forma como o sujeito se relaciona em sua comunidade. As informações são normalmente trazidas pelos moradores próximos ou pelos colegas de trabalho;
- *personalidade*: perfil psicológico. As variantes que compõem a personalidade podem ser fundamentais para avaliar a reprovabilidade, pois as condições de se dirigir de acordo com a norma podem variar com importante repercussão na pena;

- *motivos do crime*: quando não encontram correspondência nas circunstâncias legais, influenciam como circunstância judicial;
- *consequências do crime*: são importantes para averiguar a repercussão social do fato;
- *comportamento da vítima*: o comportamento da vítima pode influir na reprovabilidade da conduta do agente.

As circunstâncias legais estão elencadas no texto legal. Podem ser genéricas (Parte Geral do CP) ou específicas (Parte Especial do CP). As circunstâncias legais genéricas podem ser agravantes, atenuantes ou causas de aumento ou diminuição de pena. As legais específicas são causas de aumento ou diminuição.

As circunstâncias judiciais são sempre residuais em relação às agravantes, atenuantes, causas de aumento ou diminuição de pena. Assim, se a realidade se amolda a tais categorias, que narram circunstâncias mais específicas que o art. 59, não poderá ser considerada circunstância judicial, sob pena de *bis in idem*.

Também para evitar o *bis in idem*, os dados da realidade já considerados no tipo (como a violência no roubo ou a morte do homicídio) não podem ser levados em conta como circunstâncias judiciais.

Circunstâncias agravantes: encontram-se nos arts. 61 e 62 do CP. As agravantes do art. 62 são aplicáveis no caso de concurso de pessoas.

São elas:

I – a reincidência: o tema será estudado no próximo capítulo;

II – ter o agente cometido o crime:

a) por motivo fútil ou torpe: motivo fútil é aquele desproporcional, de pequena importância; motivo torpe é o abjeto, repugnante, que fere o senso moral médio com maior gravidade. No caso de homicídio, as circunstâncias são previstas como qualificadoras, afastando, em princípio, as agravantes;

b) para facilitar ou assegurar a execução, a ocultação, a vantagem ou a impunidade de outro crime. A motivação especificamente torpe, relacionada com outro grave ilícito, justifica o maior rigor na punição. Também é qualificadora no homicídio;

c) à traição, de emboscada, ou mediante dissimulação, ou outro recurso que dificultou ou tornou impossível a defesa do ofendido. Trair é aproveitar da especial confiança para lesar. Emboscada é a armadilha, a tocaia. Dissimulação consiste em esconder a verdadeira intenção agressiva. "Outro recurso", por interpretação analógica, é aquele em que, como nos casos anteriores, o sujeito se aproveita do inesperado, da surpresa da vítima para a prática do crime. Também é qualificadora no homicídio;

d) com emprego de veneno, fogo, explosivo, tortura ou outro meio insidioso ou cruel, ou de que podia gerar perigo comum. Veneno é a substância tóxica capaz de lesar organismos vivos;

e) contra ascendente, descendente, irmão ou cônjuge;

Se o crime for praticado contra ascendente ou descendente em qualquer grau, incide a agravante, desde que não configure elementar (como no infanticídio), qualificadora ou causa de aumento de outro crime.

A agravante incide quer se trate de irmão unilateral ou bilateral, sem distinção.

A lei ainda trata apenas do cônjuge, e não do companheiro. Apesar da disposição constitucional que em muito equipara o casamento e a relação de companheirismo e outorga grande proteção à última, prevalece que o princípio da legalidade penal impede a incidência da agravante aos companheiros. Assim, apenas no caso de cônjuge, e não de companheiro, é que pode ser aplicada a agravante.

Dependendo do caso concreto, o crime praticado contra companheiro pode incidir na alínea *f*, estudada em seguida.

f) com abuso de autoridade ou prevalecendo-se de relações domésticas, de coabitação ou de hospitalidade;

Prevalece que o conceito de autoridade da agravante ora estudada é mais amplo, abrangendo o uso ilegítimo, o usar mal, "da autoridade que possui, seja de natureza pública ou privada", como ensina Noronha.

Relações domésticas são todas aquelas relacionadas ao cotidiano do lar, quer entre familiares ou não.

Coabitar significa dormir ou viver sob o mesmo teto, com alguma habitualidade.

g) com abuso de poder ou violação de dever inerente a cargo, ofício, ministério ou profissão;

A alínea trata quer do abuso da função pública, da profissão ou do ministério.

A expressão ministério se refere ao abuso em relação de natureza religiosa.

O abuso de poder e a violação de dever inerente a cargo ou ofício, se configuram crime específico ou são elementares, afastam a agravante, sob pena de *bis in idem*.

h) contra criança, maior de 60 (sessenta) anos, enfermo ou mulher grávida;

Criança, nos termos do art. 2.º da Lei 8.069/1990, é "a pessoa até doze anos de idade incompletos".

Considera-se vítima maior de 60 anos já no dia do aniversário, eis que desprezadas frações de dia, nos termos do art. 10 do CP.

Enfermo é o doente, desde que a especial condição de saúde seja suficiente a incrementar sua vulnerabilidade. A doença pode ser física ou psíquica.

Mulher grávida é a gestante, assim considerada desde o momento da fecundação até o início do nascimento. É necessário que o sujeito conheça a especial situação de gestante da vítima para que incida a agravante.

i) quando o ofendido estava sob a imediata proteção da autoridade;

A qualificadora se justifica pela duplicidade de bens jurídicos violados, ou, em outra abordagem, pela maior intensidade na ruptura das expectativas. É que a proteção da autoridade comunica menor vulnerabilidade do protegido, dado o temor reverencial pela autoridade.

j) em ocasião de incêndio, naufrágio, inundação ou qualquer calamidade pública, ou de desgraça particular do ofendido;

A agravante incide nas hipóteses em que a calamidade torna mais vulnerável o ataque aos bens jurídicos, justificada a maior necessidade de proteção bem como a necessidade de maior censura àquele que, com senso de mau oportunismo, se vale do desastre para praticar crimes.

A lei trata ainda da desgraça particular do ofendido, que o lança em especial situação de vulnerabilidade, como o velório de pessoa querida, a doença grave de um filho, um divórcio traumatizante e situações semelhantes.

l) em estado de embriaguez preordenada.

A embriaguez preordenada se caracteriza pela circunstância de que o sujeito se embriaga intencionalmente, buscando arrebanhar coragem para a prática do crime. Não basta que o sujeito se embriague e, em razão de seu quadro, tenha perdido freios inibitórios e se lançado à prática delitiva: a agravante só incide se antes mesmo da autocolocação no estado de embriaguez o sujeito tenha determinado que o torpor faria parte dos meios e modos utilizados na prática delitiva.

O incremento da pena se justifica, pois, além de estampar a premeditação, a embriaguez preordenada demonstra a degradação do caráter do autor: o agente é tão vil que, em vez de enfrentar sóbrio a conduta delitiva e suportar as consequências de seu ato, prefere se colocar intencionalmente em estado de descontrole por embriaguez, lançando-se assim como um instrumento desordenado da própria maldade.

Agravantes no concurso de pessoas: Além das agravantes já examinadas, que podem incidir sobre toda espécie delitiva, o legislador trouxe ainda agravantes aplicáveis apenas aos crimes praticados em concurso de pessoas, no art. 62 do CP. São elas:

a) agente que promove ou organiza a cooperação criminosa ou dirige a atividade dos demais agentes;

O legislador de 1984 impôs o agravamento da pena ao "chefe" ou "cabeça" do grupo, que realiza atividade de induzir os demais ou utiliza sua liderança para organizar ou dirigir a conduta de cada colaborador na empreitada criminosa.

Assim, se um grupo pratica um roubo, deveria ser investigada a precisa colaboração de cada um, para que se descobrisse quem teve a iniciativa da prática delitiva, bem como aquele que indicou a cada colaborador qual seria seu papel.

b) aquele que coage ou induz outrem à execução do crime;

Aqui é agravada a conduta daquele que coage terceiro à prática do crime. A coação pode ser resistível ou irresistível, e a agravante, em princípio, incidiria nas duas hipóteses: se a coação for irresistível, fica excluída a culpabilidade do cacto; se resistível, o coacto responderá beneficiado pela atenuante do art. 65, III, *c*.

Induzir significa despertar a ideia da infração, ou seja, fazer surgir o propósito delitivo na mente de terceiro. A pena será agravada para quem, no concurso de pessoas, inicia a formação da vontade ilícita no grupo.

c) instiga ou determina a cometer o crime alguém sujeito à sua autoridade ou não punível em virtude de condição ou qualidade pessoal;

Também é agravada a pena daquele que instiga terceiro à prática delitiva, bem como daquele que determina a cometer o crime alguém sujeito à sua autoridade ou não punível em virtude de característica pessoal.

Instigar significa fomentar, encorajar um propósito preexistente. Aqui, o terceiro tem a ideia criminosa, e o sujeito a estimula.

A lei também agrava a pena daquele que manda terceiro sujeito à sua autoridade, como um empregado ou inferior hierárquico, a praticar o delito.

Vale lembrar que, se a ordem for aparentemente legal e a relação de hierarquia tiver natureza pública, incide em favor do inferior a causa dirimente de culpabilidade da inexigibilidade de conduta diversa do art. 22 do CP, ou seja, apenas o superior responderá, como autor mediato, pela prática criminosa.

Por fim, a lei agrava a pena daquele que determina pessoa não punível à prática delitiva. São isentos de pena os inimputáveis, como o menor de 18 anos, o completamente embriagado, o indígena não adaptado e o portador de distúrbio psíquico. Se se tratar de menor de 18 anos, poderá se configurar o crime de corrupção de menores previsto no art. 244-B da Lei 8.069/1990 (ECA). Nos demais casos, fica agravada a pena pela agravante ora estudada.

d) se o motivo para o crime for a paga ou promessa de recompensa.

Paga é o oferecimento imediato de vantagem. Promessa de recompensa é o compromisso de entregar vantagem futura em troca da prática criminosa.

Atenuantes: O rol do art. 65 do CP indica como circunstâncias que sempre atenuam a pena:

"I – ser o agente menor de 21 (vinte e um), na data do fato, ou maior de 70 (setenta) anos, na data da sentença;

II – o desconhecimento da lei;

III – ter o agente:

a) cometido o crime por motivo de relevante valor social ou moral;

b) procurado, por sua espontânea vontade e com eficiência, logo após o crime, evitar-lhe ou minorar-lhe as consequências, ou ter, antes do julgamento, reparado o dano;

c) cometido o crime sob coação a que podia resistir, ou em cumprimento de ordem de autoridade superior, ou sob a influência de violenta emoção, provocada por ato injusto da vítima;

d) confessado espontaneamente, perante a autoridade, a autoria do crime;

e) cometido o crime sob a influência de multidão em tumulto, se não o provocou."

Merece especial atenção a atenuante da confissão espontânea: prevalece que a confissão não precisa ser realmente espontânea, podendo ser voluntária, ou seja, provocada pela autoridade. É clara a intenção do ordenamento em premiar aquele que confessa, mas não há justificativa para beneficiar também seus colaboradores, pelo que a ora examinada atenuante é considerada "incomunicável" (STJ, REsp 805.921). É ainda controversa a necessidade de demonstração por parte do réu de sincero arrependimento, prevalecendo a desnecessidade (STJ, HC 101.005).

Ainda sobre a confissão, se o sujeito confessa a prática do fato típico, mas alega descriminante ou exculpante, resta configurada a chamada confissão qualificada. O STF já entendeu que a confissão qualificada também pode atenuar a pena (HC 99.436/RS).

Vale ressaltar que o art. 66 traz hipótese de atenuante genérica, ou seja, permissão para que outra circunstância não arrolada possa incidir como atenuante.

Causas de aumento e diminuição: são aquelas que alteram a pena com o uso de frações, ou seja, aumentam em metade, diminuem em dois terços, de um sexto a dois terços etc.

E as *qualificadoras*? São circunstâncias que alteram os limites da pena-base. São identificadas porque trazem novos limites mínimo e máximo para a pena-base, ou seja, alteram os limites do preceito secundário do tipo (homicídio simples: pena de 6 a 20 anos; homicídio qualificado: pena de 12 a 30 anos).

Chamamos de tipos derivados aqueles com a pena influenciada por qualificadoras, causas de aumento ou diminuição (Greco).

11.2 O SISTEMA TRIFÁSICO

Conhecidas e classificadas as circunstâncias, como deve ser fixada a pena? O Código Penal adotou o critério trifásico de Nélson Hungria.

1.ª fase: circunstâncias judiciais, dentro dos limites previstos no tipo simples ou qualificado;
2.ª fase: agravantes e atenuantes genéricas;
3.ª fase: causas de aumento e diminuição.

A padronização na fixação da pena é importante na busca de segurança jurídica, pois se cada julgador estabelecesse um proceder diverso haveria sanções diferentes para casos semelhantes, quebrando a isonomia. Também é garantia do cidadão, uma vez que a fixação de critérios certos torna a pena a ser aplicada mais previsível, compatibilizando a individualização com a legalidade das penas.

1.ª fase: A primeira providência é verificar se há qualificadoras, para que se conheçam os limites da pena-base. Se houver qualificadora, os limites serão estabelecidos pelo preceito secundário do tipo qualificado. Se não houver, os limites serão determinados pelo preceito secundário do tipo simples.

Dentro dos limites estabelecidos, a pena-base será influenciada pelas circunstâncias judiciais (art. 59 do CP). O juiz iniciará a dosagem da pena por que ponto? A jurisprudência do STF é pacífica no sentido de que o juiz sempre parte (em homenagem ao *favor rei*) do mínimo, e a partir daí fixa a pena.

A lei não diz quanto deve aumentar ou diminuir em cada circunstância judicial. Fica a critério exclusivo do julgador, o prudente arbítrio do juiz.

Nessa fase a pena não pode sair dos limites mínimo e máximo estabelecidos pelo preceito secundário do tipo simples ou qualificado.

Assim, se todas as circunstâncias forem favoráveis ao agente, como o juiz parte do mínimo, elas não irão alterar a quantidade da pena.

2.ª fase: Incidem as agravantes (arts. 61 e 62 do CP) e atenuantes (arts. 65 e 66 do CP).

Também aqui a lei não diz quanto a pena irá aumentar ou diminuir, ficando a critério do juiz.

A pena também não pode sair dos limites mínimo e máximo antes estabelecidos. O detalhe é que aqui o CP não proíbe expressamente o extravasamento, sendo isso orientação jurisprudencial. Há doutrina minoritária entendendo o contrário, baseando-se na letra da lei ("são circunstâncias que sempre atenuam a pena"), o que permitiria reduzir a pena mesmo abaixo do mínimo constante do preceito secundário.

Afastando a controvérsia, o STJ editou a Súmula 231: "A incidência da circunstância atenuante não pode conduzir à redução da pena abaixo do mínimo legal".

3.ª fase: Incidem as causas de aumento e diminuição de pena, ou seja, aquelas em que a lei manda aumentar ou diminuir a pena em frações (um sexto, um sexto a um terço etc.), como a tentativa.

Nessa fase, a lei diz quanto aumenta ou quanto diminui cada uma das causas, e a pena poderá sair dos limites mínimo e máximo fixados pelo tipo simples ou qualificado.

11.3 CONFLITO ENTRE CIRCUNSTÂNCIAS

Conflito entre circunstâncias judiciais: as circunstâncias subjetivas ou de caráter pessoal prevalecem sobre as objetivas.

E se o conflito for entre as subjetivas? Dentre as subjetivas prevalecem os motivos, a personalidade e os antecedentes criminais, por aplicação analógica do art. 67 do CP.

Conflito entre agravantes e atenuantes (art. 67 do CP): prevalecem as de caráter subjetivo. Dentre elas, as chamadas circunstâncias preponderantes: os motivos, a personalidade e a reincidência. Acima de todas e inclusive das anteriores, prevalece a menoridade relativa (menor de 21 anos), conforme criação jurisprudencial. A atenuante da menoridade relativa não sofreu influência pela alteração da menoridade civil.

Concurso entre causa de aumento/diminuição da Parte Geral e outra de aumento/diminuição da Parte Especial (privilégio): aplicam-se ambas, sendo aplicada primeiro a da Parte Especial e, depois, a da Parte Geral.

A segunda causa incide sobre a pena-base ou sobre a pena diminuída/aumentada? Sobre a pena diminuída/aumentada, sob pena de permitir que o sujeito tenha crédito ao final, ou pena zero. Supondo que seja pena-base 2 anos, menos 2/3: cai para 8 meses. Se for diminuir 2/3 da pena-base de novo, serão 8 meses menos 16 meses, que resultará em 8 meses negativos (-8 meses), e o agente sairá com crédito. Assim, deve incidir sobre a pena diminuída.

Concurso entre causas de aumento/diminuição da Parte Especial (art. 68, parágrafo único, do CP): no concurso de causas de aumento e diminuição na Parte Especial, pode o juiz limitar-se a um só aumento ou diminuição, prevalecendo a que mais aumente ou mais diminua.

Concurso entre qualificadoras: no homicídio triplamente qualificado, por exemplo, a presença de qualificadora aumenta os limites da pena: havendo uma qualificadora, os limites de 6 a 20 anos passam para 12 a 30 anos; se há mais de uma qualificadora, uma será utilizada para trazer os novos limites mínimo e máximo referidos; quanto às demais, há duas posições:

a) funcionam como circunstâncias judiciais desfavoráveis atuando na primeira fase da fixação da pena

É que o art. 61 do CP (agravantes) traz que "são circunstâncias que sempre agravam a pena, quando não constituem ou *qualificam* o crime" (grifo nosso). Se é qualificadora, pela letra da lei, não pode incidir como agravante. Também não pode deixar de incidir, sob pena de perda de elementos para a individualização. A única solução será incidir como circunstância judicial. No HC 82352, o STJ assinalou que é possível a apreciação das qualificadoras "restantes" como circunstâncias judiciais.

b) atuam como circunstâncias agravantes, desde que tenham correspondência nos arts. 61 e 62 do CP, na 2.ª fase de fixação da pena (STJ, REsp 831.730)

Para os defensores dessa posição, o óbice levantado pela corrente anterior não convence, pois apenas não podem incidir como agravantes quando não qualificam o crime – no caso, não estão qualificando. A anotação do artigo serve tão somente para evitar a dupla valoração, o *bis in idem*, e não para impedir que circunstâncias previstas como agravantes possam assim ser consideradas. Assim, se a circunstância está prevista nos arts. 61 e 62 e não foi utilizada como qualificadora, pode incidir como agravante.

note BEM

	Sistema trifásico
1.ª fase	a) limites mínimo e máximo fixados pelo preceito secundário do tipo fundamental ou qualificadora; b) pena-base fixada a partir das circunstâncias judiciais do art. 59 do CP.
2.ª fase	Agravantes e atenuantes (arts. 61, 62, 65 e 66 do CP).
3.ª fase	Causas de aumento e diminuição.

Reincidência

Natureza jurídica: é uma circunstância agravante genérica. Ocorre a reincidência quando o agente, após ter sido definitivamente condenado no Brasil ou no estrangeiro, pela prática de crime, comete novo crime.

Não existe mais a categoria do *tecnicamente primário:* ou é primário ou é reincidente. É primário todo aquele que não é reincidente.

A Lei de Contravenções Penais também tem convenção própria acerca da reincidência (art. 7.º do Dec.-lei 3.688/1941). Da combinação entre o Código Penal e a LCP é possível extrair o seguinte quadro:

Crime	Contravenção	Reincidência
Crime	Crime	Reincidência
Contravenção	Contravenção	Reincidência
Contravenção	Crime	Não induz

Condenação no estrangeiro pela prática de contravenção não gera reincidência. Por outro lado, a condenação no estrangeiro pela prática de crime não precisa ser homologada pelo STF para induzir reincidência.

O fato de o crime ser doloso ou culposo não tem qualquer relevância na verificação da reincidência.

Como a condenação anterior à pena de multa não impede o *sursis*, surgiu posição no sentido de que a condenação anterior à pena de multa não gera sequer *reincidência*, sendo construção jurisprudencial contrária ao sentido literal da lei. Justifica-se que a condenação anterior à pena de multa espelha a pouca relevância do fato, e não deveria ter o condão de agravar a situação do sujeito.

Condenações que não induzem reincidência:

a) crime político;

b) crime militar próprio: é aquele fato apenas capitulado como crime perante o Código Penal Militar, sem correspondente no Código Penal.

O Código traz *período depurador*, após o qual a nova prática infracional não é capaz de gerar reincidência. Tal medida tem a intenção de diminuir os efeitos estigmatizantes da condenação. É a prescrição quinquenal da reincidência: após 5 anos da extinção da pena anterior, a prática de nova infração penal não induz reincidência.

No caso do *sursis* e do livramento condicional, o período de prova é levado em consideração na contagem dos 5 anos, desde que não revogado o benefício.

Prova da reincidência: a corrente tradicional exige certidão para a prova da reincidência. No entanto, os Tribunais Superiores vêm aceitando outras provas, em especial a Folha de Antecedentes (STF, HC 103.969), que seria suficiente para demonstrar as informações necessárias ao reconhecimento da reincidência. Aliás, recente decisão proferida pelo STJ entendeu que, mesmo se desconhecida a data do término do cumprimento da pena pelo crime anterior, é possível o reconhecimento da reincidência, examinadas as circunstâncias do caso concreto (HC 146.890)

A condenação anterior que for utilizada pelo juiz, na fixação da pena, para permitir o reconhecimento da reincidência não poderá ser utilizada também para atribuir maus antecedentes ao condenado, pois seria dupla valoração negativa do mesmo fato, ou seja, *bis in idem* (STJ, HC 13.896 e REsp 246.392; STF, HC 96.771).

Sursis

É a suspensão condicional da pena, com o fim de facilitar a integração do condenado no meio social, evitando a promiscuidade e demais efeitos deletérios dos estabelecimentos carcerários.

O *sursis* pode ser simples, especial, etário e humanitário.

Requisitos para o *sursis* simples:

a) objetivos (dizem respeito à pena):

– pena privativa de liberdade;

– não superior a 2 anos;

– impossibilidade de substituição por pena(s) restritiva(s) de direitos.

b) subjetivos (dizem respeito ao condenado):

– não reincidente em crime doloso: doloso + doloso. É aquele que, após sofrer condenação transitada em julgado por crime doloso, comete outro crime doloso. A condenação anterior à pena de multa não impede o *sursis* (art. 77, § 1.º, do CP);

– circunstâncias judiciais favoráveis.

Preenchidos os requisitos, o juiz determinará a suspensão da execução da pena por um determinado período, bastando, para que o condenado consiga a extinção da pena, que ele cumpra todas as condições durante o período determinado. Se descumprir a qualquer momento as condições, a execução deixa de estar suspensa, e toda a pena será executada. O período de prova é fixado pelo juiz e varia entre 2 e 4 anos.

O fato de o condenado ser revel ou foragido não impede, em princípio, o *sursis*, uma vez que tais requisitos não estão arrolados na lei como impeditivos do benefício.

13.1 ESPÉCIES DE SURSIS

Sursis simples: é aquele que impõe como condição a prestação de serviços à comunidade ou limitação de fim de semana durante o primeiro ano do período de prova.

O que dá ao *sursis* a atribuição de simples são as condições durante o primeiro ano de cumprimento.

Sursis especial: é aquele que tem como condições (a) proibição de frequentar determinados lugares; (b) proibição de sair da comarca sem autorização do juízo; e (c) comparecimento mensal obrigatório – sendo que tais condições são impostas cumulativamente.

Por ser mais brando em suas condições, o *sursis* especial exige dois requisitos além daqueles exigidos para o *sursis* simples: (a) reparação do dano; e (b) que as condições do art. 59 do CP sejam *inteiramente* favoráveis.

Sursis etário: é aquele em que é alterado o limite máximo da pena e o período de prova em razão da idade do agente. É aplicado ao condenado maior de 70 anos de idade, desde que a pena não seja superior a 4 anos. No entanto, o período de prova é maior: de 4 a 6 anos.

Prevalece que são aplicadas as demais condições gerais do *sursis*, uma vez que os parágrafos não poderiam contradizer o sistema criado pela cabeça do artigo.

Sursis humanitário: é aquele aplicado nos casos em que razões de saúde justifiquem a suspensão, com período de prova de 4 a 6 anos. A vantagem é que o requisito "quantidade de pena" é alterado para o limite máximo de 4 anos, como no *sursis* etário.

Prevalece que são aplicadas as demais condições gerais do *sursis*, obviamente adequadas às especiais condições do agente.

13.2 CLASSIFICAÇÃO DAS CONDIÇÕES DO SURSIS

As condições podem ser classificadas em *legais*, quando previstas em lei; e *judiciais* que são aquelas que decorrem do poder discricionário do juiz, desde que não tenham caráter infamante ou violem a Constituição Federal.

Em todas as espécies de *sursis* o julgador pode impor condições (judiciais) não previstas expressamente na lei, desde que adequadas ao fato concreto e à situação pessoal do condenado, nos termos do art. 79 do CP.

13.3 REVOGAÇÃO DO *SURSIS*

Pode ser obrigatória ou facultativa.

Na facultativa, além de revogar, o juiz pode optar por outras atitudes, como exacerbar as condições impostas, advertir novamente o sentenciado e prorrogar até o máximo o período de prova.

Causas de revogação obrigatória:

a) condenação transitada em julgado por prática de crime doloso (não é a prática, mas o trânsito em julgado);

b) descumprimento das condições legais do *sursis* simples;

c) não reparação do dano;

d) frustrar a execução da multa tendo condições para o adimplemento: para muitos esta causa estaria revogada, pois, se a pena de multa não pode mais ser convertida em privação de liberdade, o não adimplemento da multa não poderia, pela via reflexa da revogação do *sursis*, ter o mesmo efeito. No entanto, a jurisprudência continua a revogar o benefício em decorrência da frustração do pagamento.

Causas de revogação facultativa:

a) condenação transitada em julgado por crime culposo ou contravenção penal;

b) descumprimento de qualquer outra condição que não as legais do *sursis* simples (que causam revogação obrigatória), ou seja, condições legais do *sursis* especial e todas as condições judiciais. Sempre deve ser dada oportunidade ao agente para justificar o descumprimento antes da decisão pela revogação.

13.4 PRORROGAÇÃO AUTOMÁTICA

Após o trânsito em julgado da condenação é realizada a audiência admonitória (art. 160 da LEP), a partir da qual começa a ser contado o período de prova.

Se após a audiência admonitória o acusado estiver sendo processado pela prática de crime ou contravenção, o período de prova será prorrogado até o trânsito em julgado desse processo. Inquérito policial não autoriza a prorrogação.

A razão lógica da prorrogação é que o trânsito em julgado de sentença condenatória pode autorizar ou determinar a revogação do *sursis*, dependendo do sentido da sentença.

Após o trânsito em julgado, há três possibilidades:

a) absolvição: extingue a pena;

b) condenação por crime doloso: revoga o *sursis*;

c) condenação por crime culposo ou contravenção: pode ou não revogar (revogação facultativa).

Durante a prorrogação, que não tem prazo determinado (até o trânsito em julgado da decisão no outro processo), não subsistem as condições impostas.

Livramento Condicional 14

É a antecipação da liberdade ao condenado que preenche os requisitos legais, visando facilitar a reintegração social e diminuir o risco da degeneração da personalidade pelo cárcere, além de estimular o bom comportamento do recluso.

14.1 REQUISITOS

Os requisitos podem ser subjetivos e objetivos.

Objetivos:

1. pena privativa de liberdade: não existe livramento condicional para pena de multa ou pena(s) restritiva(s) de direitos;
2. pena igual ou superior a 2 anos;
3. reparação do dano, salvo impossibilidade de fazê-lo;
4. cumprimento de parte da pena. Quanto?
a) um terço (1/3), se o condenado tiver bons antecedentes e não for reincidente em crime doloso;
b) metade (1/2), se for reincidente em crime doloso;
c) se tiver maus antecedentes, mas não for reincidente em crime doloso, terá de cumprir um período intermediário entre 1/3 (um terço) e 1/2 (metade) (majoritário);
d) dois terços (2/3), se for condenado por qualquer dos crimes da Lei de Crimes Hediondos;
e) se o condenado for reincidente em qualquer dos crimes da Lei de Crimes Hediondos (reincidente específico) ou equiparado, não terá direito ao livramento condicional (prevalece que não precisa ser o mesmo tipo, mas qualquer crime previsto na Lei de Crimes Hediondos). Há entendimento no sentido de que, no caso de condenação por tráfico de

entorpecentes, só seria vedado o livramento condicional se a condenação anterior resultasse de traficância, considerando que a Lei de Drogas (Lei 11.343/2006) trouxe disciplina especial a respeito em seu art. 44.

Subjetivos:

1. comportamento carcerário satisfatório;
2. bom desempenho nas funções atribuídas e aptidão para obter ocupação lícita;
3. nos crimes dolosos cometidos com violência ou grave ameaça à pessoa, exige-se mais um requisito: constatação de condições pessoais que permitam presumir que não irá voltar a delinquir.

O Ministério Público e a defesa deverão ser ouvidos antes da concessão, conforme atual redação do art. 112 da LEP.

A prática de falta grave não interrompe a contagem do prazo para a obtenção de livramento condicional, como esclarece a Súmula 441 do STJ.

14.2 CONDIÇÕES

Podem ser obrigatórias ou facultativas.

Obrigatórias (art. 132, § 1.º, da LEP):

a) obter ocupação lícita dentro de um prazo razoável, se for apto ao trabalho;

b) comparecer periodicamente a juízo para justificar suas atividades;

c) não mudar do território da comarca sem autorização judicial.

A comprovação de obtenção de ocupação lícita acaba por não ter mais grande aplicação por causa da atual realidade social: se para o graduado já não é fácil a colocação no mercado, seria absurdo impor tal requisito ao recluso.

Além das obrigatórias, o juiz pode acrescentar mais algumas.

Facultativas (art. 132, § 2.º, da LEP):

a) proibição de mudar de endereço sem prévia autorização do juiz;

b) obrigação de se recolher em casa a partir de determinado horário;

c) proibição de frequentar determinados lugares.

14.3 REVOGAÇÃO

A revogação pode ser obrigatória ou facultativa, caso em que o juiz poderá, além da revogação, exacerbar as condições impostas e advertir novamente o sentenciado.

Causa de revogação obrigatória: condenação transitada em julgado à pena privativa de liberdade por crime cometido antes ou durante a vigência do benefício. Deve haver a certidão do trânsito em julgado. Ao contrário do *sursis*, não importa se o crime é doloso ou culposo, mas sim o fato de a pena imposta ser privativa de liberdade.

Causas de revogação facultativa: condenação transitada em julgado à pena não privativa de liberdade (Pena Restritiva de Direitos ou multa) e descumprimento das condições impostas.

14.4 CONSEQUÊNCIAS DA REVOGAÇÃO POR CONDENAÇÃO

Despreza-se o tempo em que o sentenciado ficou em liberdade antes da revogação ou conta como tempo cumprido de pena? Depende:

a) por crime cometido na vigência do benefício: despreza-se o tempo em que esteve solto, que não tem mais qualquer relevância. Sobre o período relacionado com o livramento frustrado, não poderá receber novamente o benefício;

b) por crime anterior ao benefício: conta como cumprimento de pena o período de prova satisfeito. Poderá ainda ser somado o tempo que falta com a nova pena e calculado o prazo para novo benefício (novo livramento).

Para facilitar a compreensão, deve ser considerado se o agente traiu ou não a confiança do Estado: se o crime foi anterior ao benefício, não traiu; se durante o período de prova rompeu (traiu) com a expectativa de se reintegrar honestamente à sociedade, que é o objetivo do livramento, receberá tratamento mais duro.

14.5 CONSEQUÊNCIAS DA REVOGAÇÃO POR DESCUMPRIMENTO DE CONDIÇÃO IMPOSTA

A revogação é facultativa, mas, se houver revogação, não será contado como cumprimento de pena o período de prova até então ultrapassado, e o condenado não receberá novo benefício no mesmo período (traiu a confiança do juízo). Daí a grande importância da razoabilidade do julgador no momento da decisão.

14.6 PRORROGAÇÃO AUTOMÁTICA

Prevalecia que o período de prova era prorrogado automaticamente, se o sujeito praticava crime durante o benefício e o respectivo processo se iniciava ainda durante o período de prova, com base no art. 89 do CP: "O juiz não poderá declarar extinta a pena, enquanto não passar em julgado a sentença em processo a que responde o liberado, por crime cometido na vigência do livramento". A necessidade da prática do crime durante o período de prova advinha da composição do referido artigo com as normas que regulam os efeitos da revogação: se o crime fosse anterior ao livramento, seria descontado o período de prova da pena a cumprir, e, se terminado o livramento, estaria de qualquer forma extinta a pena anterior, tornando inútil a prorrogação do prazo.

Atualmente, no entanto, a majoritária posição do STJ (HC 34.746) e do STF (STF, RO-HC 85.287-4) defende a inexistência de tal prorrogação automática: ou o juiz prorroga expressamente o período de prova pela existência de processo criminal durante o livramento, ou estará extinta a pena ao seu termo comum, com base no art. 90 do CP: "Se até o seu término o livramento não é revogado, considera-se extinta a pena privativa de liberdade". O argumento homenageia o princípio acusatório, pois, se a parte interessada (acusação) não informa a existência de processo contra o condenado e pede a prorrogação do prazo, terá seu interesse sacrificado pelo descumprimento de tal ônus.

Concurso de Crimes

Se há a prática de mais de um crime, trata-se de concurso de crimes. A aplicação da pena será regida pela espécie de concurso reconhecida. Há três espécies arroladas em nossa legislação: concurso material, concurso formal e crime continuado.

Não confundir: no crime habitual e no crime permanente há apenas um crime. No conflito aparente de normas, quando uma norma absorve a outra, o resultado é também apenas um crime. Aqui, tratamos de concurso de crimes, ou seja, partimos da premissa da existência da pluralidade de crimes.

15.1 CONCURSO MATERIAL OU REAL

O agente, mediante duas ou mais condutas, produz dois ou mais resultados, idênticos ou não.

Espécies:

a) *homogêneo:* os resultados são (crimes) idênticos;

b) *heterogêneo:* os resultados são (crimes) diferentes.

Aplicação da pena: sistema de cúmulo material, somando-se as penas.

É o método mais primitivo e intuitivo. Ao mal do crime o mal da pena quantas vezes houver necessidade. Ao longo da história foi gradativamente criticado por permitir a imposição de penas graves demais, mesmo em crimes pouco graves, mas em grande quantidade. Com isso, os cárceres ficavam cheios, impediam-se a ressocialização e o bom funcionamento do aparelho penitenciário.

Daí a criação das outras espécies de concurso de crimes, com hipóteses específicas. Assim, primeiramente deve ser observado se há concurso formal ou concurso continuado entre os crimes. Com a resposta negativa, incidirá a regra (residual) do concurso material.

No caso de concurso entre crimes punidos com reclusão e detenção, será cumprida em primeiro lugar a pena de reclusão (art. 69 do CP). Aliás, conforme art. 76 do CP, sempre que houver cumulação de penas, as sanções mais graves serão cumpridas antes das mais leves.

15.2 CONCURSO FORMAL OU IDEAL

Quando o agente, mediante uma única conduta, produz dois ou mais crimes, idênticos ou não.

Espécies:

a) *concurso formal perfeito*: os resultados derivam de um único desígnio (motorista de ônibus que tem o desígnio de efetuar a ultrapassagem que resulta na morte de dezenas de pessoas – *aberratio ictus* com duplo efeito). Desígnio é o plano, o projeto, o propósito;

b) *concurso formal imperfeito*: os resultados derivam de desígnios autônomos; deve sempre ser doloso. Há controvérsia sobre a necessidade de haver dolo direto ou se basta o dolo eventual.

Pode ser também homogêneo (resultados previstos no mesmo tipo) ou heterogêneo (tipos diversos).

Aplicação da pena:

a) *concurso formal perfeito*: aplica-se a pena do mais grave ou qualquer delas, se idênticas, aumentando de um sexto (1/6) até a metade (1/2). O sistema é chamado de exasperação da pena. O aumento varia de acordo com o número de resultados (para Fragoso, deve ser levada em conta a gravidade das infrações absorvidas);

b) *concurso formal imperfeito*: somam-se as penas.

A justificativa para a menor pena no concurso formal perfeito vem exatamente do menor desvalor de conduta (unidade de desígnio), bem como da necessidade de abrandar o rigor do concurso material. No caso do concurso formal imperfeito, a pluralidade de desígnios lesivos torna irrelevante que o resultado tenha sido atingido em uma ou várias ações.

15.3 CRIME CONTINUADO

É aquele em que o agente, mediante duas ou mais condutas, produz dois ou mais resultados da mesma espécie, os quais, pelas semelhantes condições de tempo, lugar e modo de execução, podem ser tidos uns como continuação dos outros.

Requisitos:

a) Crimes da mesma espécie – há 3 posições:

– prevalece que são os previstos no mesmo tipo penal, não importando se na forma simples, qualificada ou privilegiada;

– necessário que estejam no mesmo capítulo e ofendam os mesmos bens jurídicos (roubo e extorsão, por exemplo).

Há posição minoritária (e benéfica ao réu) no sentido de que devem ser considerados da mesma espécie todos os que ofendem o mesmo bem jurídico, permitindo continuidade, p. ex., entre furto e roubo etc. Galvão entende como da mesma espécie os constantes do mesmo capítulo da Parte Especial do Código Penal. Adotamos a presente posição.

b) Condições semelhantes de lugar: para a jurisprudência, até cidades próximas são aceitas (Mirabete).

c) Condições semelhantes de tempo: intervalo de até 30 dias entre um crime e outro é prazo consagrado pela jurisprudência, aceitando elasticidade no exame do caso concreto.

d) Modo de execução semelhante: deveria ser levada em consideração a mudança de comparsas, armas, qualificadoras etc. O requisito não costuma ser examinado com rigor, salvo nos Tribunais Superiores. É que a continuidade delitiva acaba sendo buscada como forma de diminuir o rigor do concurso material e permitir mais rápida reintegração social, ou seja, o rigor da literalidade da lei acaba sendo minorado e adaptado às exigências da política criminal.

É necessário que na mente do agente um delito seja continuidade do outro? Não. Expressamente, o Código Penal brasileiro adotou a teoria objetiva pura, ou seja, reconhecidos os requisitos objetivos expostos, deve ser declarada a continuidade delitiva. Há posição minoritária *contra legem*, exigindo também o elemento subjetivo (argumentando que de outra forma seria privilegiada a habitualidade delitiva).

Aplicação da pena:

a) Sistema de exasperação da pena – aplica-se a pena de um dos crimes aumentada de 1/6 a 2/3.

b) Crime continuado específico (qualificado) – é o crime continuado aplicado aos delitos dolosos cometidos com violência ou grave ameaça contra a pessoa, com vítimas diferentes: aplica-se a maior pena, ou qualquer delas, se idênticas, aumentando-a até o triplo.

Discute-se se o reconhecimento da continuidade delitiva é uma ficção ou uma realidade. Parece-nos que a legislação brasileira se amolda melhor à postura da ficção, pois despreza a continuação em algumas situações: no caso de *novatio legis in pejus*, prevalece ser aplicada a lei mais gravosa à continuidade. No caso de reconhecimento de prescrição, os fatos devem ser considerados de forma individualizada.

15.4 CONCURSO MATERIAL BENÉFICO

Se a aplicação da regra do crime continuado, do crime continuado específico ou do concurso formal perfeito (exasperação da pena) tornar a pena maior do que a resultante da soma, terá aplicação a regra do concurso material, em benefício do agente. É que, como já anotamos, os institutos foram criados para amenizar os efeitos do concurso material, o que torna eventual resultado agravador injustificável.

15.5 PENA DE MULTA NO CONCURSO DE CRIMES

Conforme o art. 72 do CP, "no caso de concurso de crimes, as penas de multa são aplicadas distinta e integralmente", ou seja, devem sempre ser somadas, e nunca exasperadas.

Muitos dos adeptos da corrente de que o crime continuado é uma realidade, e não uma ficção, não aceitam a adoção da cumulação das penas de multa no caso de crime continuado, uma vez que, para tal posição, não se trata de concurso de crimes, mas sim de crime único. O art. 72 do CP não seria, assim, aplicável à hipótese de crime continuado, sendo a pena de multa também calculada com base na exasperação. Possível encontrar também jurisprudência nesse sentido.

note BEM

	Concurso de crimes	
Concurso material	2 ou + condutas e 2 ou + crimes	Cumulação de penas

Concurso formal	1 conduta e 2 ou + crimes	Perfeito, próprio (art. 70 do CP, 1.ª parte). Não há + de um desígnio autônomo. Exasperação: pena do crime mais grave aumentada de 1/6 até 1/2. Imperfeito, impróprio (art. 70 do CP, 2.ª parte). Há mais de um desígnio autônomo. Cumulação de penas.
Crime continuado	Crimes da mesma espécie e semelhantes condições de tempo, lugar e modo de execução e unidade de plano criminoso (jurisprudência).	Comum: exasperação da pena do crime + grave aumentada de 1/6 até 2/3; Específico ou qualificado: violência ou grave ameaça contra vítimas diferentes. Exasperação: pena do crime + grave aumentada até o triplo.

Obs.: Se a exasperação do concurso formal perfeito ou do crime continuado prejudicar o réu, deverá ser usada a regra da cumulação, o que a doutrina chama de "concurso material benéfico.

Dos Efeitos da Condenação — 16

Art. 91 do CP: "São efeitos da condenação:
I – tornar certa a obrigação de indenizar o dano causado pelo crime;
II – a perda em favor da União, ressalvado o direito do lesado ou de terceiro de boa-fé:
   a) dos instrumentos do crime, desde que consistam em coisas cujo fabrico, alienação, uso, porte ou detenção constitua fato ilícito;
   b) do produto do crime ou de qualquer bem ou valor que constitua proveito auferido pelo agente com a prática do fato criminoso.
§ 1.º Poderá ser decretada a perda de bens ou valores equivalentes ao produto ou proveito do crime quando estes não forem encontrados ou quando se localizarem no exterior.
§ 2.º Na hipótese do § 1.º, as medidas assecuratórias previstas na legislação processual poderão abranger bens ou valores equivalentes do investigado ou acusado para posterior decretação de perda."

A condenação tem inúmeros efeitos penais secundários, como gerar reincidência, revogar reabilitação, *sursis* etc., que estão espalhados pelo Código Penal. Há ainda efeitos extrapenais, trazidos de forma não taxativa nos arts. 91 e 92 do CP.

A sentença condenatória permite a execução direta na seara cível, sendo apenas necessária a prévia liquidação do *quantum*.

Há ainda o confisco, salvo interesse de terceiro de boa-fé, dos instrumentos do crime, desde que consistam em coisas cujo fabrico, alienação, uso, porte ou detenção constitua fato ilícito. O confisco é automático, prevalecendo que não precisa haver sequer menção expressa na condenação.

Serão ainda confiscados o produto do crime ou o valor auferido, ressalvados, é claro, os direitos da vítima e do terceiro de boa-fé.

Se não encontrado o produto do crime, ou se demonstrado que se encontra no exterior, os parágrafos inseridos no art. 91 pela Lei 12.694/2012 permitem a perda de bens lícitos no limite do produto ou proveito do crime. Trata-se de reação legislativa às frequentes manobras para lavar bens de origem ilícita.

> Art. 92 do CP: "São também efeitos da condenação:
> I – a perda de cargo, função pública ou mandato eletivo:
> a) quando aplicada pena privativa de liberdade por tempo igual ou superior a 1 (um) ano, nos crimes praticados com abuso de poder ou violação de dever para com a Administração Pública;
> b) quando for aplicada pena privativa de liberdade por tempo superior a 4 (quatro) anos nos demais casos;
> II – a incapacidade para o exercício do pátrio poder, tutela ou curatela, nos crimes dolosos, sujeitos à pena de reclusão, cometidos contra filho, tutelado ou curatelado;
> III – a inabilitação para dirigir veículo, quando utilizado como meio para a prática de crime doloso.
> Parágrafo único. Os efeitos de que trata este artigo não são automáticos, devendo ser motivadamente declarados na sentença."

Importante distinguir: os efeitos do art. 92 apenas são aplicados quando expressamente declarados na sentença condenatória.

Há perda do cargo se aplicada pena igual ou superior a um ano, desde que os crimes sejam relacionados com o cargo, ou seja, por abuso de poder ou violação de dever para com a Administração. No entanto, haverá a mesma perda de cargo se a pena imposta for superior a 4 anos, em qualquer crime.

Não confundir o efeito acessório da perda de cargo com a pena restritiva de direitos de interdição temporária de direitos consistente em proibição do exercício da função (art. 47, I, do CP). O primeiro é efeito secundário de uma condenação e a segunda é pena substitutiva autônoma (efeito principal) e temporária.

Também há o efeito da condenação de incapacidade para o exercício do poder familiar (a lei ainda usa a expressão pátrio poder), tutela ou curatela, se o crime for doloso, punido com reclusão, contra filho, tutelado ou curatelado. A incapacidade é permanente? Em princípio, sim, mas poderá ser excluída pela reabilitação. Pela letra do art. 93, no entanto, a exclusão apenas vale para os demais filhos, tutelados e curatelados, sendo que em relação à vítima tais efeitos são permanentes.

Por fim, também é efeito secundário a inabilitação para dirigir veículo quando foi utilizado na prática de crime doloso. Não se confunde com a suspensão do direito de dirigir do Código de Trânsito. Pode ser afastada pela reabilitação.

Reabilitação

Reabilitação criminal: Passados 2 anos da extinção da pena, se tiver bom comportamento público e privado e tiver reparado o dano, o condenado pode pedir a reabilitação.

Deve ser requerida ao juízo da condenação, prevalecendo caber apelação da decisão que a denega.

A reabilitação busca afastar alguns efeitos secundários da sentença condenatória, especialmente determinando o sigilo das certidões, salvo por requisição judicial. Também permite que o sujeito volte a se habilitar para dirigir veículos, bem como exercer o poder familiar, a tutela e a curatela, salvo em relação à vítima do crime pelo qual foi condenado.

No caso de perda de cargo público, a reabilitação não implicará na reintegração no cargo. O único efeito será afastar óbices ao acesso a novo cargo, função ou mandato eletivo.

A reabilitação não afasta a reincidência, o que só ocorre com a prescrição quinquenal.

Os requisitos são:

a) 2 anos da extinção da pena, contado o período de prova do *sursis* e do livramento condicional;
b) reparação do dano, salvo impossibilidade de fazê-lo;
c) residência no País e bom comportamento público e privado nos últimos 2 anos.

Nos termos do art. 95, a reabilitação será revogada, de ofício ou a requerimento do Ministério Público, se o reabilitado for condenado, como reincidente, por decisão definitiva, a pena que não seja de multa.

Causas Extintivas da Punibilidade

18

São causas que extinguem o poder de punir do Estado. Mesmo nas ações penais de iniciativa privada, o poder de punir é do Estado, e não do particular. O Estado apenas delegou ao particular a titularidade da ação penal.

O poder de punir, que em princípio é abstrato, volta-se contra o infrator no momento da prática delitiva. Há, no entanto, eventos posteriores ao fato delitivo que excluem do Estado tal poder, por razões de política criminal.

Normalmente, o poder de punir se extingue com a total satisfação da pretensão, ou seja, quando o Estado consegue a condenação e o cumprimento da pena. Esta pode também ser chamada de extinção natural. Forma não natural seriam os eventos comentados a seguir, chamados causas extintivas da punibilidade. O rol de causas extintivas está no art. 107 do CP, mas não é taxativo. Há causas extintivas dispersas também em outros dispositivos da legislação (art. 89, § 5.º, da Lei 9.099/1995 – satisfeitos os requisitos da suspensão condicional do processo).

18.1 MORTE DO AGENTE

Agente está aqui no sentido de indiciado, réu ou sentenciado, uma vez que a morte pode ocorrer em qualquer momento da persecução penal. Se a morte ocorre durante o processo, deve ser extinto imediatamente.

Se a morte ocorrer antes do trânsito em julgado da condenação, todos os efeitos são afastados. Se ocorrer após o trânsito, alguns efeitos subsistem, como a obrigação de reparar o dano no juízo cível, que pode ser transmitida aos herdeiros até as forças da herança.

Como se prova a morte do agente? Certidão de óbito, conforme art. 155, parágrafo único, do CPP, que exige para a prova de estado de pessoa a mesma fórmula (as mesmas restrições) exigida pela lei civil.

E se a certidão for falsa? Há três posições:

a) a sentença é válida, pois houve apenas equívoco quanto ao valor de prova, devendo ser impugnada na via recursal. Se houver trânsito em julgado, no entanto, não será possível rescindir, pois não há revisão criminal *pro societate*;

b) a sentença extintiva padecerá do vício da nulidade absoluta por desobediência à fórmula processual, podendo ser reconhecida até o trânsito em julgado. Após o trânsito em julgado, nada mais poderá ser feito a não ser processar os autores do falso, já que não existe revisão *pro societate*. É nula, mas não há instrumento processual hábil ao reconhecimento do vício;

c) a sentença é inexistente, ou seja, basta que seja desconsiderada e que seja proferida outra em seu lugar, pois o ato inexistente é o nada.

A terceira posição é a adotada pelos Tribunais Superiores, embora não tenha qualquer respaldo técnico (STF, HC 104.998). As duas primeiras posições – em nossa opinião, as únicas justificáveis – também encontram amparo na jurisprudência.

18.2 ABOLITIO CRIMINIS

É uma lei penal revogadora de um tipo incriminador. A *abolitio criminis*, por força do princípio constitucional constante do art. 5.º, XL, da CF e do disposto no art. 2.º, *caput*, do CP, retroage para alcançar todos os fatos anteriores a ela. Haverá retroação ainda que o fato tenha sido decidido por sentença transitada em julgado.

Qual o juízo competente para aplicação da *abolitio criminis*? Será o juiz da causa, caso ainda não tenha proferido a sentença. Será o Tribunal competente, se o processo estiver em grau de recurso. Após o trânsito em julgado, o juiz das execuções criminais (Súmula 611 do STF). No caso de a sentença já ter transitado em julgado, quais os efeitos que seriam atingidos pela *abolitio criminis*? Todos os efeitos penais, primários e secundários.

Os efeitos extrapenais não são alcançados, uma vez que a redação do artigo especifica os efeitos penais (art. 2.º do CP).

18.3 ANISTIA

Anistia: é uma lei penal de efeitos retroativos que promove o esquecimento jurídico penal de uma infração já praticada.

Qual a diferença entre anistia e *abolitio criminis*? A *abolitio criminis* revoga o tipo penal, a lei, sem se referir aos fatos. Refere-se ao mundo normativo penal, alterando-o. Como não existe mais o tipo penal, não só serão descriminalizados os fatos anteriores – terão extintas suas punibilidades –, como serão havidos como atípicos os fatos posteriores.

A anistia, em contrapartida, não atinge o tipo penal, mas sim o fato. A anistia promove o esquecimento do fato, restando intocado o sistema normativo incriminador.

A lei concessiva da anistia pode ser revogada? A lei que concede anistia tem efeitos retroativos – logo, atinge situações anteriores, crimes já cometidos, beneficiando os envolvidos com a imediata extinção da punibilidade no momento de sua vigência. Não teria qualquer eficácia sua revogação, pois não poderia retroagir para prejudicar o réu.

A competência exclusiva para conceder anistia é da União, pelo Congresso Nacional, por meio de uma lei federal de anistia.

Pode ser concedida antes ou depois da sentença, e pode ser condicionada ou não.

Os crimes hediondos e equiparados (tortura, tráfico e terrorismo) são insuscetíveis de anistia por imperativo constitucional (art. 5.º, XLIII, da CF).

18.4 GRAÇA E INDULTO

São formas de indulgência soberana, já encontradas nas sociedades antigas, que permitiam ao soberano demonstrar seu poder e sua bondade, perdoando os criminosos, atraindo bons reflexos à sua imagem e apaziguando ânimos mais exaltados da população. Atualmente, os institutos costumam ter como objetivo alcançar finalidades mais próximas aos problemas penitenciários, como a superpopulação carcerária e a incapacidade de separar os presos de acordo com a gravidade dos crimes e de prestar assistência aos detentos.

Os institutos são semelhantes, ganhando maior importância a classificação/diferenciação na doutrina que na legislação. O art. 187 da LEP não faz uso do termo "graça", preferindo "indulto individual", enquanto denomina o "indulto" de "indulto coletivo".

A *graça* é uma medida de caráter *individual*, que beneficia tão somente o agraciado. O *indulto*, ao contrário, é uma medida *coletiva*, que beneficia um grupo de sentenciados.

Enquanto a anistia é concedida mediante lei federal (emanada do Congresso), a graça e o indulto são concedidos mediante decreto do Presidente da República (art. 84, XII, da CF), que pode delegar tal poder a determinadas autoridades, como Ministro de Estado, Advogado-Geral da União e Procurador-Geral da República (art. 84, parágrafo único, da CF).

Enquanto a anistia promove o esquecimento jurídico penal do fato, o indulto e a graça apenas atingem o efeito principal da sentença condenatória, que é a pena. Assim, na graça/indulto os efeitos secundários persistem.

Atualmente prevalece ser possível a concessão de indulto mesmo antes do trânsito em julgado da sentença condenatória.

Qual o procedimento para o indulto e a graça? O indulto é concedido de forma espontânea pelo Presidente da República. A graça (indulto individual) depende de requerimento. O pedido deve ser encaminhado ao Conselho Penitenciário, que se manifestará e o remeterá ao Ministério da Justiça, chegando então ao Presidente da República ou autoridade por ele indicada em delegação, que irá decretar ou não a graça.

O indulto pode ser parcial, ou seja, pode resultar apenas em redução da pena (comutação).

A Constituição veda a anistia e a graça em caso de crimes hediondos e equiparados.

Quanto ao indulto, há posição minoritária no sentido de que seria possível sua concessão mesmo a crimes hediondos ou equiparados, sendo a vedação da Lei de Crimes Hediondos ao indulto inconstitucional. Prevalece, no entanto, com recentes decisões do Supremo Tribunal Federal, que é vedado o indulto aos crimes hediondos e equiparados por força de compreensão teleológica da Constituição Federal e pela letra da Lei de Crimes Hediondos. Outros ainda argumentam, reforçando a tese, que, quando a Constituição Federal se referiu ao termo graça (art. 5.º, XLIII), vedando a concessão do benefício aos crimes hediondos e equiparados, utilizou o termo como gênero que englobaria as espécies *indulto coletivo* e *indulto individual* (aqui, graça, em sentido estrito).

18.5 RENÚNCIA AO DIREITO DE QUEIXA

Renúncia ao direito de queixa é a abdicação do direito de promover a ação penal privada pelo ofendido ou por seu representante legal.

Momento: sempre antes do oferecimento da queixa.

Cabimento: somente nas ações penais exclusivamente privadas. Fora do sistema dos Juizados Especiais Criminais não é possível renúncia ao direito de representação (na ação penal pública condicionada).

Controversa a possibilidade de renúncia no caso de ação penal privada subsidiária da pública. Incontroverso, no entanto, que, mesmo se possível tal ato, dele não resultaria extinta a punibilidade, pois o Ministério Público poderia, de qualquer forma, oferecer a denúncia.

Formas de renúncia: expressa ou tácita. Expressa, se por manifestação explícita; e tácita, caso exista a prática de ato incompatível com a vontade de processar (chamar para almoçar em casa, p. ex.). O casamento da vítima com o agente, que antes extinguia a punibilidade nos crimes contra os costumes, continua com tal força quando se tratar de crime de ação penal privada, pois o casamento é, obviamente, prática de ato incompatível com a vontade de processar.

O recebimento da indenização pelo dano resultante do crime não importa em renúncia tácita (art. 104, parágrafo único, do CP) fora dos Juizados Especiais Criminais. No Juizado, o recebimento implica renúncia tácita. A diversa orientação se deve às reformas pontuais, que tornam o ordenamento pouco coerente.

Não há mais a polêmica sobre a legitimidade concorrente do ofendido menor de 21 anos de idade e seu representante legal. Com o atual Código Civil, não há mais representante legal ao maior de 18 anos de idade, e com isso a doutrina já se manifestou no sentido da plena capacidade processual penal do ofendido entre 18 e 21 anos de idade.

Queixa-crime oferecida contra apenas um dos ofensores (conhecidos): prevalece que, ante o princípio da indivisibilidade da ação penal privada, o não oferecimento de queixa contra todos implica renúncia tácita ao direito de oferecer queixa em relação aos que não foram acusados. Como a renúncia se comunica, estaria extinta a punibilidade de todos. Há decisões no sentido de que, em tal caso, o magistrado deve intimar o querelante a aditar a queixa, sob pena de extinção.

Em caso de crime com dupla subjetividade passiva, a renúncia de um não impede que o outro proponha a ação.

18.6 PERDÃO DO OFENDIDO

Perdão do ofendido é o ato pelo qual, iniciada a ação penal exclusivamente privada, o ofendido (ou seu representante legal) desiste de seu prosseguimento Tem sentido de desistência e por isso é sempre posterior à propositura da queixa.

Cabimento: apenas na ação exclusivamente privada. Pode ser oferecido até o trânsito em julgado da sentença condenatória, mesmo se interposto recurso extraordinário (Mirabete).

Diferenças entre o perdão do ofendido e o perdão judicial: o perdão judicial é concedido pelo juiz e não pelo ofendido, e incide nos casos previstos em lei, seja a ação pública ou privada. No perdão do ofendido, não há casos previstos expressamente em lei, mas tão somente a previsão genérica do art. 105 e ss. do CP, e, assim, sempre será possível na ação penal privada.

Formas de perdão: processual ou extraprocessual, conforme seja oferecido nos autos do processo ou fora. Pode, como a renúncia, ser expresso ou tácito.

Aceitação do perdão: o perdão é um ato jurídico bilateral, o que significa que, para produzir efeitos, depende da aceitação do querelado.

A aceitação do perdão pode ser tácita ou expressa. Oferecido o perdão, o querelado será intimado para se manifestar e, no silêncio, será considerado aceito o perdão, declarando-se extinta a punibilidade (art. 58 do CPP).

O perdão é uma causa, por força do princípio da indivisibilidade, comunicável (o querelante não pode escolher quem vai perdoar: ou perdoa todos ou não perdoa ninguém). Se perdoar um, o juiz oferecerá a todos a aceitação. Se apenas um aceitar, o processo continuará em relação aos outros.

18.7 RETRATAÇÃO

Retratar-se é desdizer-se, retirar o que disse. O Código Penal tem incidência nos crimes de calúnia e difamação e também nos de falso testemunho e falsa perícia. Deve ser feita até o momento da sentença. Que sentença? No caso da calúnia e difamação, até a sentença condenatória recorrível; no caso de falso testemunho ou falsa perícia, até a sentença do processo em que ocorreu o falso.

Falso testemunho (art. 342, § 2.º, do CP): se o agente se retratar até a sentença, desmentindo sua versão ou completando a verdade, estará extinta a punibilidade.

Prevalece que a retratação nos crimes contra a honra é incomunicável, mas comunicável no falso testemunho.

18.8 PEREMPÇÃO

Sanção jurídica imposta ao querelante desidioso que deixa de promover o devido andamento à ação penal. Extingue a punibilidade.

Possível somente na ação penal exclusivamente privada. Na subsidiária, o Ministério Público retomará a ação, não havendo extinção da punibilidade.

Só tem cabimento após o recebimento da queixa, uma vez que pressupõe a existência do processo. No caso de mais de um querelante (litisconsórcio ativo), só se aplica ao querelante desidioso.

Causas que levam à perempção (art. 60 do CPP):

a) querelante que deixa de dar o devido andamento ao processo por mais de 30 dias seguidos. Prevalece que não é necessária a intimação do querelante para que se inicie a contagem do prazo;

b) morte ou interdição do querelante, sem que apareça sucessor no prazo de 60 dias. Sucessores são o cônjuge, ascendente, descendente e irmão. Se a ação penal for personalíssima, a morte do querelante acarreta de imediato a perempção, como também o desaparecimento da pessoa jurídica sem sucessor;

c) não comparecer o querelante a ato do processo ao qual deveria estar presente;

d) não formular pedido de condenação nas alegações finais.

18.9 DECADÊNCIA

Há decadência do direito de queixa ou de representação.

É a perda do direito de oferecer queixa ou de representar.

No eixo da decadência está o transcurso do tempo. No fundo, é uma sanção processual àquele que se mantém inerte, que perde a oportunidade de exercer a ação ou de fornecer a condição objetiva de procedibilidade da representação.

Decadência só existe em ação penal privada ou pública condicionada; *prescrição* pode acontecer em qualquer tipo de ação.

Qual o prazo que tem a vítima para representar ou para oferecer queixa? 6 meses do conhecimento da autoria (art. 38 do CPP).

É prazo penal, pois extingue a punibilidade.

Mirabete lembra que, no caso de crime continuado, a decadência deve ser considerada em relação a cada fato.

A representação pode ser endereçada ao delegado de polícia, ao Ministério Público e ao juiz. Óbvio que a queixa-crime, petição inicial da ação penal privada, só pode ser endereçada ao juiz.

18.10 PERDÃO JUDICIAL

É a possibilidade de o juiz deixar de aplicar a pena nas hipóteses previstas em lei.

Pressuposto básico: reconhecimento da culpabilidade do acusado. Primeiro reconhece que é culpado, ou seja, reconhece que o sujeito praticou fato típico, ilícito e culpável, e depois o juiz perdoa. Só pode ocorrer quando o texto legal autorizar. Exemplo: art. 121, § 5.º; art. 129, § 8.º; art. 140, § 1.º; art. 180, § 5.º, do CP.

Prevalece o entendimento de que é direito subjetivo do acusado, se presentes os requisitos.

A decisão que reconhece o perdão judicial tem caráter terminativo de mérito: é declaratória de extinção da punibilidade (Súmula 18 do STJ).

18.11 PRESCRIÇÃO

O Estado tem o poder de punir, visando diminuir/controlar a violência. No momento em que uma infração penal é praticada, o poder abstrato se concretiza.

No momento em que ocorre a infração penal, começa para o Estado a possibilidade da punição, ou seja, o dever de subordinar o interesse alheio de liberdade a seu poder punitivo. Daí a ideia da *pretensão punitiva*. O Estado tem a obrigação de demonstrar que seu poder existe e pode ser exercido contra determinado indivíduo em espaço de tempo limitado, em prol de exigências de ordem política e mesmo processual.

Diz-se desde Beccaria que a pena só é justa se célere. De qualquer forma, a demora na punição ocasionaria a perda dos fins da pena, a descrença no ordenamento, a sensação de legitimação da reação informal da sociedade (linchamentos, vinganças). Por outro lado, como a imposição da pena é demonstração de poder, se o Estado demora, é sancionado com a perda de tal poder. Focalizando o próprio autor do crime, o longo passar do tempo permitiu sua reconstrução pessoal, e a pena tem grande chance de ter efeito deletério sobre sua personalidade. Por fim, as provas já teriam se esvaído com o passar do tempo.

Daí a existência do instituto da prescrição. Trata-se de sanção ao Estado pela demora em seu proceder. Pode se referir à pretensão punitiva e à pretensão executória.

Há prescrição da pretensão punitiva nos casos em que o Estado não providencia, no limite temporal fixado pela lei, a certeza da culpa (com o trânsito em julgado da sentença condenatória).

Há prescrição da pretensão executória nos casos em que o Estado não providencia, no lapso temporal determinado em lei, a efetivação da sanção já certa (ao menos para a acusação).

Os prazos são verificados no art. 109 do CP, que traz tabela relacionando a pena a ser aplicada com o prazo prescricional. Os prazos são penais (ou seja, utiliza-se a regra do art. 10 do CP), uma vez que a prescrição trata diretamente da alteração ou extinção do poder de punir do Estado.

18.11.1 Prescrição da pretensão punitiva (PPP)

A partir do momento em que é praticada a infração penal, surge para o Estado o poder de punir o criminoso. Se o Estado deve conseguir a certeza da culpa no prazo imposto pela lei, o normal seria que o lapso prescricional se iniciasse na data da prática do fato e terminasse exatamente com a certeza da culpa. Em termos, é o que ocorre.

No entanto, o prazo não flui livremente. Há causas suspensivas e interruptivas. Suspensivas são aquelas que obstam o prosseguimento da contagem enquanto perduram. Cessando o evento suspensivo, a contagem é retomada do ponto de parada.

Interruptivas são os marcos que implicam o reinício (do zero) da contagem.

A ocorrência da prescrição da pretensão punitiva, em qualquer de suas modalidades, tem importantes consequências: não há qualquer efeito penal prejudicial ao sujeito, mesmo se já prolatada sentença condenatória; não há qualquer efeito civil, como a obrigação de indenizar; prevalece que não pode gerar mau antecedente, pois não haverá decisão condenatória definitiva válida, mas apenas reconhecimento da extinção da punibilidade.

18.11.1.1 Termo inicial

O CP, em seu art. 4.º, adotou a teoria da atividade para efeito do tempo do crime. No entanto, para considerar o termo inicial da prescrição, foi adotada outra teoria: a do resultado. Assim, em regra, começa a fluir o prazo prescricional do dia da consumação. (Para Cirino, minoritário, deve ser levada em conta a por ele chamada "consumação material", ou seja, nos crimes formais, só se iniciaria a prescrição com o exaurimento do crime.)

E nos crimes tentados? Como não há consumação, a prescrição começa a correr do último ato da execução.

E nos crimes permanentes? No crime permanente, o momento consumativo perdura no tempo. A prescrição começa a correr da cessação da permanência (quando ocorreu o último momento consumativo).

Há interessante distinção no STF quanto ao estelionato previdenciário, que, em alguns casos, configura crime permanente, mas, em outros, crime instantâneo de efeitos permanentes. O funcionário que, em determinado momento, auxilia na manobra fraudulenta, de forma a permitir o pagamento do benefício de prestação continuada, pratica crime instantâneo de efeitos permanentes, e, assim, a prescrição começa a correr do exato momento da consumação, ou seja, da obtenção da primeira vantagem. O fraudador beneficiário, no entanto, pratica, aos olhos do STF, crime permanente e, assim, a prescrição só inicia seu curso com o fim da permanência, ou seja, quando cessa o recebimento do benefício. Nesse sentido: STF, HC 104.880.

Existem crimes em que é difícil a elucidação de sua existência, como a falsificação e a alteração de assentamento de registro civil (art. 242 do CP) e a bigamia (art. 235 do CP): nestes dois, é a partir do momento em que o fato "se torna conhecido", pois, de outra forma, certamente tais crimes restariam sempre impunes.

Nos crimes contra a dignidade sexual de crianças e adolescentes praticados a partir de 17 de maio de 2012, a prescrição da pretensão punitiva somente se inicia da data em que a vítima completar 18 (dezoito) anos, salvo se a esse tempo já houver sido proposta a ação penal.

E no caso de concurso de crimes (concurso material, formal e crime continuado)? Despreza-se a existência do concurso de crimes. A prescrição começará a correr isoladamente a partir de cada consumação, como se os crimes não tivessem qualquer relação (art. 119 do CP).

O prazo prescricional é penal, contado na forma do art. 10 do CP.

Cálculo do prazo prescricional: Leva-se em consideração o máximo da pena em abstrato, permitindo a incidência de causas de aumento (aumento máximo) e diminuição (diminuição mínima), bem como qualificadoras. Com base no máximo da pena em abstrato, busca-se a tabela do art. 109 do CP.

18.11.1.2 Causas suspensivas do prazo prescricional

Nem todas as causas suspensivas estão previstas no Código Penal.

São causas suspensivas, entre outras:

a) enquanto não resolvida, em outro processo, questão de que dependa o reconhecimento de existência de crime (anulação de casamento anterior em ação penal por bigamia);

b) enquanto o agente cumpre pena no estrangeiro;

c) o agente, citado por edital, não comparece nem nomeia advogado;

d) o período de prova da suspensão condicional do processo;

e) a expedição de carta rogatória para citação do réu (art. 368 do CPP), até seu cumprimento;

f) quando recebida denúncia contra senador ou deputado federal, por crime ocorrido após a diplomação, após a ciência dada pelo STF à Casa respectiva, esta, pelo voto da maioria de seus membros, delibera sustar o processo. Pelo art. 53, § 5.º, da CF, a sustação do processo suspende a prescrição enquanto durar o mandato.

Por ausência de previsão legal, a suspensão do processo para incidente de insanidade mental não suspende a prescrição.

18.11.1.3 Causas interruptivas da prescrição (art. 117 do CP)

São aquelas que zeram o prazo prescricional: elas obstam o curso da prescrição e fazem com que o prazo seja reiniciado a partir do primeiro dia.

Recebimento da denúncia ou queixa: Não confundir com o oferecimento da queixa, que faz cessar o prazo decadencial. Majoritário que é o momento da publicação do despacho (decisão) que recebe a inicial. Prevalece, ainda, que o recebimento do aditamento à denúncia ou queixa apenas interrompe quando traz novo fato. Se recebida por juiz incompetente, não interrompe a prescrição, pois só tem tal efeito o recebimento pelo juiz natural (Bittencourt).

Sentença de pronúncia (publicação da sentença): a pronúncia interrompe a prescrição também com relação aos crimes conexos.

Majoritário que, mesmo se desclassificada a infração em plenário para crime que não seja doloso contra a vida, a pronúncia continua interrompendo a prescrição. Acreditamos (minoritário) que não deveria interromper, pois se houve equívoco na capitulação do fato, que não deveria ser objeto de pronúncia, e como tal erro não pode ser imputado ao indivíduo, não pode ser ele prejudicado com a majoração dos prazos prescricionais gerada pela interrupção. Considera-se que a prescrição se interrompe com a entrega (publicação) da sentença em cartório.

Acórdão confirmatório da pronúncia: quando em recurso busca-se afastar a pronúncia, também interrompe a prescrição o acórdão que confirma a decisão de pronúncia. Se no recurso interposto contra a decisão de pronúncia há reforma, pelo tribunal, desclassificando o fato, a pronúncia deixa de ter o efeito interruptivo.

Pela publicação da sentença ou acórdão condenatórios recorríveis: a sentença absolutória não interrompe a prescrição, tampouco a sentença anulada. Na redação anterior, apenas a sentença condenatória recorrível interrompia a prescrição, e, assim, o acórdão que confirmava a sentença condenatória não a interrompia, pois a lei falava em sentença condenatória, e o acórdão era apenas confirmatório, segundo a jurisprudência.

Hoje, com a mudança da redação, duas posições são possíveis: a primeira (Delmanto, Mirabete) defende que a nova redação veio apenas esclarecer que não apenas a sentença, mas também o acórdão condenatório pode interromper a prescrição, desde que não se limite a confirmar os termos de condenação anterior.

Assim, podemos concluir que, para a primeira posição, o acórdão interromperá a prescrição apenas se for a primeira decisão condenatória no processo, reformando anterior absolvição, valendo acrescentar que, para boa parte da jurisprudência, também há interrupção se o acórdão confirma a condenação, mas agrava a pena.

Para uma segunda posição, houve a criação de um novo marco interruptivo, e, assim, todo acórdão condenatório, quer esteja confirmando a sentença anterior em todos os seus termos, agravando a pena ou reformando anterior sentença absolutória, deve interromper a prescrição (Greco).

Comunicabilidade da interrupção: As causas ora analisadas (incs. I a IV do art. 117 do CP) interrompem a prescrição de todos os coautores e partícipes, mesmo que ainda não denunciados, pronunciados ou condenados.

Crimes conexos: conforme art. 117, § 1.º, do CP, *in fine*, no caso de crimes conexos, objetos de um mesmo processo, a interrupção da prescrição em relação a um dos crimes irá gerar efeitos em relação aos demais.

18.11.1.4 Prescrição em abstrato

Partindo do(s) termo(s) inicial(is) já apontado(s), basta respeitar os marcos suspensivos e interruptivos e chegaremos à verificação da ocorrência de prescrição, lembrando que o termo final da prescrição da pretensão punitiva é o trânsito em julgado da sentença condenatória.

Como não se sabe a pena que será aplicada ao sujeito e, por consequência, utilizamos na verificação do prazo prescricional (art. 109 do CP) o máximo da pena em abstrato, chamamos tal espécie de *prescrição da pretensão punitiva com base na pena em abstrato*. Há quem denomine tal espécie de prescrição *clássica* ou prescrição *propriamente dita*.

Na busca da pena máxima, devem ser levadas em consideração as qualificadoras e as causas de aumento e diminuição. Para as causas de aumento, deve servir como base a pena aumentada ao máximo. Para as causas de diminuição de pena, a diminuição deve ser mínima (exatamente para buscar a pena máxima).

18.11.1.5 Prescrição superveniente

Sabemos que, com o trânsito em julgado para a acusação da sentença condenatória, a sanção não poderá ser agravada, em razão do princípio da *non reformatio in pejus* (direto ou indireto). Assim, com o trânsito em julgado para a acusação, é correto afirmar que conhecemos o máximo da pena em concreto a ser aplicada para a infração. Também é possível saber o máximo em concreto da pena se houver recurso da acusação que não visa ao aumento da pena (mas apenas à mudança do regime de cumprimento, por exemplo).

Se a acusação recorrer buscando o aumento da pena, não há como se ter certeza do máximo da pena, e a prescrição apenas poderá ser trabalhada com base na pena em abstrato, enquanto tramitar recurso da acusação (que tenha entre seus pedidos o incremento da quantidade de pena). Finda a tramitação dos recursos, com o trânsito em julgado ao menos para a acusação, é possível trabalhar com a pena máxima em concreto, como já referido.

Sabemos que a igualdade é mandamento constitucional, mandando que cada qual seja tratado de acordo com seus méritos e deméritos. Também a especificação da individualização da pena, e a própria dignidade humana que garante a cada indivíduo o direito a ter sua situação cuidada de forma individualizada, para que seja respeitado como pessoa.

Quando lidamos com a pena em abstrato, estamos cuidando de um sujeito em abstrato que praticou um fato também abstrato. É claro que antes do trânsito em julgado da pena para a acusação não é possível outro tratamento, mas, assim que tal preclusão ocorre, é necessário que o sujeito passe a ter sua situação cuidada de forma individualizada, em respeito à necessidade de individualização própria da isonomia.

Assim, com o trânsito em julgado para a acusação, passamos a lidar não mais com a pena em abstrato (máxima), mas sim com a pena efetivamente fixada. Será ela o novo critério para que seja avaliado o prazo prescricional, de acordo com o art. 109 do CP.

Tratamos aqui da prescrição da pretensão punitiva com base na pena em concreto. Assim, havendo trânsito em julgado para a acusação, o prazo que foi interrompido com a sentença condenatória recorrível (e daí reinicia) será apreciado não mais com base na pena em abstrato, mas na pena em concreto. É certo que tal prazo fluirá até que ocorra o trânsito em julgado também para a defesa, quando haverá a certeza da culpa.

Se ocorrer prescrição entre a sentença condenatória recorrível e o trânsito em julgado final (para as duas partes), será classificada como prescrição da *pretensão punitiva com base na pena em concreto superveniente* (alguns a chamam de *subsequente*, e prevalece que é a mesma coisa que dizer *intercorrente*).

note BEM
Note-se que o trânsito em julgado para a acusação não suspende nem interrompe o prazo da prescrição da pretensão punitiva. Trata-se de simples condição para que se possa trabalhar com a pena em concreto.

18.11.1.6 Prescrição retroativa

Um problema se impõe: após a sentença condenatória com trânsito em julgado para a acusação, já vimos que é possível falar em prescrição com base na pena em concreto, para que seja dada a devida aplicação à igualdade e individualização da pena. Mas, e antes da sentença, quando cuidamos da prescrição com base na pena em abstrato, sem levar em consideração as peculiaridades e circunstâncias do fato e do sujeito em concreto? O que fazer para devolver ao sujeito o direito de ser tratado individualmente que lhe foi subtraído na apreciação da prescrição em abstrato?

Aos fatos praticados até o advento da Lei 12.234/2010 (06.05.2010), a solução era simples: bastava retomar o exame nos prazos já percorridos, mas dessa vez não mais com base no prazo da prescrição da pena em abstrato, mas em concreto. Seria verificado, então, o prazo entre o fato e o recebimento da inicial acusatória, entre esta e a sentença condenatória recorrível (se for o caso de pronúncia, do recebimento da denúncia até a pronúncia, daí até sua confirmação, e daí à sentença).

Se verificada prescrição, está extinta a punibilidade. Como ainda não ultrapassamos a certeza da culpa, estamos falando de pretensão punitiva. Como estamos cuidando da pena em concreto, e o prazo verificado ocorreu antes da sentença, classificamos como *prescrição da pretensão punitiva com base na pena em concreto retroativa*.

No entanto, em 06.05.2010 entrou em vigor a infeliz (em nossa opinião) Lei 12.234/2010, que, além de ampliar o prazo mínimo de prescrição (que era de dois anos para as infrações com pena máxima inferiores a um ano, e hoje é de três anos), também alterou o art. 110, § 1.º, para estabelecer a seguinte redação:

> "§ 1.º A prescrição, depois da sentença condenatória com trânsito em julgado para a acusação ou depois de improvido seu recurso, regula-se pela pena aplicada, não podendo, em nenhuma hipótese, ter por termo inicial data anterior à da denúncia ou queixa."

Com isso, persiste a prescrição retroativa em nosso ordenamento, mas, para os fatos praticados a partir de 06.05.2010, não será possível o reconhecimento de prescrição retroativa entre a data do fato e o recebimento da denúncia ou queixa. As demais hipóteses (entre o recebimento da denúncia e a sentença, entre o recebimento da denúncia e a pronúncia, entre a pronúncia e o acórdão que a confirma, entre o acórdão que a confirma e a sentença final) continuam plenamente cabíveis.

Minoritários, entendemos inconstitucional a comentada alteração legislativa que extingue a prescrição retroativa no lapso entre o fato e o recebimento da denúncia ou queixa. É que a possibilidade de prescrição retroativa não é uma mera opção política do legislador, mas a concretização do princípio constitucional da isonomia, com seu consectário da individualização da pena, bem como da própria duração razoável do processo. Ora, não se pode ter o mesmo prazo prescricional, sempre calculado a partir da pena máxima em abstrato, para hipóteses flagrantemente diversas, como do condenado à pena mínima e do condenado, em concreto, à pena máxima. Se o sistema penal brasileiro se vale da quantidade da pena como critério para o cálculo da prescrição, o uso da pena máxima em abstrato só se justifica enquanto não é possível individualizar a pena do sujeito, ou seja, antes da condenação com trânsito em julgado para a acusação. Após, os princípios constitucionais referidos, a nosso ver, impõem o reconhecimento da prescrição retroativa em todos os casos previstos na antiga legislação. No limite, a nova legislação fere também a vedação de retrocesso em matéria de direitos e garantias individuais, pois "retrocede" minimizando todos os já citados princípios.

18.11.1.7 Prescrição virtual

Também chamada de antecipada, projetada ou em perspectiva.

Não é prevista na lei de forma expressa, mas sim resultado de criação jurisprudencial e doutrinária.

As circunstâncias permitem concluir que a pena será aplicada no limite mínimo, que a acusação não conseguirá nada acima disso, e com base na pena mínima já teria ocorrido a prescrição. Faz-se a perspectiva da pena que seria aplicada, e, com base na perspectiva de pena em concreto e respectivo prazo prescricional, decreta-se a prescrição.

Há quem diga que é espécie de prescrição, não adotada expressa, mas sim implicitamente pela legislação, mas muitos entendem que se trata de *falta de interesse de agir* na espécie *utilidade*: qual a utilidade de buscar um provimento jurisdicional condenatório se a pena querida pelo titular da ação será declarada prescrita, sem qualquer efeito extraprocessual?

Assim, ainda que não haja previsão legal, a prescrição virtual pode ser declarada e trancada a ação penal, em razão da falta de interesse de agir, que é condição da ação.

A prescrição virtual não é aceita de forma pacífica, mas vem tendo acolhida crescente nos últimos anos. É aplicada apenas nas instâncias inferiores.

No Superior Tribunal de Justiça, a Súmula 438 proíbe o reconhecimento da prescrição virtual:

> Súmula 438: "É inadmissível a extinção da punibilidade pela prescrição da pretensão punitiva com fundamento em pena hipotética, independentemente da existência ou sorte do processo penal".

18.11.1.8 Observações sobre a PPP

Prescrição e absolvição: Prevalece que, reconhecida a PPP, não é possível ao juiz examinar o mérito da causa, ainda que a pedido do réu (que busca declaração de inocência), pois esse não teria interesse de agir, sendo que os efeitos da extinção da punibilidade são tão benéficos como os da prescrição. Aliás, com a reforma do Código de Processo Penal, é possível a absolvição após a resposta à acusação com fundamento na da extinção da punibilidade, nos termos do art. 397, IV, do CPP.

Preferimos posição (minoritária) da existência de interesse de agir do réu, até porque, se reconhecido o seu direito de buscar alteração no fundamento da absolvição (de *insuficiência de provas* (inc. VII do art. 386 CPP) para *inexistência do fato* (inc. I do art. 386 CPP), com o objetivo de gerar efeitos civis), com mais razão deveria ser permitido ao acusado buscar solução absolutória em vez de reconhecimento de prescrição, quer pelos efeitos civis, quer pela diferença de repercussão social de uma decisão que extingue a punibilidade e de uma decisão absolutória.

Prazo prescricional e habeas corpus: Se mesmo após o trânsito em julgado da condenação para as partes há alteração da pena em razão de impetração de *habeas corpus*, não é possível considerar como fluente o prazo prescricional até o julgamento do *habeas*, pois de outra forma bastaria à parte aguardar o prazo prescricional para, valendo-se do remédio heroico, conseguir a prescrição (STF, HC 92717).

18.11.2 Prescrição da pretensão executória (PPE)

Após a certeza da culpa, o Estado tem prazo para tornar efetiva a pena, sob pena de perder o poder de punir.

Assim, o óbvio seria que o prazo se iniciasse com a certeza da culpa, ou seja, com o trânsito em julgado da sentença condenatória para acusação e defesa, e apenas cessasse com o início do cumprimento da pena. No entanto, e aqui certamente reside a maior dificuldade da matéria, a lei dispõe de forma diversa quanto ao marco inicial da PPE.

Perceberam os Tribunais, antes da reforma de 1984, que, a partir do momento em que havia trânsito em julgado da sentença condenatória para a acusação, apenas não corria o prazo da PPE em razão do recurso da defesa (pois a PPE só começaria a correr após o trânsito em julgado final para as duas partes). Concluíram, então, os Tribunais que o prazo da PPE não corria, prejudicando o sujeito, apenas porque ele havia recorrido, ou seja, porque teria exercido direito garantido.

Partindo do pressuposto de que ninguém poderia ser prejudicado por exercer direito, ainda que, contrariando a lógica da PPE, o marco inicial foi antecipado: em vez de se iniciar com o trânsito em julgado final, inicia-se com o trânsito em julgado para a acusação. Em outras palavras, o prazo da PPE corre ainda que pendente recurso para a defesa, desde que já transitada em julgado a decisão para a acusação.

Assim, a partir do trânsito em julgado para a acusação, o Estado tem prazo determinado em lei para fazer efetiva a pena, sob pena de perder seu poder, restando extinta a punibilidade.

A prescrição da pretensão executória – ao contrário da que ataca a pretensão punitiva – só atinge o efeito principal da condenação, ou seja, a pena imposta. Os efeitos penais e extrapenais secundários persistem, como a reincidência, a obrigação de reparar o dano etc.

E qual o prazo? O da pena já determinada, com base na mesma tabela do art. 109 do CP.

Cessa o fluxo do prazo da PPE com o início ou a continuação do cumprimento da pena. Fica suspenso também o prazo da PPE caso o sujeito esteja preso por outro motivo (art. 116, parágrafo único, do CP).

O início ou a continuação do cumprimento da pena *interrompem* a PPE. Da mesma forma, dá-se a interrupção da PPE com a reincidência.

Há posição minoritária no sentido de que a reincidência também interrompe a PPP. Pacífico apenas que interrompe a PPE.

Há, ainda, três posições sobre o momento em que se considera interrompida a prescrição no caso de reincidência:

a) no momento da prática do fato, ainda sem sentença condenatória irrecorrível;

b) no momento da prática do fato, mas condicionada, a interrupção, à existência de sentença condenatória irrecorrível;

c) no momento do trânsito em julgado da sentença que condena o sujeito pela nova infração (posição de Rogério Greco).

Há julgados recentes favoráveis às duas últimas posições.

No caso de fuga, conta-se a PPE com base na pena que resta a cumprir. Da mesma forma se revogados o *sursis* e o livramento condicional.

Ao condenado reincidente é acrescido 1/3 ao prazo prescricional estabelecido no art. 109 do CP.

O sujeito fica em prisão processual e é ao final condenado: o prazo prescricional da pretensão executória terá como base a pena aplicada (sem levar em conta a detração) ou a pena que resta a cumprir, descontando-se o tempo de prisão processual? Duas posições:

a) leva-se em conta a pena aplicada, pois o art. 113 apenas determina que se conte a PPE com base no tempo que resta da pena no caso de fuga ou revogação do livramento condicional. Assim, se não houve fuga ou revogação de livramento, não se leva em conta o tempo de pena que resta a cumprir, mas sim a pena aplicada. Também porque a detração apenas é computada no processo de execução, que só se inicia após a prisão do sujeito;

b) deve ser descontado o prazo da prisão processual, pois a prescrição da pretensão executória incide em razão da ineficácia do Estado em fazer cumprir seu poder de punir já concretizado. Ora, se houve prisão processual, o poder de punir do Estado já diminuiu no momento de executar a sentença, pois a lei manda que haja desconto. É, assim, da essência do sistema que a PPE seja calculada sempre com base no tempo de pena que resta a cumprir. Aliás, é no mínimo insensato que tal "vantagem" seja atribuída apenas àquele que foge ou que pratica falta suficiente à revogação do livramento condicional: é que seria premiada a fuga e castigado aquele que deixou a custódia com alvará de soltura (liberdade provisória, direito de apelar em liberdade...). O primeiro teria sua PPE com base no tempo de pena que resta a cumprir (menor) e o segundo, com base na pena aplicada (maior). Acreditamos que nem é necessário recorrer à analogia, amplamente possível em *bonam partem*, bastando uma interpretação extensiva, pois é claro que, se a legislação prevê que a PPE é calculada pelo restante da pena "até" no caso de fuga, com mais razão (*a fortiori*) é possível se a liberdade é concedida pelo Estado. O raciocínio analógico levaria, sem duvida, à mesma conclusão. Por fim, nem sempre a execução se inicia com a prisão, pois também há execução nas penas restritivas de direitos, e, nesse caso, o processo não se inicia com a prisão. É nossa posição.

18.11.3 Imprescritibilidade

Crimes contra os quais não corre a prescrição: Para a doutrina, a Constituição Federal estabeleceu o rol dos crimes imprescritíveis. Ao enumerar os casos, proibiu o legislador infraconstitucional de criar novos casos de imprescritibilidade.

Ao elencar o rol entre os direitos e garantias individuais, fez implícito que os demais casos são prescritíveis. Tratando isso como cláusula pétrea (núcleo constitucional intangível), não pode ser alterado por emenda.

São imprescritíveis o *racismo* e as *ações de grupos armados civis ou militares contra a ordem constitucional e o Estado Democrático*. Todos os demais são passíveis de prescrição.

No julgamento do RE 460971, o STF, no entanto, contrariando a doutrina majoritária, entendeu que é possível a criação de novas hipóteses de imprescritibilidade além daquelas expressamente previstas na Constituição. Não se trata de entendimento pacífico na Corte, mas é importante precedente, que pode prevalecer no futuro.

Crimes hediondos e equiparados *não* são imprescritíveis.

18.11.4 Observações

Para a pena restritiva de direitos, o prazo é o mesmo que para a pena privativa de liberdade substituída, nos termos do art. 109, parágrafo único, do CP.

> **note BEM**
> Lembre-se que, nos termos do art. 118 do CP, as penas mais leves prescrevem com as mais graves, e, assim, se a pena restritiva de direitos for aplicada cumulada com uma pena privativa de liberdade, pelo mesmo crime, prescreverá no prazo da privativa de liberdade (STF, HC 104.234/SP).

A pena de multa, se cumulada, prescreve no mesmo prazo que aquela que acompanha. Caso aplicada isoladamente, seja originária ou substitutiva, prescreve em 2 anos, cabendo ressaltar que, após o trânsito em julgado, incidem as causas suspensivas e interruptivas da legislação tributária (art. 51 do CP). No caso da execução da pena de multa, que deve ser feita na vara da Fazenda Pública, devem ser considerados os marcos suspensivos e interruptivos da prescrição da legislação tributária. (Capez entende – minoritário – que, como a execução da pena de multa segue procedimento de execução da dívida ativa, a prescrição executória da pena de multa prescreve em cinco anos.)

Ao menor de 21 anos de idade na data do fato e maior de 70 anos de idade na data da decisão definitiva, o prazo prescricional é reduzido pela metade. Quanto ao menor de 21 anos, não houve qualquer alteração na regra após a entrada em vigor do atual Código Civil, ou seja, a diminuição persiste em vigor. Sobre o maior de 70 na data da sentença, havia entendimento jurisprudencial (*RT* 614/282, cf. Mirabete) no sentido de que se tratava da decisão definitiva, mas recentemente o STJ entendeu que, para haver redução, deve ter 70 anos na data da primeira decisão condenatória, não sendo suficiente que tenha completado a idade na data do acórdão que confirma a primeira condenação ou do trânsito em julgado desta (HC 34.635, 01.07.2005).

No caso de medida de segurança imposta ao inimputável, há posição no sentido de que a prescrição deve ser sempre calculada com base: (a) no máximo da pena em abstrato prevista para o crime; (b) no mínimo da pena em abstrato prevista para o crime. Preferimos a segunda posição, pois, se nem pena foi imposta, seria injustificável que o prazo prescricional levasse em conta a mais grave contagem de pena possível no caso concreto. No caso do semi-imputável, deve ser considerada "pena em concreto" a pena fixada antes da conversão em medida de segurança.

Parte Especial

Dos Crimes contra a Vida

1.1 HOMICÍDIO

Art. 121. Matar alguém.

É a eliminação da vida humana extrauterina praticada por outrem.

Sujeito ativo pode ser qualquer um, tratando-se assim de crime comum quanto ao sujeito. É sempre necessária a lembrança da famosa construção de Euclides Custódio da Silveira em que, dentre gêmeos xifópagos imputáveis, um pratica homicídio, sendo necessário absolver ambos, pois não seria possível a punição de um sem transcender a pena ao outro.

Sujeito passivo: alguém.

O conceito mais comum é: "ser vivo nascido de mulher, ou que está nascendo" (Noronha). Se o crime é praticado contra menor de 14 anos ou maior de 60, há causa de aumento de pena (art. 121, § 4.º, do CP).

Se for praticado com objetivos políticos (art. 2.º da Lei 7.170/1983) contra o Presidente da República, do Senado Federal, da Câmara dos Deputados ou do Supremo Tribunal Federal (art. 29 da Lei 7.170/1983), há crime contra a segurança nacional.

A eliminação da vida intrauterina não é considerada homicídio, mas aborto. Qual o momento divisor entre a vida *endo* e a *extrauterina*? A lei dá solução parcial no crime de infanticídio (é crime autônomo), que incrimina a conduta de matar o próprio filho sob a influência do estado puerperal, "durante" o parto ou logo após. Assim, "durante" o parto não é mais aborto, é infanticídio. Quando o parto se inicia, não se pode mais falar em proteção à vida intrauterina, mas apenas extra, pela compreensão sistemática dos demais tipos do capítulo (Bittencourt). Quando se inicia o parto? Prevalece ser com o rompimento do saco amniótico, em decorrência das contrações uterinas (dilatação).

Para que haja homicídio, iniciado o parto, é preciso que o produto da concepção venha à luz vivo. É preciso que nasça vivo e viável? Não, ainda que com prognóstico certo de poucos minutos de vida, o bem jurídico é protegido. A famosa docimasia hidrostática de Galeno é conclusiva apenas para atestar que nasceu com vida, mas insuficiente para trazer certeza sobre a inexistência de vida extrauterina.

Quando uma pessoa está morta? O conceito de morte adotado na legislação brasileira (art. 3.º da Lei 9.434/1997) é o de morte encefálica, o que ocorre com a ausência de atividade bioelétrica-encefálica, ou seja, parada total e irreversível das funções encefálicas.

Matar significa eliminar a vida da pessoa humana.

É crime de ação livre, ou seja, não há meio ou modo descrito em lei para que o resultado tenha relevância típica. Pode ser comissivo ou omissivo, ou seja, é possível atingir o resultado mediante comissão ou omissão.

É necessário exame necroscópico que defina a causa eficiente da morte. E se o agente "desaparece com o corpo", como no famoso exemplo em que dissolve o corpo da vítima em ácido? O nosso sistema permite, quando impossível o exame de corpo de delito direto, a demonstração de corpo de delito de forma indireta, não o suprindo, no entanto, a mera confissão do acusado (art. 167 do CPP). Há posição no sentido de que, nesses casos, o laudo pode ser feito a partir de depoimentos (indireto), enquanto outros assinalam que basta a oitiva das testemunhas, sem qualquer laudo, para que esteja satisfeito o requisito da lei.

O elemento subjetivo é o dolo, que pode ser direto ou eventual. É o *animus necandi*: ânimo de matar. Se houver *animus necandi* não importa a existência de lesão: ainda que inexista ferimento, há tentativa de homicídio (quando não há lesão, é classificada como tentativa branca; se esta ocorre, tentativa cruenta). O local da lesão ajuda a identificar a intenção do agente.

A prática de relação sexual desprotegida por portador de HIV não é considerada tentativa de homicídio (STF, HC 98.712). O homicídio pode ser doloso ou culposo. O homicídio doloso pode ser classificado como simples, privilegiado, qualificado e circunstanciado. O culposo será simples ou circunstanciado.

É crime comum quanto aos sujeitos, material e instantâneo.

1.1.1 *Homicídio privilegiado*

Há três causas de diminuição de pena no § 1.º. Considera-se privilegiado o homicídio se o agente comete o crime: (a) por relevante valor moral; (b) por relevante valor social; (c) sob domínio de violenta emoção logo após injusta provocação da vítima.

O privilégio, por ser subjetivo, não se comunica aos colaboradores no caso de concurso de pessoas, conforme regra do art. 30 do CP (*vide* "Concurso de pessoas").

a) Relevante valor moral: a exposição de motivos diz que é o aprovado pela moral prática (homicídio piedoso ou eutanásia). O interesse aqui é individual, e não coletivo, como na hipótese seguinte. Há autores no sentido de que a distinção é indevida, e seria suficiente a referência ao valor moral, que pode ser coletivo.

b) Relevante valor social: ligado ao interesse coletivo, ou seja, "quando a motivação fundamenta-se no interesse de todos os cidadãos de determinada coletividade (Bittencourt)". Fala-se sempre no exemplo do traidor da pátria, mas hoje também se comenta o caso do traficante do colégio e chefe do morro que escraviza a população.

c) Violenta emoção (homicídio emocional): deve haver cuidado para não confundir a atenuante do art. 65, III, *c*, do CP com o privilégio: a redação é diferente. Na atenuante genérica basta que seja cometido sob *influência* de violenta emoção provocada por *ato injusto* da vítima. No privilégio, é necessário *domínio* de violenta emoção logo em seguida a *injusta provocação* da vítima.

Domínio deve ser compreendido como o choque, o estado emocional absolutamente instável.

A expressão "logo após" significa, em princípio, relação de imediatidade. Na prática forense, no entanto, em muitos casos seu alcance é ampliado para abranger o curto período em que o sujeito se encontra "descontrolado" pela violenta emoção. Prevalece não ser necessário que a ação de provocar seja direta sobre o homicida. É possível que a provocação seja contra terceiro (ou até mesmo animal), desde que provoque violenta emoção.

O privilégio ora narrado abranda o rigor com que a emoção e a paixão são tratadas na legislação brasileira (art. 28 do CP).

1.1.2 Homicídio qualificado

Classificação das qualificadoras:

a) motivos determinantes: I e II, subjetiva;

b) meios: III, objetiva;

c) modos ou formas: IV, objetiva;

d) conexão: V, subjetiva ("perguntar por que fez?") – acaba sendo também motivo.

Não confundir meios com modos: o meio é o instrumento de que o agente se serve para perpetrar o homicídio (ex.: veneno), enquanto o modo é a forma de empregar os meios escolhidos (ex.: agir à traição).

É possível homicídio qualificado-privilegiado apenas quando a qualificadora é objetiva.

Todo homicídio qualificado é hediondo, salvo se privilegiado.

> Art. 121, § 2.º, I, do CP: o homicídio é qualificado quando praticado "mediante paga ou promessa de recompensa, ou por outro motivo torpe".

Interpretação analógica, em que o legislador, após fórmula exemplificativa, emprega cláusula genérica. Entendemos que tal interpretação visa restringir o alcance da norma, e só seria aplicável a casos semelhantes. Com isso, nem todo motivo torpe mereceria a qualificadora, mas tão somente aquele que fosse repugnante no sentido da paga ou promessa de recompensa. Nem a doutrina nem a jurisprudência majoritária acolhem tal pensamento. Prevalece que todo motivo torpe (especialmente repugnante) qualifica o homicídio, mesmo fora do sentido da paga ou promessa de recompensa.

Motivo torpe é o moralmente reprovável, demonstrativo de depravação espiritual do sujeito. Torpe é o motivo abjeto, desprezível. Prevalece, como dito, que não precisa ter relação com a paga ou promessa de recompensa, bastando que seja repugnante.

A vingança pode configurar motivo torpe, dependendo do caso concreto, ou seja, dos motivos que a determinaram (STJ, REsp 785.122).

Para Mirabete, os dois envolvidos respondem pela forma qualificada: o que executou e o que pagou ou prometeu a recompensa (no mesmo sentido: STJ, HC 99.144/2008). Há outra posição (Regis Prado, Greco), com a qual concordamos, no sentido de que o que pagou (mandante) não responde pela qualificadora, uma vez que não tem a especial motivação reprovável de matar por dinheiro. Há que lembrar que as circunstâncias de caráter subjetivo não se comunicam quando não são elementares do crime (art. 30 do CP), e, assim, o motivo torpe de um não se comunica ao outro (STJ, REsp 46.810/SP).

> Art. 121, § 2.º, II: homicídio cometido "por motivo fútil".

Fútil é o motivo insignificante, que redunda em desproporção entre o crime e sua causa moral, como no caso do sujeito que mata a esposa porque ela serviu o jantar frio, ou na hipótese de briga entre torcedores de futebol, ou ainda em razão de discussão por manobras no trânsito.

O motivo fútil não se confunde com a ausência de motivo, ou seja, prevalece que, se o sujeito pratica o fato sem razão alguma, não incide essa qualificadora. Discordamos de tal posição, acreditando que o caso trata de distorção argumentativa, uma vez que aquele que mata sem motivo pratica o crime para satisfazer desejo momentâneo, no mínimo, ou seja, teve algum motivo, e, certamente, dos mais fúteis. Mais e ainda, parece-nos ser clara hipótese de interpretação extensiva, pois é óbvio que *lex minus dixit quam voluit*, e, se o motivo fútil qualifica, com mais razão (*a fortiori*) a ausência de motivo também qualificaria.

> Art. 121, § 2.º, III: homicídio cometido "com emprego de veneno, fogo, explosivo, asfixia, tortura ou outro meio insidioso ou cruel, ou de que possa resultar perigo comum".

Trata-se de interpretação analógica, ou seja, as cláusulas genéricas devem ser interpretadas no cotejo com as enumerações casuísticas (veneno deve ser interpretado como insidioso...).

Veneno é a substância capaz de provocar lesão ao organismo humano. É necessário que seja ministrado por meio insidioso, conforme leciona Custódio da Silveira. Se for forçada violentamente a ingestão, poderá haver meio cruel, mas não a qualificadora do veneno. Açúcar não é veneno, mas, se ministrado para o diabético de maneira disfarçada, o homicídio será qualificado na classificação de "outro meio insidioso".

O fogo pode ser meio cruel ou de que pode resultar perigo comum, conforme as circunstâncias. Meio cruel é aquele que causa sofrimentos não necessários à vítima, não incidindo se empregado após a morte.

Explosivo é qualquer corpo capaz de se transformar rapidamente em gás a temperatura elevada (Hungria).

Asfixia é o impedimento da função respiratória e consequente ausência de oxigênio no sangue. Pode ser mecânica ou tóxica.

Tortura: importante distinguir "tortura com resultado morte" de "morte por meio de tortura". Tortura com resultado morte significa que o sujeito quer torturar, mas acaba matando. É crime punido na Lei 9.455/1997. Se o sujeito quer matar, e escolhe o meio tortura, trata-se de homicídio qualificado.

Homicídio praticado de forma a resultar *perigo comum*, como nos casos em que é empregado fogo ou explosivo. Se, diante do caso concreto, ficar caracterizado crime de perigo comum, prevalece que o sujeito responderá por dois delitos em concurso formal: homicídio qualificado e crime de perigo comum (ex.: crime de incêndio, explosão...).

> Art. 121, § 2.º, IV: *homicídio cometido* "à traição, de emboscada, ou mediante dissimulação ou outro recurso que dificulte ou torne impossível a defesa do ofendido".

É o homicídio resultante de modo insidioso de execução. Há, novamente, o emprego de interpretação analógica. Aqui a doutrina e a jurisprudência majoritárias entendem necessária a surpresa como essencial à qualificadora. Assim, a simples superioridade em armas ou a evidente desproporção de forças provocada pela idade da vítima não qualifica o homicídio.

Traição é o ataque sorrateiro. *Emboscada* é a tocaia, a espreita, restando o agente escondido à espera da vítima. *Dissimulação* significa que o sujeito não se esconde, mas camufla sua intenção para alcançar a vítima desprevenida.

O STF (HC 95.136) exige dolo direto para o reconhecimento da ora examinada qualificadora, não bastando o dolo eventual.

> Art. 121, § 2.º, V: homicídio cometido "para assegurar a execução, a ocultação, a impunidade ou vantagem de outro crime".

Qualificado aqui o homicídio por conexão, que pode ser teleológica (praticar outro crime) ou consequencial (garantir ocultação, impunidade ou vantagem de outro crime).

Não é necessário que o sujeito realmente assegure a *execução* do outro delito, uma vez que o Código Penal pune mais severamente a maior censurabilidade da conduta, revelada na intenção de praticar um crime para assegurar a realização do outro. Trata-se de uma qualificadora subjetiva.

Se a conexão é com uma contravenção penal, não incide a presente qualificadora, o que não afasta a possibilidade de configuração de outra, como o motivo fútil.

Ocultação: quando o homicídio visa impedir que terceiros venham a saber que houve o crime.

Impunidade: quando visa impedir a punição do autor, ainda que todos venham a saber que houve o crime.

Vantagem: quando se tenta alterar o destino da vantagem, como no caso do sujeito que mata o comparsa para ficar com todo o produto do crime.

note BEM

Homicídio Qualificado Privilegiado	
Homicídio privilegiado	Homicídio qualificado
	I – paga, promessa de recompensa ou motivo torpe; II – motivo fútil;
– relevante valor moral; – relevante valor social; – domínio de violenta emoção logo após injusta provocação da vítima.	III – meios: veneno, fogo; IV – modos: traição, emboscada, dissimulação;
	V – assegurar execução, ocultação, impunidade ou vantagem de outro crime.

Obs.: É possível homicídio privilegiado com as qualificadoras objetivas dos incisos III e IV. O *homicídio qualificado-privilegiado* não é considerado hediondo, pois o privilégio, que indica menor desvalor de conduta, é incompatível com a hediondez.

1.1.3 *Homicídio circunstanciado*

Sendo doloso o homicídio, a pena é aumentada de um terço, se o crime é praticado contra pessoa menor de 14 anos ou maior de 60 anos de idade.

É claro que tal circunstância deve estar abrangida pelo dolo do agente.

1.1.4 *Homicídio culposo*

Há duas formas: o simples e o circunstanciado (ou "qualificado"). No simples, não há nada a questionar, bastando a aplicação dos ensinamentos da teoria geral do crime. No circunstanciado, há mais detalhes a estudar.

No homicídio culposo, é possível a incidência de causa especial de aumento de pena: a pena é aumentada de 1/3 se o crime resulta de inobservância de regra técnica de profissão, arte ou ofício, ou se o agente deixa de prestar imediato socorro à vítima, não procura diminuir as consequências de seu ato, ou foge para evitar prisão em flagrante (art. 121, § 4.º, do CP). Vejamos:

Inobservância de regra técnica de profissão, arte ou ofício: não confundir com a imperícia, que indica inabilidade de ordem profissional, insuficiência de capacidade técnica. Parte da doutrina classifica a presente categoria de "culpa profissional" (Cunha). Na causa de aumento ora estudada, o sujeito tem conhecimento da regra técnica, mas não a emprega por desídia ou outro motivo injustificável. A causa de aumento só é aplicável a quem exerce profissão, arte ou ofício, uma vez que só nesta hipótese é maior o cuidado objetivo necessário, mostrando-se mais grave o seu descumprimento.

Agente deixa de prestar imediato socorro à vítima: a omissão de socorro funciona como causa de aumento do tipo culposo. O resultado é produzido a título de culpa, mas a conduta posterior omissiva, a título de dolo.

Se houver morte imediata da vítima, incide a causa de aumento? Há duas posições. Para a primeira, o aumento de pena só incide quando cabível o socorro. Se a vítima falece no momento do fato, é impossível falar-se na circunstância de exasperação da pena, pois não há bem jurídico a ser protegido, com o que concordamos. Para a segunda posição, não cabe ao sujeito avaliar se houve ou não morte imediata da vítima, e, assim, o dever de socorrer permanece, ainda que em face de morte imediata (STF, HC 84.380).

É discutível se, no sistema do Código Penal, o socorro por terceiros afasta a causa de aumento, prevalecendo que sim.

É necessário, também, que não haja risco pessoal na ação do agente. Se houver, não incide a circunstância. Nesse caso, vai depender da outra circunstância, que é a procura por diminuir os efeitos do fato criminoso, que, aliás, é dispositivo redundante.

Fuga para evitar a prisão em flagrante: não se aplica a circunstância se o sujeito foge a fim de evitar linchamento. Há quem argumente a inaplicabilidade frente ao princípio de que ninguém é obrigado a produzir prova contra si (corrente minoritária).

cuidado

Se o homicídio culposo é praticado na condução de veículo automotor, aplica-se a legislação especial (Lei 9.503/1997).

1.1.5 Perdão judicial

É o instituto pelo qual o juiz, não obstante a prática delituosa por um sujeito culpado, não lhe aplica a pena, levando em consideração o fato de que as consequências da infração atingiram o próprio agente de forma tão grave que a sanção penal se torna desnecessária.

Não há qualquer necessidade de pena, uma vez que tanto a função retributiva como a preventiva estão satisfeitas.

1.1.6 Homicídio e extermínio de pessoas

A atual redação do § 6.º determina o aumento da pena de 1/6 (um sexto) à 1/2 (metade) se o crime for praticado por milícia privada, sob o pretexto de prestação de serviço de segurança, ou por grupo de extermínio.

Milícia é a corporação com estrutura e disciplina militar. Milícia privada, assim, é aquela que cumpre tais requisitos, ou seja, é regida pela cultura militar, ainda que privada. É de conhecimento comum o problema enfrentado em determinadas regiões do Brasil nas quais organizações privadas, travestidas de empresas de segurança clandestinas, mas regidas por cultura militar – tanto que muitas vezes formadas por militares e ex-militares –, impõem regimes de medo e ilegalidade às comunidades, com a prática de ações violentas, inclusive homicídios. O objetivo da nova causa de aumento é, exatamente, comunicar o especial desvalor de tais atos.

Grupo de extermínio é a associação de indivíduos com o objetivo de matar pessoas entre si vinculadas por determinada característica, como passado criminal, cultura, origem... A diferença com o genocídio é que neste o objetivo é destruir o grupo, enquanto no homicídio praticado por grupo de extermínio o objetivo é eliminar integrantes do grupo (Silva Franco).

O homicídio praticado em atividade típica de grupo de extermínio, ainda que executado por um só, é crime hediondo, conforme art. 1.º, I, da Lei 8.072/1990. Para Silva Franco, o "grupo de extermínio deve ter ao menos quatro pessoas", entendimento que prevalece. Para Cernicchiaro, bastam três.

Acreditamos que a comentada previsão da Lei de Crimes Hediondos é inútil, eis que é praticamente impossível que a prática de homicídio em atividade típica de grupo de extermínio não incida em alguma das qualificadoras, o que será suficiente para levar hediondez ao crime.

1.2 INDUÇÃO, INSTIGAÇÃO E AUXÍLIO AO SUICÍDIO

> Art. 122. Induzir ou instigar alguém a suicidar-se ou prestar-lhe auxílio para que o faça.

Embora o suicídio não seja ilícito penal, a participação em tal empreitada é tida como ação ilícita penal pelo ordenamento pátrio.

É que qualquer influência funesta na tomada de tal decisão fatal, que culmina com a lesão ao bem jurídico supremo, qual seja a vida, deve ser reprimida na seara penal. Por outro lado, é necessário que o bem realmente esteja exposto a potencial lesão, de modo que não há crime se não resulta da conduta do agente ao menos lesão corporal grave.

Grande peculiaridade do crime é essa: apenas há relevância penal se resulta da conduta do suicida (influenciada pelo agente) lesão corporal de natureza grave ou morte, sendo que no primeiro caso a pena é reclusão de 1 a 3 anos, e, no segundo, de 2 a 6 anos. Há quem entenda que os resultados *lesão grave* ou *morte* são simples elementares, mas ainda prevalece o entendimento no sentido de que constituem condições objetivas de punibilidade.

E o que são condições objetivas de punibilidade? São aquelas que não se encontram na descrição típica e, assim, estão fora do dolo do agente (Damásio), mas condicionam a punição.

É necessário que a vítima pratique os atos de execução visando à extinção de sua vida, pois, se outrem o fizer, não haverá participação em suicídio, mas homicídio. Também haverá homicídio se a vítima, no caso concreto, não tiver qualquer capacidade de resistência à conduta (induzimento, instigação...) do agente, como no caso da criança de cinco anos ou do alienado mental. Há, ainda, homicídio na conduta daquele que impede socorro idôneo ao suicida arrependido que já praticara o ato extremado.

Não há crime se a intenção é apenas de participar de encenação ou simulação de suicídio, uma vez a gerar resultado letal por conduta desastrada da vítima (Noronha).

É crime comum quanto aos sujeitos, apenas ressalvando que o sujeito passivo deve ter capacidade de resistência, conforme referido acima. Possível concurso de pessoas.

É necessário que seja certa a pessoa instigada, não configurando o crime a mensagem genérica.

A colaboração pode ser moral ou material, tratando-se de crime de ação múltipla.

No induzimento, o sujeito faz penetrar na mente da vítima a ideia da autodestruição. Na instigação, a ideia é apenas fomentada pelo autor. O auxílio secundário se explica na colaboração no mundo dos fatos que não chega a ser execução, como emprestar a arma ou colocar o veneno ao alcance do braço. Ainda que o sujeito venha a praticar mais de uma ação (induz e auxilia, por ex.), responderá por apenas um crime, uma vez que se trata de tipo de conteúdo alternativo.

Frederico Marques leciona que apenas o auxílio comissivo pode configurar o fato típico ora estudado. Hungria, em sentido diverso, entendia possível o auxílio por omissão, posição vencedora na doutrina.

É irrelevante o tempo passado entre a conduta do agente e o resultado, devendo apenas restar provado o nexo causal entre eles – é preciso que a conduta do agente tenha realmente influenciado a vontade do suicida.

O Código Penal exige, neste crime, além do dolo, que consiste na vontade livre e consciente de induzir, instigar ou auxiliar a vítima a suicidar-se, o cunho de seriedade que o sujeito imprime a seu comportamento. Se comenta, brincando, "seu time foi rebaixado... mude de time ou se jogue da ponte", não há crime, ainda que o torcedor-vítima se lance da ponte.

O legislador não faz nenhuma referência à culpa, pelo que, em face da excepcionalidade do crime culposo, só é punível se houver dolo. Prevalece, no entanto, que pode haver simplesmente dolo eventual, ou seja, que o sujeito tolere o resultado.

Trata-se de crime material, de dano, instantâneo, de ação livre e de conduta múltipla.

Não é possível tentativa (Damásio, Costa Jr.). O legislador condiciona a imposição de pena à produção do resultado lesão grave ou morte. Bittencourt, de maneira minoritária, defende que, quando ocorre o resultado lesão grave, há tentativa, pois o resultado almejado – morte da vítima – não foi alcançado. Se do ato suicida não resultar qualquer lesão ou apenas lesões leves, o fato não terá relevância penal.

Bittencourt argumenta que, em princípio, como no Brasil é adotada a teoria da acessoriedade limitada, se a prática do suicídio em si não é criminalizada, a colaboração também não deveria ser. No entanto, no crime em tela, a narração típica não faz da colaboração mera conduta acessória ou de partícipe, mas sim principal, de autor, e assim não há qualquer incompatibilidade teórica entre a incriminação e a acessoriedade.

Cunha ensina que, se há tentativa de suicídio frustrada, o fracassado suicida não responde pelos crimes de porte de arma ou disparo de arma de fogo.

No duelo americano e na roleta russa, em que duas pessoas sorteiam quem deve praticar o suicídio, a sobrevivente responde pelo crime em comento.

1.2.1 Figura típica de aumento de pena

No *motivo egoístico*, há a busca da vontade pessoal, normalmente relacionado com vantagem econômica: sujeito induz irmão ao suicídio para ficar com a herança.

Na menoridade da vítima, há duas posições: há quem entenda que a menoridade deve ser compreendida como maior de 14 e menor de 18 anos, pois, se não maior de 14 anos, haveria incapacidade presumida de consentimento, presunção de vulnerabilidade, e homicídio. Uma segunda posição, que prevalece, indica que deve ser examinada a capacidade de compreensão a cada caso, afastando o caráter absoluto da presunção de incapacidade ao menor de 14 anos (Fragoso).

Vítima ter *diminuída, por qualquer causa, a capacidade de resistência*, como, p. ex., a vítima enferma, embriagada, com idade avançada. Vale repetir que, se é totalmente anulada a capacidade de resistência, há homicídio.

1.3 INFANTICÍDIO

> Art. 123. Matar, sob a influência de estado puerperal, o próprio filho, durante o parto ou logo após.

É protegido o direito à vida do neonato e do nascente: "nascente", durante o parto; e "neonato", se acabou de nascer. Há muito a doutrina apregoa que o infanticídio deveria deixar de ser um tipo básico (fundamental) para figurar apenas como privilégio ou causa de diminuição de pena do crime de homicídio. No entanto, o legislador persiste em sua inércia.

É crime próprio quanto aos sujeitos ativo e passivo, pois exige qualidade especial de ambos. O terceiro pode ser coautor ou partícipe.

O fato deve ocorrer durante o parto ou logo após. O parto se inicia com as dilatações que darão ensejo à fase de expulsão do pequeno ser para fora do útero.

É possível que os colaboradores respondam pelo mesmo crime (ainda que não estejam em estado puerperal), em face da comunicabilidade das circunstâncias subjetivas quando elementares do crime (art. 30 do CP – *vide* "Concurso de pessoas"). O fato de o crime ser próprio não impossibilita o concurso de pessoas. Pode haver terceiro como coautor ou como partícipe. Assim, nos casos em que terceiro é coautor de infanticídio ou apenas partícipe da conduta da mãe, é praticamente pacífico em nossa doutrina que deva responder por infanticídio.

Sujeito passivo é o neonato ou nascente. O neonato apneico também pode ser sujeito passivo, bastando que esteja vivo após o início do parto. O famoso exame da docimasia hidrostática de Galeno pode ser conclusivo para determinar se houve vida quando positivo, mas, se negativo, são necessários outros exames para certificar se houve ou não nascimento com vida.

Antes de iniciado o parto existe aborto, e não infanticídio.

Estado puerperal é o conjunto de perturbações psicológicas e físicas sofridas pela mulher em virtude do parto. Alguns apontam sua duração em horas, dias, semanas, enquanto outros negam até mesmo sua existência. Não basta que a conduta seja realizada neste período: é necessário que haja uma relação de causalidade entre a morte e o estado puerperal.

A questão do "logo após" deve ser interpretada da forma mais adequada a cada caso concreto.

Se o estado puerperal assume proporções de patologia, incide a regra da inimputabilidade e da semi-imputabilidade.

O dolo pode ser direto ou eventual. Não há infanticídio culposo, diante da excepcionalidade do crime culposo (vide "Tipicidade culposa").

Não incidem as agravantes relacionadas com o fato de a vítima ser descendente e criança, pois são elementares do crime.

Consuma-se com a morte, sendo admitida a tentativa.

É delito de forma livre, admitidos meios omissivos e comissivos. É ainda crime próprio, de dano, material, instantâneo e plurissubsistente.

Se, em erro sobre a pessoa ou erro na execução, a mãe em estado puerperal atinge filho diverso do recém-nascido, responde como se tivesse acertado a vítima desejada (arts. 20, § 3.°, e 73 do CP), ou seja, será acusada por infanticídio.

1.4 ABORTO

Art. 124. Provocar aborto em si mesma ou consentir que outrem lho provoque:
Pena – detenção, de um a três anos.
Art. 125. Provocar aborto, sem o consentimento da gestante:
Pena – reclusão, de três a dez anos.
Art. 126. Provocar aborto com o consentimento da gestante:
Pena – reclusão, de um a quatro anos.
Parágrafo único. Aplica-se a pena do artigo anterior, se a gestante não é maior de 14 (quatorze) anos, ou é alienada ou débil mental, ou se o consentimento é obtido mediante fraude, grave ameaça ou violência.

Forma qualificada

Art. 127. As penas cominadas nos dois artigos anteriores são aumentadas de 1/3 (um terço), se, em consequência do aborto ou dos meios empregados para provocá-lo, a gestante sofre lesão corporal de natureza grave; e são duplicadas, se, por qualquer dessas causas, lhe sobrevém a morte.

Art. 128. Não se pune o aborto praticado por médico:

Aborto necessário

I – se não há outro meio de salvar a vida da gestante;

Aborto no caso de gravidez resultante de estupro

II – se a gravidez resulta de estupro e o aborto é precedido de consentimento da gestante ou, quando incapaz, de seu representante legal.

1.4.1 Considerações gerais

Aborto é a interrupção da gravidez com a consequente morte do feto (produto da concepção). A expulsão do feto não é necessária. Na verdade, o termo "abortamento" significa a ação, enquanto "aborto" é o produto dessa ação. No entanto, a expressão "aborto" para designar o crime acabou consagrada.

Para efeitos penais, o feto é considerado pessoa, tutelando-se a vida de pessoa humana. No autoaborto há apenas uma objetividade jurídica, qual seja a vida do feto. No aborto praticado por terceiros há outra, mediata, que é o direito à vida e à integridade física e psíquica da gestante.

O aborto é crime material, instantâneo, de dano, de forma livre. Pode ser praticado por omissão se caracterizada a posição de garante.

O autoaborto é crime próprio, podendo haver participação de terceiro. As demais formas de aborto configuram crime comum quanto ao sujeito.

Prevalece que a gestação se inicia com a nidação, que é a adesão do ovo à parede do útero. Necessário, no entanto, que o objeto material seja objeto de desenvolvimento normal. Prevalece que não há tutela no desenvolvimento anormal do ovo (mola) e na gravidez extrauterina, considerada patologia.

O núcleo é "provocar", sendo que qualquer conduta positiva ou omissiva integra a conduta típica. O tipo do autoaborto (art. 124 do CP) traz também o núcleo "consentir".

Apenas punível a título de dolo, que pode ser direto ou eventual. A forma culposa pode gerar as seguintes consequências:

a) no caso de autoaborto culposo, é irrelevante penal;

b) se o sujeito quer agredir a gestante e causa a morte do feto por culpa, trata-se de lesão corporal gravíssima (art. 129, § 2.º, V, do CP). É claro que deve ser previsível o resultado morte do feto, daí por que deve ser a princípio perceptível a gestação;

c) se o sujeito não quer nem lesar a gestante, mas acaba provocando a interrupção da gestação e decorrente morte do feto por culpa, responderá por lesão corporal culposa contra a gestante.

Prevalece ser irrelevante que a morte ocorra no ventre ou depois da prematura expulsão provocada (Bittencourt, Regis Prado, Costa Jr., Noronha). Há, na hipótese, aborto consumado da mesma forma, desde que morra em decorrência da interrupção da gestação. Minoritário, Pierangeli afirma que o aborto consumado pressupõe morte no ventre da gestante.

É admitida a tentativa quando, provocada a interrupção da gravidez, o feto não morre por circunstâncias alheias à vontade do agente. Também é possível se, apesar dos atos executórios, não há sequer a interrupção da gravidez.

É crime que deixa vestígios, sendo necessário o exame de corpo de delito, direto ou indireto.

A prática de manobras abortivas em mulher que não está grávida configura crime impossível.

Como já comentado no capítulo "Concurso de pessoas", no exemplo da gestante que consente e do terceiro que realiza a manobra abortiva, trata-se de exceção pluralista à teoria monista, pois, apesar de haver liame subjetivo e relevância do comportamento de cada uma das pessoas, não responderão pelo mesmo crime, uma vez que há previsão específica da conduta de cada um (no caso, arts. 124 e 126 do CP, respectivamente).

Há julgados que tomam por base tal constatação para concluir que, em caso de absolvição da gestante que consentiu por estado de necessidade, a excludente não se comunica aos que realizaram a manobra abortiva, uma vez que respondem por tipos diferentes. Discordamos de tal conclusão, pois, se o fato não foi criminoso (e as excludentes de antijuridicidade não são pessoais, como as dirimentes de culpabilidade), ninguém pode ser punido por ele. O fato de que os agentes respondem por tipos diversos não muda a evidência de que a colaboração se deu em busca do mesmo resultado, que é lícito ou ilícito.

1.4.2 Autoaborto

Previsto no art. 124 do CP, possui duas figuras típicas:

a) provocar aborto em si mesma;

b) consentir que outrem lho provoque.

É possível concurso de pessoas no crime do art. 124?

• Quanto ao verbo "provocar":

– *sim*, é admissível participação, desde que não haja conduta executória (de outra forma incide o art. 126), como no caso daquele que induz a gestante a realizar manobra abortiva, que resulta na sua morte (Silva Franco). Importante observar que nesse caso, se resultar morte ou lesão grave na gestante, o terceiro não incide na qualificadora do art. 127 (aborto qualificado pelo resultado lesão grave ou morte), pois a letra do artigo exclui o aumento de pena no caso do art. 124 (autoaborto) ao determinar o aumento de pena "nos dois artigos anteriores" – arts. 126 e 125. Possível defender, então, que: (a) o sujeito responderá apenas como colaborador (partícipe) do autoaborto, pois a lei excluiu a agravação da pena na redação do art. 127 do CP; (b) responderá como partícipe no autoaborto em concurso com homicídio culposo, pois foi sua conduta (induzimento) imprudente que gerou a morte da vítima. Impossível buscar condenação do colaborador, aqui, pelo art. 126 do CP, uma vez que apenas a gestante praticou atos executórios, e, assim, ele só pode responder como colaborador no crime do art. 124 do CP (posição majoritária);

– *não*: é que apenas a gestante pode merecer os favores da lei, como a pena mais branda, pois é ela, e apenas ela, que se encontra na peculiar condição que permite a redução da pena.

• Quanto ao verbo *"consentir"*:

– *sim*: aplicando-se a teoria geral do concurso de pessoas, aquele que realiza conduta acessória ao "consentimento", sem de qualquer forma atuar sobre a "provocação" por parte de terceiro, deve responder como partícipe no crime do art. 124 do CP. No entanto, se de alguma forma colaborar com a "provocação", responderá pelo crime do art. 126 do CP (Mirabete, Damásio, Regis Prado);

– *não*. É que apenas a gestante, em sua peculiar condição, merece os favores da atenuação de pena do autoaborto. O sujeito que colabora com seu consentimento adere à conduta daquele que vai provocar o aborto, e, sendo seu comportamento relevante, estão presentes os requisitos do concurso de pessoas, suficientes para estender ao colaborador a punição pelo crime do art. 126 do CP

1.4.3 Aborto provocado (sem o consentimento da gestante)

Aqui a ação executória é praticada por terceiro, sem o consentimento da gestante. É crime de ação livre, podendo ser praticado mediante meios químicos (remédios) e mecânicos, como chutes e pontapés na barriga da gestante.

É punível apenas a título de dolo.

Curioso apontar que o aborto sem consentimento da gestante incide no art. 125 do CP. Se o consentimento é viciado, ou seja, se obtido mediante violência, grave ameaça ou fraude (consentimento viciado), ou se irrelevante – como no caso da menor de 14 (quatorze) anos –, incide no parágrafo único do art. 126, que tem a mesma pena do art. 125. Interessante notar que, se a gestante tem menos de 14 anos, significa que foi vítima de crime de estupro de vulnerável, o que permite, no caso, o aborto sentimental (estudado a seguir), situação na qual o consentimento para o procedimento abortivo deve ser dado por seu representante legal.

Há corrente no sentido de que a ameaça nesse caso não precisa ser de mal injusto, bastando que seja grave.

1.4.4 Aborto consensual (com consentimento da gestante)

O consenso prestado é elementar do tipo, não excluindo o delito, uma vez que o objeto jurídico é indisponível.

Trata-se de exceção à teoria monista em razão de previsão expressa, conforme já estudado (vide "Concurso de pessoas"). É que, apesar de presentes os elementos do concurso de pessoas (pluralidade de agentes, liame subjetivo e relevância causal), cada um (gestante que consente e sujeito que provoca) responderá por tipo diverso.

O consenso deve, ainda, persistir durante toda a conduta.

1.4.5 Aborto qualificado

Não importa se o aborto foi realizado com ou sem consentimento: a pena é aumentada de um terço se a gestante sofre lesão corporal de natureza grave e duplicada se vem a falecer, em virtude do aborto ou dos meios abortivos utilizados (art. 127 do CP).

Não se aplica o art. 124, pela expressa previsão legal ("nos dois artigos anteriores").

Trata-se de crime qualificado pelo resultado, preterdoloso (dolo em relação ao aborto e culpa em relação à gestante), sendo que a lesão leve é absorvida.

1.4.6 Aborto legal

Não se pune o aborto praticado por médico (art. 128 do CP):

a) se não há outro meio de salvar a vida da gestante;

b) se a gravidez resulta de estupro e há consenso da gestante, ou, se incapaz, de seu representante legal.

Aborto necessário (terapêutico): embora a lei restrinja a médico, não será punido o aborto necessário ainda que diretamente praticado por terceiro, ou por enfermeiro, pois haveria estado de necessidade (art. 24 do CP). Assim, se o fato for praticado por médico, todos os envolvidos estão acobertados pelo art. 128 do CP. De outra forma, será aplicada a regra geral do art. 24 do CP.

Aborto sentimental (humanitário): é necessário o consentimento da gestante, e deve ser praticado por médico. Não é necessária a autorização judicial. Aplica-se tanto ao estupro com violência real quanto nos casos de estupro de vulnerável.

note BEM

Se o agente mata a mulher tendo consciência de sua gravidez, responde por homicídio e aborto em concurso formal.

Se a gestante engana o médico acerca da ocorrência do estupro, ela responde pelo art. 124 do CP, segunda parte. Ele, como incidiu em erro, não responde por crime algum.

Não é permitido o chamado *aborto econômico*, ou seja, quando a gestante não tem condições de arcar com as futuras despesas de sua prole. Também não é permitido o *aborto por desonra*, que visa acobertar a própria gestação, com o intuito de proteger a boa fama da gestante. Aliás, nesse caso, realmente inaceitável que o corpo social considere mais "honroso" matar o feto que admitir a prática de relações sexuais.

Não é também permitido, em regra, o chamado *aborto eugenésico*, ou seja, decorrente de malformação do feto. Há jurisprudência majoritária nos tribunais estaduais no sentido da possibilidade do abortamento praticado em feto quando a malformação consiste na inexistência do crânio (acefalia) ou do encéfalo (anencefalia), o que a doutrina costuma classificar como situação de inexigibilidade de conduta diversa.

Das Lesões Corporais

2

Lesão corporal

Art. 129. Ofender a integridade corporal ou a saúde de outrem:
Pena – detenção, de 3 (três) meses a 1 (um) ano.
Lesão corporal de natureza grave
§ 1.º Se resulta:
I – incapacidade para as ocupações habituais, por mais de 30 (trinta) dias;
II – perigo de vida;
III – debilidade permanente de membro, sentido ou função;
IV – aceleração de parto:
Pena – reclusão, de 1 (um) a 5 (cinco) anos.
§ 2.º Se resulta:
I – incapacidade permanente para o trabalho;
II – enfermidade incurável;
III – perda ou inutilização de membro, sentido ou função;
IV – deformidade permanente;
V – aborto:
Pena – reclusão, de 2 (dois) a 8 (oito) anos.
Lesão corporal seguida de morte
§ 3.º Se resulta morte e as circunstâncias evidenciam que o agente não quis o resultado, nem assumiu o risco de produzi-lo:
Pena – reclusão, de 4 (quatro) a 12 (doze) anos.
Diminuição de pena
§ 4.º Se o agente comete o crime impelido por motivo de relevante valor social ou moral, ou sob o domínio de violenta emoção, logo em seguida a injusta provocação da vítima, o juiz pode reduzir a pena de 1/6 (um sexto) a 1/3 (um terço).

Substituição da pena

§ 5.º O juiz, não sendo graves as lesões, pode ainda substituir a pena de detenção pela de multa:

I – se ocorre qualquer das hipóteses do parágrafo anterior;

II – se as lesões são recíprocas.

Lesão corporal culposa

§ 6.º Se a lesão é culposa:

Pena – detenção, de 2 (dois) meses a 1 (um) ano.

Aumento de pena

§ 7.º Aumenta-se a pena de 1/3 (um terço) se ocorrer qualquer das hipóteses dos §§ 4.º e 6.º do art. 121 deste Código.

§ 8.º Aplica-se à lesão culposa o disposto no § 5.º do art. 121.

Violência Doméstica

§ 9.º Se a lesão for praticada contra ascendente, descendente, irmão, cônjuge ou companheiro, ou com quem conviva ou tenha convivido, ou, ainda, prevalecendo-se o agente das relações domésticas, de coabitação ou de hospitalidade:

Pena – detenção, de 3 (três) meses a 3 (três) anos.

§ 10. Nos casos previstos nos §§ 1.º a 3.º deste artigo, se as circunstâncias são as indicadas no § 9.º deste artigo, aumenta-se a pena em 1/3 (um terço).

§ 11. Na hipótese do § 9.º deste artigo, a pena será aumentada de 1/3 (um terço) se o crime for cometido contra pessoa portadora de deficiência.

Objeto jurídico é a integridade física e psíquica da pessoa humana.

O crime é comum quanto aos sujeitos, salvo em dois casos qualificados, em que há necessidade de ser cometido contra mulher grávida.

É crime de forma livre, permitindo a forma comissiva ou omissiva, material quanto ao resultado, e de dano. É, ainda, plurissubsistente.

A autolesão não é apenada. Apenas haverá punição pela lesão reflexa a bem jurídico alheio, como no exemplo do estelionato para receber prêmio de seguro e para ser dispensado do serviço militar.

A lesão corporal é constituída pela alteração negativa do organismo, no sentido físico ou psíquico. Se não ocorrer alteração ou se essa for positiva (para extirpar órgão ou tecido prejudicial ao organismo), não há falar sequer em conduta típica.

A dor, por si mesma, não constitui lesão corporal (embora seja elementar da tortura), desde que desacompanhada de ofensa à incolumidade física.

Ocorre tentativa quando o agente, embora empregando meio executivo capaz de causar dano à incolumidade física da vítima, por circunstâncias alheias à sua vontade, não consegue chegar ao fim colimado.

2.1 LESÃO CORPORAL LEVE

É a figura do *caput* do art. 129 do CP.

Seria necessário exame de corpo de delito para verificar a alteração do organismo. No entanto, como se trata de infração de menor potencial ofensivo, basta o boletim médico para comprovar a infração.

2.2 LESÃO CORPORAL GRAVE

O termo lesão corporal de natureza grave é utilizado pelo Código Penal de maneira equívoca, tratando tanto as chamadas pela doutrina lesões graves como as chamadas lesões gravíssimas, que se encontram no § 2.º do art. 129 do CP.

As qualificadoras são punidas a título de dolo ou culpa? De forma geral, incidem a título de dolo ou de culpa. Entretanto, no caso do inc. II, deve haver dolo na conduta antecedente (lesão corporal) e culpa quanto ao resultado (perigo de vida), uma vez que, de outra forma, configurar-se-ia a tentativa de homicídio. A pena é de 1 a 5 anos, e, assim, admite suspensão condicional do processo.

Incapacidade para as ocupações habituais por mais de 30 dias: não se refere especificamente ao trabalho, mas às ocupações gerais, desde que lícitas. A relutância por vergonha não qualifica o crime. Prevalece como necessária a perícia complementar (diagnóstico, e não prognóstico).

Perigo de vida: não se trata de perigo presumido, mas de perigo concreto, a ser averiguado em perícia. Tem de ser derivado de culpa, pois, se houver dolo, prevalece que é homicídio tentado.

Debilidade permanente de membro, sentido ou função: membros são braço, antebraço, mão, coxa, perna e pé. Os sentidos são os cinco (visão, audição etc.). Função é atividade de um órgão, como a respiratória, circulatória, digestiva, reprodutora etc. Debilidade é a diminuição da capacidade funcional. Exige a lei que seja permanente, mas aqui o permanente não significa perpetuidade, bastando que seja duradouro. No caso de órgãos duplos, a perda de um constitui debilidade permanente.

Aceleração de parto: na verdade, é antecipação. Em consequência da lesão, o feto vem a ser expulso antes do período determinado para o nascimento. Se em decorrência da expulsão houver morte, será gravíssima a lesão.

2.3 LESÃO CORPORAL GRAVÍSSIMA

Também se trata de qualificadoras, sendo que aqui a pena será de 2 a 8 anos. No caso do inc. V, ou seja, se da lesão resulta aborto, é necessário que o evento abortivo seja culposo. Se doloso, haverá concurso de crimes. Nas demais qualificadoras, o resultado pode advir de dolo ou culpa.

Incapacidade permanente para o trabalho: sempre que não se possa fixar o limite temporal da incapacidade, deve ser considerada permanente (duradoura, e não perpétua). Prevalece (Bittencourt) que deve ser considerado o trabalho de forma genérica, e não específica, ou seja, se o sujeito não pode mais desenvolver seu labor específico, mas é capaz de trabalhar em outra atividade, não incide a qualificadora.

Enfermidade incurável: incurabilidade da enfermidade também não significa para sempre, mas sim de acordo com os recursos atuais. A vítima não está obrigada a se submeter a intervenção cirúrgica arriscada a fim de se curar da enfermidade.

Perda ou inutilização de membro, sentido ou função: perda é a ablação do membro ou órgão. Inutilização é a inaptidão do órgão à sua função específica. Atentar para a diferença entre debilidade, inutilização e perda.

Deformidade permanente: dano estético de certa monta, permanente, visível, irreparável e capaz de causar impressão vexatória. Devem ser levadas em consideração as circunstâncias pessoais da vítima.

Aborto: Deve ser preterdoloso, sob pena de crime de aborto em concurso.

2.4 LESÃO CORPORAL SEGUIDA DE MORTE

É crime preterdoloso: o sujeito quer lesar e, por quebra de cautela, vem a causar a morte. Não admite tentativa.

2.5 LESÕES CORPORAIS PRIVILEGIADAS

O § 4.º do art. 129 do CP prevê três figuras típicas:

a) motivo de relevante valor social;

b) motivo de relevante valor moral;

c) sob domínio de violenta emoção, logo após injusta provocação da vítima.

Não são necessários maiores comentários porque é idêntico ao homicídio (*vide* item 1.1 do capítulo "Dos crimes contra a vida").

Prevê, ainda, o § 5.º do mesmo artigo que, não sendo graves as lesões, pode-se substituir a detenção por multa, se ocorre qualquer das condições anteriores ou se as lesões são recíprocas.

É possível a substituição no caso de lesões leves, desde que incida o privilégio ou se as lesões forem recíprocas, no mesmo contexto de fato.

2.6 LESÃO DOLOSA CIRCUNSTANCIADA

Pena aumentada em 1/3, se a vítima da lesão corporal dolosa for menor de 14 anos ou maior de 60 anos. Assim como no homicídio, a idade da vítima deve fazer parte do âmbito cognitivo do dolo do agente (*vide* item 1.3 do capítulo "Dos crimes contra a vida").

Também será aumentada a pena em 1/3 no caso de lesão corporal praticada por milícia privada a pretexto de serviço de segurança ou grupo de extermínio, com expressa referência ao § 6.º do art. 121.

2.7 LESÃO CORPORAL CULPOSA

Pode ser simples e circunstanciada. Na simples, basta aplicar a teoria geral do crime. Insta lembrar que a culpa levíssima, ou seja, aquela em que o dever ordinário de cautela não é claramente violado, não permite a punição por crime culposo.

Aumenta-se de 1/3 a pena se o crime resulta de inobservância de regra técnica de profissão, arte ou ofício, ou se o agente deixa de prestar imediato socorro à vítima, não procura diminuir as consequências de seus atos ou foge para evitar prisão em flagrante. Mais uma vez, igual ao homicídio (*vide* item 1.4 do capítulo "Dos crimes contra a vida").

2.8 PERDÃO JUDICIAL

Assim como no homicídio, é possível, se culposo, quando as consequências do crime atingirem de forma tão grave o agente que a sanção se torne desnecessária.

2.9 VIOLÊNCIA DOMÉSTICA

Conforme § 9.º, com a redação da Lei 11.340/2006, se a lesão for praticada contra ascendente, descendente, irmão, cônjuge ou companheiro, ou com quem conviva ou tenha convivido, ou, ainda, prevalecendo-se o agente das relações domésticas, de coabitação ou de hospitalidade: a pena será de detenção, de 3 (três) meses a 3 (três) anos, escapando assim dos limites do Juizado Especial Criminal, ainda que a vítima seja homem.

Pelo § 10, nos casos de lesão corporal grave, gravíssima ou seguida de morte, aumenta-se em 1/3 a pena se o crime é praticado nas condições do § 9.º.

2.10 VÍTIMA PORTADORA DE DEFICIÊNCIA

Conforme prevê o § 11, na hipótese do § 9.º deste artigo, a pena será aumentada de 1/3 se o crime for cometido contra pessoa portadora de deficiência.

Da Periclitação da Vida e da Saúde

3.1 DA OMISSÃO DE SOCORRO

Omissão de socorro
Art. 135. Deixar de prestar assistência, quando possível fazê-lo sem risco pessoal, à criança abandonada ou extraviada, ou à pessoa inválida ou ferida, ao desamparo ou em grave e iminente perigo; ou não pedir, nesses casos, o socorro da autoridade pública:
Pena – detenção, de um a seis meses, ou multa.
Parágrafo único. A pena é aumentada de metade, se da omissão resulta lesão corporal de natureza grave, e triplicada, se resulta a morte.

Trata-se de clássico exemplo de crime omissivo próprio: basta descumprir o dever jurídico de agir para a tipicidade, independentemente de qualquer resultado.

Qualquer um pode ser sujeito ativo, lembrando que o dever genérico de agir é, também, característica dos crimes omissivos próprios.

O bem jurídico tutelado é a integridade física e mental daqueles que não são socorridos.

Justifica-se a incriminação no dever de solidariedade mínima. Ainda que não haja obrigação de solidariedade plena, ou seja, o indivíduo não é penalmente obrigado a ajudar a todos o tempo todo, nos casos arrolados, de especial perigo ou vulnerabilidade, a ausência do agir solidário ganha colorido penal.

A ação nuclear é deixar de prestar assistência, ou seja, deixar de ajudar, de prestar socorro. O dever penal de socorrer se esvai se há risco pessoal, pois não se pode obrigar alguém, sob a espada do poder penal, a se portar com heroísmo. Como já dito, aqui, o que se exige é a mínima solidariedade.

O socorro não precisa ser direto. Pode ser indireto, com o pedido de socorro à autoridade pública. É entendimento tradicional, no entanto, que apenas quando inviável o socorro direto é que o chamamento das autoridades substituirá a prestação direta, pois a demora na prestação pode agravar a situação daquele que necessita de ajuda.

Deve-se ponderar, no entanto, que, em alguns casos, a prestação direta pode ser temerária, ainda que possível, como no caso de pessoa ferida em queda acentuada: nesse caso, o possível socorro direto, mas não especializado, pode gerar danos irreversíveis, sendo preferível a busca da autoridade pública. Na busca do equilíbrio entre o socorro direto e o indireto, vale a lição de Régis Prado: "O recurso à autoridade pública (assistência mediata) é antes supletivo ou subsidiário, ou seja, é cabível apenas quando se revelar capaz de arrostar tempestivamente o perigo ou quando a assistência direta oferecer riscos à incolumidade do agente".

Prevalece que o dever de socorrer é solidário: se são várias as pessoas capazes de socorrer, e uma socorre de forma suficiente, queda afastada a relevância penal da omissão dos demais.

Os sujeitos passivos arrolados pela lei são: criança abandonada ou extraviada, pessoa inválida ou ferida, ao desamparo ou em grave e iminente perigo.

A manifestação da vítima no sentido de recusar o socorro, em princípio, não afasta o crime, se não gera risco nem torna inviável a assistência.

Trata-se de crime doloso, que admite dolo direto e eventual.

O conceito de criança deve ser buscado na legislação específica, ou seja, pessoa até os 12 anos de idade incompletos. As circunstâncias devem permitir a compreensão de que a criança foi abandonada, ou, ainda, que se perdeu ou está fora do amparo de seus responsáveis.

É controversa a possibilidade de concurso de pessoas. Para parte da doutrina, o dever de agir nos crimes omissivos é sempre pessoal (Regis Prado). Para Bittencourt, é possível coautoria e participação.

Prevalece que se consuma a omissão de socorro no exato momento em que, percebida a situação fática que gera o dever de agir, o sujeito se omite. Adverte Bitencourt, no entanto, que, enquanto o sujeito puder agir de forma eficaz, não há crime. Como é característico nos crimes omissivos próprios, não cabe tentativa.

É infração de menor potencia ofensivo.

Há causa de aumento no caso de resultado lesão grave ou morte, derivado da omissão. Prevalece que os resultados devem ser culposos. Para Rogério Greco, podem ser dolosos, desde que o agente não seja o provocador do risco, hipótese na qual se converteria em garante.

Condicionamento de atendimento médico-hospitalar emergencial

Art. 135-A. Exigir cheque-caução, nota promissória ou qualquer garantia, bem como o preenchimento prévio de formulários administrativos, como condição para o atendimento médico-hospitalar emergencial:

Pena – detenção, de 3 (três) meses a 1 (um) ano, e multa.

Parágrafo único. A pena é aumentada até o dobro se da negativa de atendimento resulta lesão corporal de natureza grave, e até o triplo se resulta a morte.

Trata-se de novel incriminação da conduta daquele que exige garantia de natureza pecuniária ou preenchimento de formulários administrativos em situação de atendimento médico-hospitalar emergencial. A situação prática é bastante comum no Brasil, e a revolta pela insensibilidade daquele que não se comove com a situação de emergência, preferindo atentar às garantias financeiras e cumprimento de aparato burocrático, gerou reação social ouvida pelo legislador.

O verbo nuclear é exigir, ou, ainda, exigir como condição. O condicionamento das medidas médicas é necessário para a configuração típica. Se há exigência, mas as medidas médicas não são obstadas ou retardadas, não se configura o presente tipo.

Não se exige uma qualidade especial do sujeito ativo, como médico, enfermeiro ou administrador, mas deve ser alguém com poder suficiente para condicionar o tratamento às garantias ou preenchimento de formulários.

Os formulários referidos devem ter conteúdo administrativo, como bem ressaltou o legislador. Informações sobre características físicas do paciente ou suas condições de saúde podem ser exigidas, eis que configuram premissa para a boa prestação de serviços médicos.

Consuma-se com a mera exigência, sendo desnecessário efetivo prejuízo para a saúde daquele que necessitava de cuidados urgentes. A tentativa é teoricamente possível, embora de difícil configuração.

Há causa de aumento de pena se da negativa de atendimento resulta lesão grave ou morte.

Da Rixa

Art. 137. Participar de rixa, salvo para separar os contendores.

A característica principal desse crime é o tumulto, a inexistência de liame subjetivo entre os contendores. Busca exatamente possibilitar a punição no caso de grandes badernas, em que a identificação do autor de cada lesão seria praticamente impossível.

É necessário que haja mais de duas pessoas (no mínimo três envolvidas). Para que haja rixa, é preciso que cada qual atue por si. Assim, se duas pessoas agridem uma terceira, não há rixa, mas sim lesão em concurso de pessoas. Da mesma forma não há rixa quando há distintos grupos antagônicos, pois nesse caso não há agressão desordenada, mas sim "grupo de indivíduos em concurso de pessoas" contra outro "grupo de indivíduos em concurso de pessoas". Não é "contabilizado" para o número mínimo de três aquele que apenas atua no sentido de separar os rixentos.

É necessário que haja violência, ainda que não resulte em lesão (vias de fato). Não é necessário o corpo a corpo, podendo ser praticada por meio de lançamento de objetos.

Trata-se de crime de perigo, sendo desnecessário o resultado lesivo concreto para sua consumação. É também de concurso necessário, pois há necessidade de que mais de duas pessoas pratiquem agressões recíprocas.

Há punição ainda que um dos envolvidos seja inimputável, ou não venha a ser identificado.

O crime se consuma com o emprego de violência recíproca, ainda que não haja lesão. Controversa a possibilidade de tentativa: para determinada corrente (Mirabete), não é possível, porque, enquanto não ocorrer a violência recíproca, não há tipicidade, e, quando ocorre, o crime já é consumado. Para outros, é possível tentativa no caso de intervenção policial no exato momento em que iriam se iniciar as agressões, anteriormente combinadas (Damásio).

Resultado lesão grave ou morte: qualificam a rixa. Tais resultados podem ser dolosos ou culposos. Ainda que haja mais de uma lesão ou mais de uma morte, há apenas uma rixa qualificada. Não importa se o resultado atinge um dos rixentos, terceiros ou ainda que tenha sido provocado em legítima defesa. É a gravidade do fato, objetivamente, que permite a maior apenação.

Prevalece que tais resultados são apenas condições de maior apenamento do crime de rixa, e, assim, mesmo que individualizado o autor do golpe fatal, ele responderá por homicídio em concurso com o crime de rixa qualificada pelo resultado morte, não havendo, para a corrente majoritária, *bis in idem*. Custódio da Silveira discorda de tal entendimento, apregoando que nesse caso deveria responder por homicídio em concurso com rixa simples, com o que concordamos.

Mesmo aquele que foi vítima da lesão grave responde com maior apenação, com o que discordamos, pois nossa orientação político criminal é de irrelevância penal da autolesão.

Para a responsabilização pelo crime de rixa, não importa se o sujeito passa a integrar o grupo depois do início da briga ou se sai antes do final do embate. Se depois de sua saída ocorre o resultado morte, responderá com a qualificadora, pois colaborou para o tumulto que gerou o terrível resultado. Se ingressar na briga após o resultado morte, não responde, pela ausência de relação causal.

É possível legítima defesa no crime de rixa? Prevalece que apenas do terceiro que ingressa na rixa para separar os contendores.

Dos Crimes contra a Honra

5

Calúnia, difamação e injúria estão em ordem decrescente de gravidade.

Qual o significado de *honra*? Ainda que imaterial, é valor inerente à dignidade humana.

Conjunto de atributos morais, físicos e intelectuais da pessoa, que lhe conferem autoestima e reputação. Quando tratamos da autoestima, falamos da honra subjetiva. A reputação está relacionada com a honra objetiva.

A honra objetiva pode ser compreendida como o juízo que terceiros fazem acerca dos atributos de alguém; a honra subjetiva, como o juízo que determinada pessoa faz acerca de seus próprios atributos. Bittencourt utiliza mas critica a classificação, entendendo que o importante é a pretensão ao respeito, comum às duas espécies.

A calúnia e a difamação atingem a honra objetiva. A injúria atinge a honra subjetiva.

São todos crimes formais, pois, ainda que a lesão ao bem esteja prevista, não é necessária, bastando que o meio seja relativamente idôneo, isto é, capaz eventualmente de atingir o resultado.

Em nosso sistema penal, não há livre censura de atributos alheios ou de seus comportamentos, bem como não podemos expor nossos pensamentos a seu respeito. Essa é a essência dos raciocínios ligados com os crimes contra a honra. Ainda que seja "verdade", não deve ser dito. É que a ofensa sempre gera tumulto, violência na sociedade, e o Estado tenta, a todo custo, diminuir a violência.

Se o fato já é de conhecimento público, prevalece que não há difamação, pela ausência de risco ao bem jurídico. No entanto, é óbvio que as pessoas marginalizadas (prostitutas, mendigos...) também têm honra, e direito a defendê-la.

O consentimento do ofendido exclui, para Bittencourt, a tipicidade do fato, eis que a honra seria bem disponível. Aníbal Bruno entende que a honra é irrenunciável: pode-se renunciar, eventualmente, a um ou outro instrumento de defesa. Fragoso entende que queda excluída apenas a antijuridicidade penal da conduta.

5.1 CALÚNIA

> Art. 138. Caluniar alguém, imputando-lhe falsamente fato definido como crime:
> § 1.º Na mesma pena incorre quem, sabendo falsa a imputação, a propala ou divulga.
> § 2.º É punível a calúnia contra os mortos.

Há necessidade de fato determinado, falso, definido como crime. É claro que não se faz necessária a narração de minúcias, mas sim um mínimo de determinação que permita identificar um crime, individualizá-lo.

O § 1.º traz, ainda, a conduta propalar e divulgar (tornar público). Prevalece, no *caput*, apenas que o sujeito tolere a falsidade do fato. No parágrafo, é necessário que o sujeito tenha certeza da falsidade.

Trata-se de crime doloso (dolo de dano). No *caput*, o dolo quanto à falsidade pode ser direto ou eventual, ou seja, o sujeito pode saber que é falsa a imputação, ou pode tolerar o risco de que seja falsa. No § 1.º é necessário o dolo direto, ou seja, a certeza da falsidade.

Nas duas hipóteses, prevalece ser necessária seriedade na imputação e verdadeira intenção de atingir a honra, o que grande parte da doutrina classifica como *especial fim de agir*, o que permitia a antiga denominação de "dolo específico". Regis Prado assinala, nessa toada, que os tipos dos crimes contra a honra são de tendência intensificada, o que significa ser exigida determinada tendência subjetiva na realização da conduta, que busca desacreditar, menosprezar. Há posição minoritária no sentido de que tal especial intenção é desnecessária, bastando o chamado "dolo genérico" (Aníbal Bruno, Bártoli).

Quanto ao *animus narrandi* (mera disposição de narrar), vide "disposições comuns". O *animus jocandi*, ou seja, a intenção de brincar afasta a seriedade necessária aos crimes contra a honra, lembrando Bittencourt que em determinados meios é comum o uso de palavras e expressões ofensivas sem real intenção de caluniar. Da mesma forma afasta o dolo necessário ao crime de calúnia o *animus consulendi* (intenção de aconselhar), quando há ao menos dever moral no aconselhamento; o *animus defendendi*, quando a reação é mera defesa; o *animus corrigendi*, quando há relação de autoridade que justifique a correção.

A falsidade pode ser quanto ao fato ou apontar o "alguém" errado. O pequeno equívoco técnico quanto à qualificação jurídica do fato (afirma por desconhecimento ter praticado roubo, quando na verdade foi um furto) não configura o crime. A afirmação que dolosamente muda dado fundamental do fato, transformando furto em homicídio, configura calúnia. Há crime ainda que terceiros já tenham conhecimento da "notícia" caluniosa.

Para Bittencourt, não configura calúnia a incontinência verbal decorrente de acirrada discussão, com ofensas irrefletidas. No entanto, não afasta o crime a ressalva de que "não acredita", ou que "dizem por aí", visto que, de qualquer forma, há a propalação do fato calunioso.

Trata-se de crime contra a honra objetiva e, assim, consuma-se com a ciência por parte de terceiro acerca da imputação. Consuma-se o crime ainda que a imputação (ou o ato de propalar) tenha sido feito em caráter confidencial. A tentativa é possível desde que o fato em concreto seja plurissubsistente, isto é, possível iniciar a execução sem atingir a consumação (forma escrita, secretária eletrônica).

A calúnia pode ser explícita, implícita (ex.: não fui eu quem desviou o dinheiro público na compra de canetas no mês passado) e reflexa (ex.: oficial que fez a certidão foi comprado pelo executado – atinge o oficial e o executado). O tipo trata da imputação de "crime". Assim, se é imputada mera contravenção penal, o fato pode configurar difamação, mas não é calúnia.

A divulgação da calúnia para várias pessoas consiste em um só crime. Possível, no entanto, concurso formal entre calúnia e injúria.

Na calúnia, é possível exceção da verdade: busca demonstrar a atipicidade do ato, pois o fato imputado seria verdadeiro. A regra é a possibilidade, com três exceções:

a) no caso de ação penal privada, se o ofendido não foi condenado por sentença irrecorrível;

b) se é imputado a qualquer das pessoas referidas no inc. I do art. 141 do CP (Presidente da República e chefe de governo estrangeiro);

c) se do crime imputado de ação pública o ofendido foi absolvido por sentença irrecorrível.

Prevalece, nos casos em que é impossível a exceção da verdade, que a falsidade é presumida, eis que inviável, por vedação jurídica, a demonstração de que a imputação é verdadeira. Assim, é francamente majoritário que mesmo a imputação verdadeira é criminosa, quando proibida a exceção da verdade (Damásio, Mirabete). Bittencourt discorda, entendendo que a vedação da exceção da verdade apenas afasta a possibilidade do procedimento especial da exceção (que colocaria os potenciais ofendidos na posição de réus), mas, por uma questão de tipicidade, a acusação tem de provar que a imputação era falsa, e a defesa pode, no trâmite comum do processo, demonstrar o contrário. Acentua ainda o autor (Bittencourt) que quem imputa fato verdadeiro não tem intenção de caluniar.

Se o excepto tem foro privilegiado, a exceção da verdade será julgada pelo tribunal competente. Aqui, prevalece que apenas a exceção seja julgada pelo tribunal, embora Tourinho sustente que mais correto seria deslocar a competência de todo o processo ao tribunal.

Se a intenção não é lesar a honra, mas sim causar investigação, há crime de denunciação caluniosa.

É punível a calúnia contra os mortos, por expressa previsão legal. É possível calúnia contra menor ou contra doente mental? Prevalece que sim, até porque o menor e o doente mental poderiam praticar fato definido como crime, e também porque não poderiam ser deixados à margem da proteção penal. É possível calúnia contra pessoa jurídica? Para aqueles que admitem a possibilidade de crime praticado por pessoa jurídica (entendimento majoritário), é possível.

5.2 DIFAMAÇÃO

Art. 139. Difamar alguém, imputando-lhe fato ofensivo à sua reputação:
Pena – detenção, de 3 (três) meses a 1 (um) ano, e multa.
Exceção da verdade
Parágrafo único: A exceção da verdade somente se admite se o ofendido é funcionário público e a ofensa é relativa ao exercício de suas funções.

Visa proteger a honra objetiva, a reputação.

Também é necessário que seja imputado fato determinado, mas aqui não precisa ser falso, e não deve ser criminoso. Imputações vagas não configuram esse crime, podendo configurar injúria.

Difamar é levar fato ofensivo à reputação ao conhecimento de terceiros. Daí que o legislador não utilizou (nem precisava) as expressões propalar e divulgar, pois quem as pratica está, de qualquer forma, "difamando".

Inimputável e pessoa jurídica podem ser sujeitos passivos, mas não há difamação contra os mortos prevista no Código Penal. Infames também podem em princípio ser sujeitos passivos, eis que sempre há um "oásis" de honra (Fragoso) a ser atingida.

O elemento subjetivo é o dolo, que pode ser direto ou eventual. Da mesma forma que na calúnia, prevalece a necessidade de seriedade, e a vontade de difamar (*animus diffamandi*). Assim como na calúnia, o *animus jocandi*, ou seja, a intenção de brincar afasta a seriedade necessária aos crimes contra a honra. Da mesma forma, afastam o dolo necessário ao crime de calúnia o *animus consulendi* (intenção de aconselhar), quando há ao menos dever moral no aconselhamento; o *animus defendendi*, quando a reação é mera defesa; o *animus corrigendi*, quando há relação de autoridade que justifique a correção.

Assim como a calúnia, consuma-se com a ciência por terceiro da imputação. Tentativa, também, somente por escrito ou outro meio que faça o crime plurissubsistente.

É possível exceção da verdade se a difamação é contra funcionário público no exercício das funções e há relação do fato com tais funções, ou seja, nesse caso, se o fato for verdadeiro, não haverá difamação. Se não se tratar de ato praticado no exercício das funções, não é possível a exceção. O item 49 da Exposição de Motivos do Código Penal assinala que não é possível exceção da verdade na difamação quando o "funcionário" é, na verdade, o Presidente da República, ou chefe de governo estrangeiro em visita ao País.

Prevalece que (Noronha), ao tempo da prova da verdade, o sujeito ainda seja funcionário público. Para Bittencourt, basta que ao tempo da difamação o ofendido ainda seja funcionário público.

Para muitos (Tourinho), além da exceção da verdade, também é possível invocar a exceção de notoriedade, que afastaria a tipicidade, eis que não se pode proteger o que já se perdeu, na medida em que o fato difamante que se imputa é notório, é de conhecimento de todos. Assim, provado que o fato era notório, ficaria afastada a imputação, pois não haveria honra objetiva a ser protegida ou lesada. Bittencourt discorda da possibilidade, eis que não prevista na lei penal brasileira (ainda que referida no Código de Processo Penal, no art. 523), pois, mesmo quando notório o fato, não há o direito de difamar e se reforçar a lesão à honra de terceiro, de forma a tornar tal estigma perpétuo. Assim, Bittencourt apenas a aceita em hipóteses muito excepcionais, quando a ofensa se tornar realmente insignificante.

O Código Penal não prevê relevância penal para a difamação (ou injúria) contra os mortos, pelo que, em princípio, tal conduta resta atípica. Bártoli entende, no entanto, que, por atingir os familiares de forma reflexa, há relevância penal mesmo com o silêncio do Código Penal.

Hungria negava a possibilidade de difamação contra pessoa jurídica. Atualmente, frente à possibilidade de a pessoa jurídica até mesmo praticar crime, bem como diante dos reflexos danosos que uma notícia maliciosa pode gerar, a doutrina vem se posicionando pela possibilidade de difamação contra pessoa jurídica (Bittencourt, Regis Prado).

5.3 INJÚRIA

Art. 140. Injuriar alguém, ofendendo-lhe a dignidade ou o decoro:
Pena – detenção, de 1 (um) a 6 (seis) meses, ou multa.

Busca proteger a honra subjetiva. Trata-se da imputação de qualidade negativa a alguém. Pode conter fatos, mas enunciados de forma vaga e genérica. Ofendem-se a dignidade (atributos morais) e o decoro (atributos físicos ou intelectuais).

A conduta pode ser comissiva ou omissiva, de forma livre (verbal ou gestual). Podem ser usados meio humano, animal ou mecânico. O crime de injúria admite a prática omissiva, quando, por exemplo, a vítima cumprimenta diversas pessoas em fila e o agente, dolosamente, não estende a mão.

Conforme Bittencourt, a injúria pode ser direta (quando se refere ao ofendido) ou reflexa (quanto atinge o ofendido apesar de se referir a terceira pessoa), explícita (quando evidente) ou equívoca (duvidosa, incerta).

Consuma-se quando a vítima toma conhecimento da imputação.

Se houver dúvida entre injúria e difamação, prevalece a opção pela injúria, para que não haja abuso na adequação típica.

Para que o crime de injúria seja configurado, o sujeito passivo deve ter a capacidade mínima de fazer um juízo de valor sobre si mesmo. Assim, em alguns casos, será impossível o crime de injúria contra quem tenha desenvolvimento mental incompleto ou retardado (chamar de tola criança com um mês de idade). Prevalece que pessoa jurídica não pode ser sujeito passivo de injúria. Não é punível a injúria contra os mortos, mas há que se considerar, na hipótese, se não houve injúria reflexa aos seus descendentes (chamar o falecido de bastardo, ofendendo, assim, de forma reflexa, sua genitora).

Para que haja injúria, é necessário que seja dirigida a pessoa ou pessoas determinadas, ainda que não seja direta a identificação.

Novamente, só havendo o dolo a conduta será típica, sendo necessária a intenção de ofender (*animus injuriandi*).

O § 1.º do art. 140 do CP contempla as hipóteses de perdão judicial:

– provocação reprovável: o ofendido, de forma reprovável, provocou diretamente a injúria. É necessário que a provocação seja direta e pessoal, gerando a alteração emocional que resulta na injúria;

– retorsão imediata: que consiste em outra injúria – nesse caso, apenas o segundo injuriador é que será perdoado (não há compensação de injúrias).

Ocorre injúria real quando a injúria consiste em violência ou vias de fato, que, por sua natureza ou meio empregado, se considerem aviltantes (§ 2.º). A constatação de que as atitudes foram "aviltantes" pode decorrer da natureza (tapa no rosto) ou do meio empregado (arremesso de excrementos).

Na injúria real as vias de fato são sempre absorvidas. Havendo lesão corporal, as penas serão aplicadas em concurso formal.

A injúria é qualificada se consiste na referência a elementos que digam respeito a raça, cor, etnia, religião ou condição de pessoa idosa ou portadora de deficiência.

5.4 DISPOSIÇÕES COMUNS

5.4.1 Aumento de pena

A pena é aumentada em um 1/3 se a ofensa atinge o Presidente da República ou chefe de governo estrangeiro, se é contra funcionário público no exercício das funções, ou se é praticada em meio a várias pessoas (entende-se ao menos três pessoas), ou de forma que facilite a divulgação. Nos casos de calúnia e difamação, também há aumento de pena se o sujeito passivo contar com mais de 60 anos ou for portador de deficiência.

A pena é duplicada se o crime é praticado mediante paga ou promessa de recompensa.

5.4.2 Exclusão

Em algumas situações previstas no art. 142 do CP, não há difamação ou injúria punível. Alguns entendem que afastam o caráter criminoso porque seriam especificações do exercício regular de direito, mas prevalece que em tais casos é evidente a ausência do elemento subjetivo:

a) ofensa irrogada em juízo, na discussão da causa, pela parte ou por procurador: a ofensa deve partir da parte ou do procurador, e deve ter relação com a causa. Prevalece que as ofensas ao magistrado não têm sua relevância penal excluída por esse inciso. No caso de advogado, como há artigo expresso no estatuto da OAB (art. 7.º, § 2.º, da Lei 8.906/1994), não se fala mais em imunidade judiciária do art. 142 do CP, mas sim imunidade profissional do Estatuto. A lei exclui a antijuridicidade apenas no caso de difamação e injúria, mas, no caso do procurador que profere a ofensa em juízo, o STF já ampliou o alcance da norma também para a calúnia, na hipótese do advogado que exagera nas expressões utilizadas para arguir exceção de suspeição (HC 98.631);

b) opinião desfavorável de crítica, salvo quando inequívoca a intenção de difamar ou injuriar – de outra forma, não poderia mais haver crítica nem evolução do pensamento. Há a ressalva do excesso, que espelha a nítida intenção de injuriar ou difamar;

c) conceito desfavorável de funcionário público no exercício da função: não há crime porque a censura do comportamento alheio não é livre, mas sim dever específico do agente, que o faz por dever. É o chamado *animus narrandi*.

Nos incs. I e III do art. 142, responde pelo crime quem dá publicidade à ofensa.

5.4.3 Retratação

A retratação já foi comentada nas causas extintivas da punibilidade. Trata-se do agente que desdiz o que disse, ou seja, se retrata.

No sistema do Código Penal, prevalece que a retratação pode ser feita até a sentença de primeiro grau.

Apenas é possível, pela redação do art. 143 do CP, nos crimes de calúnia e difamação.

5.4.4 Ação penal

A ação é privada, em regra.

Será pública, condicionada à requisição do Ministro da Justiça, no caso de o ofendido ser o Presidente da República ou chefe de governo estrangeiro.

A letra da lei determina que, no caso de injúria real, a ação penal deve ser pública incondicionada, como ensinam Mirabete e Costa Jr. Para Nucci, a ação será realmente sempre penal pública incondicionada. Para Bittencourt, no caso de injúria real, será pública incondicionada se a lesão for grave ou gravíssima, e condicionada à representação se leve a lesão, com o que concorda Regis Prado, que ainda acrescenta ser privada a ação no caso de ocorrência de simples vias de fato (no mesmo sentido Damásio).

Se o ofendido for funcionário público no exercício da função, pela letra da lei, a ação seria sempre pública condicionada à representação. No entanto, conforme entendimento firmado pela Súmula 714 do STF, em tais casos "é concorrente a legitimidade do ofendido, mediante queixa, e do Ministério Público, condicionada à representação do ofendido, para a ação penal por crime contra a honra de servidor público em razão do exercício de suas funções".

Com a Lei 12.033/2009, a injúria qualificada pelo preconceito, prevista no art. 140, § 3.º, também passou a ser crime de ação penal pública condicionada à representação do ofendido.

Dos Crimes contra a Liberdade Individual

6.1 CONSTRANGIMENTO ILEGAL

> Art. 146. Constranger alguém, mediante violência ou grave ameaça, ou depois de lhe haver reduzido, por qualquer outro meio, a capacidade de resistência, a não fazer o que a lei permite, ou a fazer o que ela não manda.

Busca proteger a liberdade psíquica do indivíduo, dando eficácia à garantia de que ninguém será obrigado a fazer ou deixar de fazer algo a não ser em virtude de lei (art. 5.º, II, da CF).

Sujeito ativo, em princípio, pode ser qualquer um. Se funcionário público prevalecendo-se de sua função, pode se configurar o abuso de autoridade. O sujeito passivo precisa ter capacidade de autodeterminação – na lição de Pierangeli, capacidade de vontade natural, ainda que limitada ou reduzida –, pois é ela a atingida pelo constrangimento. Se não a possuir, como no caso do recém-nascido ou do inimputável, o constrangimento ilegal será impossível.

Constranger significa forçar, impor contra a vontade.

O constrangimento deve ser feito mediante violência, grave ameaça ou outro meio capaz de reduzir a capacidade de resistência. A violência pode ser direta ou indireta, com a retirada das muletas de um aleijado ou com a retirada das portas de uma casa para obrigar os moradores a saírem (Hungria). Entre os "outros meios", podemos arrolar os narcóticos, entorpecentes ou similares.

Conforme assinala Bittencourt, se a pessoa é constrangida a não praticar um crime, não fica configurado o constrangimento ilegal, uma vez que o "constrangido" não tinha direito a praticar ilícitos, devendo, no entanto, ser analisada a proporcionalidade entre a violência empregada e o ilícito que foi evitado. Pierangeli adverte, no entanto, que, se o constrangimento visa evitar ato imoral, porém irrelevante penal, haverá incidência do presente artigo (com exceção do suicídio).

Por outro lado, se o sujeito passivo é constrangido a praticar crime, não responderá, por se tratar de coação moral irresistível, respondendo o coator pelo crime praticado, como autor mediato, em concurso material com constrangimento ilegal.

Só é previsto na forma dolosa, direta ou eventual. Não há previsão na prática culposa.

Consuma-se quando o sujeito passivo faz ou deixa de fazer algo contra a sua vontade, pelo que é classificado como material (Delmanto). Possível a tentativa, quando, apesar de empregada a violência ou grave ameaça idônea, a vítima não faz ou deixa de fazer algo contra sua vontade.

> § 1.º As penas aplicam-se cumulativamente e em dobro, quando, para a execução do crime, se reúnem mais de três pessoas, ou há emprego de armas.
> § 2.º Além das penas cominadas, aplicam-se as correspondentes à violência.
> § 3.º Não se compreendem na disposição deste artigo:
> I – a intervenção médica ou cirúrgica, sem o consentimento do paciente ou de seu representante legal, se justificada por iminente perigo de vida;
> II – a coação exercida para impedir suicídio.

Há causa de aumento de pena no caso de crime praticado por mais de três pessoas (mínimo de quatro executando o constrangimento, no entender de Pierangeli) ou se há emprego de armas. Como a lei emprega a expressão no plural, há corrente no sentido de que deve haver mais de uma arma (Bittencourt) e outra no sentido de que o plural foi usado apenas para indicar o gênero (Pierangeli), bastando uma arma. Importante perceber que não basta que o coator esteja armado, sendo necessário que empregue a(s) arma(s) no crime, indicando--a(s) ou portando-a(s) de forma a utilizá-la(s) como instrumento na coação.

Não é considerada ilegal a intervenção médica, se justificada por iminente perigo de vida. Em vez de deixar a questão para o estado de necessidade, o legislador preferiu cuidar do tema logo na tipicidade. Também não se considera ilegal o constrangimento praticado para impedir suicídio.

Se da violência resultar lesão, a pena desta será somada à do constrangimento ilegal, em concurso material, ainda que se trate de lesão leve (Damásio).

É elementar de vários outros crimes, como o roubo ou a extorsão, restando sempre absorvido, conforme regra da consunção.

6.2 AMEAÇA

> Art. 147. Ameaçar alguém, por palavra, escrito ou gesto, ou qualquer outro meio simbólico, de causar-lhe mal injusto e grave.

Trata-se de crime subsidiário, pois na imensa maioria das vezes é parte de crime complexo, ou elementar em crime mais amplo, como no roubo, no estupro, na extorsão.

O objeto jurídico continua sendo a liberdade individual, sendo que, nesse crime, também é violada a liberdade de autodeterminação, pois a vítima, amedrontada, perde a livre possibilidade de escolha de suas ações. O indivíduo tem direito a agir livremente.

Sujeito ativo pode ser qualquer um. Sujeito passivo deve ser pessoa física, capaz de compreender a ameaça e autodeterminar-se. A ameaça proferida para quem não é capaz de entendê-la (ex., feita a recém-nascido) não tem relevância penal.

A ameaça deve ser proferida contra vítima certa ou contra vítimas certas, caso em que haverá concurso formal.

Mal injusto e grave: injusto no sentido de intolerado pelo ordenamento, ou seja, "ameaçar de comunicar ilícito à polícia" não é ameaça de mal injusto, uma vez que a comunicação é incentivada pelo ordenamento. A ameaça deve ainda ser idônea, ou seja, capaz de infligir temor à vítima, ainda que não tenha conseguido no caso concreto, motivo pelo qual o crime é classificado como formal. A ameaça deve ser de mal grave, sério, devendo ser levadas em consideração a vítima e suas condições para aferir sua idoneidade (Mirabete).

O mal deve ser verossímil (não é crime prometer que um meteoro irá cair na casa da vítima), não sendo relevante penal o "rogar praga", como mandar "para o inferno", ou desejar "todo o mal do mundo". Não pode decorrer de ato que será imediatamente praticado (sujeito diz "vou quebrar sua cara" e imediatamente soca a vítima, pois não há individualização da liberdade individual como bem jurídico autonomamente atingido, mas sim da integridade corporal, e, assim, a ameaça é absorvida pela efetiva e imediata realização do mal).

A ameaça pode ser explícita (dizer que vai matar) e implícita (esclarecer que cobra suas dívidas com sangue – exemplo de Mirabete). Pode ser direta (quando se refere diretamente à pessoa ameaçada) ou indireta (quando se refere a pessoa próxima àquela que se quer ameaçar, como seus filhos, amigos...). Pode ainda ser condicional, fazendo o mal depender de conduta ou ocorrência que não esteja no controle da vítima, pois, de outra forma, seria constrangimento ilegal.

É necessário dolo, tendo o autor vontade de intimidar a vítima, e não necessariamente de cumprir a promessa do mal.

Consuma-se quando a vítima recebe notícia da ameaça, ainda que não se sinta intimidada, pelo que o crime é classificado como formal. É possível tentativa quando a ameaça é feita, por exemplo, por escrito.

Discute-se a relevância penal da ameaça proferida em momento de ira ou embriaguez: para uma primeira corrente, deve ser considerada criminosa, pois são nesses estados que mesmo pessoas usualmente "de bem" costumam praticar ilícitos e incutem temor em suas vítimas (Damásio); para a segunda corrente, trata-se de irrelevante penal, pois faltaria a seriedade necessária e a intenção de intimidar (Regis Prado).

6.3 SEQUESTRO E CÁRCERE PRIVADO

> Art. 148. Privar alguém de sua liberdade, mediante sequestro ou cárcere privado.

Tem por objetivo o resguardo da liberdade ambulatória, ou seja, do direito de ir, vir e permanecer. Quando meio para obtenção de resgate, é absorvido pela extorsão mediante sequestro.

Trata-se da ilegítima privação da liberdade de alguém. O consentimento da vítima afasta a relevância penal, desde que a privação não afronte a dignidade humana. Discute-se se é necessária a consciência da vítima sobre seu estado de privação, entendendo Bittencourt que a falta de consciência não afasta o crime. Assim, nesse caso, a vítima não precisa ter capacidade de autodeterminação, podendo ser sujeito passivo o louco, a criança etc.

A diferença apontada pela doutrina entre cárcere privado e sequestro é que, no primeiro, há confinamento (quarto, caixa etc.), enquanto no segundo a privação da liberdade não confina a vítima. A lei usa os termos como equivalentes.

Há crime mesmo que seja possível fuga, desde que para tanto haja grande risco pessoal, ou desde que a vítima não saiba da possibilidade.

Para que se consume, basta que haja privação de liberdade por tempo razoável, capaz de realmente lesar o bem jurídico protegido, daí por que classificado como material quanto ao resultado. Se há captura da vítima, mas não se consegue privar sua liberdade por circunstâncias alheias à vontade do autor, há tentativa.

A privação de liberdade pode ser meio para determinados crimes, como o roubo. Nesse caso, se a privação da liberdade persiste mesmo após a subtração, já não sendo mais meio necessário para a tirada de bens, há concurso de crimes (vide "Causas de aumento de pena" do crime de roubo) entre o roubo e o sequestro.

> I – se a vítima é ascendente, descendente, cônjuge ou companheiro do agente ou maior de 60 (sessenta) anos;
> II – se o crime é praticado mediante internação da vítima em casa de saúde ou hospital;
> III – se a privação da liberdade dura mais de 15 (quinze) dias;
> IV – se o crime é praticado contra menor de 18 (dezoito) anos;
> V – se o crime é praticado com fins libidinosos.

Há qualificadora se o crime é praticado contra ascendente, descendente, cônjuge ou companheiro do sujeito, ou ainda quando a vítima é maior de 60 ou menor de 18 anos. No caso, prevalece que a enumeração é taxativa e não permite ampliação, ou seja, não alcança o padrasto, o genro etc. (Regis Prado).

Também é qualificado o crime quando praticado mediante internação em casa de saúde ou hospital, pois há especial reprovabilidade na utilização do pretexto nobre para o ilícito. O médico responsável que autorizar conscientemente a internação criminosa responde como coautor.

Qualifica ainda o crime a privação de liberdade que dura mais de 15 dias, lembrando que deve ser levado em conta que se trata de prazo penal (regra do art. 10 do CP – vide "Prazos") e que apenas a partir do 16.º dia (mais de 15) é que se configura a qualificadora.

Por fim, com a redação da Lei 11.106/2005, há qualificadora quando o sequestro se dá para fins libidinosos. A alteração veio preencher vácuo criado com a revogação do crime de sequestro, com a "vantagem" de não mais restringir a proteção típica à mulher honesta. Para os fatos ocorridos a partir da vigência da Lei 11.106/2005, haverá sequestro qualificado independentemente do sexo ou da índole sexual da vítima. Por ser nova lei penal mais gravosa, para os fatos anteriores, se se tratava de mulher honesta, perdura a incriminação pelo crime de rapto, pois é lei anterior mais benéfica, que deve ser ultra-ativa. Se se tratava de homem ou de mulher "desonesta", seria no máximo sequestro simples (*caput*), pois a nova qualificadora não pode retroagir.

6.4 REDUÇÃO A CONDIÇÃO ANÁLOGA À DE ESCRAVO

Art. 149. Reduzir alguém a condição análoga à de escravo, quer submetendo-o a trabalhos forçados ou a jornada exaustiva, quer sujeitando-o a condições degradantes de trabalho, quer restringindo, por qualquer meio, sua locomoção em razão de dívida contraída com o empregador ou preposto.

Os antigos chamavam o presente crime de *plagium*. É, em nossa opinião, um dos mais graves crimes do Código Penal, eis que trata da instrumentalização do ser humano, o que confronta de forma direta a dignidade da pessoa humana. Valendo-se da "fórmula instrumento" kantiana (o homem é sempre fim de todas as coisas e não pode ser reduzido a meio para um fim), temos que a redução de alguém a condição análoga à de escravo, muito mais do que tangenciar a liberdade individual, traz ferida intensa à dignidade da pessoa humana, merecendo especial proteção. O STF já entendeu que o crime viola a dignidade humana enquanto liberdade em si e direito ao trabalho digno (Inq 2.131).

Não é demais lembrar que o art. IV da Declaração Universal de Direitos Humanos (1948) assevera que "ninguém será mantido em escravidão ou servidão; a escravidão e o tráfico de escravos serão proibidos em todas as suas formas". A Declaração Universal dos Direitos do Homem e do Cidadão (1793), em seu art. XVIII, já estabelecia que "o homem pode empenhar seus serviços, seu tempo; mas não pode vender-se nem ser vendido. Sua pessoa não é propriedade alheia. A lei não reconhece domesticidade; só pode existir um penhor de cuidados e de reconhecimento entre o homem que trabalha e aquele que o emprega".

Não é esse, no entanto, o entender do legislador. A pena prevista (2 a 8 anos) é idêntica à do furto qualificado e inferior até mesmo àquela prevista para o furto de veículo automotor que venha a ser levado para outro Estado ou para o interior.

Há quem defenda que, pela nova redação, deveria estar incluído entre os crimes contra a organização do trabalho. Outros, que a capitulação como crime contra a liberdade individual está correta. Acreditamos, como referido, que mereceria outro título, qual seja de crime que atenta contra a dignidade humana.

A previsão típica é "reduzir alguém a condição análoga à de escravo, quer submetendo-o a trabalhos forçados ou a jornada exaustiva, quer sujeitando-o a condições degradantes de trabalho, quer restringindo, por qualquer meio, sua locomoção em razão de dívida contraída com o empregador ou preposto".

Trata-se de crime comum quanto aos sujeitos, embora a nova redação do tipo indique a necessidade de algum tipo de relação laboral (Bártoli).

É crime de forma vinculada, que narra os meios pelos quais o resultado deve ser alcançado para que haja relevância típica: (a) submissão a trabalhos forçados ou jornada exaustiva; (b) sujeição a condições degradantes de trabalho; (c) restrição da locomoção por qualquer meio, em razão de dívida contraída com empregador ou preposto.

Ainda no *caput*, é necessário que seja ferida a dignidade da pessoa e que, de alguma forma, haja tolhimento da liberdade da vítima.

A condição da vítima não precisa ser idêntica à de um escravo, com desenho comparativo entre as circunstâncias encontradas e as presentes no passado escravagista brasileiro. Basta que a condição seja análoga, ou seja, semelhante, com instrumentalização do sujeito, negação de sua condição humana e restrição, ainda que sutil, de sua liberdade.

A primeira forma típica é a submissão a trabalhos forçados, que significa impor o trabalho mediante violência ou grave ameaça. Se o trabalho forçado é vedado pela Constituição até mesmo como pena para os piores criminosos, é claro que não pode ser admitido no contexto empregatício. Greco lembra que a Convenção 29 adotada pela OIT traduziu o conceito de trabalhos forçados como "todo trabalho ou serviço exigido de uma pessoa sob a ameaça de sanção e para o qual não se tenha oferecido espontaneamente".

Completando o dispositivo, entende-se como jornada exaustiva aquela que em muito sobreleva o comum período de trabalho, havendo constrangimento para tanto.

Na segunda figura, o trabalho é prestado em condições degradantes, ou seja, aviltantes, humilhantes, e pode se referir a todas as condições do trabalho imposto.

Na terceira figura, há incriminação da mais comum forma de sujeição a condição análoga à de escravo, que é a restrição da liberdade por meio de dívida contraída com empregador ou preposto, ou seja, para evitar a "perda" de sua força de trabalho, o empregador ou alguém em seu interesse fomenta a geração de dívidas, por parte do empregado, com determinado fornecedor de produtos ou serviços, conluiado ou contratado com o empregador. Com o tempo, as dívidas aumentam, e o sujeito se sente preso no local de trabalho enquanto não paga a dívida, com implícitas ou explícitas ameaças de cobrança no caso de ruptura do nefasto vínculo.

O crime é doloso, e no *caput* não há exigência de especial intenção do autor. Apenas o inc. I narra especial fim de reter o trabalhador no local de trabalho.

Consuma-se no exato momento em que, sofrendo qualquer restrição em sua liberdade de locomoção, o sujeito se vê submetido às condições anteriormente narradas. Trata-se de crime permanente, pois a consumação perdura no tempo, enquanto a situação incriminada persiste. Teoricamente, é possível a tentativa, como no exemplo do empregador que, tendo arregimentado vários trabalhadores em tais condições, é obstado na porteira de sua fazenda (Bártoli).

O § 1.º, I, pune aquele que restringe o uso de qualquer meio de transporte por parte do trabalhador, com o fim de retê-lo no local de trabalho, como o afastamento de meios de transporte não controlados pelo empregador, ou a proibição de posse de meios de transporte pelos empregados.

O § 1.º, II, descreve a conduta de manter vigilância ostensiva no local de trabalho, comunicando sensação de aprisionamento, bem como a retenção de documentos que obstem a saída do empregado.

O § 2.º prevê aumento de pena se a vítima for criança ou adolescente, bem como se o crime for praticado por motivo de preconceito de raça, cor, etnia, religião ou origem. Não basta, aqui, que as vítimas pertençam a determinada raça ou religião, sendo necessário demonstrar a relação entre a submissão a condição análoga à de escravo e o fator de discriminação.

Há concurso material de crimes no caso de violência contra a vítima.

A competência é, em princípio, da Justiça Estadual, embora haja alguma controvérsia.

DOS CRIMES CONTRA A INVIOLABILIDADE DOS SEGREDOS

Invasão de dispositivo informático
Art. 154-A. Invadir dispositivo informático alheio, conectado ou não à rede de computadores, mediante violação indevida de mecanismo de segurança e com o fim de obter, adulterar ou destruir dados ou informações sem autorização expressa ou tácita do titular do dispositivo ou instalar vulnerabilidades para obter vantagem ilícita:
Pena – detenção, de 3 (três) meses a 1 (um) ano, e multa.

O crime de invasão de dispositivo informático satisfaz já antiga demanda pela adequação da Parte Especial do Código Penal ao avanço tecnológico proveniente da informatização. Para muitos, era insuportável a carência em relação ao bem jurídico "privacidade das informações", ou, ainda, "sigilo das informações" guardadas em bancos de dados informatizados. Ainda que outras lesões (como as patrimoniais) recebessem alguma guarida nos tipos tradicionais (furto, estelionato), a barreira penal contra os *hackers* não era suficiente. Daí o novo tipo ora comentado, que entra em vigor em 2 de abril de 2013.

Qualquer um pode ser sujeito ativo ou passivo. Será sujeito passivo tanto o titular das informações guardadas no dispositivo invadido como o proprietário do dispositivo no qual seriam/foram instaladas vulnerabilidades. O bem jurídico tutelado é, em princípio, o sigilo/privacidade das informações. Podem ser protegidos ainda outros interesses, como o patrimônio (os dados podem ter valor econômico).

O verbo nuclear é "invadir", o que permite, desde logo, compreender a abrangência da conduta proibida. Invadir significa *tomar à força, ocupar à força*, ou seja, como esclarece o tipo, é necessário que haja a violação indevida de mecanismo de segurança, como um *firewall*, senhas, ou outro obstáculo a ser vencido, indevidamente. É possível classificar o crime como "de forma vinculada", eis que o verbo nuclear "invadir" só ganha relevância penal se o agente se vale do meio "violação indevida de mecanismo de segurança".

O objeto material é o dispositivo informático, abrangendo desde os *smartphones* até *tablets*, *readers* e computadores, nas suas mais variadas configurações.

O elemento subjetivo é o dolo, e o tipo exige especial intenção de obter, adulterar ou destruir dados ou informações sem autorização do titular do dispositivo. Há ainda incriminação se a intenção é instalar vulnerabilidade para obter vantagem ilícita.

Consuma-se o crime com a mera invasão, desde que demonstrada a especial intenção. A alteração ou destruição de dados, bem como a instalação de vulnerabilidades, configuram mero exaurimento. A tentativa é, em princípio, possível.

Não importa se o computador invadido está ou não conectado em rede.

A pena máxima não supera dois anos, e, assim, trata-se de infração de menor potencial ofensivo.

Polêmica: se o sujeito invade o computador alheio, mas com o objetivo único de tomar conhecimento das informações, sem copiar, transferir ou imprimir, há crime? Possível defender que não, pois não terá o conteúdo em nenhum suporte, ou seja, *não obteve* a informação. Acreditamos, no entanto, que irá prevalecer a resposta positiva, pois *obter* significa conseguir, alcançar, e o sujeito conseguiu a informação, ainda que não a tenha em suporte próprio.

> § 1.º Na mesma pena incorre quem produz, oferece, distribui, vende ou difunde dispositivo ou programa de computador com o intuito de permitir a prática da conduta definida no *caput*.

Tipo equiparado: O § 1.º impõe as mesmas baixas penas (trata-se de infração de menor potencial ofensivo) para aquele que produz, oferece, distribui, vende ou difunde dispositivo ou programa com o intuito de permitir a invasão prevista no *caput*.

Trata-se, aqui, de punição de ato preparatório com a mesma pena do crime consumado, o que impõe críticas ao legislador, dada a desproporcionalidade. Desnecessário o liame subjetivo próprio ao concurso de pessoas, eis que há tipificação autônoma.

A conduta equiparada também pode ser praticada por qualquer pessoa, e busca proteger – com exagerada antecipação – os mesmos bens jurídicos do *caput*.

A produção engloba toda forma de criação, geração. A venda é forma de distribuição, e a difusão abrange toda conduta de espalhar, ou seja, toda divulgação, acentuando a antecipação da tutela penal. Trata-se de crime de conduta múltipla, ou seja, a prática de mais de um verbo no mesmo contexto de fato configura um só crime.

O objeto material é o dispositivo ou programa que permite a conduta descrita no *caput*, ou seja, o dispositivo ou programa que facilita ou orienta a invasão incriminada na cabeça do artigo.

Consuma-se com a conduta de produzir, oferecer, vender ou difundir, ainda que não ocorra efetivamente a invasão descrita no *caput*.

Se o mesmo agente pratica conduta descrita no § 1.º e, na sequência, pratica a invasão prevista no *caput*, há crime único, pelo princípio da consunção.

> § 2.º Aumenta-se a pena de um sexto a um terço se da invasão resulta prejuízo econômico.

O resultado prejuízo econômico é, aqui, exaurimento com repercussão na pena, determinando incremento de um sexto a um terço. Acreditamos que o aumento terá como critério o valor do prejuízo, cotejado com a fortuna da vítima (eis que a lei fala em prejuízo) e as demais circunstâncias do caso concreto.

Trata-se de causa especial de aumento de pena, que incide na última fase do procedimento trifásico, nos termos do art. 68 do CP.

O aumento de pena se aplica tanto ao *caput* como ao § 1.º.

Mesmo com o aumento máximo, a infração não deixa de ser de menor potencial ofensivo.

> § 3.º Se da invasão resultar a obtenção de conteúdo de comunicações eletrônicas privadas, segredos comerciais ou industriais, informações sigilosas, assim definidas em lei, ou o controle remoto não autorizado do dispositivo invadido:
> Pena – reclusão, de 6 (seis) meses a 2 (dois) anos, e multa, se a conduta não constitui crime mais grave.

Há hipótese qualificada se a invasão resulta em obtenção de comunicação privada, segredo comercial ou industrial ou informações sigilosas, assim definidas em lei. Há, ainda, qualificadora se a invasão permite o controle remoto do dispositivo invadido.

No caso da comunicação privada, a qualificadora se sustenta na especial proteção ao sigilo das comunicações garantido na Constituição Federal. A preservação de segredos industriais e comerciais atende a um grande número de interesses econômicos. No caso de informações sigilosas assim definidas em lei, temos lei penal em branco homogênea, e apenas outro dispositivo legal pode qualificar a informação como sigilosa, permitindo o incremento da pena.

A qualificadora do "controle remoto não autorizado" se justifica pela perda do controle das informações, dado que o "controlador" poderá, de forma duradoura, valer-se de sua condição na manipulação dos dados que deveriam estar resguardados no dispositivo invadido. Necessária, aqui, a demonstração da prática de efetivos atos de controle para que se legitime o aumento da pena.

A presente hipótese, apesar de qualificada, não extravasa os limites da infração de menor potencial ofensivo.

> § 4.º Na hipótese do § 3.º, aumenta-se a pena de um a dois terços se houver divulgação, comercialização ou transmissão a terceiro, a qualquer título, dos dados ou informações obtidos.

O § 4.º prevê causa de aumento de pena capaz de retirar a competência dos Juizados Especiais Criminais, eis que a pena máxima será 3 anos e 4 meses.

Haverá aumento de pena se houver efetiva divulgação, comercialização ou transmissão a terceiro, a qualquer título, dos dados ou informações obtidas. Apenas o resultado permitirá o incremento da pena, ou seja, é necessária a propagação da informação ou, ainda, a efetiva transmissão, não sendo suficiente a tentativa.

A amplitude da divulgação, comercialização ou transmissão deverá ser o critério norteador entre o aumento mínimo de 1/3 e o máximo de 2/3.

§ 5.º Aumenta-se a pena de um terço à metade se o crime for praticado contra:
I – Presidente da República, governadores e prefeitos;
II – Presidente do Supremo Tribunal Federal;
III – Presidente da Câmara dos Deputados, do Senado Federal, de Assembleia Legislativa de Estado, da Câmara Legislativa do Distrito Federal ou de Câmara Municipal; ou
IV – dirigente máximo da administração direta e indireta federal, estadual, municipal ou do Distrito Federal.

Há ainda uma última causa de aumento de pena, aplicável a todas as infrações, se a vítima estiver no rol do § 5.º. Justifica-se o incremento da pena, pois as mais importantes autoridades da República guardam informações que, divulgadas, podem gerar terríveis crises políticas e econômicas, internas e externas, merecendo, assim, maior proteção.

Para Bittencourt, é impossível o duplo incremento da pena com a incidência sucessiva dos §§ 4.º e 5.º, por desproporcional. Acreditamos que, na hipótese, há concurso de causas de aumento da Parte Especial, que demanda aplicação do art. 68, parágrafo único, ou seja, deverá ser aplicada apenas uma causa de aumento ou diminuição, escolhida a que mais aumente ou diminua no caso concreto.

Art. 154-B. Nos crimes definidos no art. 154-A, somente se procede mediante representação, salvo se o crime é cometido contra a administração pública direta ou indireta de qualquer dos Poderes da União, Estados, Distrito Federal ou Municípios ou contra empresas concessionárias de serviços públicos.

Ação penal: Em regra, os crimes previstos no art. 154-A estão sujeitos à ação penal pública condicionada, com todos os seus regramentos. A ação será pública incondicionada se o crime for cometido contra a administração pública direta ou indireta de qualquer dos poderes da União, dos Estados, dos Municípios ou contra empresas concessionários de serviços públicos.

Dos Crimes contra o Patrimônio

7.1 FURTO

Art. 155. Subtrair, para si ou para outrem, coisa alheia móvel.

É a subtração de coisa alheia móvel com o fim de apoderar-se dela de modo definitivo, com intenção de assenhoreamento, ainda que para terceiro.

Subtrair é tirar a coisa de forma clandestina. É preciso a oposição, ainda que tácita ou presumida, do ofendido. O consentimento na tirada da coisa exclui a possibilidade de subtração, pois a coisa se torna abandonada. A tirada pode ser direta (com as mãos) ou indireta (se realizada por instrumentos).

Em princípio, coisa é tudo que pode ser apreendido. Toda coisa pode ser objeto de furto? Não. A coisa de ninguém (*res nullius*) e a coisa abandonada (*res derelicta*) não são alheias. A coisa perdida pode ser objeto do crime do art. 169, parágrafo único, II, do CP (apropriação de coisa achada).

É exigível valor econômico relevante, em princípio. Deve haver valor de troca, pois, se o crime é material, deve haver um resultado danoso, lesivo ao patrimônio. Há quem defenda que basta o valor afetivo (vaso quebrado do trisavô) ou o valor de utilidade (cártula de cheque em branco).

Além de ter valor econômico, tal valor deve ser relevante. De outra forma, será aplicado o princípio da insignificância (crime de bagatela – sobre insignificância, vide comentários no capítulo "Princípios do direito penal").

Não valem as presunções de imobilidade da lei civil, ou seja, em princípio tudo que pode ser removido sem destruição é considerado móvel.

Quando a coisa é alheia? Para responder a tal pergunta é necessário um juízo de valor, guiado por normas jurídicas acerca da propriedade. Trata-se de uma elementar normativa.

A única pessoa que não pode ser sujeito ativo é o próprio *dominus*. Nesse caso, é famosa a controvérsia da hipótese do proprietário que entregou a coisa como garantia de dívida e, então, ingressa na residência do credor e subtrai a coisa. Há furto? Prevalece a orientação de que resta configurado crime do art. 346 do CP: "Tirar, suprimir, destruir ou danificar coisa própria, que se acha em poder de terceiro por determinação judicial ou convenção"; ou, se o sujeito entende estar correto, exercício arbitrário das próprias razões (art. 345 do CP). Noronha discorda da orientação majoritária, criticando a extrema brandura das penas do art. 346 do CP, que, em sua visão, só se aplicam ao sujeito que acredita ser legítima sua pretensão, concluindo que em tal situação há, também, furto, apesar de se tratar de coisa própria.

E o detentor da coisa, pode ser sujeito ativo de furto? Depende: se a coisa está vigiada, é furto; se não está, provavelmente incidirá na apropriação indébita.

Se o sujeito ativo for funcionário público no exercício da função, e a coisa é bem que está sob custódia da administração, pode estar configurado o crime de peculato-furto (art. 312, § 1.º).

O homem vivo pode ser objeto material de furto? Não, pois não é coisa, é pessoa. O incapaz pode ser subtraído, e a conduta incidirá no art. 249 do CP (subtração de incapazes).

Prevalece que o cadáver ou suas partes não podem ser objeto material de furto, salvo, como ensina Hungria, se se torna disponível pela lei, por convenção ou testamento, como no caso de cadáver pertencente à faculdade de medicina.

As coisas deixadas dentro de uma sepultura, ou os dentes de ouro que ainda estão no cadáver, para parte da doutrina, não poderiam ser objeto de furto, pois seriam "coisas de ninguém". Prevalece, no entanto, que, se o local é vigiado, a coisa pertence aos herdeiros do falecido, e podem ser objeto do crime de furto, que, em princípio, absorve os crimes do art. 210 do CP (violação de sepultura) e do art. 211 do CP (destruição, subtração ou ocultação de cadáver).

O objeto material pode consistir em semoventes (abigeato é o nome dado ao furto de gado). Da mesma forma, árvores plantadas e frutos, desde que mobilizadas. A água e o ar não podem ser objeto material do furto, salvo se industrializados e destacados em porções (água mineral em garrafas, tubo de oxigênio). Prevalece que o desvio de encanamento de água antes de chegar ao marcador é furto de água.

Se a coisa é comum, como no caso do condômino ou coerdeiro, a figura típica apropriada é a prevista no art. 156 do CP, que é o furto de coisa comum, e tem ação penal pública condicionada.

7.1.1 Elemento subjetivo

Trata-se de crime doloso. Além da consciência e vontade de subtrair coisa alheia móvel, é necessário o propósito de haver a coisa *para si ou para outrem*. Não é indispensável o lucro *faciendi*, pois alguém pode furtar algo por vingança ou despeito.

Se o sujeito subtrai coisa alheia apenas visando pagar-se por dívida da pretensa vítima, há exercício arbitrário das próprias razões.

Agente que se apossa de coisa alheia móvel entendendo ser coisa abandonada: erro de tipo, excluindo-se o dolo.

O furto de uso nada mais é que a subtração de coisa alheia móvel sem o ânimo de assenhoreamento, ou seja, sem que seja *para si ou para outrem*. Assim, como a falta de um elemento objetivo indica a atipicidade, a falta da elementar subjetiva também afastará a tipicidade. O furto de uso é fato atípico, pois falta elementar, e só há tipicidade com a perfeita correspondência do fato à hipótese normativa.

Os Tribunais exigem que a devolução seja pronta, integral e no mesmo local em que foi subtraída. Todas as exigências extrapolam a letra da lei, e demonstram quão exacerbada costuma ser a proteção ao patrimônio, mesmo em detrimento do princípio da legalidade (pois há exigência do elemento subjetivo para a tipicidade). Prevalece que, se a coisa foi apreendida antes de ser devolvida, é impossível o reconhecimento do furto de uso, pois deve haver entrega voluntária. A posição contrária argumenta que assim se inverte o ônus da prova, pois deveria a acusação ser incumbida de trazer elementos acerca da existência da elementar subjetiva (assim como demonstra as objetivas).

Furto famélico é aquele praticado em estado de necessidade, no caso de extrema penúria, desde que a subtração traga satisfação imediata. Se for satisfação mediata (vender para comprar alimento), prevalece que não há estado de necessidade. Há posições aceitando o estado de necessidade no caso de furto de cobertas, remédios e outros bens que sejam considerados absolutamente necessários nas circunstâncias.

7.1.2 Consumação e tentativa

É famosa a controvérsia sobre a consumação do crime de furto: 1) *contrectacio* (simples contato com a coisa); 2) *amotio* (apreensão da coisa ainda que por um instante); 3) *ablatio* (quando há o transporte da coisa de um lugar para o outro); e 4) *ilatio* (posse tranquila da coisa).

A posição tradicional se aproximava da última, exigindo a posse tranquila da coisa, com o que concordamos, pois se se trata de crime de lesão contra o patrimônio apenas se a vítima já não pode recuperar, de pronto, a posse da coisa, a lesão resta configurada. No entanto, nos últimos anos tem prevalecido orientação que se aproxima da *amotio* ou *apprehensio*, influenciada pela alteração do reconhecimento da consumação no crime de roubo, bastando, assim, a apreensão da coisa ainda que por poucos instantes para a consumação (STJ, HC 152.051).

Hungria adicionava, ainda, o exemplo da empregada doméstica que apreende a coisa e a esconde na própria casa do patrão, aguardando para levá-la, de forma definitiva, em momento oportuno. Para o autor, nesse caso, restaria configurado o crime consumado, o que prevalece. Discordamos de consumação na hipótese, pois a doméstica não conseguiu ter a coisa para si ou para outrem, tampouco houve verdadeiro desfalque na propriedade do bem, que está apenas fora de lugar, ainda que fora do controle do proprietário. Por vislumbrar apenas risco no caso descrito, e não lesão, acreditamos que a hipóteses trata de tentativa.

O crime é material e instantâneo.

Em caso de coautoria, ainda que apanhado o furtador que não carrega a coisa consigo, se o comparsa fugiu ao menos com parte da coisa subtraída, considera-se consumado o furto.

É possível a tentativa. Na posição tradicional, restava configurada no momento em que, tirada a coisa, o sujeito não conseguia a posse tranquila. Hoje, com a nova orientação, a tentativa fica restrita aos casos em que, após tocar ou agarrar a coisa, o sujeito não consegue apreendê-la sequer por poucos instantes.

Se o agente procura dinheiro no bolso errado, há a tentativa (entende-se que não há impropriedade absoluta do objeto). Se, no entanto, a vítima não tem dinheiro, o crime é impossível, pois não só há impropriedade absoluta do objeto com a própria inexistência do objeto, como ensina Bittencourt. Para Hungria, hoje minoritário, nos dois casos há tentativa, pois seria apenas acidental a inexistência de dinheiro no bolso, mesmo no primeiro caso, e por isso haveria risco suficiente para a punição da tentativa.

Se no caso concreto e no cotejo com o meio utilizado o sistema de segurança impede absolutamente a subtração, não há furto, pois se trata de crime impossível (ausência de risco de lesão ao bem). No entanto, se no caso concreto houve risco para o bem e o fracasso da empreitada criminosa se deu pela má sorte do infrator, deve ser reconhecida a tentativa.

7.1.3 Furto de energia

O § 3.º do art. 155 do CP traz norma que amplia o sentido do termo coisa móvel, aceitando como possível o furto de energia.

Prevalece que desviar a corrente antes de passar pelo registro é furto, pois se subsume no tipo. Se alguém sub-repticiamente introduz animal seu para ser coberto por animal do vizinho de boa linhagem, é furto de energia genética reprodutora.

O furto de energia, enquanto dura a subtração, é crime permanente.

Perceba-se que não se trata de qualquer coisa imaterial, mas tão somente energia, nos limites interpretativos do termo.

Captação ilegal de sinal de TV a cabo: há entendimento jurisprudencial (STJ, HC 17.867) no sentido de que configura o crime. Concordamos com Bittencourt que não há furto, pois sinal de TV a cabo não é energia (STF, HC 97.261).

7.1.4 Furto noturno

Se o furto ocorre durante o repouso noturno, a pena é aumentada em um terço.

Repouso noturno: período em que, durante a noite, as pessoas se recolhem para descansar.

Há duas posições acerca dos requisitos para que se reconheça a causa de aumento:

a) só em casa habitada e com moradores repousando: assegurar a tranquilidade;

b) basta que seja durante o período em que as pessoas costumam repousar (Noronha) – é a majoritária.

O conceito de repouso noturno é, assim, bem menos amplo que o de noite, e varia de acordo com os costumes locais.

É causa de aumento de pena que não se aplica ao furto qualificado, por interpretação topográfica (se o legislador buscasse a aplicação, teria posicionado a causa de aumento após a qualificadora).

7.1.5 Furto privilegiado ou mínimo

Se o criminoso é *primário* e é de *pequeno valor a coisa furtada*, o juiz pode converter a pena de reclusão em detenção, diminuí-la de um a dois terços, ou aplicar somente a pena de multa.

É direito subjetivo público do agente, e não mera faculdade do juiz, desde que presentes os requisitos.

Primário é aquele que não é reincidente. Não há fundamento jurídico diante da atual redação dos arts. 63 e 64 do CP, para distinguir as categorias de primário e tecnicamente primário.

Há necessidade de que, além de primário, tenha requisitos pessoais favoráveis? A lei não traz tal requisito, e sua exigência seria ilegal. No entanto, há movimento na jurisprudência exigindo requisitos pessoais favoráveis.

O que é pequeno valor da coisa? A jurisprudência estabelece o critério de um salário mínimo, permitindo flexibilização. Há posição minoritária no sentido de que deve ser levada em consideração a fortuna da vítima. Também minoritário que pequeno prejuízo equivale a pequeno valor da coisa.

Não confundir: ínfimo valor significa atipicidade material, por se tratar de crime de bagatela, como orienta o princípio da insignificância. O pequeno valor que configura o privilégio é aquele que não é ínfimo, mas não supera um salário mínimo.

Na falta de provas sobre o valor da coisa, o STJ entendeu que a dúvida deve ser resolvida em favor do réu, com o reconhecimento do furto privilegiado (HC 124.238).

O privilégio pode ser aplicado ao furto qualificado? Hoje é pacífica nos tribunais superiores a resposta positiva (STF, HC 97.051), desde que não aplicada apenas a pena de multa (STJ, HC 157.684).

7.1.6 Furto qualificado

Rompimento de obstáculo: é a violência contra obstáculo à subtração da coisa.

Prevalece que a violência deve se dirigir a obstáculo exterior à própria coisa, não configurando obstáculo a resistência inerente à própria coisa (Hungria). Deve ainda ser anterior à tirada da coisa, do que discorda Sanches, que aceita a qualificadora desde que o rompimento seja anterior à consumação. Se empregada apenas para permitir fuga, não incidiria a qualificadora.

Há necessidade de violência. Sem violência, mas apenas com remoção do obstáculo, não incide a qualificadora.

Se o agente rompe o vidro do carro para furtar o toca-fitas, inequivocamente deveria incidir a qualificadora. E se leva todo o carro, também quebrando o vidro para ingressar? Pelos requisitos expostos, não seria qualificado, pois o vidro não seria exterior à coisa subtraída. Evidente o paradoxo: se levar apenas o toca-fitas, a pena é o dobro da aplicada se levar todo o carro (inclusive com o toca-fitas). Para vencer tal contradição, há duas soluções possíveis e adotadas: condena-se em ambos os casos por furto qualificado, ou em ambos por furto simples, como entendeu o STJ no HC 152.833. O STF insiste em entender que, se o vidro é quebrado para subtração de bem que está no interior do veículo, incide a ora estudada qualificadora (HC 98.406).

A remoção de janela ou telhas, sem quebrar (sem violência), não configura a qualificadora, pois não há rompimento ou destruição, podendo, no entanto, o furto ser qualificado pela escalada.

Prevalece ser necessária a prova pericial.

No julgamento do HC 136.297, o STJ entendeu que o valor do obstáculo rompido poderia afastar a incidência da insignificância no crime de furto qualificado, dado o alto desvalor do resultado. Ousamos discordar: é que, se o dano ao obstáculo merece reprovação penal, o dado não repercute na irrelevância penal do furto, ou seja, o sujeito poderia responder pelo crime de dano, que, antes absorvido pelo furto por se tratar de qualificadora, ressurgiria com relevância penal dada a atipicidade material do crime de furto.

Abuso de confiança: o agente, por força de uma especial relação de confiança, tem fácil e desvigiado acesso a determinados objetos. As coisas estão acessíveis em razão da confiança.

Abuso de confiança pressupõe que haja confiança e que seja abusada. Há a necessidade da relação subjetiva de confiança.

Prevalece que deve haver especial vínculo de confiança para que incida a qualificadora. O fato de ser empregado não denota necessariamente confiança, que é um especial vínculo subjetivo que se impõe gradativamente. O empregado com uma semana de serviço não goza de especial confiança por parte do empregador.

Também não é suficiente para que se configure a qualificadora a mera relação de cordialidade ou hospitalidade.

Furto mediante fraude: no furto mediante fraude, a mentira é utilizada para afastar a vigilância da vítima. A mentira faz com que a vítima descuide na vigilância, permitindo a subtração. Importante perceber que a vítima não quer que o agente leve a coisa como se sua fosse.

No estelionato, a mentira serve para que a vítima se iluda e entregue a coisa ao agente, que não a subtrai. O estelionatário não a tira de forma clandestina ou com dissenso, mas sim com a concordância do iludido, que está em erro.

Se é para examinar e devolver, mas vai embora, utilizando a mentira de que ia examinar apenas para ter acesso à coisa, é furto mediante fraude. Não é estelionato porque a coisa não foi entregue ao sujeito para que a levasse consigo porque a ele pertencia. Se o enganado, no entanto, entrega a coisa ao sujeito para que a leve consigo porque acredita que lhe pertence, que lhe é devida, teve seu consentimento viciado, tratando-se de estelionato.

exemplos

No caso daquele que usa de artifício para que a vítima desça do carro (para que verifique amassamento ou quebra inexistente do escapamento), e, distraindo sua atenção, foge com ele, há furto mediante fraude, pois a mentira foi utilizada para distrair a vigilância da vítima, bem como no caso daquele que pede para experimentar o veículo antes de comprar, e foge com ele assim que assume a direção (STJ, HC 8179). No exemplo do sujeito que finge ser o dono do veículo para o frentista do posto, que enganado entrega tranquilamente o veículo que ficara para ser lavado, há estelionato, pois a vítima (enganada) entregou o bem, iludido, acreditando que pertencia ao enganador (*RJTACrim* 42/98).

Escalada: é a entrada de pessoa em prédio por via anormal, com o emprego de aparato material, esforço sensível ou especial agilidade.

Prevalece necessária aqui também a prova pericial, para que seja possível vislumbrar o local e condições em que teria se realizado a entrada.

Se o muro ou janela é baixo, não há qualificadora, pela indispensabilidade do terceiro requisito. Os parâmetros usados pela jurisprudência para a altura variam entre 1,5m e 2,0m; acima de tal limite, presume-se que há esforço sensível. Para baixo, não há. É claro que tal critério é apenas auxiliar, devendo cada caso ser analisado com suas circunstâncias.

Não configura escalada a colocação de braço mecânico ou haste para dentro do prédio (pescar joias pela fresta da vitrina). É necessário que haja o ingresso da pessoa no prédio.

Destreza: é a especial capacidade de fazer com que a vítima não perceba a subtração.

A coisa deve estar na posse direta da vítima, em contato com ela, ou, no mínimo, sob sua vigilância direta e imediata.

Se a destreza se mostra inútil, porque a vítima está, por exemplo, desmaiada, não incide a qualificadora.

Se a vítima percebe a ação, não incide a qualificadora. Então não é possível a forma tentada? Sim, é possível, desde que a ação seja percebida por terceiro.

Chave falsa: instrumento que não tem aparência de chave mas é apto a abrir fechadura. Para a jurisprudência, é chave falsa qualquer instrumento apto a abrir fechaduras, fazendo funcionar o mecanismo de forma normal.

A chave verdadeira esquecida na fechadura ou retirada de onde estava guardada não é chave falsa, pois é verdadeira.

Ligação direta: o agente corta os fios, liga-os diretamente de forma a acionar a corrente e fazer funcionar o veículo. Prevalece o entendimento de que não incidirá a qualificadora da chave falsa, pois ele não faz funcionar o mecanismo da mesma maneira que a chave o faria, dentro do instrumento da fechadura.

É indispensável o exame pericial? Não, porque na maioria das vezes não são deixados vestígios, embora seja necessária demonstração de que foi utilizado o instrumento que qualifica o crime.

Concurso de pessoas: o bem jurídico resta mais ameaçado se a ação é praticada em concurso de pessoas.

Ainda que o outro agente seja inimputável, incide a qualificadora.

Se ficou evidenciado que foi praticado por mais de um autor, embora o outro não seja identificado, incide a qualificadora.

Não importa se o outro é coautor ou partícipe, ou, ainda, se ambos participaram da execução ou se apenas um executou e o outro colaborou com o planejamento, com o empréstimo de instrumentos ou outras condutas acessórias: nos dois casos prevalece a incidência da qualificadora. Hungria, hoje minoritário, discordava de tal entendimento, exigindo a execução por parte de duas ou mais pessoas, com o que concordamos, pois apenas em tal hipótese se vislumbra a maior vulnerabilidade do bem, que poderia justificar a qualificadora.

Foi levantada questão nos tribunais comparando a qualificadora ora prevista do concurso de pessoas, que incrementa a pena do furto simples de forma a dobrá-la, com a causa de aumento do concurso de pessoas no crime de roubo, que apenas aumenta a pena em um terço. Assim, muitos defenderam que haveria desproporcionalidade na diferença de tratamento, exigindo que também no crime de furto o concurso de pessoas fosse capaz de incrementar a pena em apenas 1/3, como uma interpretação conforme à Constituição, inspirada nos princípios da proporcionalidade e razoabilidade. No entanto, o STJ, a nosso ver, com razão, pautando-se na diversidade de circunstâncias que autorizam o incremento da pena em um e outro crime, sumulou a constitucionalidade da previsão legal, mantendo a qualificadora do furto com incremento diverso da causa de aumento do roubo. Diz a Súmula 442 do STJ: "É inadmissível aplicar, no furto qualificado pelo concurso de pessoas, a majorante do roubo".

Veículo automotor: buscando diminuir a escalada de furto de automóveis e acreditando na forma intimidatória da pena, o legislador trouxe nova qualificadora ao crime de furto: se o objeto é veículo automotor que venha a ser transportado para outro Estado ou para o exterior.

O transporte para outro Estado ou exterior não é entendido como elemento subjetivo do tipo, mas sim como resultado com repercussão na pena. Assim, não tem importância, em princípio, o destino do veículo, podendo o furto já estar consumado antes de ultrapassada a fronteira. Apenas no momento em que o veículo é transportado para outro Estado ou para o exterior é que incidirá a qualificadora. É um resultado eventualmente posterior à consumação com repercussão na pena.

Prevalece, assim, impossível a tentativa de furto qualificado pelo § 5.º, a menos que o sujeito não tenha a posse tranquila ao ultrapassar a fronteira, desde que adotada a teoria tradicional quanto à consumação do crime.

Não houve cominação de pena de multa, bem como não foi lembrado o Distrito Federal, o que significa que apenas quando se ultrapassa a fronteira de Estado ou para o exterior é que incide a qualificadora. Sanches entende que a qualificadora incide no caso do Distrito Federal, pois, de outra forma, a capital poderia se transformar em local de "desova" de veículos subtraídos.

Aquele que é contratado apenas para o transporte, após a consumação, responde apenas pelo crime de receptação (ou favorecimento real), e não pelo furto qualificado.

7.2 FURTO DE COISA COMUM

Art. 156. Subtrair o condômino, coerdeiro ou sócio, para si ou para outrem, a quem legitimamente a detém, a coisa comum:
Pena – detenção, de 6 (seis) meses a 2 (dois) anos, ou multa.
§ 1.º Somente se procede mediante representação.
§ 2.º Não é punível a subtração de coisa comum fungível, cujo valor não excede a quota a que tem direito o agente.

O crime só é punível na forma dolosa, sendo exigível também aqui o ânimo de assenhoreamento.

Sujeito passivo é quem detém legitimamente a coisa. Se o sujeito ativo já a detém e atua no sentido de se apossar de forma definitiva também da parte que não lhe pertence, não há falar nesse crime, mas sim em apropriação indébita.

Nos termos do § 2.º do art. 156 do CP, não é punível a subtração de coisa comum fungível, cujo valor não exceda a quota a que tem direito o agente. Nesse caso, a coisa deve ser fungível, e a subtração não pode exceder a quota do sujeito.

A ação penal é pública condicionada.

7.3 ROUBO

> Art. 157. Subtrair coisa móvel alheia, para si ou para outrem, mediante grave ameaça ou violência a pessoa, ou depois de havê-la, por qualquer meio, reduzido à impossibilidade de resistência:
> Pena – reclusão, de 4 (quatro) a 10 (dez) anos, e multa.
> § 1.º Na mesma pena incorre quem, logo depois de subtraída a coisa, emprega violência contra pessoa ou grave ameaça, a fim de assegurar a impunidade do crime ou a detenção da coisa para si ou para terceiro.
> § 2.º A pena aumenta-se de 1/3 (um terço) até 1/2 (metade):
> I – se a violência ou ameaça é exercida com emprego de arma;
> II – se há o concurso de duas ou mais pessoas;
> III – se a vítima está em serviço de transporte de valores e o agente conhece tal circunstância;
> IV – se a subtração for de veículo automotor que venha a ser transportado para outro Estado ou para o exterior;
> V – se o agente mantém a vítima em seu poder, restringindo sua liberdade.
> § 3.º Se da violência resulta lesão corporal grave, a pena é de reclusão, de 7 (sete) a 15 (quinze) anos, além da multa; se resulta morte, a reclusão é de 20 (vinte) a 30 (trinta) anos, sem prejuízo da multa.

É clássico exemplo de crime complexo, com a justaposição do crime de furto e do delito de constrangimento ilegal. Os bens jurídicos tutelados são o patrimônio e, ainda, a liberdade individual do ofendido. Como o objetivo do fato é o patrimônio, o crime está no capítulo de crimes contra o patrimônio.

É crime comum quanto aos sujeitos, salvo o próprio proprietário, pois a coisa deve ser *alheia*. Sujeito passivo é o proprietário, possuidor, ou mero detentor da coisa, ou, ainda, quem sofre a violência ou grave ameaça.

O *caput* do art. 157 do CP descreve o roubo próprio: "Subtrair coisa móvel alheia, para si ou para outrem, mediante grave ameaça ou violência a pessoa, ou depois de havê-la, por qualquer meio, reduzido à impossibilidade de resistência".

O § 1.º do art. 157 do CP descreve o roubo impróprio: "Na mesma pena incorre quem, logo depois de subtraída a coisa, emprega violência contra pessoa ou grave ameaça, a fim de assegurar a impunidade do crime ou a detenção da coisa para si ou para terceiro".

A violência pode ser classificada como física, moral e imprópria (sonífero, hipnose). A violência física pode consistir desde as vias de fato até a morte, que qualifica o crime. A violência moral ou grave ameaça deve ser idônea a reduzir a vítima à incapacidade de resistência. Na violência imprópria, o meio deve ser utilizado de forma clandestina, sub-reptícia. Se a vítima deliberadamente se coloca em situação que impossibilita sua resistência, não há roubo, como lembra Bittencourt.

A violência ou grave ameaça deve ser exteriorizada, de forma a intimidar a vítima. Se, apavorada com as feições e aparência do sujeito que pede ajuda, a vítima lhe entrega ou oferece bens, não há roubo. No roubo próprio, há previsão das três espécies de violência. No impróprio, apenas da física e da moral. Assim, não há previsão de roubo impróprio com violência imprópria.

Como distinguir o roubo próprio e o impróprio? O momento da retirada da coisa em cotejo com o emprego da violência. Se a violência ou grave ameaça é empregada antes ou durante a tirada da coisa, há roubo próprio. Se após a retirada, roubo impróprio.

No roubo impróprio, a violência deve ser empregada logo após a tirada da coisa, ou seja, antes que o sujeito tenha a posse tranquila da coisa. Depois, já haverá crime de furto consumado, e não mais será possível falar em roubo.

Se o sujeito é flagrado pela vítima no interior de sua residência, no momento em que tocava o objeto que pretendia furtar e, em razão da surpresa, deixa a coisa em seu lugar e agride a vítima para empreender fuga, qual a correta capitulação típica? Não há roubo próprio, pois a violência não foi empregada antes ou durante a tirada da coisa. Não há também roubo impróprio, eis que a violência não foi empregada após a tirada da coisa, que foi abandonada no local. Assim, a única e consagrada capitulação é o concurso entre a tentativa de furto e o crime de lesão corporal.

O arrebatamento de inopino pode ou não configurar roubo. Se não há violência contra a pessoa, sendo que o sujeito passa correndo e leva a bolsa, é simples crime de furto. Se é brinco ou colar, e a tirada normalmente gera lesão, há controvérsia.

Se a trombada apenas é suficiente para confundir a vítima, é furto mediante fraude. Se o choque derruba a vítima e a leva à impossibilidade de resistência, é roubo.

Prevalece que não é possível a incidência do princípio da insignificância no crime de roubo, dada a indisponibilidade do bem jurídico liberdade individual, que tem caráter imensurável. Discordamos de tal entendimento, pois o princípio da insignificância é princípio geral de direito penal que não pode ter seu conteúdo esvaziado, ainda que possa ser minimizado em alguns casos. É que nada obsta que se aplique a insignificância se a agressão aos dois bens jurídicos for insignificante, como um leve tapa na mão do sujeito que acaba por deixar cair a moeda de um centavo com que brincava, que é rapidamente subtraída: aqui a insignificância pode ser importante orientador da interpretação pela atipicidade. Mais e ainda, acreditamos que, se a lesão ou risco ao patrimônio for insignificante, o crime complexo pode ser cindido em favor das fórmulas subsidiárias, ou seja, no caso do roubo de um centavo, o crime contra o patrimônio deveria ser ignorado, e o sujeito responderia apenas pela lesão à liberdade individual, com a desclassificação para constrangimento ilegal, podendo incidir a agravante do motivo torpe.

7.3.1 Elemento subjetivo

Apenas punível a título de dolo. Possui outro elemento subjetivo, contido na expressão *para si ou para outrem*, que demonstra a exigência de intenção de posse definitiva. Assim, não há delito de roubo se o sujeito não age com ânimo de assenhoreamento definitivo da coisa móvel alheia. Nos termos do § 1.º, o roubo impróprio exige outro elemento subjetivo do tipo, previsto na expressão "a fim de assegurar a impunidade do crime ou detenção da coisa para si ou para terceiro".

Discutível, destarte, a existência de roubo de uso, situação em que seria punível apenas a lesão ao bem jurídico liberdade ou incolumidade da pessoa. Teoricamente, não há como negar a possibilidade, ainda que normalmente afastada na jurisprudência. Assim, se o sujeito constrange alguém a lhe entregar bem do qual não quer se assenhorear, mas simplesmente usar e devolver, não deveria a conduta ser capitulada como roubo, mas como constrangimento ilegal (não houve lesão ao patrimônio, mas à liberdade).

7.3.2 Consumação e tentativa

Era praticamente pacífico o entendimento de que o roubo próprio se consumava com a posse mansa e pacífica (assim como o furto), enquanto o impróprio com o emprego de violência ou grave ameaça após a tirada da coisa (corrente conservadora).

Quer pela propalada escalada da violência que influencia a busca de penas maiores, quer pelo desenvolvimento dos estudos, surgiu nova discussão.

O argumento original foi: por que no roubo impróprio o momento consumativo é anterior, bastando a tirada e o subsequente emprego de violência, sendo desnecessária a posse tranquila, enquanto no próprio é necessário, além da tirada da coisa e da violência, que haja posse tranquila? Há incoerência, que deve ser resolvida.

Duas soluções:

a) antecipa-se o momento consumativo do roubo próprio para o momento da tirada da coisa, após o emprego de violência ou grave ameaça – quando o agente tira a coisa da esfera de disponibilidade da vítima, mesmo sem a posse tranquila, há consumação;

b) atrasa-se o momento consumativo do roubo impróprio, exigindo-se, para a consumação, a posse tranquila da coisa.

Embora, a nosso ver, a segunda posição seja mais adequada ao trato com crimes contra o patrimônio, a crença na eficácia intimidativa da pena, bem como a ânsia em responder ao ensejo de vingança da sociedade, faz com que os Tribunais Superiores venham adotando a primeira posição (a), como no HC 95.998, do STF. A posição (b) praticamente não tem seguidores.

Possível notar, no entanto, que, nos Tribunais Estaduais, a corrente conservadora ainda perdura com força, mais coerente com o bem jurídico protegido.

Com o abandono da segunda posição, seria possível tentativa de roubo impróprio? Damásio entende que não, pois ou o sujeito emprega a violência e consuma o crime ou não a emprega e há apenas furto. Mirabete argumenta no sentido da possibilidade, na hipótese do sujeito que pega a coisa e é obstado ao iniciar o golpe de violência contra a vítima.

No caso de violência empregada contra pessoa que nenhum valor traz consigo, há divergência sobre a existência de tentativa de roubo e o crime impossível quanto ao roubo, restando apenas o constrangimento ilegal consumado, com o que concordamos.

Se no mesmo contexto fático é empregada violência ou grave ameaça contra diversas pessoas e diversos patrimônios são subtraídos, a adequação típica consagrada é o concurso formal (STJ, REsp 44.633) de infrações (roubos). Se há apenas um patrimônio com diversas pessoas, ou apenas uma pessoa com diversos patrimônios, prevalece ainda que há concurso formal (STF, HC 91615), embora seja possível defender a tese de crime único, pois o dolo do criminoso se dirige ao patrimônio que a vítima detém, não importando, e não conhecendo, a quem o bem pertencia (TACrimSP, *RT* 556/331). A posição atual do STJ é que não importa se se trata de patrimônio familiar (patrimônio de pessoas da mesma família), constituindo o fato concurso formal (HC 99.957).

7.3.3 Causas de aumento de pena

São causas de aumento de pena, e não qualificadoras.

A pena pode ser aumentada de um terço (1/3) a metade (1/2). Qual o critério para o aumento? A questão foi, por muito tempo, controversa:

Como será examinado, há cinco causas de aumento do § 2.º do art. 157 do CP, que permitem o incremento da pena no roubo de 1/3 a 1/2.

Em busca de um critério para mensurar tal aumento, foi criada posição jurisprudencial no sentido de que o incremento da pena deveria estar relacionado ao número de causas de aumento: se presente uma causa de aumento, deveria ser elevada a pena em 1/3. Se presentes três causas de aumento, o incremento máximo seria de 1/2. E se reconhecidas duas causas de aumento, a elevação deveria ficar entre os dois marcos assinalados, ou seja, em cerca de 3/8. Os defensores de tal posição vangloriavam-se da segurança e objetividade de seus critérios.

No entanto, o STJ pacificou que tal relação entre o número de causas de aumento e o *quantum* de incremento da pena é ilegal e viola a individualização da pena. O aumento de 1/3 a 1/2 deve ser mensurado de acordo com o desvalor de cada causa de aumento concretamente considerada, não bastando a contagem das causas. Nesse sentido, a Súmula 443 do STJ: "O aumento na terceira fase de aplicação da pena no crime de roubo circunstanciado exige fundamentação concreta, não sendo suficiente para a sua exasperação a mera indicação do número de majorantes".

Emprego de arma: Arma é instrumento com poder vulnerante. Se o objeto é fabricado com objetivo de ataque ou defesa (revólver, punhal), é arma própria. Se tem poder vulnerante apesar de desvirtuado seu objetivo primeiro, é arma imprópria (taco de beisebol, facão de açougueiro).

Que espécie de arma aumenta a pena no roubo? Embora haja corrente no sentido de que apenas arma própria configura a causa de aumento, prevalece que, em princípio, tanto a arma própria como a imprópria aumentam a pena.

Ocorre que nem sempre o aumento deve ser considerado pelo simples uso de objeto, sob pena de absurdos. O uso de uma aliança de casamento pode aumentar o poder vulnerante do soco, mas nem por isso será considerada arma. É preciso que haja significativo incremento do poder vulnerante, ou seja, aumento considerável do perigo de lesão à integridade física da vítima para que se torne razoável o aumento. Há controvérsia sobre aumento de pena com uso de chave de fenda, de garrafa quebrada etc.

Arma de fogo x simulacro de arma de fogo: A simulação de porte de arma (dedo embaixo da camisa) não aumenta a pena, conforme jurisprudência pacífica.

A arma de brinquedo tem solução ainda controversa. Durante muito tempo, foi pacífica a não incidência do aumento, pois arma de brinquedo não é arma, mas sim brinquedo em forma de arma, e não tem poder vulnerante. O poder de intimidação não poderia ser suficiente para aumentar a pena, pois arma não é objeto com poder de intimidação, mas sim com poder vulnerante.

No entanto, foi alterada a jurisprudência de forma a agravar a pena e saciar o desejo de vingança social. Tanto que resultou na Súmula 174 do STJ, determinando o aumento quando o roubo fosse praticado com arma de brinquedo.

Após alguns anos, em respeito à legalidade, o STJ reformou seu primeiro entendimento e cassou a súmula, restabelecendo posição no sentido de que arma de brinquedo não aumenta a pena no crime de roubo, até mesmo porque seria absurdo dar a mesma pena a quem pratica o crime com arma de brinquedo e com arma de verdade, carregada (princípio da proporcionalidade). Apenas alguns Tribunais Estaduais ainda resistem a tal entender.

O mesmo raciocínio se aplica à arma quebrada ou desmuniciada (ineficaz).

Mesmo para a corrente que exige potencial lesivo no instrumento para que possa ser considerado arma, há controvérsia sobre a necessidade de perícia que comprove tal qualidade. O STF já entendeu desnecessária a perícia, em apertada votação majoritária (HC 96.099; contra, entendendo ser necessária a perícia: STF, HC 94.023). No STJ, o tema também é controverso, com julgados exigindo perícia para o reconhecimento da causa de aumento (HC 118.439) e outros a dispensando.

Se há disparo de arma de fogo, pacífica a desnecessidade de apreensão e perícia, eis que não resta dúvida sobre a potencialidade lesiva do objeto (STJ, HC 177.215).

É preciso, ainda, que haja real emprego de arma, não bastando para tanto que o sujeito a porte. Se a vítima percebeu a arma sem que o agente a tenha utilizado na intimidação, não incide o aumento, pois não houve o emprego de arma. Prevalece, no entanto, que não há necessidade de emprego efetivo da arma na violência, ou seja, não é necessário que aquele que porta arma de fogo efetue disparos, ou que aquele que porte um punhal desfira golpes contra a vítima, bastando o porte ostensivo.

Concurso de duas ou mais pessoas: Basta o concurso de pessoas, sendo indiferente a qualidade de inimputável de um dos colaboradores.

Prevalece que o crime de quadrilha não absorve a causa de aumento ora referida, pela divergência de objetos jurídicos e momento consumativo. Assim, se a quadrilha pratica assalto, o roubador responde pelo crime de roubo em concurso com o crime de quadrilha.

Assim como na qualificadora do furto, prevalece que o concurso de pessoas incrementa a pena em qualquer de suas formas, ou seja, ainda que um dos agentes execute o crime e outro o tenha apenas planejado ou de qualquer outra forma colaborado para a empreitada criminosa. Assim como no furto, discordamos da orientação e seguimos a posição de Hungria, que exige dois executores, pois só assim se justifica o incremento da pena a partir da maior vulnerabilidade da vítima, que é exposta a dois potenciais agressores.

Serviço de transporte de valores: É preciso que a vítima esteja em serviço de transporte. Significa a serviço de outrem, ou seja, se é o proprietário dos bens quem os transporta, não incide a majorante. Os agentes devem estar cientes desta circunstância. "Valores" não precisa ser dinheiro.

Se a vítima não traz nenhum valor consigo, prevalece a inexistência de crime pela impropriedade absoluta do objeto.

Veículo automotor: vide comentários feitos no crime de furto.

Se o agente mantém a vítima em seu poder, restringindo sua liberdade: Atualmente é preciso compatibilizar a causa de aumento com a normal perda de liberdade durante a prática de roubo e com o crime de sequestro.

É praticamente impossível o cometimento de crime de roubo sem cercear, ainda que por instantes, a liberdade da vítima. Assim, a privação de liberdade por tempo não considerável, necessária para a prática do roubo, não permite a incidência do inc. V (permanência por poucos minutos em poder dos roubadores).

Por outro lado, se a privação de liberdade é sensível e o bem é atacado de forma relevante (horas em poder dos assaltantes), há a incidência da causa de aumento, desde que a privação da liberdade seja necessária para a prática do roubo.

No entanto, se a privação da liberdade é sensível, relevante, e sem necessidade para a prática do roubo, há crime de roubo em concurso com crime de sequestro (sujeito fica horas em poder dos assaltantes, no porta-malas do carro, apenas porque os roubadores assim desejam, sem necessidade para a consumação ou impunidade do crime).

Atenção: o chamado sequestro-relâmpago, no qual a vítima fica em poder dos criminosos para fornecer a senha e permitir saques, configura crime específico previsto no art. 158, § 3.º, do CP.

7.3.4 Roubo seguido de lesão grave ou morte

Se da violência resulta *lesão corporal grave* ou *morte*, há qualificadora. A lesão corporal leve é absorvida.

Quando o Código se refere à violência sem nenhuma adjetivação, está se referindo à violência física. Assim, não se aplica a qualificadora se o resultado advém de grave ameaça.

Se houver morte, é o chamado crime de latrocínio. O resultado agravador pode ser produzido de forma dolosa ou culposa.

As causas de aumento do § 2.º seriam aplicáveis ao § 3.º? Atualmente é pacífico que não, ou seja, se o roubo é qualificado pelo resultado, não incidem as causas de aumento do § 2.º, que apenas se referem ao *caput* e ao § 1.º.

Se da violência é gerado o resultado lesão grave, incide a qualificadora, mas não se trata de crime de latrocínio e não é classificado como hediondo, conforme Lei 8.072/1990. O latrocínio é crime hediondo.

Se a lesão grave/morte resulta de *grave ameaça*, haverá concurso de roubo com lesão corporal/homicídio. É que a grave ameaça não está prevista no § 3.º, mas tão somente a *violência*.

Controversa a classificação do latrocínio como consumado ou tentado:

a) no caso roubo e morte consumada, é pacífico que se trata de latrocínio consumado;

b) na hipótese de morte consumada e roubo tentado, a Súmula 610 do STF determina o reconhecimento do latrocínio consumado, e é o que prevalece. Há ainda posição jurisprudencial e doutrinária minoritária defendendo que, por uma questão de proporcionalidade, não se pode tipificar da mesma maneira o roubo tentado e consumado com resultado morte consumada, como manda a Súmula 610 do STF. Além de desproporcional, há que se considerar que, por ser crime complexo, apenas com os dois resultados consumados (roubo e morte) é que haveria latrocínio consumado, sendo tentado nas outras hipóteses (Greco);

c) no caso de roubo consumado e morte tentada, a posição tradicional é pela classificação como latrocínio tentado, mas o STF, em decisão da 2.ª Turma (HC 91.585/08), entendeu que a classificação correta seria roubo consumado em concurso com tentativa de homicídio qualificado pelo inc. V, e reconheceu a competência do Tribunal do Júri;

d) na hipótese de roubo tentado e morte tentada, a posição tradicional é pela tentativa de latrocínio (STJ, HC 86.152), mas há entendimento do STF pela insubsistência de latrocínio tentado, que deveria configurar, assim, roubo com resultado lesão grave, afastando-se a hediondez do fato (RHC 94.755).

E se há pluralidade de vítimas fatais e unidade de patrimônio (como o patrimônio familiar)? Prevalece que é crime único, embora existam decisões no sentido do concurso formal. Com pluralidade de vítimas fatais e pluralidade de patrimônios, prevalece o concurso formal.

Ainda que o resultado morte seja provocado com dolo, prevalece que a competência é do juiz singular, conforme Súmula 603 do STF. Há posição doutrinária em sentido contrário, defendendo que a Constituição não fez distinção.

Se durante a prática de roubo o sujeito atira na vítima mas, por *aberratio ictus* (vide "Erro de tipo acidental"), acerta comparsa, prevalece que responderá por latrocínio consumado (STF, HC 695/79-5), pois, pela regra do art. 73 do CP, são consideradas as circunstâncias pessoais da vítima desejada. Em sentido contrário, há decisões nas quais apenas a morte ou tentativa em relação à vítima pode configurar o Se a morte do comparsa deriva de reação legítima da vítima, prevalece que não há falar em latrocínio.

Prevalece no STJ a inviabilidade de reconhecimento de crime continuado entre o latrocínio e o roubo, por não se tratar de crime da mesma espécie (REsp 751.002).

7.4 EXTORSÃO

Art. 158. Constranger alguém, mediante violência ou grave ameaça, e com o intuito de obter para si ou para outrem indevida vantagem econômica, a fazer, tolerar que se faça ou deixar de fazer alguma coisa.

Ao contrário do que costuma ser dito, não importa se o agente tira a carteira ou exige a entrega da carteira pela vítima com o uso de grave ameaça:

nos dois casos há roubo, embora equivocadamente alguns poucos entendam que no segundo caso há extorsão.

Extorsão é um crime de constrangimento ilegal com elemento subjetivo próprio: *obter vantagem econômica*. Prevalece que a vantagem tem de ser econômica, pois é crime contra o patrimônio.

Elemento normativo do tipo: indevida. E se a vantagem é devida? Seria crime de exercício arbitrário das próprias razões.

Muitos fazem distinção entre roubo e extorsão considerando que, na extorsão, há lapso temporal entre a ameaça e a vantagem, o que não ocorreria no roubo. Acreditamos que tal ideia deve ser somada a outro critério, qual seja a relevância da conduta do ofendido, isto é, que ela se realize no tempo e no espaço, que ela se corporifique como necessária. Se o sujeito ordena a entrega do relógio que está no pulso da vítima, não é relevante sua negativa, pois será tirado de qualquer forma. Se determinar o preenchimento de cheque, a conduta da vítima é necessária, pois o sujeito não pode assinar por ele. Há extorsão ainda na conduta daquele que obriga supermercado a entregar dinheiro sob ameaça de espalhar produtos envenenados no estabelecimento.

A conduta da vítima tem de ter corpo, ser relevante. Não pode ser simples entrega de coisa que poderia, imediatamente, ser retirada pelo sujeito ativo.

O crime de extorsão é formal, conforme entendimento amplamente majoritário, prevalecendo que não é necessário que o evento obtenção da vantagem indevida ocorra para que se consuma.

Há, na doutrina, mais de uma posição sobre o momento consumativo do crime de extorsão:

- a) consuma-se com a conduta de constranger, ou seja, basta que a ameaça idônea chegue ao conhecimento da vítima;
- b) é necessário, para a consumação, que a vítima se sinta constrangida no momento em que recebe a ameaça, agindo ou deixando de agir em razão do constrangimento. Se desde logo repele a ameaça e não se sente constrangida, mesmo sendo idôneo o meio utilizado, há apenas tentativa (majoritária: Mirabete, Damásio, Bittencourt, Cernicchiaro; STJ, REsp 196004);
- c) é necessário, para que haja consumação, que o sujeito ativo consiga obter a vantagem indevida (minoritária: Noronha).

A Súmula 96 do STJ resolve em parte a questão, trazendo que "o crime de extorsão consuma-se independentemente da obtenção da vantagem indevida".

Assim, é possível a tentativa, desde que o sujeito inicie a execução, mas não consiga o constrangimento, quer porque a ameaça não chegou ao conhecimento da vítima, quer porque ela não se sentiu constrangida, apesar da idoneidade do meio, por circunstâncias alheias à vontade do agente (Mirabete).

As qualificadoras e causas de aumento de pena são idênticas às do roubo, sendo que no art. 157 do CP há algumas não previstas aqui, como a subtração de veículo automotor.

7.4.1 Sequestro-relâmpago

> § 3.º Se o crime é cometido mediante a restrição da liberdade da vítima, e essa condição é necessária para a obtenção da vantagem econômica, a pena é de reclusão, de 6 (seis) a 12 (doze) anos, além da multa; se resulta lesão corporal grave ou morte, aplicam-se as penas previstas no art. 159, §§ 2.º e 3.º, respectivamente.

Com a nova redação do § 3.º, o legislador buscou encerrar as discussões sobre a correta adequação típica do chamado sequestro-relâmpago, ou seja, a ação criminosa em que a vítima é abordada e obrigada a acompanhar o criminoso até um caixa eletrônico, e então constrangida a revelar sua senha eletrônica, permitindo o indevido saque de quantia pelo infrator. Com a nova redação, há previsão de elevada pena (6 a 12 anos de reclusão e multa) para a hipótese, esclarecendo o parágrafo que tal sanção será aplicada sempre que a extorsão for praticada mediante restrição da liberdade da vítima, desde que essa condição seja necessária para a obtenção da vantagem econômica.

Sempre defendemos que a hipótese era muito mais próxima da extorsão que do roubo, como vinha sendo capitulada. No entanto, a busca por penas mais elevadas levava à equivocada tipificação. Com a nova redação, a conduta que obriga a revelar a senha, que sempre configurou evidente extorsão, será corretamente tipificada.

Na hipótese de subtração de bens no mesmo cenário fático do "sequestro-relâmpago", prevalecia, na antiga redação da lei, o concurso de crimes entre a extorsão e o roubo, com entendimento do STJ pela ocorrência do crime continuado (REsp 1.031.683). Hoje prevalece que se trata de concurso material dos crimes de roubo e extorsão (REsp 822.514 e REsp 1.027.913).

Em nosso entender, no entanto, com a nova redação, a extorsão qualificada pela restrição da liberdade deve absorver o crime de roubo, eis que ambos tratam de lesão aos mesmos bens e pelos mesmos meios, apenas diferenciáveis por técnica de tipificação, sendo perfeitamente aplicada a consunção daquele de menor gravidade pela nova figura típica, que traz maior apenação.

Pacífico que, sem o advento do resultado morte, o sequestro-relâmpago não configura crime hediondo, por falta de previsão legal. No caso de resultado morte, Nucci defende não configurar ainda assim crime hediondo, eis que tal hipótese não se encontra dentre aquelas previstas expressamente na Lei 8.072/1990. Para Luiz Flávio, como o sequestro-relâmpago configura apenas um desdobramento do crime de extorsão, há crime hediondo, pois não deixa de configurar crime de extorsão com resultado morte.

7.5 EXTORSÃO MEDIANTE SEQUESTRO

> Art. 159. Sequestrar pessoa com o fim de obter, para si ou para outrem, qualquer vantagem, como condição ou preço do resgate.

O elemento subjetivo é a vontade de obter para si ou para outrem qualquer vantagem. A extorsão é executada por meio de sequestro, ou seja, trata-se evidentemente de crime complexo.

O artigo não menciona vantagem econômica, mas está no capítulo de crimes contra o patrimônio. Configura-se extorsão mediante sequestro se o objetivo for vantagem sexual? Prevalece que não, pois o artigo deve ser interpretado junto ao sistema. Prevalece que deve ser também indevida.

Normalmente há duplicidade do sujeito passivo, pois um é vítima do sequestro e outro da extorsão.

A vantagem pode ser condição (fato objetivando vantagem patrimonial) ou preço (valor).

Trata-se de crime de consumação antecipada, formal. Consuma-se no momento em que se consuma o sequestro (quando a vítima se vê privada de sua liberdade de locomoção).

É possível tentativa, pois o sequestro é crime de *iter* – consequentemente, pode ser interrompido. É crime plurissubsistente.

É, ainda, crime permanente, pois, enquanto a vítima permanecer nesta situação, haverá a continuação da consumação, o que tem grande importância em face do flagrante.

Há qualificadora se a privação dura mais de 24 horas, se o sequestrado é menor de 18 anos ou maior de 60 anos de idade ou se o crime é cometido por bando ou quadrilha. Se do fato resulta lesão corporal de natureza grave ou morte, há qualificadora, não importando se o resultado é atingido a título de dolo ou culpa.

Ao contrário do latrocínio, aqui o artigo não usa a expressão *se da violência resulta morte*, mas sim *do fato*, o que permite que a qualificadora alcance a grave ameaça.

Que fato? As circunstâncias da privação da liberdade, como maus-tratos, violência etc. Necessário que o resultado ocorra com o sequestrado. É esse resultado que a qualificadora quer punir. Se o pai do sequestrado morre de ataque cardíaco em virtude da crueldade da ameaça, ou da entrega de partes do corpo do sequestrado, pode haver concurso de crimes.

O crime de extorsão mediante sequestro é considerado hediondo, em qualquer de suas espécies.

7.5.1 Delação premiada

Se o crime é cometido em concurso, o concorrente que o denunciar à autoridade, facilitando a libertação do sequestrado, terá sua pena reduzida de um terço a dois terços.

A denúncia diz respeito ao crime, e não ao bando. Também não basta a simples denúncia, sendo necessária a efetiva libertação da vítima.

É causa de diminuição de pena de caráter obrigatório, variando o *quantum* de acordo com a efetiva contribuição do acusado.

7.6 EXTORSÃO INDIRETA

> Art. 160. Exigir ou receber, como garantia de dívida, abusando da situação de alguém, documento que pode dar causa a procedimento criminal contra a vítima ou contra terceiro.

São tutelados tanto o patrimônio como a liberdade individual do sujeito passivo. Geralmente, o sujeito ativo é um agiota. É necessário que haja relação de crédito e débito entre o sujeito ativo e o passivo.

Busca incriminar a chantagem, mesmo antes de se aperfeiçoar. O credor não pode abusar desta maneira da situação do sujeito passivo.

É elemento subjetivo do tipo o especial fim de receber o documento como garantia de dívida.

Quanto ao verbo *exigir*, é crime formal. Na conduta *receber*, é material.

7.7 DANO

Consiste em destruir, inutilizar ou deteriorar coisa alheia (art. 163 do CP).

A coisa pode ser móvel ou imóvel. A conduta pode ser comissiva ou omissiva (comissiva por omissão), como no caso daquele que toma conta de animal e dolosamente não o alimenta, causando sua morte.

Por ser crime contra o patrimônio, a coisa alheia deve ter valor econômico. Aplica-se o princípio da insignificância (vide capítulo "Princípios do direito penal").

Pouco importa que o dano seja total ou parcial: com o resultado parcial já há consumação. É possível a tentativa, pois é possível iniciar a execução sem atingir a consumação, como no caso de pessoa que atira contra vitrine de loja e erra. Perceba-se que só há tentativa se for branca. Se houver parcial danificação, o crime já está consumado.

É punido apenas na forma dolosa. Há controvérsia sobre a necessidade de intenção de causar prejuízo, de danificar. Prevalece que não pratica dano o preso que danifica a cela para fugir porque não tem ânimo de causar prejuízo, mas tão somente de fugir.

Por deixar vestígios, a prova pericial é indispensável.

7.7.1 Dano qualificado

Se o crime é praticado com violência ou grave ameaça à pessoa: é preciso que a violência seja empregada para conseguir praticar o dano. Se desta violência resultar lesão corporal, haverá concurso material de infrações. As vias de fato são suficientes para qualificar o dano, mas insuficientes a provocar concurso.

Se é usada substância inflamável ou explosiva, se não constitui crime mais grave: há subsidiariedade explícita.

Contra o patrimônio da União, Estado, Município, empresa concessionária de serviços públicos ou sociedade de economia mista: justifica-se pela maior necessidade de proteção ao patrimônio público.

Se é praticado por motivo egoístico ou com prejuízo considerável para a vítima: O motivo egoístico (propósito mais censurável pelo ódio, ganância etc.) sugere futuro proveito por parte de quem praticou o crime, ou seja, deve haver por parte do agente a esperança de conseguir vantagem com a prática do fato. Prejuízo considerável: enquanto no furto privilegiado o valor da coisa é considerado em si, no dano o referencial é o patrimônio da vítima.

Prevalece que tal qualidade do prejuízo deve integrar o dolo do agente, sob pena de responsabilidade objetiva.

Os incs. I, II e III são de ação penal pública incondicionada; o *caput* e o inc. IV são de ação penal privada.

7.8 APROPRIAÇÃO INDÉBITA

> Art. 168. Apropriar-se de coisa alheia móvel, de que tem a posse ou detenção.

O sujeito ativo, tendo a posse ou detenção da coisa alheia móvel a ele confiada pelo sujeito passivo, passa a se comportar como se fosse dono.

Apropriar-se significa inverter o ânimo da posse, passando a atuar como se dono fosse, em nome próprio.

Na apropriação, a coisa não é subtraída, mas entregue pelo sujeito passivo ao ativo. A posse ou detenção, a princípio, é lícita.

Os atos característicos de apropriação indébita são a negativa de restituição e a disposição.

Só existe apropriação indébita na hipótese de detenção desvigiada. Se for vigiada, haverá furto.

Dinheiro é coisa móvel. Se uma pessoa empresta dinheiro a outra pessoa para devolver em certo tempo, é possível a configuração da apropriação indébita? Não, pois o sujeito que recebe a quantia, na verdade, adquire desde logo sua propriedade, e tem apenas a obrigação de pagar. É impossível apropriação indébita. Como exemplo de apropriação indébita de dinheiro podemos citar o caso do sujeito que recebe a quantia para transportá-la e dela se apropria.

cuidado

É possível apropriação indébita de dinheiro, mas não no referido caso de mútuo.

O elemento subjetivo é o dolo, posterior ao recebimento da coisa e contemporâneo à conduta de apropriação. Presume-se que, se a pessoa recebe a coisa, não está agindo com dolo. O dolo vem em um momento subsequente, ou seja, em tese, não há apropriação indébita com dolo *ab initio*.

O mero inadimplemento contratual não configura o crime, como no caso do pedreiro que recebe pela obra mas não a realiza. Da mesma forma, a não devolução da coisa após o desfazimento de contrato também não configura o crime, mas sim mero ilícito civil, como no caso do sujeito que deixa de devolver imediatamente veículo após cancelamento de seu contrato de compra e venda (STF, Ap 480).

Não existe apropriação indébita de uso, pois o tipo exige a intenção de inverter o ânimo da posse, de ter a coisa como se dono fosse. Se o sujeito quer apenas usar a coisa e depois devolver, não responde por apropriação indébita.

Considera-se consumado no primeiro momento em que se exterioriza a intenção, quer com a negativa de restituição, quer com o ato de disposição. Prevalece ser possível a configuração da negativa de restituição com a passagem do tempo, desde que exagerada e capaz de demonstrar de forma incontroversa a intenção de se apropriar.

Prevalece que na modalidade comissiva é possível a tentativa, embora de difícil configuração.

> § 1.º A pena é aumentada de 1/3 (um terço), quando o agente recebeu a coisa:
> I – em depósito necessário;
> II – na qualidade de tutor, curador, síndico, liquidatário, inventariante, testamenteiro ou depositário judicial;
> III – em razão de ofício, emprego ou profissão.

A pena é aumentada de um terço, quando o agente recebeu a coisa em depósito necessário. Prevalece que apenas o depósito necessário miserável (art. 647, II CC) aumenta a pena. Também aumenta-se a pena se o depósito é feito ao tutor, curador, síndico, liquidatário, inventariante, testamenteiro ou depositário judicial e em razão de ofício, emprego ou profissão.

Se primário o acusado e de pequeno valor a coisa, aplicam-se ao crime de apropriação indébita os mesmos benefícios do furto privilegiado (art. 155, § 2.º, do CP), de acordo com art. 170 do CP.

7.9 APROPRIAÇÃO INDÉBITA PREVIDENCIÁRIA

No *caput* a previsão típica busca proteger o patrimônio da previdência social, e tem como sujeito ativo o responsável tributário, alertando Nucci para o entendimento de que o responsável por pessoa jurídica de direito público não poderia figurar como sujeito ativo, eis que no caso não haveria verdadeira apropriação, pois os valores permaneceriam sob administração pública. É sujeito passivo, também, o contribuinte que tem sua contribuição apropriada.

É necessário que a contribuição tenha sido recolhida/descontada e, após, que se omita o repasse para a autarquia.

É necessário dolo, com a consciência de que houve o recolhimento e que está sendo omitido o repasse à previdência. O STF entende desnecessária especial intenção do agente, mas há entendimento no sentido de ser necessária a especial intenção de fraudar a previdência. Em princípio, como se trata de crime semelhante à apropriação indébita, o dolo deve ser "posterior" ao recolhimento (Delmanto).

Prevalece ser crime material (Nucci entende ser formal), e se consuma quando, após o recolhimento, o sujeito deixa de repassar os valores à autarquia no prazo e forma legal ou convencional. Não é possível a tentativa, por se tratar de crime unissubsistente.

Apesar da redação do § 2.º, como o art. 9.º da Lei 10.684/2003 não traz qualquer prazo para o pagamento integral do tributo, entende-se que mesmo o pagamento posterior ao recebimento da denúncia extingue a punibilidade.

Efeitos do parcelamento do débito tributário: Para Delmanto, o parcelamento anterior ao recebimento da denúncia extingue a punibilidade, por força do art. 34 da Lei 9.249/1995. Se posterior, apenas suspende a pretensão punitiva, nos termos do art. 9.º, § 2.º, da Lei 10.684/2003. Há quem entenda, no entanto, que o parcelamento sempre suspende a pretensão punitiva, quer seja realizado antes ou depois do recebimento da denúncia.

O § 1.º do art. 168-A disciplina, no inc. I, o não recolhimento de contribuição ou outra importância destinada à previdência social que tenha sido descontada do pagamento a segurado, a terceiros ou arrecadada do público. Nucci esclarece que, enquanto o *caput* tem por fim punir o substituto tributário que deve recolher o que arrecadou do contribuinte (contratação de serviços etc.), no presente inciso a lei se volta diretamente ao contribuinte-empresário, que deve recolher a contribuição arrecada de seus funcionários.

No inc. II o crime é deixar de recolher contribuições que tenham integrado despesas contábeis ou custos relativos à venda de produtos ou prestação de serviços. A previsão busca incriminar comum fraude contábil, em que a contribuição é levada em consideração na contabilidade para favorecer a empresa (fixação do preço como despesa operacional, por exemplo), embora não realizada a contribuição.

No inc. III o sujeito deixa de pagar benefício ao segurado, quando as respectivas cotas ou valores já foram reembolsados à empresa pela previdência.

A redação do § 2.º exige, para a extinção da punibilidade, que o sujeito confesse espontaneamente o débito, pague as contribuições devidas e preste as informações devidas antes do início da ação fiscal. Entende-se iniciada a ação fiscal. Para Delmanto, é a impugnação da exigência constante do lançamento. Nucci entende que se trata de verdadeiro início de ação fiscal no âmbito jurisdicional, não sendo suficiente a providência administrativa.

Para o § 3.º, pode haver perdão judicial ou privilégio, com imposição apenas da sanção de multa, se, além de primário e contando com bons antecedentes, o sujeito tenha, alternativamente, (a) promovido, após o início da ação fiscal mas antes da denúncia, o pagamento das contribuições devidas, inclusive acessórios; ou (b) se o valor das contribuições devidas não supera o piso mínimo fixado pela previdência social para o ajuizamento de suas execuções.

7.10 ESTELIONATO

> Art. 171. Obter, para si ou para outrem, vantagem ilícita, em prejuízo alheio, induzindo ou mantendo alguém em erro, mediante artifício, ardil, ou qualquer outro meio fraudulento.

Há várias elementares a considerar no crime de estelionato: é preciso que ocorra a obtenção de uma vantagem, e que ela seja ilícita; é ainda necessário que terceiro sofra prejuízo; a vítima deve ser induzida ou mantida em erro, com o emprego de artifício, ardil, ou outro meio fraudulento.

A ideia principal do crime de estelionato é a fraude, o engodo, a mentira.

É necessário que a vítima seja determinada. A vítima deve ter capacidade de compreensão.

É preciso que haja obtenção de vantagem indevida mediante prejuízo alheio. Se não houver vantagem, ou se inexistente o prejuízo, não há falar em estelionato. Da mesma forma se a vantagem for devida.

O meio escolhido deve ser fraudulento, para que a vítima recaia ou permaneça em erro, ou seja, iludida, com uma equivocada percepção da realidade.

Artifício é o emprego de aparato material. *Ardil* é a conversa enganosa, sem aparato material.

A idoneidade do meio fraudulento deve ser aferida em relação ao homem médio ou à vítima em concreto? Prevalece que deve ser considerada a vítima em concreto.

Trata-se de crime material, pois há resultado previsto e necessário para a consumação.

A tentativa é possível quando o sujeito, enganando a vítima, não obtém a vantagem ilícita, ou, obtendo-a, não causa prejuízo a ela ou a terceiro.

Conforme preceitua o art. 171, § 2.º e incisos, do CP, nas mesmas penas incorre quem:

> I – vende, permuta, dá em pagamento, em locação ou em garantia coisa alheia como própria;

"Vender" deve ser interpretado restritivamente, não valendo o compromisso de compra e venda.

No caso de venda de objeto furtado como próprio, há divergência: Fragoso e Greco entendem que se trata de *post factum* não punível, pois é o que normalmente se faz com o objeto de furto, enquanto Assis Toledo entende haver novo crime, pois se trata de nova vítima, com nova lesão a bem jurídico.

> II – vende, permuta, dá em pagamento ou em garantia coisa própria inalienável, gravada de ônus ou litigiosa, ou imóvel que prometeu vender a terceiro, mediante pagamento em prestações, silenciando sobre qualquer dessas circunstâncias;

Se aliena coisa própria penhorada, prevalece que o crime não é este, mas, sim, fraude à execução.

> III – defrauda, mediante alienação não consentida pelo credor ou por outro modo, a garantia pignoratícia, quando tem a posse do objeto empenhado;

"Defraudar" significa espoliar com fraude, privar com dolo (alienar, destruir, ocultar, abandonar).

> IV – defrauda substância, qualidade ou quantidade de coisa que deve entregar a alguém;

O tipo exige um elemento normativo, contido no termo "deve". Indica relação jurídica obrigacional entre os sujeitos do delito. Inexistente, a conduta é atípica.

A fraude pode incidir na substância, quantidade ou qualidade do bem.

> V – destrói, total ou parcialmente, ou oculta coisa própria, ou lesa o próprio corpo ou a saúde, ou agrava as consequências da lesão ou doença, com o intuito de haver indenização ou valor de seguro;

Aqui, trata-se de crime formal, pois basta que o sujeito atue "com a intenção de...".

Cabe tentativa, pois é plurissubsistente.

Prevalece que a "comunicação de crime inexistente" é absorvida pelo estelionato.

> VI – emite cheque, sem suficiente provisão de fundos em poder do sacado, ou lhe frustra o pagamento.

É crime emitir cheque sem suficiente provisão de fundos em poder do sacado ou lhe frustrar o pagamento (fraude no pagamento por meio de cheque).

A emissão se dá no momento em que, além de preenchido e assinado, é colocado em circulação. A suficiente provisão de fundos é verificada no momento em que o cheque é apresentado para pagamento, segundo a jurisprudência. Assim, se o sujeito emite o cheque sem a devida provisão de fundos, mas vai rapidamente ao banco e deposita o numerário necessário, não há crime, pois não houve qualquer prejuízo. Possível perceber a constante e coerente remissão ao *caput* do artigo.

A frustração do pagamento deve ser indevida. Se for devida, justificada, não há crime.

O cheque é ordem de pagamento à vista. Se a pessoa recebe o cheque já desvirtuado de sua finalidade (pré-datado), as consequências são diversas, pois não há fraude – Súmula 246 do STF: "Comprovado não ter havido fraude, não se configura o crime de emissão de cheque sem fundos".

Se o cheque é dado como garantia de dívida, não há fraude. Não há o tipo do inc. VI nem do *caput*, pois não há estelionato sem fraude.

Prevalece que o cheque sem fundos para quitar dívida antiga também não configura o crime: se "A" deve a "B" R$ 200,00 e paga com cheque sem fundos, não há crime, pois "B" era credor e continua credor, não havendo prejuízo. Há, ainda, uma melhor situação para o credor, que agora tem título de crédito. Se a dívida é atual, e o sujeito paga com cheque sem fundos para desconto à vista, há crime.

O critério é se a situação ficou pior para a pretensa vítima. Se melhorou porque recebeu o título, não é estelionato. A falta de prejuízo novo afasta o estelionato. No tocante ao resgate de título (resgatar nota promissória com cheque sem fundos), também a jurisprudência entende que não se trata de estelionato. Também não há crime no pagamento de dívida de jogo e prostituição.

A conduta de dolosamente pôr em circulação cheques de conta cancelada ou falsificar cártulas é classificada no *caput*, e não no inc. VI.

Se o agente teve a conta encerrada, sabe disso e continua passando os cheques, ou alguém falsifica a assinatura, o crime não é este. O crime, no caso, é o estelionato, em sua modalidade fundamental prevista no *caput*.

Consuma-se no momento e local onde o banco sacado recusa o pagamento. A competência é do local da agência sacada.

Pagamento antes do recebimento da denúncia descaracteriza o crime, inexistindo justa causa: Súmula 554 do STF. Atualmente, é pacífico tal entendimento, com a justificativa de que se foi efetuado o pagamento é porque não havia o dolo de fraudar. Trata-se de desobediência à letra do art. 16 do CP, baseada em tendência de política criminal.

A falsificação do cheque é absorvida pelo estelionato, quando nele exaure sua potencialidade lesiva. Vide comentários ao crime "Falsificação de documento público".

7.10.1 Causas de aumento e diminuição de pena

> § 3.º A pena aumenta-se de um terço, se o crime é cometido em detrimento de entidade de direito público ou de instituto de economia popular, assistência social ou beneficência.

A jurisprudência entende que, se a entidade tem finalidade social, há causa específica de aumento de pena.

Aplica-se no estelionato a figura do privilégio prevista no crime de furto. No entanto, leva-se em conta o prejuízo, e não o valor da coisa em si. Prevalece que o prejuízo deve ser mensurado no momento do ato, e não ao final.

O privilégio é aplicável ao *caput* e aos incisos do § 2.º.

A pena aumenta-se de um terço se o sujeito passivo é entidade de direito público ou instituto de economia popular, assistência social ou beneficência.

7.11 RECEPTAÇÃO

> Art. 180. Adquirir, receber, transportar, conduzir ou ocultar, em proveito próprio ou alheio, coisa que sabe ser produto de crime, ou influir para que terceiro, de boa-fé, a adquira, receba ou oculte:
> Pena – reclusão, de 1 (um) a 4 (quatro) anos, e multa.
>
> Receptação qualificada

§ 1.º Adquirir, receber, transportar, conduzir, ocultar, ter em depósito, desmontar, montar, remontar, vender, expor à venda, ou de qualquer forma utilizar, em proveito próprio ou alheio, no exercício de atividade comercial ou industrial, coisa que deve saber ser produto de crime:

Pena – reclusão, de 3 (três) a 8 (oito) anos, e multa.

§ 2.º Equipara-se à atividade comercial, para efeito do parágrafo anterior, qualquer forma de comércio irregular ou clandestino, inclusive o exercido em residência.

§ 3.º Adquirir ou receber coisa que, por sua natureza ou pela desproporção entre o valor e o preço, ou pela condição de quem a oferece, deve presumir-se obtida por meio criminoso:

Pena – detenção, de 1 (um) mês a 1 (um) ano, ou multa, ou ambas as penas.

§ 4.º A receptação é punível, ainda que desconhecido ou isento de pena o autor do crime de que proveio a coisa.

§ 5.º Na hipótese do § 3.º, se o criminoso é primário, pode o juiz, tendo em consideração as circunstâncias, deixar de aplicar a pena. Na receptação dolosa aplica-se o disposto no § 2.º do art. 155.

§ 6.º Tratando-se de bens e instalações do patrimônio da União, Estado, Município, empresa concessionária de serviços públicos ou sociedade de economia mista, a pena prevista no *caput* deste artigo aplica-se em dobro.

A primeira parte do *caput* é chamada receptação própria; a segunda (influir) traz a receptação imprópria.

Seja na modalidade própria ou imprópria, a autoria do crime de receptação exige que o agente não seja o autor ou partícipe do crime antecedente.

Receptação é crime formal? Depende: o crime de receptação imprópria é formal, de consumação antecipada. A receptação própria é crime material.

O pressuposto intuitivo do crime de receptação é que tenha havido crime anterior do qual provenha o objeto material, e por isso se diz que é crime acessório.

A coisa precisa ser móvel? Prevalece que sim, apesar de a lei não especificar.

É possível ainda que o proprietário seja receptador, pois a lei não especifica que a coisa deva ser alheia – assim, se coisa está em poder de meu credor pignoratício, e é furtada por terceiro que ma entrega, estarei praticando receptação.

A receptação é punível, ainda que desconhecido ou isento de pena o autor do crime de quem proveio a coisa. É necessária, no entanto, a prova de que a coisa é produto de crime anterior. Se houve processo pelo crime anterior com julgamento de improcedência, vai depender do inciso que fundamentou a absolvição: se foi pela inexistência do fato (art. 386, I, do CPP), não há falar em receptação; se pela inexistência de provas acerca da autoria (art. 386, VII, do CPP), permanece a receptação.

O agente tem direito a receber, mas recebe o que sabe ser produto de crime (justo título): há receptação, pois recebe coisa que sabe ser produto de crime. O tipo não exige que o recebimento seja de quantia não devida. Assim, existe receptação por justo título.

7.11.1 Elemento subjetivo

É o grande problema da receptação, a grande peculiaridade entre suas figuras.

No *caput*, o autor pode ser qualquer um, mas é exigido o elemento subjetivo *sabe*, para muitos classificado como dolo direto. Se o sujeito simplesmente tolera a origem criminosa, mas *não sabe*, não incide no *caput*.

O § 1.º do art. 180 do CP (receptação qualificada) é crime próprio, pois exige do sujeito ativo a qualidade de comerciante. Aqui, a consciência da origem criminosa da coisa não precisa da certeza, bastando a tolerância. Classifica-se aqui o elemento cognitivo como dolo direto ou eventual. Tanto faz se o sujeito sabe ou aceita o risco da origem criminosa: há crime.

O § 2.º do mesmo dispositivo equipara à atividade comercial, para efeito do parágrafo anterior, qualquer forma de comércio irregular ou clandestino, inclusive o desenvolvido em residência. Tal norma visa explicar o que a legislação penal quer entender como atividade comercial. É preciso que haja prova da habitualidade da atividade comercial.

7.11.2 Receptação culposa

> § 3.º Adquirir ou receber coisa que, por sua natureza ou pela desproporção entre o valor e o preço, ou pela condição de quem a oferece, deve presumir-se obtida por meio criminoso.

É um dos raríssimos casos de crime culposo com tipo fechado, pois a lei traz quais os deveres de cautela, os indícios que tornam previsível a origem criminosa da coisa.

Na modalidade culposa, a *natureza da coisa, desproporção do preço, condição de quem a oferece* permitem ao agente presumir estar lidando com produto de crime. Natureza da coisa significa que a coisa em si não poderia estar ali sendo vendida, como é caso da espada de Dom Pedro I ou da coroa da rainha da Inglaterra. A desproporção do preço é forte indício, pois a injustificada perda por parte do vendedor deveria ensejar desconfiança. Da mesma forma, deveria haver cautela na compra de bem precioso quando o vendedor se mostra incompatível com o que se espera do dono do bem (comprar relógio de ouro de andarilho).

Se o sujeito age com dolo eventual, sem ser comerciante, em que modalidade se amolda? Não pode ser no *caput*, que exige dolo direto; nem na qualificada, que exige a posição de comerciante. Prevalece que responderá por receptação culposa.

É cabível o perdão judicial na hipótese do § 3.º se se trata de criminoso primário. Pode o juiz, tendo em consideração as circunstâncias, deixar de aplicar a pena. Perceba-se que o perdão judicial apenas é aplicado na forma culposa.

Na receptação dolosa também se aplica o disposto no § 2.º do art. 155 do CP, ou seja, se é pequeno o valor da coisa e primário o agente, há o privilégio. Prevalece que só se aplica na forma dolosa, ainda que qualificada.

7.11.3 Aumento de pena

Tratando-se de bens e instalações do patrimônio da União, Estado, Município, empresa concessionária de serviços públicos ou sociedade de economia mista, a pena prevista no *caput* é aplicada em dobro (art. 180, § 6.º, do CP).

7.12 IMUNIDADES (TAMBÉM CHAMADAS ESCUSAS ABSOLUTÓRIAS)

As chamadas imunidades penais são divididas em absolutas (art. 181 do CP) e relativas (art. 182 do CP). O objetivo de tais imunidades é proteger a família, célula de organização social na qual se enraíza o Estado, que pode ser abalada pela lesão ao patrimônio, mas será definitivamente rompida se de tal fato advier condenação criminal, com toda sua intensidade e seus efeitos secundários estigmatizantes. Assim, o Estado prefere deixar o crime impune, e com isso induzir o reatamento nas relações familiares, do que saciar seu poder de punir àquele que praticou crime patrimonial.

Referem-se apenas aos crimes contra o patrimônio praticados sem violência ou grave ameaça.

O terceiro que participa não tem escusa. As funções de política criminal das imunidades as tornam totalmente pessoais.

As imunidades não incidem se o crime é praticado contra pessoa com idade igual ou maior que 60 anos.

Para Berenice Dias, não incidem as imunidades nos crimes patrimoniais praticados em detrimento da mulher, nos casos de violência patrimonial doméstica, a partir de uma interpretação principiológica da Lei Maria da Penha (Lei 11.340/2006). Ousamos discordar, eis que seria a abolição de uma causa de isenção de pena sem previsão legal, em evidente analogia *in malam partem*. Além disso, a constatação da violência patrimonial pode gerar todos os efeitos protetivos da lei, sem que seja necessária a repercussão penal, que deve quedar sempre como *ultima ratio*.

Imunidade absoluta: é afastada a punição nas hipóteses do art. 181 do CP, impedindo inclusive a persecução penal, quando o fato é praticado contra ascendente, descendente ou cônjuge. No caso de ascendentes e descendentes, a imunidade é válida para qualquer grau.

O cônjuge tem imunidade absoluta. E o companheiro(a), com quem a vítima tem união estável? A corrente tradicional entende que o rol é taxativo, sob o argumento de que, por se tratar de norma excepcional, deve ter interpretação restritiva. No entanto, vem ganhando adeptos posição que amolda a previsão à regra constitucional que busca proteger a entidade familiar, independentemente do casamento. Assim, se a justificativa para a imunidade é a preservação da família, toda entidade familiar merece a mesma proteção, e a compreensão do rol deve ser ampliada. Assim, para a nova posição, é possível aplicar a imunidade absoluta também ao companheiro ou companheira. Aliás, parece-nos que toda norma punitiva é sempre excepcional, e a liberdade, com todas as regras que a privilegiam, será sempre a regra.

Prevalece que a imunidade não alcança os parentes afins.

Imunidade relativa: conforme o disposto no art. 182 do CP, a ação torna-se pública condicionada à representação se o agente é cônjuge separado judicialmente, irmão, tio ou sobrinho que coabite com a vítima.

Dos Crimes contra a Propriedade Imaterial

8.1 VIOLAÇÃO DE DIREITO AUTORAL

Art. 184. Violar direitos de autor e os que lhe são conexos:

Pena – detenção, de 3 (três) meses a 1 (um) ano, ou multa.

§ 1.º Se a violação consistir em reprodução total ou parcial, com intuito de lucro direto ou indireto, por qualquer meio ou processo, de obra intelectual, interpretação, execução ou fonograma, sem autorização expressa do autor, do artista intérprete ou executante, do produtor, conforme o caso, ou de quem os represente:

Pena – reclusão, de 2 (dois) a 4 (quatro) anos, e multa.

§ 2.º Na mesma pena do § 1.º incorre quem, com o intuito de lucro direto ou indireto, distribui, vende, expõe à venda, aluga, introduz no País, adquire, oculta, tem em depósito, original ou cópia de obra intelectual ou fonograma reproduzido com violação do direito de autor, do direito de artista intérprete ou executante ou do direito do produtor de fonograma, ou, ainda, aluga original ou cópia de obra intelectual ou fonograma, sem a expressa autorização dos titulares dos direitos ou de quem os represente.

§ 3.º Se a violação consistir no oferecimento ao público, mediante cabo, fibra ótica, satélite, ondas ou qualquer outro sistema que permita ao usuário realizar a seleção da obra ou produção para recebê-la em um tempo e lugar previamente determinados por quem formula a demanda, com intuito de lucro, direto ou indireto, sem autorização expressa, conforme o caso, do autor, do artista intérprete ou executante, do produtor de fonograma, ou de quem os represente:

Pena – reclusão, de 2 (dois) a 4 (quatro) anos, e multa.

§ 4.º O disposto nos §§ 1.º, 2.º e 3.º não se aplica quando se tratar de exceção ou limitação ao direito de autor ou os que lhe são conexos, em conformidade com o previsto na Lei 9.610, de 19 de fevereiro de 1998, nem a cópia de obra intelectual ou fonograma, em um só exemplar, para uso privado do copista, sem intuito de lucro direto ou indireto.

Entende-se inexplicável a separação deste crime dos demais crimes contra o patrimônio, em razão dos bens jurídicos protegidos.

Direito autoral é um complexo de direitos, morais e materiais, nascidos com a criação da obra. Interessa notar que o direito autoral surge com a criação da obra original, independentemente de qualquer formalidade ou registro.

É tipo doloso, e nas formas qualificadas exige o fim de lucro direto ou indireto.

A alteração na legislação buscou alcançar formas não previstas na lei anterior, bem como trazer maior rigor na aplicação da pena, com o fim de estancar a chamada *pirataria*, mormente no caso da indústria fonográfica.

Denomina-se *contrafação* a violação de direito autoral com a publicação ou reprodução abusiva, inclusive por parte do contratado. Já o *plágio* é a apresentação feita por alguém, como de sua própria autoria, de uma obra ou parte dela, quando, na verdade, foi produzida por outrem.

Trata-se de norma penal em branco, pois depende de outra norma que defina. Conforme a Lei 9.610/1998, são limites aos direitos autorais a publicação de: (a) reprodução na imprensa de notícia ou artigo informativo, publicado em diários ou periódicos, com a menção do autor e da fonte; (b) discursos públicos em periódicos; (c) retratos autorizados; (d) obras literárias ou científicas para deficientes visuais, em Braille ou suportes compatíveis; (e) reprodução em um exemplar de pequenos trechos para uso exclusivo do copista, sem intuito de lucro; (f) citação de trecho em revistas, artigos, para fins de estudo ou polêmica, desde que compatível com os fins e citado o autor da obra; (g) apanhado de lições em estabelecimento de ensino, vedada a publicação sem autorização ao autor; (h) obras artísticas ou científicas, exclusivamente para demonstração à clientela, quando os estabelecimentos comerciais vendam os aparelhos destinados à reprodução; (i) representação teatral e reprodução musical no recinto familiar ou para fins didáticos em estabelecimentos de ensino, sem intuito de lucro; (j) obra em prova judiciária; (k) reprodução de pequenos trechos quando a reprodução não é o objetivo principal da obra nova e não prejudique o autor da original.

A jurisprudência entende que a reprodução musical em clubes se equipara ao recesso familiar, quando não há intenção direta do lucro. Não acreditamos que haja alteração no entendimento com a nova legislação.

A ação penal é privada quando incide no *caput*. No caso de a vítima ser entidade de direito público, autarquia etc...., e nos §§ 1.º e 2.º, a ação penal é pública incondicionada. No caso do § 3.º, a ação penal é pública condicionada.

A ação penal tem rito especial, previsto nos arts. 524 a 530-I do CPP.

Dos Crimes contra a Organização do Trabalho 9

9.1 ATENTADO CONTRA A LIBERDADE DE TRABALHO

> Art. 197. Constranger alguém, mediante violência ou grave ameaça:
> I – a exercer ou não exercer arte, ofício, profissão ou indústria, ou a trabalhar ou não trabalhar durante certo período ou em determinados dias:
> Pena – detenção, de 1 (um) mês a 1 (um) ano, e multa, além da pena correspondente à violência;
> II – a abrir ou fechar o seu estabelecimento de trabalho, ou a participar de parede ou paralisação de atividade econômica:
> Pena – detenção, de 3 (três) meses a 1 (um) ano, e multa, além da pena correspondente à violência.

O bem jurídico tutelado é a liberdade, com a especificidade da referência às relações de trabalho. Tem como hipóteses frequentes as turbações ao direito de trabalho e a greve.

Pode ser praticado por qualquer pessoa. O sujeito passivo também é comum, salvo na primeira parte do inc. II, em que se exige a qualidade de proprietário do estabelecimento ("abrir ou fechar o *seu* estabelecimento").

Para Hungria, apenas o ser humano pode ser constrangido, e, por isso, a pessoa jurídica não pode ser sujeito passivo do presente crime. Para Noronha, a pessoa jurídica também pode ser ofendida, pois "pode a pessoa jurídica ser ofendida no delito em apreço, v.g., fechar o estabelecimento de trabalho, mas a ação do sujeito ativo há de recair, obviamente, nas pessoas que o dirigem".

A ação física é o constrangimento, por meio de violência ou grave ameaça.

No inc. I, a coação deve ser no sentido de obrigar a exercer ou não arte, ofício, profissão ou indústria, ou ainda a trabalhar ou não, sendo o fim do agente previsto no tipo. No inc. II, a coação busca impor a abertura ou o fechamento de estabelecimento, ou ainda a participação em parede ou paralisação de atividade econômica. Não importa, como assinala Noronha, se os fins buscados com o constrangimento são egoísticos ou altruístas.

Pode ser sujeito passivo qualquer pessoa, e até mesmo o desempregado (Stoco), que é impedido de aceitar determinada proposta de emprego que imponha exercício de atividade em determinados dias. Noronha entendia que a pessoa jurídica pode ser sujeito passivo, com o que concorda Stoco. Nucci entende que apenas a pessoa física pode ser sujeito passivo, pois é a sua liberdade o bem jurídico tutelado. O constrangimento pode atingir pessoa diversa da que sofre a violência ou grave ameaça, e, no caso, ambos serão sujeitos passivos.

Se há violência contra a coisa, não se configura o presente delito, pois quando o código utiliza a expressão "violência ou grave ameaça" quer se referir à pessoa, e não à coisa. É claro que a violência contra a pessoa pode ser instrumento de grave ameaça contra a pessoa, quando restará configurado o crime.

Configura o crime ora comentado o apedrejamento de ônibus, ou a violência corporal para impedir que trabalhador ingresse no local de trabalho.

A Lei 7.783/1989 garante o uso de meios pacíficos para induzir trabalhadores a aderir à greve. O que o presente artigo pune são os abusos, com emprego de violência ou grave ameaça.

Para solucionar o conflito aparente de normas com o crime de constrangimento ilegal, devemos considerar que o delito contra a liberdade do trabalho é especial e o constrangimento é relacionado com a liberdade no trabalho. Além disso, a coação prevista no art. 146 do CP também pode se dar mediante violência, grave ameaça ou outros meios. No atentado contra a liberdade de trabalho apenas pode ser utilizada a violência ou grave ameaça, não havendo tipicidade nos "outros meios".

Consuma-se com o exercício ou não da atividade, com a imposição ou impedimento de trabalho ou ainda com a abertura ou fechamento forçado do estabelecimento. É crime permanente, visto que a consumação perdura enquanto dura o constrangimento. Possível a tentativa, pois se trata de delito plurissubsistente.

A despeito da previsão constitucional expressa (art. 109, VI, da CF), os Tribunais Superiores mantêm compreensão da Súmula 115 do antigo TFR no sentido de que apenas os conflitos coletivos são de competência da Justiça Federal. Um dos principais argumentos, levantado por Delmanto, é que na antiga Constituição a competência era para julgamento "dos crimes contra a organização do trabalho e os decorrentes de greve". Como na nova Constituição não se repetiu a fórmula "decorrentes de greve", entende-se que apenas os crimes que atinjam interesses coletivos são de competência da Justiça Federal. Assim, a competência pode ou não ser da Justiça Federal, dependendo da repercussão: se o crime ofender sistema ou órgão que protege coletivamente direitos dos trabalhadores, é competência federal; se atingir apenas determinado(s) empregado(s), a competência é estadual.

Conforme expressa previsão legal, haverá concurso material com o crime de lesão corporal ou homicídio, se tal resultar da violência. As vias de fato são absorvidas.

Se, além da violência ou grave ameaça à pessoa, houver também violência contra a coisa, haverá concurso material de crimes com o crime de dano, mas não por força do preceito secundário do artigo ora em estudo, mas por força do art. 69 do CP, eis que o presente tipo apenas trata da violência ou grave ameaça contra a pessoa (Noronha).

9.2 ATENTADO CONTRA A LIBERDADE DE CONTRATO DE TRABALHO E BOICOTAGEM VIOLENTA

> Art. 198. Constranger alguém, mediante violência ou grave ameaça, a celebrar contrato de trabalho, ou a não fornecer a outrem ou não adquirir de outrem matéria-prima ou produto industrial ou agrícola.

O tipo é confuso, pois mistura condutas, normas e bens jurídicos diferentes.

Temos assim dois crimes: atentado contra a liberdade de contrato de trabalho e boicotagem violenta. Em razão da duplicidade e autonomia dos delitos previstos no mesmo tipo, trata-se de raro exemplo de tipo misto cumulativo.

Primeiro, vamos estudar o atentado contra a liberdade de contrato de trabalho.

9.3 ATENTADO CONTRA A LIBERDADE DE CONTRATO DE TRABALHO

Busca proteger a autonomia individual, reflexo da dignidade da pessoa humana. Deve ser assegurada ao trabalhador a autonomia de escolher entre assinar ou não um contrato de trabalho.

É crime comum quanto aos sujeitos.

A primeira parte do tipo prevê o constrangimento para que o sujeito passivo assine (ou renove) o contrato de trabalho. Não prevê o constrangimento para que o sujeito não assine o contrato, o que pode configurar o crime do art. 197 (Costa Jr.) ou constrangimento ilegal (Capez).

O crime é doloso, não sendo relevante a forma culposa.

Ainda que vários os sujeitos passivos, o crime é único (Hungria), desde que o constrangimento seja único. As lesões resultantes da violência serão punidas autonomamente, em concurso.

Consuma-se com a celebração do contrato, sendo possível a tentativa. Se o contrato é verbal, Fragoso entende que se consuma com o início da prestação do trabalho.

Se da violência resulta lesão grave ou morte, há soma das penas.

9.4 BOICOTAGEM VIOLENTA

Também é crime comum quanto aos sujeitos, embora o bem jurídico tutelado se afaste da liberdade de trabalho. O interesse protegido é o direito a participar do livre mercado e a livre iniciativa.

É punida a ação de constranger terceiro a não fornecer ou adquirir produto agrícola, industrial ou matéria-prima. Noronha lembra que o boicote de crédito ou dinheiro foi esquecido pelo legislador, e também resultaria na lesão que a norma busca evitar.

É crime doloso, não sendo relevante a forma culposa.

O objetivo, mormente em mercado econômico dinâmico como o atual, é o isolamento econômico de alguma pessoa física ou jurídica, o que normalmente resultará em sua inviabilidade financeira.

Para Mirabete, é crime material, que se consuma com a abstenção do ofendido. Possível a tentativa, desde que, iniciada a ação de constrangimento, não ocorra a abstenção pretendida pelo autor.

Como na primeira figura do artigo, há concurso material necessário com a pena referente à violência.

9.5 ATENTADO CONTRA A LIBERDADE DE ASSOCIAÇÃO

> Art. 199. Constranger alguém, mediante violência ou grave ameaça, a participar ou deixar de participar de determinado sindicato ou associação profissional.

O crime é, em princípio, comum quanto aos sujeitos, mas, se o sujeito ativo for funcionário público, há crime de abuso de autoridade.

O sujeito passivo pode ser a pessoa jurídica, no caso de violência contra a coisa.

O bem jurídico é a liberdade de associação. O direito de associação é constitucional, e não pode sofrer restrições não previstas na Constituição, sendo verdadeiro esteio da democracia. O pensamento ganha força quando há maior número de adeptos, e passa a protagonizar posição política na sociedade.

Há divergência sobre a amplitude do tipo: Mirabete entende que todo constrangimento configura o presente crime; o STJ entende que apenas há crime contra a organização do trabalho quando o fato extrapola o âmbito particular, e realmente atinge o bem jurídico "organização do trabalho".

Bittencourt destaca, ainda, que só se configura o presente crime se o constrangimento se refere a um determinado sindicato. Se a ação coativa busca forçar a vítima a participar ou não de sindicatos em geral, fica configurado apenas o crime do art. 146 do CP (constrangimento ilegal).

O constrangimento pode ocorrer por violência ou grave ameaça. O tipo é doloso, e não há relevância penal na forma culposa. Não importa o móvel do agente, que pode buscar benefícios, prejudicar terceiros, ou ter qualquer outro motivo.

Para Mirabete, o crime é material, e se consuma quando a pessoa, mediante constrangimento, participa ou deixa de participar do sindicato ou associação. Possível a tentativa quando, apesar da ação constrangedora, o sujeito não consegue a ação ou inação da vítima.

Mesmo voltado a mais de uma pessoa, prevalece a opinião de que o crime é único, caso esteja inserido no mesmo contexto fático.

Há concurso material necessário com a pena correspondente à violência.

9.6 PARALISAÇÃO DE TRABALHO, SEGUIDA DE VIOLÊNCIA OU PERTURBAÇÃO DA ORDEM

Art. 200. Participar de suspensão ou abandono coletivo de trabalho, praticando violência contra pessoa ou contra coisa.
Pena – detenção, de 1 (um) mês a 1 (um) ano.
Parágrafo único. Para que se considere coletivo o abandono de trabalho, é indispensável o concurso de, pelo menos, três empregados.

O tipo protege a integridade corporal e o patrimônio, e também a ordem pública.

O mérito do movimento de greve é irrelevante para o caso, podendo ser legítimo ou ilegítimo. Na forma, apenas o movimento de greve que transborda a fronteira da licitude é que poderia configurar o presente fato, com promoção de atividades anormais, exigindo o tipo violência contra pessoa ou coisa. Entendemos que tal violência deve ser relevante, quedando despidas de tipicidade penal as pequenas ocorrências próprias a qualquer manifestação popular. Em tais casos deve ser punida apenas a conduta individualizada dos responsáveis pelos pequenos danos mencionados.

Aliás, para que não se faça homenagem à repudiada responsabilidade objetiva, concordamos com Fragoso no sentido de que apenas quem realmente participou, de alguma forma, da violência poderá receber a sanção penal. Comum em manifestações populares, a dissonância de comportamento entre grupos não pode contaminar os manifestantes pacíficos com as desordens provocadas por outros grupos, que preferem o uso da violência. Assim, sem dolo quanto à violência, não há relevância penal na conduta.

O tipo exige a condição de empregado ou empregador para a caracterização do crime, pelo que pode ser classificado como próprio. Possível a coautoria e participação por parte de terceiros.

Há abandono coletivo apenas com a reunião de três ou mais empregados. No caso de *lockout*, não se faz necessária a pluralidade de empresas, mas sim concurso de mais de uma pessoa, ainda que relacionadas à mesma empresa (Fragoso).

É necessário que haja violência contra a pessoa ou coisa. Não está prevista aqui a grave ameaça. A violência deve se dar no curso do movimento de greve, e não para obrigar alguém a participar do movimento (Fragoso), hipótese em que restaria configurado o crime do art. 197

Hungria e Noronha entendiam que o tipo em questão trata tanto da greve dos trabalhadores como do *lockout*, que é a suspensão dos trabalhos por parte dos empregadores, valendo-se do emprego pelo tipo das expressões "suspensão", que se referiria ao *lockout*, e "paralisação", que estaria relacionada com a greve. Bento de Faria entendia só prevista a greve, e excluído o *lockout*, visto que na exposição de motivos há referência ao tipo como greve seguida de violência, sem mencionar o *lockout*.

A duração do movimento não é prevista na lei, pelo que deve ser apreciada a relevância jurídica da suspensão ou paralisação, que não necessariamente exige saída do local de trabalho (Stoco).

Para o STJ, é necessário que haja perigo coletivo, contra a organização do trabalho, ficando afastado o presente tipo se se trata de movimento que apenas atinge direitos individuais (e não coletivos).

A consumação ocorre com o emprego de violência, sendo possível a tentativa.

Há concurso entre o crime em estudo e o resultante da violência (absorvidas as vias de fato) contra a pessoa ou coisa, conforme previsão expressa do preceito secundário do art. 200 do CP.

9.7 PARALISAÇÃO DE TRABALHO DE INTERESSE COLETIVO

Trata-se da paralisação ilegal de obra pública ou serviço de interesse coletivo. Com a Lei de Greve (Lei 7.783/1989), entende-se que apenas a paralisação de serviços ou atividades tidas como essenciais é que podem configurar o crime, desde que descumpridos os ditames da Lei de Greve (Silva Franco e Nucci).

Há posição no sentido de que o art. 201 é inaplicável, eis que a Constituição prevê e legitima o direito de greve (Delmanto).

Para quem entende eficaz o tipo, pune a greve ilegal, ou seja, aquela que transborda os limites da regulamentação da própria Lei de Greve, com a paralisação de serviços essenciais.

No caso de serviços bancários, pela Lei 7.783/1989, apenas o serviço de compensação é considerado essencial.

É necessário dolo, com a consciência de que se trata de serviço ou atividade essencial (Mirabete entende suficiente a consciência de que se trata de obra pública ou serviço de interesse coletivo).

A consumação se dá com a interrupção da obra ou serviço, sendo irrelevante penal a mera diminuição no ritmo dos trabalhos (Mirabete). É possível a tentativa.

9.8 INVASÃO DE ESTABELECIMENTO INDUSTRIAL, COMERCIAL OU AGRÍCOLA. SABOTAGEM

> Art. 202. Invadir ou ocupar estabelecimento industrial, comercial ou agrícola, com o intuito de impedir ou embaraçar o curso normal do trabalho, ou com o mesmo fim danificar o estabelecimento ou as coisas nele existentes ou delas dispor.

Invadir significa ocupar indevidamente, adentrar sem legitimidade para tanto.

Há crime de sabotagem quando o agente danifica, destrói, inutiliza ou dispõe indevidamente de objetos do estabelecimento relevantes para o curso normal do trabalho.

Há elemento subjetivo do tipo, qual seja a especial intenção de impedir ou embaraçar o curso normal do trabalho.

Já se entendeu que há crime na conduta daquele que troca a fechadura do local para impedir o curso normal do trabalho. No caso, o STJ entendeu que a competência era da Justiça Estadual, pois não havia repercussão na organização geral do trabalho.

Há consumação quando se realiza a ocupação ou invasão, ou com a disposição/danificação dos objetos. Durante a ocupação, trata-se de crime permanente. Em todas as formas admite a tentativa.

9.9 FRUSTRAÇÃO DE DIREITO ASSEGURADO POR LEI TRABALHISTA

> Art. 203. Frustrar, mediante fraude ou violência, direito assegurado pela legislação do trabalho.

Frustrar significa impedir, privar.

Embora a lei não traga previsão, a jurisprudência entende que há crime quando a frustração do direito decorre de grave ameaça. Atentos ao princípio da legalidade, Stoco e Noronha entendem que a grave ameaça não permite a configuração do crime do art. 203.

Pode tratar de direitos renunciáveis ou irrenunciáveis, desde que previstos em lei (norma penal em branco).

Há também aqui concurso necessário com a pena referente à violência empregada.

O sujeito ativo é normalmente o empregador, mas não necessariamente, podendo consistir em terceiro. Para Hungria, pode ser o empregado, e até mesmo o empregado conluiado com o empregador, desde que se trate de direito irrenunciável.

O mero fato de aceitar salário abaixo do previsto em lei não configura o crime. Se a aceitação deriva de fraude ou violência, está tipificado o fato. Da mesma forma, a mera falta de pagamento do salário, sem violência ou grave ameaça, não configura o crime.

A falsificação de recibos configura o crime, e é possível o concurso com o crime de falsidade ideológica ou material. A contratação ou início da prestação de serviços por parte do empregado sem o devido registro com a comunicação do empregador de que o registro está regularizado configura o crime.

É necessário que haja dolo, com a consciência de que está sendo violado direito trabalhista com violência ou fraude. Não se exige especial intenção por parte do autor.

No caso do inc. I do § 1.º, a lei não proíbe a venda por parte do empregador fornecedor de produtos. Pune, no entanto, quando há ameaça implícita ou explícita que obrigue o consumo por parte do empregado, com o fim de impossibilitar o desligamento do serviço em razão da dívida.

No inc. II do § 1.º, há duas figuras: a primeira é previsão específica de constrangimento ilegal, em que o sujeito utiliza de violência ou grave ameaça para impedir a vítima de se desligar do serviço; na segunda figura, o sujeito ativo retém documentos ou contratos com o objetivo de impedir o desligamento da vítima.

Acreditamos que, no conflito com o crime de plágio (redução a condição análoga à de escravo), o inc. I trata de ato preparatório, no qual o empregador apenas impõe o consumo de mercadorias com o fim de restringir, no futuro, a locomoção da vítima. No momento em que tal restrição se perfaz, há crime de plágio. No inc. II do § 1.º, o crime do art. 203 permanece desde que a ação de impedir o desligamento não se dê por vigilância ostensiva, cerceamento de meios de locomoção ou submissão a trabalhados forçados, hipótese em que haverá crime de plágio. No caso de retenção de documentos pessoais, a figura foi revogada pela nova redação do art. 149 do CP. Vale lembrar que a pena para o *plagium* é bem maior do que a prevista para o presente crime.

Há causa de aumento de pena, se a vítima é menor de 18 anos, idosa, gestante, indígena ou portadora de deficiência física ou mental.

Há concurso material com o crime que decorre da violência.

9.10 FRUSTRAÇÃO DE LEI SOBRE A NACIONALIZAÇÃO DO TRABALHO

Art. 204. Frustrar, mediante fraude ou violência, obrigação legal relativa à nacionalização do trabalho.

A ação incriminada é frustrar, que significa enganar, iludir, privar. Aqui, no entanto, a frustração pode ser mediante fraude ou violência. Não está prevista a grave ameaça, como lembra Nucci.

A ação deve ter como objetivo evitar ilicitamente as obrigações legais referentes à nacionalização do trabalho.

É norma penal em branco, pois exige o complemento de outro ato normativo para tenha sentido. No caso, o complemento está consubstanciado nos arts. 352 a 371 da CLT. Como exemplo, vale a transcrição dos arts. 353 a 355 da CLT:

> Art. 353. Equiparam-se aos brasileiros, para os fins deste Capítulo, ressalvado o exercício de profissões reservadas aos brasileiros natos ou aos brasileiros em geral, os estrangeiros que, residindo no País há mais de 10 (dez) anos, tenham cônjuge ou filho brasileiro, e os portugueses.
>
> Art. 354. A proporcionalidade será de 2/3 (dois terços) de empregados brasileiros, podendo, entretanto, ser fixada proporcionalidade inferior, em atenção às circunstâncias especiais de cada atividade, mediante ato do Poder Executivo, e depois de devidamente apurada pelo Departamento Nacional do Trabalho e pelo Serviço de Estatística de Previdência e Trabalho a insuficiência do número de brasileiros na atividade de que se tratar.
>
> Parágrafo único. A proporcionalidade é obrigatória não só em relação à totalidade do quadro de empregados, com as exceções desta Lei, como ainda em relação à correspondente folha de salários.
>
> Art. 355. Consideram-se como estabelecimentos autônomos, para os efeitos da proporcionalidade a ser observada, as sucursais, filiais e agências em que trabalhem 3 (três) ou mais empregados.

O objeto jurídico tutelado é uma reserva de mercado de trabalho para brasileiros, considerada vital para o Estado brasileiro.

O crime é doloso, não exigindo especial fim de agir.

Consuma-se com o efetivo descumprimento da obrigação legal, sendo possível a tentativa.

9.11 EXERCÍCIO DE ATIVIDADE COM INFRAÇÃO DE DECISÃO ADMINISTRATIVA

É sujeito ativo aquele que está impedido de exercer determinada atividade por decisão administrativa.

Há contravenção penal no art. 47 da LCP, que narra o exercício de profissão ou atividade econômica, ou anúncio de seu exercício, sem o preenchimento das condições a que por lei está subordinado seu exercício.

A tutela aqui, mais que as relações de trabalho, incide sobre a eficácia da decisão administrativa que suspendeu a possibilidade do exercício de determinada atividade.

Aqui não há apenas o exercício irregular da profissão, mas sim a execução de atividade sobre a qual houve decisão administrativa obstativa. Se a decisão foi judicial, pode incidir no crime do art. 359, ou mesmo do art. 330, ambos do CP.

É necessário dolo, pelo que o sujeito deve ter conhecimento da decisão administrativa.

Trata-se de crime habitual, que exige, assim, a prática reiterada da atividade, não bastando a prática de um ato. Prevalece não ser possível a tentativa.

Possível o concurso de pessoas.

Resta configurado o crime de exercício de atividade com infração de decisão administrativa no exercício da medicina por profissional que teve cancelada sua inscrição no Conselho Federal de Medicina (Delmanto), e não aquele previsto no art. 282 do CP (exercício ilegal da medicina).

A competência é sempre da Justiça Estadual, eis que não há interesse coletivo.

9.12 ALICIAMENTO PARA O FIM DE EMIGRAÇÃO

> Art. 206. Recrutar trabalhadores, mediante fraude, com o fim de levá-los para território estrangeiro.

Sujeito ativo pode ser qualquer pessoa. Sujeitos passivos são os trabalhadores recrutados.

A objetividade jurídica tutelada é o equilíbrio do mercado de trabalho nacional e, também, a dignidade dos trabalhadores.

O crime consiste em recrutar, ou seja, arrolar para serviço, arrebanhar pessoas para uma missão. No caso, é necessário que haja relação com a questão laboral, e o objetivo seja o transporte dos trabalhadores para o estrangeiro.

Como anota Nucci, não se entende o motivo da adoção do verbo recrutar, e não diretamente da expressão aliciar, que tornaria mais fácil a compreensão, partindo do *nomen iuris* do crime.

O número mínimo de trabalhadores é dois (Nucci, Delmanto e Damásio), mas Noronha exigia ao menos três.

É ainda necessário que tal recrutamento ocorra mediante fraude, que pode incidir sobre as condições do trabalho, sobre os custos da viagem, sobre a identidade dos responsáveis pelo recrutamento ou qualquer outro dado relevante para a correta compreensão, por parte do trabalhador, da situação em que se envolve.

O crime é doloso, exigindo a especial intenção de levar os trabalhadores para o exterior.

Consuma-se com o efetivo recrutamento, ainda que não se dê o transporte para o exterior.

Conforme Nucci, a competência será da Justiça Federal, pois haverá interesse coletivo. Há controvérsia, anotando-se a competência estadual no caso de inexistência de interferência nas relações coletivas de trabalho.

Se a intenção é levar pessoas para prostituição no exterior, restará configurado o crime de tráfico internacional de pessoas, e não o presente.

Conforme Delmanto, há entendimento na jurisprudência de que o presente crime não absorve nem é absorvido pelo plágio (redução a condição análoga à de escravo), restando assim configurado o concurso de crimes.

9.13 ALICIAMENTO DE TRABALHADORES DE UM LOCAL PARA OUTRO DO TERRITÓRIO NACIONAL

Art. 207. Aliciar trabalhadores, com o fim de levá-los de uma para outra localidade do território nacional.

Não basta o mero transporte. É necessário que haja: (a) iniciativa do aliciador; (b) sedução, aliciamento; (c) objetivo de levar os trabalhadores para local distante; (d) prejuízo para organização do trabalho ou economia da região (controverso).

Aliciar significa angariar, seduzir. Não basta, assim, o mero recrutamento, sendo exigido também um elemento de sedução ou abuso.

Entende-se como localidade qualquer vilarejo ou município, desde que bastante afastados entre si.

O objeto jurídico é o equilíbrio do mercado de trabalho, normalmente abalado com ondas migratórias, em especial, quando artificialmente provocadas. Também a dignidade do trabalhador, que é sorrateiramente manipulado.

Controverso o número mínimo de trabalhadores, prevalecendo dois (Delmanto, Nucci e Damásio), embora Noronha defenda, por interpretação sistemática, o número mínimo de três.

Necessário o dolo específico de levar os trabalhadores de uma localidade para outra, dentro do território nacional, o que tradicionalmente se denomina *dolo específico*.

Consuma-se com o mero aliciamento, ou seja, com a concordância dos trabalhadores diante da manobra de aliciamento, sendo inclusive desnecessário o efeito transporte. Teoricamente é possível a tentativa (Delmanto).

A lei também incrimina o recrutamento (passivo) de trabalhadores mediante fraude, cobrança de quantia ou sem assegurar condições para que ele retorne a seu local de origem.

Há especial causa de aumento de pena se a vítima é menor de 18 anos, idosa, gestante, indígena ou portadora de doença física ou mental.

Dos Crimes contra a Dignidade Sexual

10

A antiga e criticada referência aos crimes contra os costumes, que guardava o sentido de moralidade sexual, foi felizmente abandonada pelo legislador, que preferiu esclarecer que a moderna interpretação dos crimes contra a liberdade sexual não busca proteger em princípio um sentimento de moralidade pública, mas sim a dignidade sexual como faceta da dignidade da pessoa humana.

É verdade que a dignidade sexual não queda desvinculada da moralidade pública, mas o vértice interpretativo deve atentar não ao sentimento social sobre o fato, mas sim à existência de lesão ou perigo para a dignidade sexual dos envolvidos. Aliás, o vetor interpretativo permite afastar a tipicidade quando a interpretação incriminadora violar a referida dignidade.

Infelizmente, a nosso ver, não há um abandono radical da proteção à moralidade pública, como demonstram os crimes de ultraje público ao pudor, nos quais o interesse protegido não se identifica com a dignidade humana, mas sim com a boa educação ou moral sexual. Ainda que indesejáveis, tais comportamentos poderiam, a nosso ver, ser controlados por outras esferas de regulação de comportamentos, como a educação, a religião, ou mesmo na seara jurídica, mas com medidas cíveis ou administrativas.

Desde logo vale acentuar que a prostituição, a homossexualidade, a bestialidade e o incesto não são relevantes penais, em princípio.

Em um balanço geral, sob o prisma político-criminal, com a ressalva da eliminação da desnecessária diferenciação legal entre o estupro e o atentado violento ao pudor, as mudanças não foram felizes, eis que o desenfreado rigor punitivo, nem sempre adequado a problemas complexos como a questão sexual, foi o norte único do legislador, mais preocupado com os efeitos simbólicos do direito penal do que com a efetiva proteção subsidiária de bens jurídicos.

10.1 ESTUPRO

Art. 213. Constranger alguém, mediante violência ou grave ameaça, a ter conjunção carnal ou a praticar ou permitir que com ele se pratique outro ato libidinoso:
Pena – reclusão, de 6 (seis) a 10 (dez) anos.

Na antiga lei, era a conjunção carnal forçada pelo homem. Hoje, é qualquer ato libidinoso forçado contra alguém.

Conjunção carnal em sentido estrito é a relação sexual entre o homem e a mulher com a entrada, ainda que parcial, do pênis na vagina. São atos libidinosos, além da própria conjunção carnal, todos aqueles que ferem a liberdade sexual da vítima de forma relevante, mas não são conjunção carnal, desde beijos lascivos, "sexo oral", até o coito anal. Não é necessário que a vítima entenda o caráter libidinoso do ato praticado: basta que ofenda o pudor médio e tenha conotação sexual para que se constitua delito.

O agente constrange a vítima a colaborar de forma ativa ou passiva, praticando atos libidinosos ou permitindo que com ela sejam praticados. De qualquer forma, a participação material da vítima (que pratique ou permita com ela a prática de atos) é exigível. Ainda na antiga redação, prevalecia que não era necessário o contato físico (Nucci), e não há motivo para diversa compreensão na nova configuração, ou seja, há crime na visão lasciva (sujeito que obriga a vítima a se masturbar, mesmo sem a tocar, mediante grave ameaça). Mossin defendia a necessidade do contato para que se consumasse o crime.

No caso de obrigar a vítima a assistir a relações sexuais de terceiros não há crime, pois ela não praticou nem permitiu que com ela se praticassem atos libidinosos. Se a vítima é menor de 14 anos, pode se configurar o tipo do art. 218-A do CP.

O ataque de inopino no qual se pratica ato libidinoso permite configurar a nova redação do crime de estupro? Na antiga redação do artigo, prevalecia na jurisprudência o entendimento que sim, mas a matéria vinha sendo mais bem analisada no sentido de que apenas deve configurar crime a conduta que viola de forma grave a liberdade sexual. O tapa nas nádegas por parte de rapaz que passa correndo ou o beijo roubado daquele que aproveita descuido ao cumprimentar moça não pode ser considerado crime hediondo. Se a ofensa à liberdade sexual é mínima, a atitude deve ser compreendida, no máximo, como importunação ofensiva ao pudor, desde que presentes as elementares da contravenção penal, como já ensinava Bittencourt. Se não configura a contravenção, é fato materialmente atípico.

Como argumento de reforço à interpretação restritiva da expressão "ato libidinoso" para fins de configuração do estupro, acrescentamos outro argumento: partindo da premissa de que a lei não usa palavras inúteis, é necessário esforço interpretativo para entender por que a lei utiliza as expressões "conjunção carnal" e "outro ato libidinoso", já que a conjunção é, em si, ato libidinoso, e a redundância seria desnecessária. A melhor justificativa é que se trata de interpretação analógica, ou seja, após a enumeração casuística "conjunção carnal" segue-se cláusula genérica "ato libidinoso", cuja interpretação deve ser restritiva, para abranger apenas atos com intensidade semelhante à conjunção carnal, quedando afastadas importunações menores.

A nova redação da lei não faz diferença entre sujeitos ativos e passivos do delito, e, assim, quer se trate o fato de conjunção carnal, quer se trate de ato libidinoso diverso, é possível que o sujeito ativo seja homem ou mulher, e também assim o sujeito passivo. Aliás, ora não há mais motivo para controvérsia: se a mulher constrange o homem à conjunção carnal, há estupro. Perde também o interesse a interpretação ampla (incluía o coito anal) ou restrita (apenas pênis na vagina) do que se compreende por conjunção carnal, vez que ambos configuram o mesmo crime.

É possível estupro de marido contra mulher e vice-versa. Até há pouco tempo, prevalecia que não, com base na obrigação conjugal da prática de atos sexuais, mas atualmente é praticamente pacífico que sim, acatando o respeito à dignidade humana, que engloba a dignidade e liberdade sexual. A prostituta também pode ser sujeito passivo de estupro, pois também tem liberdade sexual e dignidade.

Necessário que haja violência ou grave ameaça. Em tese, não é necessário que a ameaça seja de mal injusto, pois, conforme Hungria, não quedaria afastado o crime de estupro no caso de ameaça feita à mulher de denunciar crime seu no caso de não permitir a conjunção, desde que presente o dissenso da vítima. A violência ou grave ameaça deve anteceder o ato libidinoso. Se posterior, ou se não busca vencer a resistência da vítima para a prática do ato libidinoso, não há o presente crime.

Importante que reste claro o dissenso, a resistência. Deve ser possível concluir dos fatos objetivamente considerados que a vítima tentou evitar, e permitiu ao agente compreender seu claro dissenso, ainda que não seja necessária a resistência violenta. A atitude de resistência deve existir a princípio, ainda que rapidamente seja vencida pela violência ou grave ameaça. O consenso afasta a configuração do presente crime, pois o consentimento do ofendido afasta a tipicidade nos crimes de constrangimento (Roxin), ainda que haja grande imoralidade ou violência.

Somente punível na forma dolosa: consciência da libidinosidade do ato, vontade de praticar o ato libidinoso com conhecimento da resistência (dissenso) e vontade de vencê-la (Noronha). O tipo não reclama nenhum fim especial do agente, como a satisfação da libido (o estupro pode ter por finalidade a vingança ou a simples humilhação da vítima).

Para caracterização da tentativa, é preciso que o agente demonstre sua intenção de praticar o ato libidinoso com a vítima. O estupro se consuma quando é praticado o ato que a vítima teve de permitir ou quando ela pratica o ato libidinoso. Prevalece ser possível a tentativa quando, determinada a ordem e quebrada a resistência, o ato deixa de ser praticado por circunstâncias alheias à vontade do agente. Para que haja consumação não é necessário que o ato tenha atingido sua finalidade específica (conjunção carnal ou coito anal, por exemplo), bastando que já tenha sido praticado algum ato libidinoso.

A inseminação artificial forçada não configura o crime, pois não há ato libidinoso.

Há quem entenda ser crime de mera conduta (Damásio), formal (Mossin), e quem o classifique como material (Nucci), vez que há resultado consistente, no mínimo, nos abalos de ordem moral.

Conflito de leis penais no tempo:

1. No exemplo teórico da mulher que constrange o homem à conjunção carnal, que era famoso exemplo de inexistência de crime contra os costumes por inviabilidade de analogia *in malam partem*, a nova lei passou a considerar o fato ilícito penal, ou seja, houve *novatio legis in pejus* e, assim, a lei só pode ser aplicada a fatos praticados a partir de sua vigência.

2. Quanto ao concurso material de crimes entre o estupro e o atentado violento ao pudor, quando praticados no mesmo cenário fático, há duas correntes:

a) houve *novatio legis in mellius*, pois o que antes configurava para os Tribunais Superiores concurso material de crimes, ora será tipificado em crime único (STJ, HC 167.517). A pluralidade de atos irá se adequar a um único tipo, e a intensidade da violação à liberdade sexual só poderá ser utilizada como fundamento para a agravação da pena, se for o caso;

b) em sentido diverso, entendendo haver crime único apenas nas hipóteses já reconhecidas na antiga redação da lei, ou seja, se o ato libidinoso é mero ato preparatório da conjunção carnal, está Vicente Greco, que afirma existir concurso de crimes nas demais hipóteses. No caso de vários atos libidinosos destacados (conjunção carnal, *felatio in ore*, coito anal), há vários crimes de estupro, ainda que no mesmo contexto fático (STJ, HC 169.449).

3. Se os atos são praticados em contextos fáticos diferentes, haverá concurso de crimes. Que espécie?

a) deve ser avaliada a ocorrência de continuidade delitiva, pois a prática de conjunção carnal e a prática de outros atos libidinosos irão configurar, na nova redação do art. 213, o mesmo crime – mesma espécie (STF, HC 103.404);

b) adotando posição contrária, Greco entende que só será possível o crime continuado se a forma de estupro for idêntica, ou seja, se houver uma série de conjunções carnais ou de atos libidinosos diversos, mas nunca na combinação dos dois modos de praticar o crime (STJ, HC 104.724).

4. Não há falar em *abolitio criminis* em relação ao atentado violento ao pudor, pois, ainda que o *nomen iuris* não seja mais adotado, a nova redação do crime de estupro escancara a continuidade típico-normativa.

5. Há, no entanto, *abolitio criminis* na possibilidade de aborto sentimental nos raros casos em que a gravidez não resultava de cópula vaginal. Como hoje mesmo o ato libidinoso diverso da conjunção resulta em estupro, foi ampliada a possibilidade de aborto sentimental para gravidez que decorra de todo ato libidinoso. Por ser alteração benéfica ao réu, deverá retroagir.

Se dois sujeitos colaboram um com o estupro do outro, ou seja, revezam-se estuprando e vigiando para o outro estupro, respondem, no entender de Mossin, por dois crimes, um como autor e outro como partícipe, e ambos com a causa de aumento do art. 226, I.

Conforme ensinam Mossin e Nucci (citando STJ, HC 8.720-RJ), desnecessário exame de corpo de delito, vez que o crime, mormente quando praticado sem violência, pode não deixar marcas perceptíveis no exame. Apenas para a caracterização das qualificadoras da lesão grave e do resultado morte é que será necessário o exame. Há julgados minoritários no sentido de que o exame é sempre necessário no caso de conjunção carnal (*RT* 342/548).

É possível condenação com base na palavra da vítima, desde que essa seja absolutamente harmônica, segura, e que as circunstâncias do caso indiquem sua credibilidade, vez que se trata de crime normalmente praticado na clandestinidade, o que impede outras provas. No entanto, deve haver especial cuidado em tal avaliação, lembrando que a hipótese exige absoluta segurança da versão da ofendida em confronto com as teses defensivas apresentadas, sob pena de condenações temerárias.

A falsa acusação de crime sexual faz referência à chamada Síndrome da Mulher de Potifar, uma alusão à passagem bíblica em que José, filho de Jacó e servo de Potifar, passa a ser seduzido pela mulher de seu amo, em busca de práticas sexuais. Com as negativas do escravo, ela o acusa de tentar estuprá-la, ocasião em que José é levado à prisão.

Se o sujeito pratica o estupro com o fim de transmitir moléstia venérea, há também causa de aumento de pena no art. 234-A, que a nosso ver afasta o concurso de crimes.

O estupro é crime hediondo.

Não admite a incidência da agravante do motivo torpe, uma vez que a torpeza lhe é inerente (TJSP, *RT* 545/345).

Há previsão de formas qualificadas se da conduta resulta lesão grave ou se a vítima é menor de 18 e maior de 14 anos, e também se resulta morte. A idade da vítima deve ser de conhecimento do sujeito ativo, pois o sujeito não poderia responder além de seu dolo. Notável a falha da legislação, que trata do "maior de 14 anos" e olvida que, ao tratar do estupro de vulnerável, utilizou a forma "menor de 14 anos", esquecendo-se da vítima no dia em que completa 14 anos. Na hipótese, é possível defender que não se aplica a presente qualificadora por falta de previsão legal, mas entendemos que, apesar da pouca técnica demonstrada, a partir dos primeiros instantes do dia em que completa 14 anos a vítima passa a ser "maior de 14 anos", permitindo assim coerência ao sistema.

A outra qualificadora trata da conduta que gera, por culpa, resultado lesão grave ou morte. As vias de fato e a lesão leve são absorvidas.

O resultado lesão grave e morte previsto no artigo é sempre preterintencional, ou seja, deve haver culpa quanto ao resultado. Se nem culpa houver, não responde pelo resultado, vez que o direito penal brasileiro se afasta da responsabilidade objetiva. Se houver dolo acerca da lesão grave ou morte, incidirá a regra do concurso de crimes. Importante perceber que, aqui, o tratamento é diverso do de crimes como o latrocínio e a extorsão mediante sequestro seguida de morte, quando incide a qualificadora com resultado lesão grave ou morte dolosa ou culposa. Para Nucci, no entanto, a mesma regra deve ser aplicada, ou seja, também no caso do estupro qualificado é indiferente se o resultado é gerado a título de dolo ou culpa. O respeitável entendimento, em nossa opinião, gera invencível contradição: como poderia o estupro seguido de morte dolosa ter a mesma pena do homicídio qualificado (12 a 30 anos nos dois casos)? Se for assim, o sujeito que mata por motivo torpe e aquele que estupra e mata por motivo torpe receberiam a mesma pena, ou seja, o estupro seria simplesmente ignorado pelo sistema penal, ou, ainda, praticamente absorvido pelo homicídio, gerando situação de insuportável desproporcionalidade.

Controvérsia: se há tentativa de estupro, mas o resultado morte se consuma, qual a qualificação típica? (a) Para Regis Prado, há crime consumado, ainda que a violência sexual não tenha se aperfeiçoado. (b) Para Rogério Greco, há crime tentado, eis que não se pode tratar como crime consumado se o estupro restou apenas tentado. (c) Há concurso de crimes entre a tentativa de estupro e o evento morte. Concordamos com a segunda posição, eis que não se pode conceber que a ocorrência do resultado agravador possa alterar a estrutura tentada do crime antecedente.

10.2 VIOLAÇÃO SEXUAL MEDIANTE FRAUDE

> Art. 215. Ter conjunção carnal ou praticar outro ato libidinoso com alguém, mediante fraude ou outro meio que impeça ou dificulte a livre manifestação de vontade da vítima.

A violação sexual mediante fraude configura verdadeiro estelionato sexual, pois o sujeito mantém ato libidinoso com a vítima mediante fraude, violando evidentemente a liberdade sexual.

Trata-se de crime comum quanto aos sujeitos, ou seja, em princípio qualquer um pode ser sujeito ativo ou passivo. O bem jurídico é, mais uma vez, a liberdade sexual.

A fraude pode ter mais de uma faceta: o agente pode induzir a vítima em erro quanto à identificação da pessoa com quem praticará o ato libidinoso ou mesmo sua legitimidade (imagina estar casada, mas foi apenas uma simulação fraudulenta). Não é necessário que a vítima tenha sido induzida em erro pelo agente, bastando que este mantenha a vítima em erro (por exemplo, sujeito entra na casa e a mulher, com sono, no quarto escuro, chama o agente que pensa ser seu marido para a cama).

Sobre o meio que impeça ou dificulte a livre manifestação da vontade da vítima – novidade da reforma legislativa –, é polêmica a compatibilização do dispositivo com o crime de estupro contra vulnerável, que prevê hipótese equiparada à vulnerabilidade na circunstância em que a vítima, por qualquer causa, não possa oferecer resistência. Acreditamos que a diferença está na intensidade do constrangimento em relação à manifestação de vontade. Se a ação do sujeito inibe a livre manifestação da vontade, mas a vítima persiste podendo oferecer resistência (embriaguez incompleta, por exemplo), configura-se o crime ora estudado. No entanto, se por qualquer circunstância a capacidade de resistência da vítima é afastada (embriaguez completa, por exemplo), há crime de estupro contra vulnerável. Por se tratar, a nosso ver, de inovação que amplia o espectro punitivo do Estado, a atual tipificação do ato libidinoso com o uso de meio não fraudulento que dificulta ou impede a livre manifestação da vítima é *novatio legis in pejus*, e só pode ser praticada em relação aos fatos posteriores à sua vigência. Para Greco e Rassi, a diferença está no meio, ou seja, no presente crime a manifestação da vontade é afastada mediante fraude, enquanto no crime de estupro de vulnerável "o meio é físico, que torna a vítima inerte e sem capacidade de resistência".

É possível a tentativa se, apesar do emprego de meio idôneo a enganar a vítima, ou do meio apto a afastar a livre manifestação da vontade, o sujeito não alcança a prática do ato libidinoso por circunstâncias alheias a sua vontade. Somente é punível a título de dolo, não havendo previsão na forma culposa.

Médico que toca vítima argumentando que há necessidade médica, com real intenção de saciar a lascívia: há o ora estudado crime de violação sexual mediante fraude. Se a vítima for menor de 14 anos ou se de qualquer forma não podia se defender (remédios, sedativos ministrados etc.), há estupro de vulnerável.

Se o crime for praticado com o fim de obter vantagem econômica, o parágrafo único prevê a aplicação cumulativa de pena de multa.

Conflito de leis no tempo: além da novel incriminação do ato libidinoso com meio que turba a manifestação de vontade, há *novatio legis* incriminadora na hipótese de conjunção carnal praticada por sujeito ativo mulher em face de sujeito passivo homem, eis que não prevista na lei anterior, mesmo com a combinação dos antigos arts. 215 e 216 do CP. A nova pena prevista é também *novatio legis in pejus*, eis que é bem superior à antiga previsão dos crimes de posse sexual mediante fraude e atentado ao pudor mediante fraude, ora condensados no atual art. 215.

10.3 ASSÉDIO SEXUAL

Art. 216-A. Constranger alguém com o intuito de obter vantagem ou favorecimento sexual, prevalecendo-se o agente da sua condição de superior hierárquico ou ascendência inerentes ao exercício do emprego, cargo ou função.

Pena – detenção, de 1 (um) a 2 (dois) anos.

Para Nucci, a criação do crime (Lei 10.224/2001) foi indevida, vez que o conflito seria resolvido de forma (mais) adequada nas esferas trabalhista e cível, com o que concordamos.

Há vários bens jurídicos protegidos, como a liberdade sexual e o direito a tratamento digno no ambiente de trabalho.

O agente deve usar sua superioridade, de sua ascendência em razão de hierarquia laboral, ou pelo exercício de cargo, emprego ou função, para constranger a vítima com o intuito de obter vantagem sexual. Se não há relação da atitude do agente com sua condição de superior, não há crime de assédio.

Se for utilizada violência ou grave ameaça, haverá estupro. É crime próprio quanto ao sujeito, pois é necessário que o agente seja ocupante de cargo hierárquico superior ou que tenha especial ascendência em relação à vítima (pode ser vínculo público ou privado). Pode ser homem ou mulher. Se a pretensa vítima ocupa cargo em mesmo patamar que o agente, em princípio, não há crime. Por não haver relação com cargo ou função, não haverá esse crime em razão de poder familiar ou condição similar. Em tais casos, será possível verificar se o temor reverencial foi capaz de afastar a capacidade de resistir da vítima, quando haverá estupro de vulnerável. Para Mossin, a relação de superioridade no clero não é abrangida pelo tipo. Para Nucci e Bittencourt, não há crime na relação entre professor e aluno, pois a relação é de docência, não prevista no tipo, do que discorda Capez, que entende possível o crime em tais casos, quando há possibilidade de efetivo prejuízo para o aluno.

Aquele que não é "superior" poderá responder pelo crime na condição do coautor ou partícipe.

Conforme Nucci, prostitutas e pessoas de vida libertina podem ser sujeitos passivos do crime.

Várias críticas ao verbo constranger, que deveria ter complemento, sob pena de inaplicabilidade (constranger a quê?). Prevalece que o legislador quis usar o termo no sentido de deixar a vítima intimidada, embaraçada, sem capacidade de resistência. Sem dúvida, a redação legislativa foi pouco clara.

Entende-se que tais favorecimentos devem estar relacionados com a prática de conjunção carnal ou outros atos libidinosos diversos, na esteira da compreensão dos demais crimes contra os costumes. Para Mossin, o benefício sexual deve ser para o próprio superior. Para Luiz Flávio Gomes e Capez, a vantagem pode ser para o superior ou para terceiro, ainda que este desconheça o fato, com o que concordamos.

É preciso ter bom senso para distinguir a conduta constrangedora do inofensivo flerte, da tentativa de aproximação. Se não há sério constrangimento, não há falar em crime de assédio. Mossin afirma que se a pessoa for somente molestada, sem coação, a conduta é atípica. Nucci ressalta a necessidade de seriedade na "ameaça" (de não ser promovido, de perder o emprego), que não precisa ser injusta. Para Bittencourt, não é necessário ameaça, bastando abusar do "temor reverencial" próprio da ascendência, ou a exagerada insistência, com o que concordamos.

Para Bittencourt, se houver ameaça, fica absorvida pelo assédio. Luiz Flávio Gomes admite, no caso, concurso de crimes.

Necessário que haja dissenso da vítima. Para Mossin, é vital para a caracterização do tipo que, de alguma forma, a vítima venha a repelir o assédio, demonstrando ao superior que não o está aceitando bem.

Apenas é punido a título de dolo, ainda que eventual. Assim, o sujeito deve ao menos aceitar que está constrangendo a vítima com suas atitudes. Para Nucci, se o sujeito quer relação estável e duradoura, e não simples "vantagem sexual", fica afastado o crime, pela ausência do especial elemento subjetivo do tipo. Além disso, o tipo traz ainda uma elementar subjetiva que espelha especial finalidade do agente, qual seja a de obter vantagem ou favorecimento sexual. Consuma-se com a ação de constranger, ainda que nenhum ato sexual seja praticado, sendo classificado, assim, como crime formal. Controversa a possibilidade de tentativa.

Fica afastada a causa de aumento do art. 226, II, do CP, pois a relação de superioridade já faz parte da essência do tipo, e o aumento de pena seria *bis in idem*.

Há aumento de pena em até um terço se a vítima é menor de 18 anos.

10.4 ESTUPRO DE VULNERÁVEL

Art. 217-A. Ter conjunção carnal ou praticar outro ato libidinoso com menor de 14 (catorze) anos:
Pena – reclusão, de 8 (oito) a 15 (quinze) anos.

O novo tipo afasta as hipóteses de presunção de violência da antiga lei e as contempla como um tipo autônomo, com presunção de lesão ao bem jurídico pela especial (e mais uma vez presumida) posição de vulnerabilidade. Não se trata mais de violência presumida, mas sim de presunção de lesão ao bem jurídico liberdade sexual pela condição especialmente vulnerável da vítima. Pela redação, a prática de conjunção carnal ou qualquer outro ato libidinoso com as pessoas arroladas como vulneráveis é, necessariamente, lesiva à dignidade sexual.

Trata-se de crime comum quanto ao sujeito ativo, mas próprio quanto ao sujeito passivo, eis que é necessária a qualidade de vulnerável.

E quem são as pessoas presumidamente vulneráveis, ou seja, quais são os sujeitos passivos? O legislador foi se abeberar nas antigas hipóteses de presunção de violência, ou seja, se a vítima é menor de 14 anos, se em razão de doença mental a vítima não tem o necessário discernimento ou ainda se, por outra razão, não pode oferecer resistência.

a) Menor de 14 anos de idade: Havia terrível polêmica na doutrina sobre a natureza da presunção de violência no caso de vítima não maior de 14 anos. A evolução doutrinária e jurisprudencial apontava no sentido da relativização, quer pela incompatibilidade de presunções absolutas com um direito penal democrático, quer pelo cotejo com a realidade, em que casos de tipicidade formal lastreada na presunção absoluta geravam resultados absurdos, como o beijo lascivo entre namorados, em que um conta com 18 anos e o outro está a poucos dias de completar 14, hipótese em que restava configurado o crime. Infelizmente, o absurdo persiste.

A reforma legislativa caminhou na contramão da referida evolução. Não há mais que se discutir presunção de violência, eis que a presunção, agora, é de vulnerabilidade da vítima. A princípio, deverá prevalecer novamente posição sobre o caráter absoluto de tal presunção, apoiada principalmente na suposta *voluntas legislatoris*, pois aparece clara a intenção do legislador de estabelecer como criminosa a conduta formalmente descrita no texto, sem exceções. Em nossa visão, toda presunção de lesão ao bem jurídico é, em princípio, inconstitucional, por violadora do princípio da culpabilidade, eis que o sujeito não responde pelo que fez, mas pelo que se presume que fez. Dessa forma, a única interpretação possível do dispositivo, a partir dos ditames constitucionais, é que seria possível a incriminação no caso do ato libidinoso praticado em face de menor de 14 anos, desde que demonstrada a violação da liberdade sexual pelo abuso da específica e concreta situação de vulnerabilidade.

Aliás, já na antiga redação da lei Pierangeli criticava de forma arguta a presunção, argumentando que o desenvolvimento e amadurecimento das pessoas não é padronizado, e, assim, a presunção é mistificação inaceitável, com o que sempre concordamos.

Pacífico que o erro inevitável quanto à menoridade da vítima exclui o crime. Assim, se o sujeito imagina que pratica ato libidinoso com pessoa maior de 14 anos, fica afastado o dolo.

Perceba-se que a lei usa o termo menor, diferindo da antiga redação: não é maior. Assim, não é mais presumida a violência (ora vulnerabilidade) no caso de ato libidinoso praticado no dia em que a vítima completa 14 anos, configurando-se *abolitio criminis* em relação aos fatos – prática de atos libidinosos no dia em que a vítima completou 14 anos – anteriores à vigência da lei.

Greco e Rassi lembram a possibilidade de a vítima ter mais de 14 anos, mas, por ter sido registrada a destempo, contar com certidão de nascimento segundo a qual teria menos de 14 anos na data do fato. A solução trazida pelos autores, com a qual concordamos, é pela atipicidade do fato, "porque o que vale para condenação penal é a realidade concreta e não a documental".

b) Alguém que, por enfermidade ou doença mental, não tem o necessário discernimento para a prática do ato: no caso, a vulnerabilidade é presumida porque a vítima não é capaz de autodeterminação. É claro que tal hipótese deve ser analisada de acordo com as circunstâncias, ponderando-se o grau de incapacidade da vítima.

Na antiga lei havia previsão expressa de que o sujeito ativo deveria conhecer a especial condição da vítima, enquanto a nova lei não faz referência a tal informação. Possível concluir que na nova lei tal conhecimento é desnecessário? Não! A antiga previsão era redundante, pois é claro que no crime doloso as circunstâncias devem estar abrangidas pelo dolo. Na nova previsão, impõe-se o mesmo raciocínio, ou seja: se o sujeito erra sobre a elementar do tipo que se refere à enfermidade ou doença mental da vítima, queda excluído o dolo e a tipicidade, eis que não há previsão na forma culposa.

Discordamos mais uma vez da redação do dispositivo legal e sua compreensão majoritária, que ultrapassa a proteção legítima do alienado mental e acaba por lhe negar dignidade. Na compreensão literal do dispositivo, parece ser impossível que haja relação de afeto e amor sincero em relação a um inimputável, ou mesmo entre dois portadores de doença mental. Ora, o fato de ser portador de doença mental não elimina a condição humana e sua sexualidade, tampouco impossibilita que haja relação amorosa sincera que o envolva. Assim, entendemos que apenas o "abuso" da condição do inimputável é que pode fazer presumir a vulnerabilidade, e que a reforma legislativa perdeu importante oportunidade para adequar o tipo à necessidade de reconhecimento de plena dignidade humana – e, portanto, também dignidade sexual – ao portador de doença mental.

c) Se a vítima não pode, por qualquer outra causa, oferecer resistência: hipótese residual que tenta abarcar casos em que o consentimento é evidentemente inválido ou inexistente, como no caso da vítima inconsciente ou absolutamente embriagada. Vários julgados alocam aqui também a hipótese do temor reverencial, como na hipótese da filha maior de 14 anos que não ousa desobedecer ou enfrentar o pai/padrasto, e por isso não impõe resistência física ao ataque sexual.

É indiferente, como lembra Pierangeli, que a vítima tenha sido colocada na situação que não lhe permite resistir ou se simplesmente o agente se aproveita de condições preexistentes.

A diferença entre a incapacidade de resistência e a inibição da livre manifestação da vontade deve ser analisada no confronto entre o presente tipo e a violação sexual mediante fraude.

Há causa de aumento de pena de metade se há concurso de quem tenha o dever de cuidado, proteção ou vigilância. A redação permite a compreensão de que a pena será aumentada para todos os sujeitos ativos, desde que haja o concurso de pessoa que tenha o dever de guarda, proteção ou vigilância. Por se tratar de circunstância de caráter subjetivo, no entanto, entendemos que o aumento não se comunica, ou seja, apenas o sujeito com tais deveres é que receberá o incremento de pena.

Há, ainda, qualificadora no caso de resultado lesão grave ou morte. Nos dois casos, a previsão é de crime preterdoloso. Se houve dolo quanto ao evento lesão grave ou morte, a hipótese é de concurso de crimes.

Atualmente, há previsão legal expressa, no art. 1.º, VI, da Lei de Crimes Hediondos (Lei 8.072/1990), sobre o caráter hediondo do crime de estupro de vulnerável, conforme alteração inserida pela Lei 12.015/2009. O estupro com a chamada violência presumida, ainda na antiga redação da lei, era também hediondo?

Há duas posições:

a) Sim. Todo estupro ou, na antiga redação da lei, atentado violento ao pudor, era considerado hediondo, quer em sua forma simples, qualificada ou com violência presumida, nos termos da genérica antiga redação da Lei 8.072/1990 (art. 1.º, V e VI, já revogados) (STJ, HC 162.243). É a posição majoritária.

b) Não. O crime de estupro, ou, na antiga redação da lei, atentado violento ao pudor, se praticado com violência presumida, não era considerado hediondo, por falta de previsão legal. Justifica-se o entendimento pois a já revogada redação do art. 1.º da Lei 8.072/1990 não era clara sobre sua incidência nos casos da chamada violência presumida (STJ, Ag-REsp 865860).

10.4.1 Indução de vulnerável à satisfação da lascívia de terceiro

> Art. 218. Induzir alguém menor de 14 (catorze) anos a satisfazer a lascívia de outrem.
> Pena – reclusão, de 2 (dois) a 5 (cinco) anos.

O crime é comum quanto ao sujeito ativo e próprio quanto ao sujeito passivo, que deve ser menor de 14 anos.

O bem jurídico persiste como sendo a liberdade sexual, que no presente tipo se refere aos vulneráveis.

O verbo típico é o induzimento, ou seja, o lançar a ideia. O mero fomento, depois da ideia concebida, pode configurar o crime? Prevalece que sim, estando implícito na previsão de induzir. Com posicionamento minoritário, entendemos que não, pois não é possível interpretação extensiva no caso, em que se faz inviável a argumentação *a fortiori* (sobre interpretação extensiva vide tópico sobre a interpretação da lei penal – princípio da legalidade).

O presente crime abrange a hipótese do menor de 14 anos que, de qualquer forma, satisfaz a lascívia de terceiro, com uma postura ativa ou passiva, em autêntica exceção pluralista à teoria monista, quando em confronto com o art. 217-A. Assim, aquele que colabora com terceiro induzindo menor à prática do ato libidinoso não é partícipe de estupro de vulnerável, mas sim corruptor do menor, nos termos do art. 218 do CP. Para Rogério Greco, não há exceção pluralista, e aquele que induz à prática de ato libidinoso responderá por estupro (art. 217-A), restando o crime de corrupção apenas para o sujeito que induz menor a praticar ato não libidinoso, mas capaz de saciar a lascívia de terceiro. Se apenas o menor atua (induzido a se despir ou a se tocar), sem que com ele se pratique o ato libidinoso, não há em nossa visão configuração do crime de estupro contra vulnerável, que exige que o ato seja do terceiro "com" a vítima, pelo que resta configurado o presente crime.

Polêmica (1): E se o menor é induzido a praticar atos libidinosos sem contato com terceiro (via internet, por exemplo), para satisfazer a lascívia daquele que o induz? Não há estupro contra vulnerável, pois nenhum ato foi praticado com o menor. Não há também o presente crime, pois o objetivo não era satisfazer a lascívia de outrem, mas sim do próprio sujeito ativo, a menos que se permita compreender que o "outrem" se refere a qualquer um que não a própria vítima, incluindo o próprio autor/indutor, o que certamente não foi a intenção do legislador, nem era o entendimento que doutrina anterior outorgava ao verbete (Greco). A única solução possível é a eventual tipificação no art. 241-D, parágrafo único, II, do ECA, que prevê a indução para que criança se exiba, por qualquer meio de comunicação, de forma pornográfica ou sexualmente explícita. Assistir à exibição, no entanto, não é conduta típica, salvo se o sujeito registrar/gravar a cena (Greco).

O problema se torna ainda maior quando a indução é presencial, ou seja, se o menor é levado a praticar atos libidinosos isoladamente (tocar o próprio corpo, por exemplo) por alguém que com ele compartilha o mesmo ambiente, como um cômodo da casa. Nesse caso, em princípio, o fato é lamentavelmente atípico, pois, apesar da evidente necessidade de tutela legal, não há tipificação possível. Não há estupro, pois não há violência. Não há estupro contra vulnerável, pois não foi praticado ato libidinoso "com" o menor, mas sim o menor isoladamente. Não há indução para satisfazer a lascívia de outrem, pois é o próprio indutor que se aproveita dos atos. Não há incidência do art. 240 do ECA porque não se trata de espetáculo teatral; e não há incidência do art. 241 por não se valer o agente de meio de comunicação. Assim, deveria ter o legislador utilizado a fórmula do art. 213 também no art. 217-A, ou seja, praticar ou permitir que com ele se pratique. A proposta de redação, da forma como vigente, traz como solução juridicamente adequada a *abolitio* para tal hipótese. Como não se trata de solução político-criminalmente satisfatória, certamente muitos defenderão que o "praticar com", previsto no art. 217-A, engloba também a hipótese do menor induzido ao agir libidinoso isoladamente, ainda que evidente o exagero interpretativo para compreender que "praticar com" pode significar induzir a praticar sozinho, visto que não é possível interpretação *a fortiori*.

Polêmica (2): A colaboração, de qualquer forma, para que menor de 14 anos pratique atos libidinosos configuraria ou não o crime de estupro contra vulnerável? Há entendimento que não, e o presente tipo trataria apenas do induzimento a atos que não seriam em si libidinosos, mas apenas provocariam a satisfação da lascívia de terceiro, como vestir o menor com fantasias ou fomentar que ele dance diante de terceiro. A prática de ato libidinoso faria configurar, desde logo, o estupro contra vulnerável (Sanches Cunha, Greco). Discordamos de tal posição, em primeiro porque apenas aquele que induz poderia responder pelo crime, e não aquele que teria sua lascívia satisfeita, o que tornaria o sistema incoerente; e, no mais, não vislumbramos lesão à dignidade sexual do menor em tais práticas, pois não há libidinagem no sentido objetivo, mas apenas no subjetivo, ou seja, apenas na mente pervertida daquele que se satisfaz, e, ainda que imoral, o universo interno do sujeito não pode ser controlado, nem censurado, salvo quando se exterioriza de forma lesiva.

Conflito de leis no tempo: a corrupção de menores, que tratava de menores entre 14 e 18 anos, foi abolida pela nova legislação, ou seja, houve *abolitio criminis*. Sobre o ato daquele que induz menor a saciar a lascívia de outrem, o entendimento predominante é que a conduta configurava colaboração em crime de estupro com violência presumida, e ora está prevista no presente art. 218, com pena diminuta, configurando *novatio legis in mellius*.

Se há intenção de lucro, haverá exploração sexual do vulnerável, incidindo a conduta, assim, no crime de favorecimento de prostituição ou outra forma de exploração do vulnerável.

10.5 SATISFAÇÃO DA LASCÍVIA MEDIANTE PRESENÇA DE CRIANÇA OU ADOLESCENTE

> Art. 218-A. Praticar, na presença de alguém menor de 14 (catorze) anos, ou induzi-lo a presenciar, conjunção carnal ou outro ato libidinoso, a fim de satisfazer lascívia própria ou de outrem.

Trata-se de crime comum quanto ao sujeito ativo. O sujeito passivo é necessariamente o menor de 14 anos.

Os verbos típicos são praticar e induzir (a presenciar), ou seja, dar origem à ideia de presenciar prática de libidinagem ou ser protagonista dos atos libidinosos.

O crime deve ser praticado na presença, o que exige imediatidade física, pois que apenas o emprego da analogia, ou uma exagerada interpretação extensiva, poderia permitir o enquadramento típico de condutas praticadas por meios virtuais, como salas de bate-papo ou internet.

O elemento subjetivo é o dolo, com a especial intenção de satisfazer a lascívia própria ou de outrem. Se o objetivo era vingança ou ódio dos pais da vítima, por exemplo, fica afastado o presente crime.

Se é a pobreza que gera a presença da criança ou adolescente, eis que a família toda mora em cômodo único, não há crime, eis que não há dolo, e o crime não é punido na forma culposa, como bem lembra Greco.

10.6 FAVORECIMENTO DA PROSTITUIÇÃO OU OUTRA FORMA DE EXPLORAÇÃO SEXUAL DE VULNERÁVEL

Art. 218-B. Submeter, induzir ou atrair à prostituição ou outra forma de exploração sexual alguém menor de 18 (dezoito) anos ou que, por enfermidade ou deficiência mental, não tem o necessário discernimento para a prática do ato, facilitá-la, impedir ou dificultar que a abandone.

É crime comum quanto ao sujeito ativo e próprio quanto ao sujeito passivo, que deve ser menor de 18 anos ou pessoa que, por enfermidade ou doença mental, tenha afetada sua capacidade de discernimento. Fica clara a ausência de um conceito claro de vulnerável, eis que aqui a legislação parece alcançar não mais o menor de 14 anos, mas sim o menor de 18 anos.

São várias as condutas típicas, todas relacionadas com a prostituição ou exploração sexual, que formam um tipo misto alternativo. Submeter significa sujeitar, impor, render. Induzir é trazer a ideia da conduta. Facilitar significa propiciar meios, como a colocação em locais estratégicos (exemplo de Regis Prado). Dificultar ou impedir que a vítima deixe a prostituição tipifica a conduta daquele que, cobrando dívidas extorsivas ou manipulando a situação dos filhos da vítima, a faz sentir necessidade de persistir, permitindo sua exploração.

Prostituição é o comércio sexual, mas o tipo não a exige, bastando para tanto outra forma de exploração sexual, ainda que não onerosa. Entendemos que há exploração sexual sempre que há abuso da condição da vítima, que é instrumentalizada para servir a interesses sexuais de terceiros. Não é necessário que a vítima se relacione com múltiplos parceiros, o que facilita a configuração, mas há que se notar a existência de verdadeira exploração, e não de relacionamento lícito – ainda que nem sempre saudável – entre o menor de 18 anos ou portador de enfermidade ou deficiência mental e terceiro.

É necessário para a consumação que a vítima ingresse no "estado de prostituição" ou de "exploração sexual". Controverso se é necessária a prática sexual por parte da vítima, prevalecendo que não, apesar da grave pena cominada (4 a 10 anos de reclusão), que a nosso ver não se coadunaria com a ausência de lesão. Para Greco, é possível tentativa, por se tratar de crime plurissubsistente, com o que concordamos. Para Nucci, nas hipóteses dos verbos submeter, induzir, atrair e facilitar não é possível tentativa, pois são condutas que dependem da habitualidade do comportamento da vítima, afastando a possibilidade de tentativa.

O elemento subjetivo é o dolo. Não é necessário fim de lucro, tanto que, se houver tal especial intenção, será imposta também pena de multa.

Conflito com o art. 217-A: Se a vítima é menor de 14 anos, Greco leciona que o crime resta configurado apenas se a conduta do autor é dirigida para a exploração sexual sem que com ela seja praticado qualquer ato libidinoso, como permitir fotos eróticas ou simulação de atos sexuais. Se há ato libidinoso, ensina o referido autor que resta configurado o crime do art. 217-A. Acreditamos, no entanto, que mesmo a conduta que visa o ingresso ou manutenção no estado de prostituição de forma generalizada, sem visar condutas concretas, possa configurar o presente crime, e apenas a conduta dirigida a fatos específicos é que resultaria no crime do art. 217-A ou no do art. 218, no caso da indução. De outra forma, se o sujeito atrai ao estado de prostituição criança, e é apanhado antes mesmo da prática de ato libidinoso, teria conduta classificada de atípica, eis que não incide o art. 218-B por visar a prática a conjunção carnal, e não configurar estupro de vulnerável por ser mero ato preparatório. Mais e ainda, a jovem que estimula a adolescente (13 anos) a permanecer no estado de prostituição, compartilhando seu sonho de riqueza posterior, não poderia responder pelo concurso de estupros resultante de atos libidinosos indeterminados que venham a ser praticados. Enfim, aqui o dano advém do desrespeito à dignidade sexual enquanto faceta da personalidade que não pode ser explorada. Na hipótese do art. 217-A, a violação à dignidade é pela afronta à liberdade sexual, exigindo que a conduta seja dirigida a fatos específicos. Por fim, não teria sentido que ao menor de 14 anos incidisse todo o peso do art. 217-A, mas outro tratamento fosse dado ao portadores de doença mental sem discernimento, eis que são igualmente vulneráveis, nos termos do art. 217-A.

O crime pode ser omissivo impróprio, como no exemplo do pai que percebe a filha ser induzida e nada faz para evitar.

Nas mesmas penas incorre quem se aproveita da conduta descrita no *caput* praticando o ato libidinoso com menor de 18 anos e maior de 14 em situação de prostituição ou exploração sexual. A justificativa é que tal ação não deixa de ser forma de cimentar o estado de prostituição, reiterando a ofensa ao bem jurídico. A lei não trata do menor de 14 anos, pois configuraria estupro de vulnerável. A lei também não trata aqui daquele que pratica ato libidinoso com enfermo ou deficiente mental, e não é necessário buscar analogia *in malam partem*. E, como se trata de conduta concreta, o sujeito responde pelo art. 217-A, coerente com a explanação já feita sobre o *caput*.

Também é incriminada a conduta do proprietário, gerente ou responsável pelo local onde sejam realizadas as condutas descritas no *caput*. Controversa a necessidade de habitualidade, que entendemos prescindível, mas incontroversa a necessidade de dolo por parte do gerente ou responsável. A mais intensa diferença com o crime de casa de prostituição é a idade das vítimas.

A lei traz ainda efeito secundário da condenação, consistente na cassação da licença para funcionamento do estabelecimento. O efeito é automático, mas prevalece ser necessário o comando expresso na sentença, ainda que dispensável fundamentação específica para que seja eficaz (Nucci).

Se o crime é praticado com intenção de lucro, é aplicada também a pena de multa.

10.7 DISPOSIÇÕES GERAIS

10.7.1 Causa de aumento de pena da Lei de Crimes Hediondos

A Lei 8.072/1990 estabelece, no art. 9.º, que as penas fixadas nos arts. 213 e 214 do CP são aumentadas da metade se a vítima incide nas hipóteses do art. 224 do CP. Havia grande controvérsia sobre a incidência de tal causa de aumento nos casos de presunção de violência ou se era dirigida apenas às hipóteses de violência real. Com a atual redação e revogação do art. 224 do CP, o dispositivo perde a eficácia, eis que se refere a artigo que não mais existe. Polêmica: houve *novatio legis in mellius* em relação à causa de aumento? Entendemos que sim, pois mesmo nos casos de estupro contra vulnerável a nova pena (8 anos) é menor que a antiga pena do crime de estupro acrescida da metade (6 anos + 3 anos = 9 anos). Assim, deve ser reconhecida a *lex mitior*, com a diminuição da pena para o máximo de 8 anos, ou equivalente no caso de outras causas de aumento, em todos os casos pretéritos.

Não acreditamos, no entanto, que seja possível o simples afastamento do aumento anterior, sem a consideração da nova pena mínima. É que a justificativa política para a retroatividade da lei penal benéfica é o reconhecimento da desnecessidade da antiga pena para fins retributivo-preventivos. Se o Estado hoje não precisa mais de uma pena de 10 anos, bastando 5, não há justificativa racional para a imposição da antiga sanção. No caso, em nenhum momento o Estado entendeu que era possível a mera aplicação de pena de 6 anos, sem aumento. Antes da lei, a pena mínima era 9 anos, e, após, 8. Assim, o afastamento da causa de aumento terá como piso o limite de 8 anos. Se a pena-base foi fixada acima do mínimo legal, deverá o juiz calcular a diminuição a partir de critérios de proporcionalidade.

10.7.2 Ação penal

Pela nova legislação, a antiga regra da ação penal privada é substituída pela nova previsão de ação penal pública condicionada, salvo se a vítima for menor de 18 anos ou vulnerável, quando a ação é pública incondicionada.

E no caso de resultado lesão grave ou morte? Acreditamos que, nos termos da regra do art. 101 do CP, como se trata de crime (realmente) complexo, a ação é pública incondicionada, ainda que não seja o caso de aplicação da Súmula 608 do STF, que extrapolaria a regra ora defendida. Exigir representação para o estupro seguido de morte, no limite, premiaria com a impunidade aquele que estupra e mata pessoa sem parentes, o que seria inaceitável. Para Greco, deve ser aplicada a Súmula 608 do STF, chegando à mesma conclusão ora defendida. Em sentido contrário Nucci, para quem a ação é pública condicionada mesmo nos casos de resultado lesão grave ou morte.

Não há regras transitórias para as ações penais em andamento, o que é lamentável. Pelo conteúdo misto das normas, prevalece que os crimes praticados sob a antiga redação, se eram de ação penal privada ou pública condicionada, devem persistir em trâmite normal até o trânsito em julgado. Se eram de ação penal pública incondicionada e ora configuram ação pública condicionada, devem os ofendidos ou seus representantes ser chamados a representar em 30 dias, em aplicação analógica do art. 91 da Lei 9.099/1995 (Greco).

Às condutas praticadas sob a égide da antiga lei, e que teriam persecução por ação penal privada ou esta já se encontrava em trâmite, rendemo-nos à orientação, já majoritária, de que é possível o reconhecimento de decadência, perempção ou perdão do ofendido. É que, se a norma tem caráter misto, os efeitos penais gravosos não podem retroagir em prejuízo do réu, maximizando, assim, os princípios da legalidade e da anterioridade – irretroatividade da lei gravosa.

Lamentamos a inovação que afasta a regra da ação penal privada, pois na antiga redação ainda era possível o reconhecimento do perdão do ofendido, mormente nos casos de violência presumida, permitindo solução razoável a um grande número de casos em que havia relacionamento estável entre suposta vítima, ainda menor de 18 anos, e seu suposto algoz, o que permitia ao direito penal melhor se adaptar à realidade. Com a nova redação e a imposição de ação penal pública incondicionada sempre que a suposta vítima contar com menos de 18 anos, combinada com a condição absoluta de vulnerável do menor de 14 anos, o rigor penal será imposto mesmo em casos já absorvidos pelo relacionamento duradouro ou até constituição de família, o que só demonstra a miopia que o rigor penal provoca no Legislativo.

Os processos que apuram crimes contra a dignidade sexual correm em segredo de justiça, por expressa previsão legal (art. 234-B).

10.7.3 Causa de aumento de pena

A pena é ainda aumentada:

a) da quarta parte, se o crime é cometido com o concurso de duas ou mais pessoas. Controvérsia: basta qualquer concurso de pessoas ou é necessário que duas ou mais pessoas participem dos atos de execução?

Nucci e Regis Prado entendem que há aumento em qualquer caso de concurso de pessoas, ou seja, ainda que a colaboração tenha ocorrido antes do fato, em uma mera participação. Rogério Greco entende que apenas no caso de múltiplos executores é que incide a causa de aumento, que se justificaria com a maior facilidade na prática do crime, com o que concordamos.

b) de metade, se o agente é ascendente, padrasto ou madrasta, tio, irmão, cônjuge, companheiro, tutor, curador, preceptor ou empregador da vítima ou por qualquer outro título tem autoridade sobre ela.

10.8 LENOCÍNIO E TRÁFICO DE PESSOAS

São crimes contra os costumes, que se diferenciam dos outros crimes já estudados, nos quais o agente busca satisfazer, em regra, a própria lascívia. Aqui, o agente vai buscar a satisfação da lascívia alheia, de terceiros, ou de alguma forma tirar proveito de tal situação.

O direito penal não tem legitimidade para impor determinada conduta sexual às pessoas em sua intimidade, desde que não lesem ou exponham a risco terceiros. A prostituição não é considerada criminosa. No entanto, as condutas que se aproveitam da prostituição são relevantes penais, visto que se aproveitam da fragilidade e miserabilidade moral de terceiros.

10.8.1 Mediação para servir a lascívia de outrem

Art. 227. Induzir alguém a satisfazer a lascívia de outrem:

Pena – reclusão, de 1 (um) a 3 (três) anos.

§ 1.º Se a vítima é maior de 14 (catorze) e menor de 18 (dezoito) anos, ou se o agente é seu ascendente, descendente, cônjuge ou companheiro, irmão, tutor ou curador ou pessoa a quem esteja confiada para fins de educação, de tratamento ou de guarda:

Pena – reclusão, de 2 (dois) a 5 (cinco) anos.

§ 2.º Se o crime é cometido com emprego de violência, grave ameaça ou fraude:

Pena – reclusão, de 2 (dois) a 8 (oito) anos, além da pena correspondente à violência.

§ 3.º Se o crime é cometido com o fim de lucro, aplica-se também multa.

É protegida a moralidade média sexual, mormente o incremento da prostituição que, apesar de vista com desdém pela maioria das autoridades, não deixa de ser uma das formas de instrumentalização do ser humano, em que ele deixa de ser "sujeito" para ser "objeto" para a satisfação da lascívia de terceiros. A comunicação da instrumentalização das pessoas é sempre nociva ao desenvolvimento social, e passo perigoso para o desrespeito à dignidade humana.

Podem ser sujeitos do crime qualquer um, homem ou mulher. Irrelevante, como ensina Pierangeli, a conduta moral da vítima. Diferencia Nucci o rufião do proxeneta. Proxeneta seria aquele que intermedia encontros amorosos para terceiros, com ou sem fim de lucro, enquanto rufião é aquele que vive da prostituição alheia.

Consiste em induzir, sugerir, convencer alguém a saciar a lascívia de outrem. Como ensina Bittencourt, o ato libidinoso pode ser praticado pelo próprio indutor, desde que o objetivo seja satisfazer a lascívia de terceiro (que poderia estar assistindo). Ainda que o verbo instigar não esteja previsto no tipo, Pierangeli assinala que o encorajamento também configura o crime. Acreditamos que tal ampliação interpretativa, para abranger também a instigação, não encontra respaldo no princípio da legalidade, pois implica em interpretação extensiva sem argumento *a fortiori* (vide tópico sobre princípio da legalidade e interpretação extensiva), e assim a instigação seria atípica.

Trata-se de crime doloso, com o especial objetivo de convencer o sujeito passivo a satisfazer a lascívia de outrem. Se o motivo for obter lucro, haverá ainda a aplicação de pena de multa.

Prevalece que se consuma com a efetiva prática do ato tendente a satisfazer a lascívia por parte da vítima, havendo posição francamente minoritária no sentido de que bastaria o ato de induzir. A tentativa é admissível.

Conforme § 1.º do artigo, se a vítima é maior de 14 (catorze) e menor de 18 (dezoito) anos, ou se o agente é seu ascendente, descendente, cônjuge ou companheiro, irmão, tutor ou curador ou pessoa a quem esteja confiada para fins de educação, de tratamento ou de guarda, há qualificadora.

Se o crime for praticado com violência, ameaça ou fraude, também há qualificadora, em concurso material com a violência.

Entendemos praticamente impossível que o presente crime, praticado com violência ou grave ameaça, não configure estupro, pelo que a presente previsão seria ineficaz. Greco assinala que a diferença entre o lenocínio violento e o estupro reside em que, no presente crime, há ainda "resquício" da vontade da vítima.

No caso de lenocínio questuário ou mercenário, ou seja, praticado com fim de lucro, também é aplicada pena de multa, conforme já referimos.

10.8.2 Favorecimento da prostituição ou outra forma de exploração sexual

> Art. 228. Induzir ou atrair alguém à prostituição ou outra forma de exploração sexual, facilitá-la, impedir ou dificultar que alguém a abandone.

A prostituição em si não é crime, mas a conduta daquele que intencionalmente leva terceiro a se instrumentalizar é punida. Aqui, a vítima é induzida a satisfazer pessoas indeterminadas, ou impedida de deixar a prostituição, entendida como o comércio de atos sexuais, ou ainda à exploração sexual, que significa o abuso, a instrumentalização de um ser humano para satisfazer, por meio de práticas sexuais, terceiros.

Os verbos típicos são induzir, atrair, facilitar e impedir. Induzir significa convencer, dar a ideia. Atrair significa "chamar para", seduzir. Facilitar é dar meios, modos, tornar mais fácil (como captar clientela), e impedir significa, por qualquer meio, evitar que a vítima abandone a prostituição. Para Bittencourt, não importa se a vítima já está prostituída, com o que concordamos, pois a instrumentalização que é consequência da prostituição está ligada à dignidade humana, que não se esvai ainda que contrariada ou desprezada. Para Nucci, se já prostituída, não há crime.

É necessário que a ação vise pessoa certa e determinada.

Trata-se também de crime doloso, com o especial elemento subjetivo do tipo, que é levar ou fazer permanecer a vitima na prostituição ou em estado de exploração sexual.

Não é necessário que seja conduta habitual, bastando uma ação.

Consuma-se quando iniciado o chamado estado de prostituição ou de exploração sexual para a vítima, ainda que sem prática efetiva de atos sexuais, ou, no caso da ação de impedir, quando este permanece.

No § 1.º – "se o agente é ascendente, padrasto, madrasta, irmão, enteado, cônjuge, companheiro, tutor ou curador, preceptor ou empregador da vítima, ou se assumiu, por lei ou outra forma, obrigação de cuidado, proteção ou vigilância –, a nova redação é mais abrangente que a anterior, e esclarece que mesmo a situação de fato em que se impõe relação de cuidado é capaz de gerar o incremento de pena. Se o crime for praticado com violência, ameaça ou fraude, também há qualificadora, e a pena deve ser aplicada em concurso material com a resultante da violência.

No caso de crime praticado com fim de lucro, também é aplicada pena de multa.

10.8.3 Casa de prostituição

> Art. 229. Manter, por conta própria ou de terceiro, estabelecimento em que ocorra exploração sexual, haja, ou não, intuito de lucro ou mediação direta do proprietário ou gerente.

É crime habitual, pois necessária a manutenção de casa de prostituição.

O juízo de habitualidade depende de valoração. É certo que não há habitualidade na primeira vez que praticada a ação, bem como na segunda, e certamente haverá na centésima, mas apenas a avaliação do caso concreto é capaz de permitir o juízo sobre a habitualidade em algumas hipóteses.

Prevalece que não é possível tentativa.

Se a prostituta trabalha em seu apartamento, não responde por crime.

Não importa o fim de lucro. Basta que esteja mantendo a casa destinada à exploração sexual.

Serão sujeitos ativos os proprietários, gerentes e os que mantêm a casa em nome de terceiro.

Estabelecimento destinado à exploração sexual é aquele em que pessoas estão reunidas prontas para a autoinstrumentalização, com práticas sexuais, para satisfazer a lascívia de terceiros.

10.8.4 Rufianismo

> Art. 230. Tirar proveito da prostituição alheia, participando diretamente de seus lucros ou fazendo-se sustentar, no todo ou em parte, por quem a exerça.

Há crime ainda que a iniciativa do sustento parta da vítima.

Há duas formas de cometer tal delito: participar diretamente dos lucros ou se deixar sustentar por quem exerça a prostituição. O lucro deve ser direto da prostituição, e não outros derivados, como bebidas, fotografias, música etc.

É imprescindível a habitualidade, em qualquer uma das condutas. Não há crime se o agente aufere proveito ocasionalmente da prostituição da vítima. O consentimento da vítima é irrelevante.

O rufianismo absorve o favorecimento à prostituição.

Há qualificadora se a vítima é menor de 18 anos e maior de 14, ou se o crime é praticado por ascendente, padrasto, madrasta, irmão, enteado, cônjuge, companheiro, tutor ou curador, preceptor ou empregador da vítima, ou por quem assumiu, por lei ou por outra forma, obrigação de cuidado, proteção ou vigilância.

O tipo é também qualificado se praticado com violência, grave ameaça, fraude ou outro meio que impeça ou dificulte a livre manifestação da vontade da vítima.

10.8.5 Tráfico de pessoas

> Art. 231. Promover ou facilitar a entrada, no território nacional, de alguém que nele venha a exercer a prostituição ou outra forma de exploração sexual, ou a saída de alguém que vá exercê-la no estrangeiro.

Duas condutas são descritas: promover (diligenciar para que se realize) e facilitar (tornar mais fácil).

Basta uma vítima, e pouco importa sua condição, se honesta ou meretriz. Também não importa a finalidade de lucro e o consentimento da vítima.

Consuma-se com a entrada ou a saída, regular ou irregular, não sendo necessário que a vítima venha a efetivamente exercer a prostituição. A tentativa é possível.

O objeto jurídico, mais uma vez, é a dignidade sexual, bem como a própria liberdade da pessoa, eis que sua instrumentalização, a ponto de ser objeto de traficância, lesa frontalmente sua condição humana.

Tornando expressa a incidência da teoria monista, o § 1.º esclarece que responde pelas mesmas penas aquele que agencia, alicia ou compra a pessoa traficada, bem como aquele que a transporta, transfere ou aloja.

É crime doloso, e o sujeito deve ter consciência da relação entre sua conduta e a colaboração, em qualquer das formas referidas, com a exploração sexual.

A pena é aumentada em metade se a vítima é menor de 18 anos, se por enfermidade ou deficiência mental não tem discernimento para a prática do ato ou se o agente é ascendente, padrasto, madrasta, irmão, enteado, cônjuge, companheiro, tutor ou curador, preceptor ou empregador da vítima, ou se assumiu, por lei ou outra forma, obrigação de cuidado, proteção ou vigilância, ou ainda se há emprego de violência, grave ameaça ou fraude.

Se o crime é praticado com fim de lucro, é aplicada também pena de multa.

10.8.6 Tráfico interno de pessoas

Art. 231-A. Promover ou facilitar o deslocamento de alguém dentro do território nacional para o exercício da prostituição ou outra forma de exploração sexual:

Pena – reclusão, de 2 (dois) a 6 (seis) anos.

§ 1.º Incorre na mesma pena aquele que agenciar, aliciar, vender ou comprar a pessoa traficada, assim como, tendo conhecimento dessa condição, transportá-la, transferi-la ou alojá-la.

§ 2.º A pena é aumentada da 1/2 (metade) se:

I – a vítima é menor de 18 (dezoito) anos;

II – a vítima, por enfermidade ou deficiência mental, não tem o necessário discernimento para a prática do ato;

III – se o agente é ascendente, padrasto, madrasta, irmão, enteado, cônjuge, companheiro, tutor ou curador, preceptor ou empregador da vítima, ou se assumiu, por lei ou outra forma, obrigação de cuidado, proteção ou vigilância; ou

IV – há emprego de violência, grave ameaça ou fraude.

§ 3.º Se o crime é cometido com o fim de obter vantagem econômica, aplica-se também multa".

Além de atacar o tráfico internacional, o legislador penal busca atacar a exploração da prostituição em outras vertentes, aumentando assim o espectro punitivo do Estado. Na hipótese, o objetivo é prevenir o tráfico de pessoas dentro do território nacional, o que é também bastante comum e lesivo, mormente diante das dimensões continentais de nosso país. Em dinâmica semelhante ao tráfico internacional, o tráfico interno também se vale do isolamento da vítima para impor maior vulnerabilidade, facilitando o abuso.

Os núcleos típicos são *promover* (causar, dar impulso, diligenciar para que se realize) ou *facilitar* (remover obstáculos, agilizar). Na antiga redação, havia ainda a conduta de intermediar, mas não acreditamos que haja *abolitio criminis* em relação a tal verbo, eis que se trata apenas de uma especificação desnecessária da conduta de facilitar. É crime doloso, e, assim, se o sujeito não sabe que colabora para o deslocamento de pessoa para o exercício de prostituição ou outra forma de exploração sexual, não há crime. Consuma-se com o ato de facilitação ou promoção do deslocamento da suposta vítima, ainda que essa não venha, efetivamente, a praticar atos de prostituição. Tais atos seriam, assim, o mero exaurimento do crime, que pode ser classificado como formal.

Assim como no tráfico internacional, responde nas mesmas penas aquele que agencia, alicia, vende ou compra a pessoa traficada, bem como aquele que a transporta, transfere ou aloja.

Conforme redação do § 2.º, há causa de aumento se (a) a vítima é menor de 18 (dezoito) anos, (b) se não tem, por enfermidade ou deficiência mental, discernimento para a prática do ato ou se (c) o agente é seu ascendente, padrasto, madrasta, irmão, enteado, cônjuge, companheiro, tutor ou curador, preceptor ou empregador da vítima, ou se assumiu, por lei ou outra forma, obrigação de cuidado, proteção ou vigilância. Também se (d) há emprego de violência, grave ameaça ou fraude, nos moldes do art. 231, já estudado.

Se há intuito de lucro, deverá ser cumulada a aplicação de multa.

10.9 ULTRAJE PÚBLICO AO PUDOR

10.9.1 Ato obsceno

> Art. 233. Praticar ato obsceno em lugar público, ou aberto ou exposto ao público.

É protegida a moralidade média, a coletividade.

O conceito do que seria ato obsceno evolui e varia de comunidade para comunidade.

O sujeito deve praticar ato objetivamente obsceno, não sendo suficiente que profira palavras grosseiras.

A obscenidade deve ser apreciada objetivamente, excluída qualquer subjetividade (erguer o dedo não é necessariamente obsceno).

A ideia de moralidade média deve ser relativizada e examinada de acordo com o contexto da comunidade e da situação. É preciso que seja em lugar público ou aberto/exposto ao público.

Nem tudo o que contraria a decência é ato obsceno; o ato de defecar nas calças pode ser indecente, mas sem a exposição dos órgãos sexuais não há falar em ato obsceno.

Lugar público é aquele que pode ser frequentado livremente pelas pessoas. Aberto ao público é aquele que pode também ser acessado pelas pessoas em geral, mas com entrada controlada. *Exposto ao público* é aquele que pode ser visto por número indeterminado de pessoas.

Para Nucci, se o lugar é público, mas está vazio, não há crime.

Prevalece que a tentativa é inadmissível – ou pratica o ato ou não, e nessa hipótese não existirá início de execução punível.

10.10 DISPOSIÇÕES GERAIS II

Para não deixar dúvida sobre a terrível técnica legislativa que assola o direito penal brasileiro nas últimas décadas, brilha com incomum impertinência uma segunda disposição geral no título dos crimes contra a dignidade sexual, nos novos arts. 234-A e 234-B.

Os dois primeiros incisos do art. 234-A fora vetados, pois apenas repetiam as disposições do art. 226, I e II, do CP, com mínimas alterações que gerariam invencível celeuma na aplicação da norma, conforme exposição de motivos do veto.

Restaram os incisos III e IV. Nos termos do inciso III, a pena também será aumentada se do crime resultar gravidez: estranha visão do legislador, que encontra na geração da vida humana motivo para incrementar a pena. Será a concepção de um ser humano um resultado passível de desvalor a ponto de incrementar a resposta estatal? A gravidez da prostituta é realmente tragédia tamanha a ponto de ser necessário que o direito penal comunique que ela não deve ocorrer? Optamos pela resposta negativa, e assim entendemos extremamente infeliz a opção do legislador, e, pela ausência de razoabilidade, o dispositivo beira a inconstitucionalidade.

Mais e ainda, como pode alguém que pratica o crime de favorecimento à prostituição controlar o resultado gravidez? Isso claramente viola o princípio da culpabilidade, pois não há dolo ou culpa em relação ao ato. Assim, entendemos que apenas nos crimes de estupro, violação mediante fraude, assédio sexual e estupro de vulnerável tal causa de aumento pode incidir, desde que provada ao menos a culpa quanto ao resultado (ex.: não uso de preservativo...), nos termos do art. 19 do CP.

Greco justifica o incremento da pena argumentando que, como o art. 128, II, permite a interrupção da gravidez, a conduta do estuprador não faz mal apenas à vítima-mulher, mas também ao feto, que teve ceifada sua vida. Respeitosamente discordamos do argumento, lembrando que quem autoriza o estupro, e tem direito de fazê-lo, é a mulher, e não o autor do crime, que pode e deve receber a pena proporcional ao crime contra a dignidade sexual, mas não pode, a nosso ver, ser objetivamente responsável por possível opção da mulher pela interrupção da gestação indesejada. No mais, a mulher não apenas *poderá* realizar o aborto, mas também poderá optar pelo nascimento.

Necessária perícia para prova da gravidez.

Há ainda aumento de pena de um sexto à metade se o agente transmite à vítima doença sexualmente transmissível, que sabe ou deveria saber ser portador – no caso, que o sujeito ativo ao menos aceite o risco de estar contaminado (dolo direto ou dolo eventual). Se está certo de que não é portador da doença, ainda que por negligência, não há aumento de pena. Pela consunção, não há mais concurso de crimes entre os crimes contra a dignidade sexual e os crimes de perigo (perigo de contágio venéreo) ou dano (lesão corporal) relacionados com a transmissão da doença.

O art. 234-B traz norma de conteúdo procedimental, determinando segredo de justiça sempre que se tratar de crime previsto no título de crimes contra a dignidade sexual.

Dos Crimes contra a Paz Pública

11.1 QUADRILHA OU BANDO

> Art. 288. Associarem-se mais de 3 (três) pessoas, em quadrilha ou bando, para o fim de cometer crimes.

É a associação estável de delinquentes com o fim de praticar crimes de forma reiterada.

Não basta a cogitação, mas a concreta associação, refletida no mundo exterior por atos sensíveis.

Prevalece que a quadrilha é punida de forma independente dos crimes praticados. Trata-se de crime autônomo, contra a paz pública.

É necessário o liame subjetivo de ao menos quatro pessoas. Se mesmo antes de praticar algum crime o sujeito se retira do bando, não há repercussão típica, pois o crime já havia se consumado. O momento consumativo é a expressão sensível do liame subjetivo com o fim de praticar crimes de forma estável e permanente (não é necessária a prática de nenhum dos crimes).

Não é preciso que os quadrilheiros se conheçam pessoalmente. Nas quadrilhas organizadas, aliás, normalmente não se conhecem, mas de qualquer forma um adere à vontade do outro.

É crime vago, pois o titular do bem jurídico é uma entidade sem personalidade jurídica (sociedade).

É preciso que haja a intenção de permanência e estabilidade com o fim de praticar vários crimes, um projeto indeterminado, e não um só. É o que diferencia a quadrilha da codelinquência, em que há associação momentânea para a prática de atos isolados. Importante acentuar que não é o número de crimes que diferencia, mas sim a característica do liame subjetivo (permanência e estabilidade para a prática de número indeterminado de crimes).

Cumpre destacar que a associação deve visar à prática de crimes, não sendo suficiente a intenção de praticar contravenções.

O membro de uma quadrilha não responde por cada crime cometido simplesmente por fazer parte da quadrilha – é preciso que sua colaboração seja examinada em cada caso, de forma individualizada.

No caso de quadrilha que pratica roubo, esse terá a pena aumentada pelo concurso de pessoas no caso de condenação em concurso material? Posições: (a) sim (majoritária), pois são bens jurídicos diferentes, e no momento em que se praticou o roubo já estava consumado o crime de quadrilha (STF, HC 70.843); (b) não, pois haveria *bis in idem* com a dupla desvaloração pelo fato de o crime ter sido praticado por mais de uma pessoa (STF, HC 61.859-6).

11.1.1 Causa de aumento de pena

A pena é dobrada se a quadrilha é armada.

Para que se aplique a causa de aumento, quantos precisam estar armados? Basta um? Todos? A resposta deve ser obtida com razoabilidade, ou seja, se apenas um está armado, mas está com metralhadora de guerra, com terrível poder ofensivo, será considerada armada. Se dois estão armados, um com canivete e outro com arma antiga e com capacidade para apenas um tiro, não há falar na causa de aumento. Em suma, devem ser aferidas as circunstâncias da quadrilha e da arma e o maior perigo para o bem jurídico.

A mesma polêmica da quadrilha e da causa de aumento do concurso de pessoas se instala quando se trata do concurso material entre a quadrilha armada e o roubo praticado com emprego de arma, sendo da mesma forma majoritária a solução pela possibilidade, dada a diversidade de bens jurídicos.

11.1.2 Peculiaridades

Se após a associação o sujeito se arrepende e abandona o grupo, sem praticar nenhum crime, prevalece que o crime de quadrilha, já consumado, não perde a relevância. É realmente a resposta mais técnica do ponto de vista dogmático. Partindo, no entanto, de um enfoque político-criminal, e tendo como premissa que a quadrilha é uma antecipação da punição a um ato que, em si, seria preparatório, a saída voluntária do grupo antes da prática de qualquer crime mereceria tratamento equivalente ao arrependimento eficaz: criado o risco pela associação (poderíamos equiparar ao início da execução), o sujeito a abandona antes da efetivação de qualquer lesão ao bem, por ato voluntário (sujeito interrompe a execução e impede o resultado lesivo voluntariamente).

É bastante semelhante a *ratio* da isenção de pena, que, a nosso sentir, impõe a mesma solução, por analogia (*ubi eaden ratio, ibi eaden dispositio*).

Com a entrada de novo membro na quadrilha já existente, consuma-se o crime (para o novo integrante) no momento de sua manifestação sensível de vontade pela associação, com o consenso de ao menos três membros do grupo já montado.

11.2 CONSTITUIÇÃO DE MILÍCIA PRIVADA

> Art. 288-A. Constituir, organizar, integrar, manter ou custear organização paramilitar, milícia particular, grupo ou esquadrão com a finalidade de praticar qualquer dos crimes previstos neste Código
> Pena – reclusão, de 4 (quatro) a 8 (oito) anos.

Trata-se de nova incriminação, trazida pela Lei 12.720, de 2012.

Milícia é a corporação com estrutura e disciplina militar. Milícia privada, assim, é aquela que cumpre tais requisitos, ou seja, é regida pela cultura militar, ainda que privada.

É de conhecimento comum o problema enfrentado em determinadas regiões do Brasil nas quais organizações privadas, travestidas de empresas de segurança clandestinas mas regidas por cultura militar – tanto que muitas vezes formadas por militares e ex-militares –, impõem regimes de medo e ilegalidade às comunidades, com a prática de ações violentas e controle da prestação de serviços públicos e privados, criando verdadeiro "Estado paralelo".

Em busca de reprimir o avanço de tal espécie de tal criminalidade vem o novo tipo.

Os vários verbos previstos – c*onstituir, organizar, integrar, manter ou custear* – denotam a intenção do legislador de reprimir toda forma de colaboração, desde a daquele que colabora para os atos de planejamento até a dos integrantes e financiadores.

Trata-se de tipo misto alternativo, ou seja, a prática de mais de um verbo no mesmo contexto configura um só crime.

Além da milícia, cujo sentido já foi comentado, a lei fala ainda em organização paramilitar, grupo ou esquadrão. Paramilitar é a corporação particular de cidadãos, fardados ou adestrados, que não fazem parte de instituições públicas, como o exército ou a polícia. Esquadrão, a seção de um regimento, a unidade operacional. Grupo é a reunião, no caso, de pessoas. Como é possível perceber, a previsão legal é bastante imperfeita, valendo-

-se de uma série de expressões com sentido próximo e outras com sentido abrangente demais.

No caso de grupo, qual o número mínimo de pessoas necessário para formá-lo? Ao menos duas posições se destacam:

a) 3 (três). Quando o legislador se contenta com duas pessoas, vale-se da expressão concurso de pessoas, ou, ainda, duas ou mais pessoas, como no art. 35 da Lei de Drogas. Quando exige quatro pessoas, vale--se da expressão mais de três, como no crime de quadrilha. Ora, se aqui se vale da expressão "grupo", isso significa que não bastam duas pessoas, mas também não são necessárias quatro, restando concluir pelo número de três;

b) 4 (quatro). Se não há definição típica expressa sobre o número de pessoas necessário para formar um grupo, deve ser buscada a fórmula mais próxima prevista no Código Penal, qual seja o crime de quadrilha, que exige ao menos quatro pessoas. O entendimento se fortalece com a constatação de que o artigo em comento é o de n. 288-A, ou seja, é praticamente uma derivação do crime de quadrilha. É nossa posição.

O grande problema do artigo, no entanto, não está na proliferação de verbos e termos inúteis, mas sim em sua abrangência. A finalidade especial exigida da organização paramilitar, milícia, grupo ou esquadrão é a *prática de qualquer dos crimes previstos neste Código*.

A redação é extremamente infeliz. Em primeiro, por olvidar da possibilidade de reunião de pessoas em milícias para a prática de inúmeros crimes graves não previstos no código penal, mas sim em lei especial. Em segundo, e mais grave, por permitir, em sua literalidade, a tipificação mesmo em agrupamentos para a prática de delitos de menor gravidade, como furtos ou, no extremo, injúrias. Vale anotar que a pena para o presente crime é de 4 a 8 anos de reclusão.

Na interpretação literal, o dispositivo praticamente revoga o crime de quadrilha para os crimes previstos no Código Penal, visto que basta a formação de "grupo" para a prática de "qualquer dos crimes previstos neste Código".

Para corrigir mais uma vez a ineficiência do legislador, entendemos que deva ser afastada a interpretação literal, buscando-se uma composição de interpretação analógica e teleológica.

A interpretação analógica permite a restrição do sentido do termo "grupo", que no caso deve ser entendido como agrupamento de pessoas com as mesmas características das milícias privadas e organizações paramilitares. A interpretação teleológica deve restringir a tipificação para a organização estável com o objetivo de praticar crimes graves, que justifique as altas penas previstas. Com tais correções interpretativas, o crime de quadrilha volta a ter eficácia para as associações dirigidas à prática de crimes previstos no Código Penal, diferenciando-se da milícia.

Assim como no crime de quadrilha, é necessária a associação estável e permanente para a configuração do crime do art. 288-A.

É crime doloso, e o sujeito deve conhecer as peculiares características da associação com que se envolve.

Nos verbos *constituir* e *organizar*, consuma-se o crime no momento em que o agrupamento se constitui na forma de uma milícia ou organização paramilitar. No verbo *integrar*, com a expressão de vontade do autor. No verbo *custear*, com o financiamento das atividades, direto ou indireto, desde que doloso. A tentativa, a nosso ver, é possível apenas no verbo *financiar*.

Dos Crimes contra a Fé Pública

12

12.1 NOÇÕES GERAIS

Diante da multiplicidade das relações sociais, surge a aceitação geral de que os documentos, até prova em contrário, são autênticos. É uma necessidade da segurança jurídica.

A potencialidade de dano é essencial. Exige-se ao menos que a falsidade tenha condições de causar algum dano. Na maioria das vezes não se exige o dano efetivo, contentando-se a figura penal com a potencialidade lesiva do comportamento. A potencialidade de dano não é elemento típico expresso do crime: é implícito.

12.2 FALSIFICAÇÃO DE DOCUMENTO PÚBLICO

Conforme o art. 297 do CP, consiste em "falsificar no todo ou em parte, documento público, ou alterar documento público verdadeiro".

Quando a lei exige documento público é porque busca maior confiabilidade.

Qualquer pessoa pode ser sujeito ativo, ou seja, não é preciso que se trate de funcionário público. Se for, e praticar o crime prevalecendo-se do cargo (ou função), a pena será aumentada de um sexto pelo § 1.º do art. 297 do CP.

Falsificar é criar algo que não existia materialmente, fabricar, montar documento que não existia, ainda que a falsificação seja em parte (criar uma parte falsa). É a formação total ou parcial do documento. Na conduta *alterar* o documento já existe e é verdadeiro, vindo a ser modificado.

Há posição de que se no caso houver apenas supressão de palavras, números ou letras, o tipo vai ser de supressão de documento, do art. 305 do CP.

A conduta deve ser suficiente a lesar bem jurídico, ou seja, idônea a enganar. Se a falsificação é grosseira, incapaz de enganar, não há crime. Prevalece que basta o potencial para enganar o homem médio, embora haja posição no sentido de que deve ser levada em consideração a natureza do documento e possíveis destinatários.

É preciso ainda que tenha alguma relevância jurídica, pois, se o documento não tem qualquer potencialidade para lesar, ainda que falso, não há crime.

Há vários conceitos de documento, sendo consagrado, entre eles: "Documento é todo escrito que condensa o pensamento de alguém determinado e que busca provar a existência de um fato ou a realização de um ato juridicamente relevante" (Fragoso).

A ideia de que precisa ser de alguém determinado leva alguns autores à conclusão da necessidade de assinatura ou rubrica.

Embora alguns entendam que documento abrange outras formas que não a escrita, para efeitos penais prevalece a restrição.

O documento, para ser público, deve ser feito por funcionário público no exercício das funções, e de acordo com as formalidades legais.

Considera-se que fotocópia autenticada de documento público é documento público. Documento escrito a lápis, ainda que firmado por funcionário público, não será considerado público para fins penais.

O documento particular pode ser legalmente equiparado a documento público nos seguintes casos: (a) documento emitido por entidade paraestatal, empresas públicas, sociedades de economia mista, fundações públicas; (b) títulos ao portador ou títulos transmissíveis por endosso (ex.: nota promissória, cheque, letra de câmbio, duplicata etc.); (c) ações de sociedade comercial de qualquer espécie; (d) livros mercantis, obrigatórios ou facultativos; (e) testamento particular.

Elemento subjetivo do tipo: é crime doloso, não relevante na forma culposa. Não é preciso que queira prejudicar alguém.

Consuma-se com a falsificação, ainda que não haja uso. A tentativa, em tese, é admissível.

Falsificação de documento público e uso de documento falso: vide crime de uso de documento falso.

Falsificação e estelionato: o crime de falso é absorvido pelo estelionato quando nele se exaure, ou seja, quando o engodo provocado pelo falso não pode ser usado em outro golpe. Assim, se o sujeito entrega cártula de cheque falsificada, o estelionato absorve o falso, pois a cártula falsa não poderá ser utilizada novamente pelo agente, exaurindo sua potencialidade lesiva. Por outro lado, se para passar o cheque falso o agente falsificou também carteira de identidade, esta falsidade não será absorvida, pois o documento de identificação poderá ser utilizado novamente em outras fraudes (não esgotou/exauriu sua potencialidade lesiva).

Apesar de o crime de falso ser mais grave que o estelionato, a regra suprarreferida é pacífica na jurisprudência e sumulada pelo STJ (Súmula 17: "Quando o falso se exaure no estelionato, sem mais potencialidade lesiva, é por este absorvido").

Se a vítima entrega cheque em branco assinado a outrem, que o preenche em valor muito maior que o autorizado, a falsidade é ideológica, e não material (de documento público). Se o sujeito altera o cheque, incide no crime do art. 297 do CP.

Se o cheque não está assinado, a falsidade é documental, pois apenas com a aposição da assinatura é que será criado o documento, uma vez que a assinatura lhe é essencial.

Prevalece que cheque devolvido não é mais considerado documento público porque não mais transferível via endosso.

Como é crime que deixa vestígios, deve haver exame de corpo de delito.

Os crimes de falsificação são formais, eis que se consumam independentemente da efetiva lesão à fé de terceiro determinado.

A competência em razão do local será do lugar em que foi realizada a falsificação.

Em regra, a falsificação de documentos públicos emitidos por órgãos federais será de competência da Justiça Federal. No entanto, há que se observar, como já lembrava Frederico Marques, que o critério utilizado pela Constituição não é esse (local de onde emana o documento), mas sim se o interesse protegido é da União. Assim, é possível encontrar jurisprudência no sentido de que, se a Carteira de Trabalho é falsificada com o fim de ludibriar autoridade estadual ou ente privado, a competência é da Justiça Estadual, e muitas outras análogas.

Nesse sentido as seguintes súmulas do STJ:

Súmula 62: "Compete à Justiça Estadual processar e julgar o crime de falsa anotação na Carteira de Trabalho e Previdência Social, atribuído a empresa privada".

Exemplo de aplicação da Súmula é a anotação, por empresa privada, de tempo de trabalho superior ao real para comunicar que o empregado tem experiência superior à real, sem qualquer influência em benefícios previdenciários (STJ, CC 46.029).

Súmula 107: "Compete à Justiça Comum Estadual processar e julgar crime de estelionato praticado mediante falsificação das guias de recolhimento das contribuições previdenciárias, quando não ocorrente lesão à autarquia federal".

Caso exemplar é a apropriação de valores por administradora que recebia quantias de condomínio para pagar contribuições previdenciárias, falsificando guias de recolhimento para prestar contas (STJ, CC 62.405).

Súmula 104: "Compete à Justiça Estadual o processo e julgamento dos crimes de falsificação e uso de documento falso relativo a estabelecimento particular de ensino".

De acordo com o § 3.º do art. 297 do CP, nas mesmas penas incorre quem insere ou faz inserir: a) na folha de pagamento ou no documento de informações que seja destinado a fazer prova perante a previdência social, pessoa que não possua a qualidade de segurado obrigatório (permitindo que sejam recebidos benefícios indevidos); b) na CTPS do empregado ou em documento que deva produzir efeito perante a previdência social, declaração falsa ou diversa da que deveria ter sido escrita (registro com salário menor que o real); c) em documento contábil ou em qualquer outro documento relacionado com as obrigações da empresa perante a previdência social, declaração falsa ou diversa daquela que deveria ter constado (buscando camuflar os valores que seriam base para o cálculo de débitos previdenciários).

Ainda, nos termos do § 4.º do mesmo dispositivo, nas mesmas penas incorre quem omite, nos documentos mencionados no § 3.º, nome do segurado e seus dados pessoais, a remuneração, a vigência do contrato de trabalho ou de prestação de serviços. Enquanto o § 3.º faz previsão de crimes comissivos, o § 4.º prevê condutas omissivas.

Se a falsificação culmina na apropriação de contribuição previdenciária ou crime contra a ordem tributária, prevalece que é por este absorvida.

São crimes de falsidade ideológica, ou seja, estão elencados no artigo errado, fruto de imprecisa reforma. São crimes formais, consumando-se com a simples inserção ou omissão. Não há necessidade de efetivo prejuízo à previdência social ou ao segurado.

12.3 FALSIFICAÇÃO DE DOCUMENTO PARTICULAR

Art. 298. Falsificar, no todo ou em parte, documento particular ou alterar documento particular verdadeiro.

Parágrafo único. Para fins do disposto no *caput*, equipara-se a documento particular o cartão de crédito ou débito.

A conduta do art. 298 do CP é de falsificar, alterar. *Falsificar* é criar algo que não existia materialmente, fabricar, montar documento que não existia, ainda que a falsificação seja em parte (criar uma parte falsa). É a formação total ou parcial do documento. Na conduta *alterar* o documento já existe e é verdadeiro, vindo a ser modificado.

O que é documento particular? O critério é por exclusão: o que não for público é particular (não esquecendo que existem documentos equiparados aos públicos).

Documento público nulo (pela falta dos requisitos) é considerado particular. Cheque cujo pagamento foi recusado, majoritariamente, passa a ser considerado documento particular.

A inclusão do parágrafo único, vigente a partir de 2 de abril de 2013, esclarece que, para fins do disposto no *caput*, equipara-se a documento particular o cartão de crédito ou débito. Curioso notar que o cheque persiste sendo equiparado a documento público, ainda que seu uso senha sido drasticamente reduzido, enquanto o cartão de crédito ou débito, que "tomou" o lugar do cheque no cotidiano, merece menor proteção.

12.4 FALSIDADE IDEOLÓGICA

Segundo dispõe o art. 299 do CP, consiste em "omitir, em documento público ou particular, declaração que dele devia constar, ou nele inserir ou fazer inserir declaração falsa ou diversa da que devia ser escrita, com o fim de prejudicar direito, criar obrigação ou alterar a verdade sobre fato juridicamente relevante".

Também chamada de falso ideal, falso moral ou falso intelectual. Pode ser feito tanto em documento público como em documento particular.

A declaração tem de ser falsa ou diversa da que deveria constar.

Distinção com o falso material: na falsificação ideológica, o vício incide sobre o conteúdo das ideias. O documento, sob o aspecto material, é verdadeiro; são falsas as ideias que ele contém (por isso chama-se falso ideal).

Se há alteração ou criação do documento, pouco importa se seu conteúdo é verdadeiro ou falso – trata-se de falso material.

Pode ser praticado por qualquer um, mas, se for funcionário público prevalecendo-se do cargo, o tipo é qualificado.

Entende-se que há omissão típica quando o sujeito não faz a declaração devida ou a faz incompleta. *Inserir* significa que o conteúdo foi introduzido diretamente pelo sujeito ou feito inserir, quando ele indiretamente provoca a elaboração do documento com conteúdo falso ou diverso da declaração que deveria constar.

Como sempre, deve haver relevância e idoneidade a alterar situação no mundo jurídico.

Há finalidade específica prevista no tipo: de prejudicar direito, criar obrigação ou alterar fato juridicamente relevante.

Se o objetivo é juridicamente inócuo, não há crime, como no exemplo de Mirabete em que a mulher declara ter idade menor que a real por buscar parecer mais jovem que seu companheiro.

Consuma-se com a omissão ou inserção da declaração. Prevalece que é possível tentativa, como no caso do sujeito que inicia a execução do "fazer inserir", não sendo feita a inserção por circunstâncias alheias à sua vontade.

Há aumento de pena se a falsificação ou alteração é de assentamento de registro civil. No entanto, como lembra Capez, se o sujeito provoca a inscrição de nascimento inexistente, há o crime do art. 241, e, se registra filho alheio como próprio, incide no art. 242 do CP.

Prevalece que requerimento e petição com informações falsas não configuram o crime, pois não buscam provar nada. Os documentos juntados podem ser objeto de falsidade.

No abuso do papel assinado em branco, prevalece que há falsidade ideológica, desde que o falsificador tenha autorização para preencher as lacunas. Se não tem sequer autorização, prevalece que é falso material (TJSP, *RT* 528/321).

Se a falsidade tem como objetivo certificar prestação de serviço ou trabalho com o fim de possibilitar remição penal, será aplicada a pena do art. 299, e não do art. 301 do CP (falsa certidão), em razão do conteúdo do art. 130 da LEP.

Prevalece que a declaração falsa de pobreza não configura o crime em tela, em razão da absoluta inidoneidade de gerar direitos, pois carece para tanto da apreciação judicial.

12.5 USO DE DOCUMENTO FALSO

Configura o crime do art. 304 do CP fazer uso de qualquer dos papéis falsificados nos tipos anteriores. O documento falso pode ser público ou particular, e a falsidade, material ou ideológica.

O documento falso deve ser utilizado como se fosse verdadeiro. A mera menção a sua existência não é uso, nem ostentação para vangloriar-se. Prevalece que, se o documento é encontrado em poder do agente, não houve uso.

Noronha entendia que há crime desde que o documento saia da disponibilidade do sujeito, ainda que empregado em finalidade diversa da específica do documento. Prevalece, no entanto, que apenas quando o documento é utilizado em sua destinação própria é que passa a ter relevância penal.

É majoritário que, mesmo no caso de a autoridade determinar a apresentação do documento, há crime (Nucci). No entanto, é possível argumentar (e há jurisprudência também em tal sentido) que, se houve determinação da autoridade, o uso foi inevitável, ou seja, o sujeito não tinha a liberdade de não usar. Dessa forma, restaria afastado o crime (Delmanto).

O crime é punido a título de dolo, valendo ressaltar que o sujeito deve ter ciência (ainda que dolo eventual) da falsidade.

Consuma-se com o uso, e prevalece inadmissível a tentativa.

Se o mesmo sujeito falsifica o documento e o utiliza, prevalece que não há concurso de crimes, pois o uso seria o mero exaurimento do crime anterior, já consumado, e que traria a principal e mais abrangente ofensa ao bem jurídico. Assim, o crime de falsificação absorve o uso do documento falsificado (STF, HC 84.533-9, e STJ, HC 107.103).

12.6 FALSA IDENTIDADE

> Art. 307. Atribuir-se ou atribuir a terceiro falsa identidade para obter vantagem, em proveito próprio ou alheio, ou para causar dano a outrem.

Predomina que a ideia de falsa identidade (art. 307 do CP) se relaciona com a identidade física da pessoa, mas há posição no sentido de que engloba todas as qualidades, como estado civil, profissão etc.

Deve haver o especial fim de obter proveito para si ou para outrem ou causar dano a alguém, sendo que a vantagem pode ser de qualquer natureza.

É preciso que o meio seja idôneo a confundir, e consuma-se quando é atribuída a falsa identidade. A tentativa é possível, ainda que de difícil ocorrência.

Durante décadas foi entendimento pacífico nos Tribunais Superiores que não respondia por crime algum aquele que fornecia nome falso para autoridade em busca de esconder seu passado criminoso, em decorrência do princípio de que ninguém pode ser obrigado a produzir prova em seu desfavor. No entanto, o STF, no julgamento do RE 640.139, passou a considerar crime a conduta, entendendo que "o princípio constitucional da autodefesa (art. 5.º, LXIII, da CF/1988) não alcança aquele que se atribui falsa identidade perante autoridade policial com o intento de ocultar maus antecedentes, sendo, portanto, típica a conduta praticada pelo agente".

A competência é do local em que o crime se consumou, com o efetivo uso do documento. Nesse sentido a Súmula 200 do STJ, tratando do passaporte: "O Juízo Federal competente para processar e julgar acusado de crime de uso de passaporte falso é o do lugar onde o delito se consumou".

12.7 OUTRAS FALSIDADES

> Art. 311. Adulterar ou remarcar número de chassi ou qualquer sinal identificador de veículo automotor, de seu componente ou equipamento.

Trata-se de crime comum quanto aos sujeitos, e que tem como bem jurídico tutelado, mais uma vez, a fé pública.

Os núcleos do tipo são adulterar e remarcar. Para Mirabete, a raspagem não é remarcação ou adulteração, mas sim mero ato preparatório. Trata-se de tipo misto alternativo, ou seja, se no mesmo contexto é adulterado e remarcado sinal identificador de um mesmo veículo, há crime único.

É tipo doloso, sendo irrelevante a forma culposa.

Objetos materiais são o chassi e sinal identificador. Chassi é a estrutura que suporta os elementos que compõem o veículo automotor. O chassi é sempre identificado na fábrica, mas outros sinais identificadores (como placa, numeração nos vidros) são encontrados nos mais diversos veículos automotores, e sua remarcação ou adulteração é objeto de punição no presente artigo.

Nos termos do Código de Trânsito, veículo automotor é "todo veículo a motor de propulsão que circule por seus próprios meios, e que serve normalmente para o transporte viário de pessoas e coisas, ou para a tração viária de veículos utilizados para o transporte de pessoas e coisas. O termo compreende os veículos conectados a uma linha elétrica e que não circulam sobre trilhos (ônibus elétrico)" (Lei 9.503/1997).

Para parte da doutrina, a mera colocação de fitas sobre as placas não configura o crime. Mas já entendeu o STJ que todo tipo de alteração configura o tipo ora assinalado. A troca de uma placa por outra também configura o crime.

Há causa de aumento de pena de um terço se o agente comete o crime no exercício da função ou em razão dela.

Incorre em tipo equiparado, nos termos do art. 311, § 2.º, o funcionário público que contribui para o licenciamento ou registro do veículo remarcado ou adulterado, fornecendo indevidamente material ou informação oficial.

Não comete o presente crime aquele que altera sinais de identificação em um reboque, eis que não considerado veículo automotor pelo Código de Trânsito Brasileiro (distingue reboque e veículo automotor) (STJ, HC 134.794).

Dos Crimes contra a Administração Pública 13

São três as espécies: crimes cometidos por funcionário público, crimes cometidos por particular e crimes contra a administração da Justiça.

Apenas os crimes praticados por funcionários públicos contra a Administração Pública recebem a classificação de funcionais. Os crimes funcionais podem ser próprios ou impróprios: próprios quando a falta da qualidade de funcionário público torna o fato irrelevante penal (prevaricação); e impróprios quando tal falta implica a permanência da relevância penal, mas em outro tipo (peculato).

13.1 CONCEITO DE FUNCIONÁRIO PÚBLICO

Este conceito encontra-se no art. 327 do CP.

> Art. 327. Considera-se funcionário público, para os efeitos penais, quem, embora transitoriamente ou sem remuneração, exerce cargo, emprego ou função pública.
> § 1.º Equipara-se a funcionário público quem exerce cargo, emprego ou função em entidade paraestatal, e quem trabalha para empresa prestadora de serviço contratada ou conveniada para a execução de atividade típica da Administração Pública.
> § 2.º A pena será aumentada da terça parte quando os autores dos crimes previstos neste Capítulo forem ocupantes de cargos em comissão ou de função de direção ou assessoramento de órgão da administração direta, sociedade de economia mista, empresa pública ou fundação instituída pelo poder público.

Importante ressaltar que apenas para os crimes funcionais é relevante o conceito de funcionário público por equiparação (art. 327, § 1.º, do CP). Prevalece que, na identificação do sujeito passivo nos crimes contra funcionário público, aplica-se apenas o conceito do *caput*.

Particular pode responder por crime funcional, desde que coautor ou partícipe, pela regra do art. 30 do CP, que reforça a adoção da teoria unitária no concurso de pessoas.

Os crimes que só podem ser praticados por funcionário público, ou seja, têm como elemento essencial a função pública, como a corrupção passiva, são classificados como funcionais próprios, na lição de Mirabete. Os delitos não praticados por funcionários públicos, mas que não deixam de ser considerados figuras típicas, são classificados como crimes funcionais impróprios.

13.2 CRIMES PRATICADOS POR FUNCIONÁRIO PÚBLICO CONTRA A ADMINISTRAÇÃO EM GERAL

São os chamados crimes funcionais, uma vez que só podem ser cometidos de forma direta por funcionário público.

13.2.1 Peculato

O crime de peculato pode ser dividido em: (a) *doloso*: peculato-apropriação (art. 312, *caput*, do CP), peculato-desvio (art. 312, *caput*, do CP), peculato-furto (art. 312, § 1.º, do CP), peculato mediante erro de outrem (art. 313 do CP); (b) *culposo* (art. 312, § 2.º, do CP). Busca proteger primeiramente o patrimônio público, bem como o prestígio e regularidade da administração pública. É preciso que haja correção no manejo dos bens que estão sob custódia da Administração, públicos ou particulares. O sujeito ativo é o funcionário público e o sujeito passivo primário, o Estado.

13.2.1.1 Peculato-apropriação ou desvio

> Art. 312. Apropriar-se funcionário público de dinheiro, valor ou qualquer outro bem móvel, público ou particular, de que tem a posse em razão do cargo, ou desviá-lo, em proveito próprio ou alheio.

13.2.1.1.1 Peculato-apropriação

Apropriar é fazer sua a coisa alheia. É grande a semelhança com o crime de apropriação indébita.

O agente deve ter a posse ou detenção em razão do cargo, ou seja, a princípio a posse da coisa deve ser lícita. Não há peculato de uso, podendo eventualmente recair a conduta em outro crime.

Consuma-se com a prática do primeiro ato que permita demonstrar que houve inversão do ânimo da posse. A tentativa, de difícil ocorrência, é possível em alguns casos.

13.2.1.1.2 Peculato-desvio

Desviar é alterar o destino. É muito semelhante com o tipo anterior e, para muitos, tal previsão seria desnecessária. Aqui o agente altera o fim dos bens em benefício próprio ou alheio (o que não deixa de ser apropriar, sendo que o ato claro de apropriação é disposição). Prevalece que o proveito não precisa ser financeiro, até porque se trata de um crime contra a Administração.

Se empregar em prol da própria Administração certamente recairá no art. 315 do CP, que pune o emprego irregular de verbas públicas.

Não é necessário o proveito, mas apenas a atitude de desvio para a consumação. A tentativa é possível, embora de difícil ocorrência.

13.2.1.2 Peculato-furto

> Art. 312. (...)
> § 1.º Aplica-se a mesma pena, se o funcionário público, embora não tendo a posse do dinheiro, valor ou bem, o subtrai, ou concorre para que seja subtraído, em proveito próprio ou alheio, valendo-se de facilidade que lhe proporciona a qualidade de funcionário.

Também chamado peculato impróprio (art. 312, § 1.º, do CP): aqui, o agente subtrai bem (na custódia da Administração Pública) que não tem em sua posse, valendo-se da facilidade de sua posição para atingir o resultado.

Não importa se o proveito é próprio ou alheio, assim como no furto. A consumação também é, em princípio, idêntica à do furto, ou seja, com a posse tranquila do bem.

O funcionário também é punido quando apenas concorre. Neste caso, aquele que subtrai responde também por peculato, desde que tenha ciência da condição de funcionário público do outro.

Caso do policial que atende a ocorrência de trânsito e subtrai o toca-fitas: há apenas crime de furto. Por que não peculato-furto? Não é peculato porque o bem não está na custódia da Administração Pública. Se o carro está apreendido no pátio da delegacia e o policial subtrai o toca-fitas há peculato--furto, porque presentes todos os requisitos.

Facilidade no exercício da função: o funcionário público tem de se valer da facilidade no exercício da função. A facilidade refere-se à menor vigilância que existe na relação entre o funcionário e os bens, ou ao livre ingresso e trânsito na repartição. Sem este requisito haverá apenas furto. Assim, se o funcionário arromba a porta da repartição e subtrai bens durante a noite o fato é classificado apenas como furto, pois não se aproveitou de sua qualidade na prática criminosa.

13.2.1.3 Peculato culposo

> Art. 312. (...)
> § 2.º Se o funcionário concorre culposamente para o crime de outrem.

Se o funcionário concorre culposamente para o crime de outrem há peculato culposo. É o descumprimento do dever de cuidado devido pelo funcionário no manejo com a coisa que está sob a custódia da Administração.

O crime é praticado por terceiro. A falta de cuidado facilita a ocorrência. O outro crime deve ser apropriação, desvio ou furto. Fora das hipóteses do *caput* do artigo prevalece que não há peculato culposo.

Apenas se consuma com a conduta do terceiro, ou seja, há um componente de azar: a mesma conduta descuidada pode ser irrelevante ou criminosa, dependendo da atitude de terceiro. Mais ainda, se o crime do terceiro é apenas tentado, não há relevância penal da conduta descuidada do funcionário. Apenas haverá peculato culposo com o crime consumado de terceiro.

A reparação do dano no peculato culposo tem efeitos incomuns:

> § 3.º No caso do parágrafo anterior, a reparação do dano, se precede à sentença irrecorrível, extingue a punibilidade; se lhe é posterior, reduz de metade a pena imposta.

Percebe-se que a regra especial da reparação do dano apenas se aplica ao peculato culposo. No caso de peculato doloso, incide a regra geral do art. 16 do CP.

13.2.1.4 Peculato mediante erro de outrem

> Art. 313. Apropriar-se de dinheiro ou qualquer utilidade que, no exercício do cargo, recebeu por erro de outrem.

A doutrina costuma assinalar que, apesar de ser chamada de peculato--estelionato, a figura mais se assemelha ao crime de apropriação de coisa vinda por erro (art. 169 do CP).

Alguém entregou para "A" o que era para "B", sendo que o agente apenas recebeu em razão de sua função. Recebe por erro e depois se apropria. O elemento subjetivo é o dolo, e o sujeito deve saber que recebeu por erro.

A diferença é que no peculato-apropriação a origem da posse é lícita, devida. Aqui, a detenção apenas ocorre por erro. A diferença com o crime de estelionato é que no peculato por erro de outrem o agente não provoca o erro, mas simplesmente recebe a coisa, e apenas percebe o erro e tem a intenção de se apropriar em um segundo momento. No estelionato, o agente provoca o erro, ou mantém a vítima em erro apesar de perceber o equívoco da entrega.

O peculato mediante erro de outrem tem erro espontâneo. Se o erro é provocado ou mantido, é estelionato.

Esse erro pode ser sobre a qualidade da coisa, sobre a pessoa (entregou para pessoa errada) e sobre a obrigação (obrigação que não existe).

13.2.2 Concussão

> Art. 316. Exigir, para si ou para outrem, direta ou indiretamente, ainda que fora da função ou antes de assumi-la, mas em razão dela, vantagem indevida.

Na concussão o funcionário exige a vantagem. Importante perceber a força do verbo exigir, para diferenciar da corrupção passiva (quando o funcionário apenas solicita).

A exigência traz implícita ou explícita a ameaça. Se é concussão, não há corrupção ativa, pois o particular é vítima.

Deve ser para si ou para outrem, direta ou indiretamente, ainda que fora da função ou antes de assumi-la, mas em razão dela. A vantagem deve ainda ser indevida.

E o sujeito que não é policial, se faz passar por um e exige dinheiro para a pessoa? Responde por extorsão.

É majoritário que a vantagem indevida deve ser patrimonial, e deve ser para si ou para outrem (não pode ser para a própria Administração).

Consuma-se com a exigência. É possível tentativa.

13.2.3 Excesso de exação

> Art. 316. (...)

§ 1.º Se o funcionário exige tributo ou contribuição social que sabe ou deveria saber indevido, ou, quando devido, emprega na cobrança meio vexatório ou gravoso, que a lei não autoriza.

§ 2.º Se o funcionário desvia, em proveito próprio ou de outrem, o que recebeu indevidamente para recolher aos cofres públicos.

Exação é correção, é exatidão.

Se o funcionário exige imposto, taxa ou emolumento que sabe ou deveria saber indevido, ou, ainda que seja devido, empregou meio vexatório ou gravoso na cobrança.

Há uma segunda figura também chamada excesso de exação prevista no art. 316, § 2.º, do CP: "Se o funcionário desvia, em proveito próprio ou de outrem, o que recebeu indevidamente para recolher aos cofres públicos".

A diferença em relação ao peculato-desvio é que a coisa ainda não está na custódia da Administração (é o coletor que não recolhe aos cofres públicos).

13.2.4 Corrupção passiva

Art. 317. Solicitar ou receber, para si ou para outrem, direta ou indiretamente, ainda que fora da função ou antes de assumi-la, mas em razão dela, vantagem indevida, ou aceitar promessa de tal vantagem.

As condutas são *solicitar, aceitar promessa* e *receber*.

Solicitar x exigir: base da diferença entre a concussão e a corrupção passiva. Até as formas de expressão do funcionário devem ser consideradas para a correta adequação. Na dúvida, entende-se que houve apenas solicitação.

O sujeito que oferece ou promete vantagem não é vítima, mas agente de outro crime. Importante observar que, se o particular apenas entrega a vantagem pedida, não há crime, pela falta de previsão típica.

O agente faz o pedido, aceita a promessa ou recebe a vantagem. Perceba-se que há corrupção mesmo que a vantagem tenha sido recebida para fazer o que se deve, pois a regularidade da atividade administrativa é lesada pelo recebimento da vantagem relacionada com a prática do ato.

A jurisprudência entende que presentes de pequena monta não constituem crime, mormente se não relacionados diretamente com determinado ato (gratificação de Natal, vinhos e mimos no aniversário etc.).

Trata-se de crime formal, ou seja, há consumação desde que o sujeito solicite, aceite promessa ou receba a vantagem, ainda que não pratique, retarde ou deixe de praticar o ato de ofício.

A tentativa é possível, por exemplo, quando a solicitação é feita por escrito.

É necessário, para a doutrina, que a solicitação, a aceitação de promessa ou o recebimento esteja relacionado com ato inerente à função do funcionário (Delmanto), ou, ao menos, deve o ato ser de competência do agente ou estar relacionado com sua função, pois – caso contrário – o crime a identificar-se será outro (exploração de prestígio, estelionato) (Stoco).

Há a chamada corrupção privilegiada quando o funcionário praticar ou deixar de praticar o ato atendendo a pedido ou influência de outrem. A diferença é o motivo do funcionário público, ou seja, o fato de que é o pedido ou influência de outrem que provoca sua ação.

Se o ato deixa de ser realizado ou é retardado, a pena é aumentada.

13.2.5 Prevaricação

> Art. 319. Retardar ou deixar de praticar, indevidamente, ato de ofício, ou praticá-lo contra disposição expressa de lei, para satisfazer interesse ou sentimento pessoal.

Há prevaricação quando o sujeito *retarda* ou *deixa de praticar* ato de ofício, ou o *pratica contra disposição de lei*. Sempre, e mais importante, a conduta deve visar satisfazer interesse pessoal.

Na corrupção passiva a pessoa agia por vantagem indevida. Na prevaricação age por interesse ou sentimento pessoal.

O interesse pode ser econômico, mas trata-se de ato de vontade próprio do funcionário, ou seja, ninguém está oferecendo ou entregando vantagem a ele.

Percebe-se que o ato foi retardado quando o prazo estipulado em lei foi vencido ou quando a demora extrapola o normal, não permitindo que gere seus ordinários efeitos.

Diz-se que o ato deixou de ser praticado quando não puder mais ser feito.

O interesse ou sentimento pessoal é o elemento subjetivo do tipo. Pode ser moral ou patrimonial. O sentimento pessoal pode ser raiva, vingança, amor, mero capricho etc. Sem o elemento subjetivo não há prevaricação.

Consuma-se com o retardamento, a omissão ou a prática do ato ilegal, sendo possível a tentativa.

13.2.6 Prevaricação qualificada

> Art. 319-A. Deixar o Diretor de Penitenciária e/ou agente público, de cumprir seu dever de vedar ao preso o acesso a aparelho telefônico,

de rádio ou similar, que permita a comunicação com outros presos ou com o ambiente externo.

Trata-se de crime próprio, que só pode ser praticado pelo Diretor da Penitenciária ou outro agente público com responsabilidade de vedar ao preso o acesso a aparelho telefônico, de rádio ou similar. O particular que colaborar com o servidor responderá por crime autônomo de favorecimento real impróprio, previsto no art. 349-A do CP.

Prevalece o entendimento de que se trata de crime de forma livre (comissivo ou omissivo), consumando-se a infração com o acesso do preso ao aparelho. Desnecessário que venha a efetivamente se comunicar com o mundo exterior. Nesse caso, seria possível a tentativa. Para parte da doutrina (R. Greco), é crime omissivo próprio, consumando-se no momento em que as providências devidas não são tomadas pelo agente público. Nesse caso, não seria possível a tentativa.

Controverso se a entrega de componente (chip, bateria...) ou acessório (carregador de celular) pode configurar o crime. Para Estefam, sim, pois se trata de interpretação extensiva, e não de analogia: se é proibido o ingresso do todo, também deve ser proibido o ingresso da parte. Ousamos discordar. Acreditamos que se trata de analogia *in malan partem*, proibida em direito penal. No mais, a proibição do todo não nos parece impor a proibição da parte. O contrário seria verdadeiro. A razão de ser do tipo é impedir a comunicação, algo que a parte, sozinha, não tem o condão de realizar. Nesse caso, sob pena de violação da ofensividade penal, o fato deve ser considerado atípico.

13.3 CRIMES PRATICADOS POR PARTICULAR CONTRA A ADMINISTRAÇÃO EM GERAL

13.3.1 Resistência

> Art. 329. Opor-se à execução de ato legal, mediante violência ou ameaça a funcionário competente para executá-lo ou a quem lhe esteja prestando auxílio:

É preciso que o agente se oponha, mediante violência ou grave ameaça, à execução de ato legal por funcionário competente ou a quem lhe presta auxílio (art. 329 do CP).

Se a oposição for por outro modo que não a violência ou grave ameaça, não há crime (chamada resistência passiva). A violência deve ser contra pessoa. Da mesma forma se a ordem for ilegal, ou se o funcionário não for competente.

Importante perceber que também há resistência na oposição a quem (pode ser particular) auxilia o funcionário competente.

Qualquer um pode se opor. Se a violência ocorrer depois da realização do ato não há crime de resistência, podendo ser outro crime.

Opor-se é tentar impedir. O ato deve ser legal (formal e materialmente), e não justo. Assim, prevalece que, mesmo sendo o sujeito inocente, a ordem emanada de autoridade judiciária para prendê-lo é legal, ainda que injusta, e a oposição mediante violência será considerada criminosa.

Consuma-se com a prática de violência ou grave ameaça, não sendo necessário que o ato deixe de ser praticado (trata-se de crime formal). Aliás, o crime é qualificado se o ato não se executa.

Ainda que seja contra mais de um funcionário, há apenas um crime.

Há concurso necessário, conforme § 2.º do art. 329 do CP, da resistência com as penas correspondentes à violência, como lesão corporal e homicídio. Vias de fato e ameaça são absorvidas. Prevalece que o desacato também é absorvido.

13.3.2 Desobediência

Art. 330. *Desobedecer a ordem legal de funcionário público.*

O funcionário deve ser competente para dar a ordem, que deve ser formal e substancialmente legal. Fora daí, não há desobediência.

Desobediência pressupõe o dever legal de cumprir a ordem, e, assim, o descumprimento por justa causa não caracteriza o crime.

O crime se consuma no momento da ação ou omissão contrária à ordem. A tentativa só é possível na forma comissiva.

Prevalece que o funcionário público pode responder por desobediência quando fora do exercício de suas funções, pois estaria atuando "como particular". Se a "desobediência" se relaciona com o exercício da função, poderia responder por prevaricação (Mirabete, Nucci, Damásio).

Prevalece ainda que, se a lei traz previsão de sanção administrativa ou civil para o descumprimento da ordem, não há crime de desobediência, a menos que a referida lei faça a ressalva da possibilidade de aplicar sanção penal.

Em razão do princípio constitucional que assegura a todo cidadão o direito de não produzir prova contra si, majoritário que não configura desobediência a recusa em colaborar na produção de prova, como teste sanguíneo ou reconstituição de crime.

Já vimos que resistência passiva (ficar agarrado a um poste e não soltar) não é crime de resistência. Seria desobediência? Majoritário que não.

13.3.3 Desacato

> Art. 331. Desacatar funcionário público no exercício da função ou em razão dela.

Desacatar significa ofender, humilhar. Pode ser praticado por meio de palavra ou gesto (art. 331 do CP).

Prevalece que não importa se o funcionário se sentiu ofendido ou não – o desacato é objetivamente considerado, pois o bem jurídico é o prestígio da Administração Pública.

A jurisprudência exige que a ofensa seja feita na presença do funcionário; tem de ouvir ou ver. De outra forma, pode haver outro crime, mas não desacato. No exemplo da ofensa escrita, não há desacato (a menos que o sujeito escreva em grande cartolina na frente do funcionário ou exemplo equivalente), podendo subsistir crime contra a honra.

O funcionário não precisa estar no período de trabalho para ser desacatado, bastando que a humilhação se relacione com as funções.

Em tese, não é necessário que terceiros ouçam, bastando que o funcionário presencie a palavra ou gesto.

Ofensa a vários funcionários ao mesmo tempo configura crime único.

O crime se consuma com a menção da palavra ou gesto (humilhantes) na presença do funcionário, sendo controversa a possibilidade de tentativa.

A jurisprudência majoritariamente entende necessário o ânimo calmo e refletido, tanto que a embriaguez e a extrema ira são aceitas para afastar a tipicidade.

13.3.4 Corrupção ativa

> Art. 333. Oferecer ou prometer vantagem indevida a funcionário público, para determiná-lo a praticar, omitir ou retardar ato de ofício.

É exceção à teoria unitária do concurso de pessoas, pois, apesar de presentes os requisitos, aquele que oferece e o que recebe a vantagem respondem por infrações diversas (corrupção ativa e passiva).

> **cuidado**
> Se o funcionário solicita e o agente apenas entrega, não há crime, pois o verbo entregar não é previsto no tipo, sendo o fato em princípio irrelevante penal para o *entregador*, que é considerado *vítima*. No entanto, se negociar e oferecer outra quantia, há crime. Obviamente, a vantagem deve ser indevida, ou seja, não prevista na lei.

É possível corrupção passiva sem ativa, com a solicitação que não é atendida. Também ativa sem passiva, com o oferecimento que não é aceito.

É necessário que a oferta ou promessa seja feita para funcionário determinado. Se genérica, prevalece que não há crime.

A intenção do agente deve ser para que o funcionário pratique, retarde ou omita ato de ofício. Deve haver seriedade.

Consuma-se com o oferecimento ou promessa, sendo dispensável que o funcionário pratique, retarde ou deixe de praticar o ato de ofício. A tentativa é possível em alguns casos.

Aumenta a pena em um terço se, em razão da vantagem ou promessa, o funcionário retarda, pratica ou omite o ato de ofício.

Não há crime na conduta do particular que oferece dinheiro para que funcionário deixe de praticar ilegalidade em seu desfavor. Não há adequação típica.

Não há crime se o funcionário já praticou o ato relacionado com a vantagem, ou seja, apenas há corrupção ativa com o oferecimento/promessa de vantagem relacionada com ato ainda não praticado.

13.3.5 Contrabando ou descaminho

> Art. 334. Importar ou exportar mercadoria proibida ou iludir, no todo ou em parte, o pagamento de direito ou imposto devido pela entrada, pela saída ou pelo consumo de mercadoria:
> Pena – reclusão, de 1 (um) a 4 (quatro) anos.
> § 1.º Incorre na mesma pena quem:
> *a)* pratica navegação de cabotagem, fora dos casos permitidos em lei;
> *b)* pratica fato assimilado, em lei especial, a contrabando ou descaminho;
> *c)* vende, expõe à venda, mantém em depósito ou, de qualquer forma, utiliza em proveito próprio ou alheio, no exercício de atividade

comercial ou industrial, mercadoria de procedência estrangeira que introduziu clandestinamente no País ou importou fraudulentamente ou que sabe ser produto de introdução clandestina no território nacional ou de importação fraudulenta por parte de outrem;

d) adquire, recebe ou oculta, em proveito próprio ou alheio, no exercício de atividade comercial ou industrial, mercadoria de procedência estrangeira, desacompanhada de documentação legal, ou acompanhada de documentos que sabe serem falsos.

§ 2.º Equipara-se às atividades comerciais, para os efeitos deste artigo, qualquer forma de comércio irregular ou clandestino de mercadorias estrangeiras, inclusive o exercido em residências.

§ 3.º A pena aplica-se em dobro, se o crime de contrabando ou descaminho é praticado em transporte aéreo.

O funcionário que participa do ato infringindo dever funcional responde pelo art. 318 do CP, que é mais grave. De outra forma, responde pela participação neste crime.

Contrabando é a clandestina importação ou exportação de mercadorias cuja entrada ou saída do País é absolutamente ou relativamente proibida. Há controvérsia sobre se reintroduzir mercadoria nacional específica para exportação é contrabando ou descaminho.

Descaminho é a fraude tendente a frustrar, total ou parcialmente, o pagamento de direitos ou impostos sobre a importação e a exportação.

A competência é da Justiça Federal.

13.4 CRIMES CONTRA A ADMINISTRAÇÃO DA JUSTIÇA

13.4.1 Denunciação caluniosa

> Art. 339. Dar causa à instauração de investigação policial, de processo judicial, instauração de investigação administrativa, inquérito civil ou ação de improbidade administrativa contra alguém, imputando-lhe crime de que o sabe inocente.

Consiste em dar causa à instauração de investigação policial, de processo judicial, de investigação administrativa, inquérito civil, ou ação de improbidade administrativa contra alguém, imputando-lhe crime de que o sabe inocente.

É protegida a administração da Justiça.

Dar causa significa provocar, motivar. Dar causa a quê? À investigação policial, processo judicial, investigação administrativa, inquérito civil ou ação de improbidade administrativa.

Para Mirabete, a investigação policial pode ser iniciada mesmo antes do inquérito, ou seja, é possível consumação mesmo sem o início do inquérito. Para Nucci, é necessário que haja inquérito.

"Processo judicial" pode ser criminal ou civil: se o mero inquérito civil é suficiente para configurar o crime, a ação civil pública também o será.

No caso de crime de ação penal privada ou ação penal pública condicionada, Costa Jr. entende que somente o titular da ação penal ou do direito de representar é que pode ser sujeito ativo.

Conforme Nucci, responde também por denunciação caluniosa a autoridade que, de ofício, dá início à investigação policial, administrativa etc. contra quem sabe inocente. Da mesma forma o promotor que denuncia quem sabe inocente, ou o juiz que determina a instauração de inquérito contra quem sabe inocente. Assinala Mirabete que o advogado também pode responder pelo crime se ciente da falsidade, mas queda excluída sua responsabilidade se se detém aos estritos termos do mandato outorgado pelo cliente.

É crime de forma livre, mas a pena é aumentada se o sujeito se serve de anonimato ou nome falso.

Muito importante verificar a intenção do agente: se é lesar a honra, trata-se de calúnia. Se é dar início aos procedimentos referidos, há o crime de denunciação caluniosa.

Mirabete anota haver posição no sentido que, para se configurar a denunciação caluniosa, as inverídicas informações devem ser prestadas espontaneamente. Se as informações são prestadas em razão de pergunta de autoridade, não há crime.

Se o policial planta prova nos pertences de alguém e prende o sujeito, há, no mínimo, denunciação caluniosa, podendo responder também por abuso de autoridade.

Consuma-se com o ato da autoridade que inicia a investigação, o processo judicial, instaura a investigação administrativa, o inquérito civil ou a ação de improbidade, ainda que não haja efetivo prejuízo para a Justiça, motivo pelo qual costuma ser classificado como formal. Possível a tentativa se, apesar da denunciação apta, não se instaura o procedimento por circunstâncias alheias à vontade do sujeito (esquecimento da autoridade competente, paralisação dos serviços etc.).

O fato tem de ser crime para incidir no *caput*. Se for contravenção, a pena é diminuída pela metade.

Prevalece o entendimento segundo o qual haverá denunciação na hipótese de alguém imputar uma infração mais grave do que aquela de fato ocorrida.

A falsidade da imputação pode ser relativa ao fato ou ao autor, ou seja, pode se referir a fato que não ocorreu ou que não foi praticado pela pessoa indicada. De qualquer forma, a imputação deve ser sobre pessoa determinada.

Mirabete entende que não há denunciação se o sujeito, acusado da prática de crime, o imputa a outrem, pois não há dolo de fazer iniciar investigação, mas tão somente de livrar-se da pena. Nucci entende que, se o sujeito admite o crime e ainda delata terceiro sabendo-o inocente, há crime, pois não fez a imputação para se livrar da responsabilidade.

Prevalece ainda o entendimento de que é necessário dolo direto, não bastando dolo eventual sobre a inocência do sujeito (se apenas tolera, mas não sabe que o outro é inocente, não haverá crime).

Deve haver bom senso na interpretação do tipo. Se é inviável a instauração da investigação pela prescrição ou qualquer outra causa impeditiva, não há crime, pois é impossível "dar causa" ao regular procedimento. Se há imputação de fato definido como crime, mas o sujeito é absolvido sem certeza da inocência, ou, para Nucci, mesmo se absolvido em razão de excludente de ilicitude ou dirimente de culpabilidade, não há denunciação caluniosa.

Se é realmente instaurado processo ou investigação, Hungria e Noronha recomendam aguardar a decisão definitiva para o julgamento da denunciação caluniosa, para que sejam evitadas ao máximo decisões conflitantes. Mirabete entende desnecessária a providência.

Ainda que seja instaurado inquérito policial, processo judicial e investigação administrativa contra o sujeito "inocente", haverá um só crime.

Há concurso formal de crimes se a denunciação atinge várias pessoas, e material se há várias falsas denúncias.

Nucci lembra que na Lei de Improbidade Administrativa (Lei 8.429/1992) há o art. 19, que pune com seis a dez meses de detenção aquele que representa por ato de improbidade agente público ou terceiro beneficiário que sabe ser inocente. Entende o autor que prevalece a denunciação caluniosa sobre referido artigo quando se tratar de imputação de crime, restando ao art. 19 eficácia sobre as falsas representações sobre fatos que, embora sejam atos de improbidade, sejam irrelevantes penais.

13.4.2 Comunicação falsa de crime ou contravenção

Art. 340. Provocar a ação de autoridade, comunicando-lhe a ocorrência de crime ou de contravenção que sabe não se ter verificado:

O crime consiste em provocar a ação de autoridade, comunicando-lhe a ocorrência de crime ou contravenção que sabe não ter ocorrido.

No crime do art. 340 do CP, o sujeito provoca ação da autoridade, comunicando crime ou contravenção que sabe não ter ocorrido. Importante mais uma vez a intenção de fazer atuar a autoridade, com dolo direto, ou seja, certeza de que se trata de falsa comunicação (Damásio).

A falsa comunicação pode ser dar por qualquer meio idôneo.

A falsidade deve incidir sobre elementos essenciais do caso. Não há o presente crime se a divergência com a realidade é sobre elementos acidentais, como agravantes ou qualificadoras. Conforme Fragoso, o crime alegado pode ser tentado ou consumado, doloso ou culposo.

Aqui não há identificação do autor, que é o que distingue este crime da denunciação caluniosa. O fato é falso. Costa Jr. entende que há o presente delito quando imputada falsa infração a alguém inexistente.

Não é necessário causar instauração de inquérito. Basta que a autoridade pratique qualquer ação dirigida à investigação. Assim que a autoridade pratica o ato o crime está consumado. Possível a tentativa quando, feita a notícia, a autoridade não age.

Se o fato comunicado não deve ser investigado porque presente causa extintiva da punibilidade, como a prescrição, o crime é impossível, pois a autoridade não vai agir. Como ensina Noronha, não há também "comunicação falsa de crime" se há comunicação de delito de ação penal privada, se o denunciante não é o virtual titular da ação, ou, no caso de ação penal pública subsidiária, se não lhe caberia a representação.

Na lição de Costa Jr., a "autoridade" pode ser policial, judicial ou administrativa.

Prevalece (Hungria, Fragoso, Bittencourt) que este crime é absorvido quando é meio para a prática de estelionato, embora haja posições em contrário (Costa Jr., Noronha, Mirabete).

Por ter pena máxima inferior a dois anos, é infração de menor potencial ofensivo, ou seja, a competência é do juizado especial criminal.

13.4.3 Autoacusação falsa

> Art. 341. Acusar-se, perante a autoridade, de crime inexistente ou praticado por outrem:

Consiste em acusar-se, perante a autoridade, de crime inexistente ou praticado por outrem.

Acusar-se é o mesmo que assumir a culpa, imputar a si mesmo a autoria do crime (art. 341 do CP).

Pode se tratar de crime inexistente ou praticado por terceiros.

A autoridade referida no artigo pode ser policial, judicial ou administrativa.

Se o sujeito assume sozinho crime que foi praticado em concurso de pessoas, não há crime pela falta de adequação típica. Se admite o fato, mas arrola excludente de ilicitude, também não será incriminado, pois o fato acobertado por excludente não é criminoso (é preciso que se acuse de crime – exige fato antijurídico).

Apesar de a redação trazer a expressão *perante*, prevalece a desnecessidade de que a autoacusação ocorra adiante da autoridade, podendo ser feita por outros modos, como, por exemplo, por escrito.

O fato típico ora analisado exige que a autoacusação se refira a crime, não bastando contravenção.

Prevalece que não importa a finalidade do agente, bastando que tenha consciência e vontade de se autoacusar falsamente (Bittencourt, Mirabete). Para Nucci, é necessário que o sujeito tenha a intenção de prejudicar a administração da Justiça. Em nosso entender (minoritário), é possível cogitar de inexigibilidade de conduta diversa em caso de motivo altruístico (preservar o próprio filho).

Não há crime se a falsa confissão se faz em razão de tortura, ou se é de qualquer forma extorquida pela autoridade.

Consuma-se com a chegada da autoacusação ao conhecimento da autoridade. Aqui não é necessária qualquer atividade por parte do agente estatal. A tentativa é possível, por exemplo, por via escrita. Hungria e Fragoso entendem ser inadmissível a tentativa, argumentando que, enquanto a carta não chega ao conhecimento da autoridade, haveria apenas ato preparatório.

Como não é necessário que a autoridade realmente se engane, bastando idoneidade de enganar, trata-se de crime formal.

Prevalece sobre o falso testemunho, afastando o concurso de crimes.

A competência é do juízo do lugar em que o agente se apresentou para a falsa autoacusação.

Como a pena máxima não supera dois anos, trata-se de infração de menor potencial ofensivo.

13.4.4 Falso testemunho ou falsa perícia

Art. 342. Fazer afirmação falsa, ou negar ou calar a verdade, como testemunha, perito, contador, tradutor ou intérprete em processo judicial, ou administrativo, inquérito policial, ou em juízo arbitral:
Pena – reclusão, de 1 (um) a 3 (três) anos, e multa.
§ 1.º As penas aumentam-se de 1/6 (um sexto) a 1/3 (um terço), se o crime é praticado mediante suborno ou se cometido com o fim de obter prova destinada a produzir efeito em processo penal, ou em processo civil em que for parte entidade da administração pública direta ou indireta.
§ 2.º O fato deixa de ser punível se, antes da sentença no processo em que ocorreu o ilícito, o agente se retrata ou declara a verdade.

Na lição de Costa Jr., trata-se de infração das mais graves na Antiguidade, configurando, no mais das vezes, ofensa à Justiça dos homens e à Justiça divina. O mesmo autor adverte para o perigo da prova testemunhal e a dificuldade de sua fidelidade, vez que fruto da falibilidade humana na compreensão e tradução de suas percepções e sensações.

Configuram o crime do art. 342 do CP as condutas de, como testemunha, perito, tradutor, contador ou intérprete em processo judicial, policial, administrativo ou em juízo arbitral, fazer afirmação falsa, negar ou calar a verdade.

Na famosa classificação de Mittermayer, testemunha é aquele chamado a declarar segundo sua experiência pessoal, acerca da existência e natureza de um fato.

É crime próprio, pois os sujeitos ativos estão descritos taxativamente no tipo. As partes não o podem praticar, pois não são testemunhas. São sujeitos passivos o Estado e o lesado pelo falso.

Quem não prestou compromisso (informante) pratica o crime? Costa Jr. entende que não deveria, na esteira do pensamento de Fragoso e Nucci, embora Regis Prado ensine que o dever de dizer a verdade existe independentemente do compromisso, posição que hoje prevalece (Noronha, Ponte). Os "proibidos de depor" arrolados no art. 207 do CPP (como o médico), se desobrigados pelos interessados no segredo, podem depor, mas o farão sob compromisso e se sujeitam às penas do falso testemunho, conforme entendimento majoritário.

O falso testemunho é crime de mão própria, e por isso não aceita coautoria. Em tese, os crimes de mão própria aceitariam participação. No entanto, como a antiga pena do art. 343 (suborno à testemunha ou perito) era igual à do falso, entendia-se que apenas aquela forma de participação, ou seja, a oferta de suborno, é que seria punida, pois de outra forma não haveria lógica na previsão do art. 343. No entanto, com a alteração das penas do art. 343 do CP, a doutrina vem aceitando a participação no falso (Nucci, Ponte, Regis Prado), via induzimento, instigação etc.

O falso testemunho precisa ser sobre fato juridicamente relevante, ou seja, que ao menos poderia influir na decisão do juiz. A falsa afirmação de determinada qualidade pessoal, no momento da qualificação, não configura esse crime, a menos que essencial ao deslinde da causa, na lição de Costa Jr. Também não configura crime de falso testemunho a opinião da testemunha, se questionada a respeito, como quando se pergunta sobre a personalidade do réu (Nucci). A opinião do perito, por outro lado, por ser respaldada em dados técnicos, tem absoluta relevância penal e pode ser objeto de falso.

Não há crime se a testemunha mente para não se incriminar.

As condutas previstas são fazer afirmação falsa, negar e calar a verdade.

Fazer declaração falsa é declarar algo que não corresponde à verdade. Negar significa afirmar que não sabe o que na realidade sabe. Calar a verdade significa deixar de responder a pergunta quando conhece a resposta. Há posição no sentido de que aquele que se nega a depor responde por desobediência (Regis Prado), e não por falso, restando a hipótese do calar apenas para aquele que, durante o depoimento, deixa de responder o que sabe. Há que se considerar em defesa desse entendimento que aquele que se nega a depor não influi no julgamento como aquele que falseia a verdade. Nucci discorda de tal posição, entendendo que há falso tanto na conduta do que se recusa a depor, como na daquele que deixa de responder pergunta específica ou cala a verdade sobre fato relevante, pois, de outra forma, seria permitir subterfúgio àquele que não quer cumprir seu dever com a Justiça de conseguir, calando-se, escapar das penas do falso (pena mínima de um ano) para ser sancionado apenas com a desobediência (pena mínima de 15 dias).

A ideia de "verdade", conforme ensina Bittencourt, deve ser entendida em seu aspecto ideológico e relativo, e não real e absoluto, inexistindo crime quando "o sujeito ativo simplesmente se limita a declarar o que sabe, ainda que discordando do que verdadeiramente ocorreu". A declaração da pessoa deve ser compreendida a partir de sua perspectiva, de sua noção da realidade, como ensina Costa Jr. É preciso especial cuidado na avaliação dos termos utilizados, para que não se confunda uma má expressão ou uma das possíveis versões dos fatos com o crime de falso testemunho, que exige deliberado propósito de falsear a verdade. Maior perigo ainda quando, como no caso do processo penal brasileiro, a pergunta não é feita diretamente pela parte, mas sim pelo magistrado e ditada por ele para que conste do termo, o que, como já antecipava Fragoso, aumenta a chance de virtual configuração do falso pela diversidade de interpretações e expressões.

Para que se configure o crime, para Bittencourt e Nucci, é necessário um elemento subjetivo especial, que é o de causar prejuízo a alguém ou à administração da Justiça. Não há punição na forma culposa.

Falsa perícia: perito é aquela pessoa que tem conhecimentos técnicos sobre determinado assunto e é capaz de elaborar um parecer após o estudo do fato. Também o tradutor e o intérprete são mencionados pela lei. Tradutor é aquele que verte em língua nacional texto em língua estrangeira. Intérprete é aquele que traduz oralmente depoimento daquele que fala outro idioma.

O falso deve ser praticado em processo judicial; inquérito policial, processo administrativo ou juízo arbitral. Para Bittencourt, o tipo não trata dos inquéritos administrativos e judiciais. Para Nucci, o tipo abrange a sindicância e o inquérito civil. O inquérito parlamentar tem previsão expressa no art. 4.º, II, da Lei 1.579/1952. Prevalece que se o falso é perpetrado em processo nulo deixa de ter relevância penal. Da mesma forma, se extinta a punibilidade no processo em que teria ocorrido o falso, também deve ser considerada extinta a punibilidade do próprio falso.

São crimes formais, que não exigem resultado concreto de influência no resultado do processo. Ainda que a testemunha minta por três vezes no mesmo processo, entende-se que há crime único.

A extinção da punibilidade no processo em que houve o falso não afasta o falso testemunho, pois quando prestado o depoimento havia potencialidade lesiva (STJ, REsp 10.360). Se o falso é cometido em juízo deprecado, lá ocorrendo a consumação, prevalece que deste será a competência para o julgamento. Se praticado durante o julgamento em plenário do júri, deve ser questionado o corpo de jurados sobre a prática do crime, em quesito próprio. Se praticado perante a Justiça Eleitoral, a competência será da Justiça Federal.

É preciso dolo, não sendo suficiente a falta de cautela ou precisão nas declarações.

Consuma-se o crime com o encerramento do depoimento e a assinatura do termo ou com a entrega da perícia. É indiferente se o depoimento/perícia realmente influiu ou não no julgamento, embora seja necessário que tivesse potencialidade para tanto, que fosse pertinente/relevante.

A tentativa é possível, em tese, nos casos de laudo interceptado ou depoimento que não se encerra por evento extraordinário. Nucci defende ser impossível.

Há causa de aumento de pena se o crime é cometido com o fim de obter prova para produzir efeito em processo penal ou em processo civil em que é parte entidade da Administração Pública direta ou indireta. No caso do processo penal, Regis Prado entende que abrange tanto o inquérito policial quanto a ação penal, com o que discordamos, pois o termo "processo" deve ser entendido em sentido estrito, como leciona Nucci. Também é aumentada a pena se o crime é cometido mediante suborno.

Há quem entenda que apenas com o trânsito em julgado da sentença do processo em que ocorreu o falso é que deveria ser possível a persecução do crime, pois antes disso há grande risco de decisões contraditórias. Atualmente tem prevalecido na jurisprudência que é possível o início da persecução, mas o processo deve ser suspenso até que ocorra o trânsito em julgado do processo em que houve o falso, exatamente para evitar conflito entre as decisões.

13.4.4.1 Retratação

É causa de extinção da punibilidade se, antes da sentença, o agente se retrata ou declara a verdade. Prevalece que a sentença é a de primeiro grau. Se no júri, para Nucci, pode ocorrer até a decisão dos jurados na sala secreta, ainda que o falso tenha ocorrido antes da pronúncia.

Retratar significa desdizer o que se disse, revelando a versão verdadeira.

Não precisa ser espontânea, bastando que seja voluntária.

Para os que aceitam a participação no falso testemunho, a retratação se comunica aos partícipes, pois a lei determina que "o fato deixa de ser punível" (Nucci). Em sentido contrário, Costa Jr. entende que, à revelia do texto da lei, trata-se de circunstância de caráter pessoal, não comunicável pela regra do art. 30 do CP.

13.4.5 Coação no curso do processo

> Art. 344. Usar de violência ou grave ameaça, com o fim de favorecer interesse próprio ou alheio, contra autoridade, parte, ou qualquer outra pessoa que funciona ou é chamada a intervir em processo judicial, policial ou administrativo, ou em juízo arbitral.

Trata-se de grave infração contra a administração da Justiça, pois influencia de maneira nociva o regular exercício da Jurisdição.

Há necessidade de emprego de violência ou grave ameaça, não sendo suficiente o pedido de clemência ou piedade por parte de parentes das partes envolvidas ou dos próprios. Nucci adverte que não é necessário que a ameaça trate de mal injusto, podendo ser justo, desde que suficiente a amedrontar o ameaçado, utilizando exemplo de intimidação feita a juiz de denunciar crime por ele praticado com o fim de influenciar o julgamento.

Lembrar a testemunha das penas do falso testemunho não configura o crime.

Há necessidade de dolo direto, consistente na consciência e vontade de empregar violência ou grave ameaça contra as pessoas arroladas no artigo, e ainda a presença do especial elemento subjetivo do tipo "com o fim de favorecer interesse próprio ou alheio" em processo judicial, policial, administrativo ou em juízo arbitral.

Os ameaçados podem ser as autoridades envolvidas, as testemunhas, peritos, intérpretes, oficiais de justiça e em especial as partes.

Trata-se de crime formal, que se consuma com o emprego da violência ou grave ameaça, ainda que não se consiga influir no curso do processo em prol de interesse próprio ou alheio. A tentativa é possível, em tese.

Se já havia deposto a testemunha, entende Costa Jr. que não há infração punível, pois não é mais possível influir no curso do processo. Há quem entenda de forma diversa, pois a testemunha pode ser reinquirida até a decisão final.

A lesão corporal, ainda que leve, é punida em concurso material, restando absorvidas apenas a ameaça e as vias de fato.

13.4.6 Exercício arbitrário das próprias razões

> Art. 345. Fazer justiça pelas próprias mãos, para satisfazer pretensão, embora legítima, salvo quando a lei o permite.

O Estado, responsável por diminuir os conflitos sociais, tem o monopólio da violência e se incumbe de resolver controvérsias por meio da jurisdição. Se todos buscassem resolver os problemas pela força, haveria aumento de violência e desprezo pela função jurisdicional. Para prevenir tais fatos há o crime de exercício arbitrário das próprias razões, e o objeto jurídico tutelado é a administração da Justiça.

O indivíduo não pode fazer justiça com as próprias mãos. Se está com a razão no conflito e o outro resiste em lhe reconhecer o direito, deve buscar o Estado.

Fazer justiça pelas próprias mãos significa praticar conduta que, aos olhos do agente, lhe devolve direito que está sendo injustamente violado. O sujeito tenta tornar efetivo direito que tem ou pensa que tem sem buscar o Estado.

Na precisa lição de Costa Jr., não delinque aquele que continua a desfrutar de determinada situação jurídica, mesmo sem ter razão, mas sim aquele que quer alterar a situação de forma arbitrária, sem a intervenção da autoridade judicial.

Se a lei diz *embora legítima*, é porque a pretensão pode ser legítima ou ilegítima. Costuma ser dito que as *próprias razões* estão na cabeça do agente e não no ordenamento. É claro que o sujeito tem de acreditar que tem o direito, ou seja, que ganharia a demanda no Judiciário. Objetivamente a pretensão pode ser legítima ou ilegítima, desde que subjetivamente seja legítima.

O meio de execução pode ser a violência, a grave ameaça ou a fraude.

É preciso que atue com dolo, e que acredite ser a pretensão legítima (elemento subjetivo especial).

Há o elemento normativo *salvo quando a lei o permite*, que afasta a relevância penal. Aliás, para muitos, a previsão apenas vem ressaltar o óbvio, em virtude das excludentes de ilicitude.

Prevalece (Damásio, Noronha) ser crime formal, pois basta que seja praticado ato capaz de satisfazer a pretensão, ainda que não seja alcançada, para que haja consumação. Há posição no sentido de que só se consumaria quando o sujeito alcançasse sua pretensão (Hungria, Delmanto, Costa Jr.). A tentativa é possível.

Se o sujeito ativo for funcionário público, poderá haver abuso de autoridade.

13.4.6.1 Ação penal

Será pública incondicionada se houver violência contra a pessoa. Se não houver, a ação é privada. Prevalece que a ocorrência de vias de fato já torna a ação pública incondicionada, enquanto na grave ameaça a ação persiste sendo privada.

Se houver violência, além de ser ação penal pública incondicionada, a lei estabelece que haverá concurso necessário de crimes entre o exercício arbitrário e aquele correspondente à violência: "... além da pena correspondente à violência". Ficam absorvidas a ameaça e as vias de fato.

13.4.7 Favorecimento pessoal

> Art. 348. Auxiliar a subtrair-se à ação de autoridade pública autor de crime a que é cominada pena de reclusão:
> Pena – detenção, de 1 (um) a 6 (seis) meses, e multa.
> § 1.º Se ao crime não é cominada pena de reclusão:
> Pena – detenção, de 15 (quinze) dias a 3 (três) meses, e multa.
> § 2.º Se quem presta o auxílio é ascendente, descendente, cônjuge ou irmão do criminoso, fica isento de pena.

É o auxílio prestado ao autor de crime para que consiga escapar à ação da autoridade (art. 348 do CP).

Se o crime não for punido com reclusão, a pena á abrandada.

É crime acessório, pois precisa de anterior para existir.

Nesse caso, o sujeito não combinou com o autor do crime de forma antecipada. Se houver tal combinação, há concurso de pessoas no crime anterior, e não favorecimento pessoal. A colaboração no crime anterior afasta o favorecimento pessoal. Prevalece que o auxílio deve ser, por isso, posterior ao crime.

O sujeito ativo pode ser qualquer um, menos o coautor e o partícipe do crime anterior. O advogado pode ser responsabilizado por esse crime, em tese, desde que não atue com suas faculdades e prerrogativas funcionais. O advogado não é obrigado a dizer onde o sujeito está, ou colaborar com sua prisão, mas não pode colaborar fisicamente para sua fuga.

Auxiliar é diferente de induzir e instigar. No favorecimento só é punido o auxílio, e não o induzimento ou instigação. No favorecimento é preciso que o agente forneça meios (dinheiro, carro, esconderijo em casa etc.) para que o autor do crime escape da autoridade.

A doutrina chama esse crime de acessório porque ele depende, para existir, de um crime anterior. Se não houve crime anterior, não há favorecimento.

O crime é doloso, e, para Nucci, é necessário o especial elemento subjetivo de ludibriar a ação da autoridade. Não há o referido crime se não há tal elemento especial, como na conduta daquele que dá abrigo e comida ao fugitivo de forma humanitária, como ensina Costa Jr.

Só é possível falar de crime de favorecimento no caso de possibilidade de ação da autoridade. Se o crime anterior está prescrito, ou se é de ação penal privada e não há queixa, não é possível favorecimento. Prevalece que, se o sujeito foi absolvido da prática do crime anterior, não pode haver condenação por favorecimento, pois não foi auxiliado o *autor do crime*. Necessário ainda que se trate de crime, não bastando que seja autor de contravenção.

Para Nucci e Bittencourt, como pela redação do artigo só há relevância penal no caso de autor de crime ao qual seja cominada "pena", não há favorecimento pessoal no caso do que favorece menor infrator ou inimputável, ou se por qualquer outro motivo não for possível a imposição de pena, mesmo se por ausência de representação ou queixa, no caso de ação pública subsidiária ou ação penal privada (Delmanto).

Há interessante posição no sentido de que, com a incidência do princípio da presunção de inocência, apenas pode ser considerado autor de crime aquele que já tem contra si sentença condenatória transitada em julgado. Assim, apenas pratica favorecimento (que só é punido a título de dolo) aquele que auxilia quem sabe ser autor condenado definitivamente por crime a escapar da ação da autoridade. Embora haja *déficit* de proteção (pois seria muito difícil a punição do crime), seria a única forma de compatibilizar a previsão típica com a Constituição. Nucci discorda, entendendo ser possível o início da persecução mesmo antes da condenação, embora admita que, em tais casos, deva se aguardar a condenação para o início do processo pelo favorecimento.

Não é necessário que seja obstada autoridade determinada: basta que o sujeito seja auxiliado a escapar da ação de autoridade em termos genéricos.

Consuma-se quando, em razão do auxílio, o autor do crime consegue escapar à ação da autoridade por tempo ao menos relevante. É possível a tentativa se, apesar do auxílio, nem por pouco tempo o sujeito consegue escapar à ação da autoridade.

Para Nucci, não há crime no caso do morador que impede a polícia de adentrar em sua casa durante a noite para capturar fugitivo, pois se trata de exercício regular do direito de manter sua casa como asilo inviolável, nos termos da Constituição. Apenas haverá crime se, já durante o dia, a negativa persistir.

13.4.7.1 Escusa absolutória

De acordo com o § 2.º do art. 348 do CP, o crime não será punido se quem prestou o auxílio foi o ascendente, descendente, irmão ou cônjuge (enumeração taxativa no entender de Bittencourt). A jurisprudência por vezes amplia o rol aplicando a analogia, com o que concordamos, como no óbvio caso da relação de companheirismo.

Em nosso entendimento, a escusa trata de causa especial de inexigibilidade de conduta diversa, que afastaria, assim, a culpabilidade. Prevalece, no entanto, ser causa de isenção de pena.

A escusa é pessoal, e não se comunica aos colaboradores.

13.4.8 Favorecimento real

> Art. 349. Prestar a criminoso, fora dos casos de coautoria ou de receptação, auxílio destinado a tornar seguro o proveito do crime:

Consiste em prestar a criminoso, fora dos casos de coautoria e participação, auxílio destinado a tornar seguro o proveito de crime (art. 349 do CP).

Mais uma vez, não pode haver conluio anterior à prática do crime; caso contrário, o sujeito se torna coautor ou partícipe do crime anterior.

Trata-se de crime doloso, sendo necessário o elemento subjetivo especial que consiste em "tornar seguro o proveito do crime".

A distinção para a receptação está no ânimo do agente. Se atuar para favorecer o criminoso, é favorecimento real. Se atuar em benefício próprio, é receptação.

Assim como no favorecimento pessoal, há posição exigindo a necessidade de condenação com trânsito em julgado pelo crime anterior para que se possa falar em favorecimento real, e há quem entenda desnecessária a condenação.

Para Costa Jr. e Nucci, se o sujeito que praticou o fato anterior é inimputável, não há favorecimento, pois inimputável não pratica crime. Para Bittencourt, no entanto, é irrelevante se há extinção da punibilidade ou inimputabilidade no crime anterior.

Nucci ressalva que nem sempre a absolvição no crime anterior afasta o favorecimento real, como nos casos de escusa pessoal, em que o sujeito pode ser absolvido, mas o fato continua criminoso, citando exemplo de sujeito que praticaria favorecimento real se escondesse produto de furto de filho contra pai. O filho seria absolvido, mas o fato continuaria sendo criminoso.

O auxílio prestado é destinado a tornar seguro o proveito do crime. Instrumento não é proveito de crime, ou seja, tornar segura a localização da arma do crime não pode configurar favorecimento real.*Proveito* é toda vantagem material ou não. Pode ser o objeto material, transformado ou não, ou o preço do crime, resultado do crime, ou ainda o que resultou da venda do objeto material (exclui-se o instrumento do crime). O crime anterior não precisa ser contra o patrimônio. Qualquer tipo de crime serve (ex.: auxiliar o desconto de cheque furtado). Não precisa ser proveito patrimonial.

O tipo fala em crime anterior. O crime anterior pode ser tentado? É possível ter vantagem em crime tentado? Sim (agente paga para outro matar, e este não consegue, restando a tentativa).

Deve haver prova de que o objeto que se tentou tornar seguro é proveito do crime.

Consuma-se com a prestação do auxílio independentemente do resultado, ou seja, é crime formal. Em tese, é possível a tentativa.

Importante destacar que a Lei 12.012, de 06.08.2009, acrescentou ao Código Penal o art. 349-A, que trata do ingresso, da promoção, da intermediação, do auxílio ou da facilitação de entrada de aparelho telefônico de comunicação móvel, de rádio ou similar, sem autorização legal, em estabelecimento prisional.

13.4.9 Evasão mediante violência contra a pessoa

> Art. 352. Evadir-se ou tentar evadir-se o preso ou o indivíduo submetido a medida de segurança detentiva, usando de violência contra a pessoa.

Só pode ser sujeito ativo aquele legalmente preso ou submetido a medida de segurança. Sujeito passivo é o Estado, e também a vítima da violência.

A objetividade jurídica é a administração da Justiça em sua faceta de eficácia, eis que de nada adianta o provimento jurisdicional restritivo da liberdade se ele é desafiado e descumprido. Também é protegida a integridade física daquele que sofre a violência.

É crime consumado fugir ou tentar fugir, desde que com violência à pessoa. É preciso que se trate de preso ou pessoa submetida à medida de segurança detentiva.

Não importa se a prisão é processual penal, penal ou civil.

A fuga pura e simples constitui mera falta disciplinar.

O emprego de grave ameaça contra a pessoa ou violência contra a coisa não configura o crime – é necessário que haja violência contra a pessoa.

Se a prisão é ilegal (não injusta, mas ilegal), não há crime.

Não admite tentativa, pois a tentativa de fuga é punida como crime consumado (crime de atentado). Se a própria tentativa de fuga é prevista como forma de consumação, torna-se impossível a aplicação do art. 14, II, do CP, pois seria "tentar tentar".

Conforme Costa Jr. e Bittencourt, não é necessário que o sujeito esteja "atrás das grades". Prevalece que haverá crime ainda que esteja sendo transportado em veículo ou situação semelhante. Para Hungria, nesse caso há apenas desobediência.

Há concurso material necessário entre este delito e aquele resultante da violência, como lesão corporal e homicídio. A violência consistente em vias de fato é suficiente à configuração do crime? Sim, mas no caso não haverá soma das penas do art. 352 do CP com as do art. 21 da LCP, restando as vias de fato absorvidas.

13.4.10 Patrocínio infiel

> Art. 355. Trair, na qualidade de advogado ou procurador, o dever profissional, prejudicando interesse, cujo patrocínio, em juízo, lhe é confiado.

Sujeito ativo: Todo aquele que exerce a advocacia, como o advogado inscrito na OAB, o procurador judicial (estagiário) e também o Defensor Público, ainda que não inscrito nos quadros da OAB, sendo indiferente se o mandato é oneroso.

O objeto jurídico é a administração da Justiça, em sua faceta "dignidade do exercício da advocacia", que é função essencial à Justiça.

Delmanto chama atenção para os três requisitos cumulativos do fato típico, sem os quais a conduta perde relevância penal: a) prejuízo de interesse; b) patrocínio que lhe é confiado; c) em juízo.

É crime de forma livre, podendo ser praticado de forma comissiva ou omissiva. Prevalece que abandonar o processo não configura o delito. Há crime se o advogado mostra um documento importante para a outra parte, perde um prazo para prejudicá-la ou faz acordo que prejudica o cliente sem sua anuência.

É claro que não comete o crime o advogado que executa contrato de honorários. Aliás, o advogado não é obrigado a defender interesse ilegal.

É necessário dano efetivo, não bastando o potencial.

Prevalece a necessidade da consciência e da vontade de trair a confiança, não sendo relevante a atitude culposa. Para Costa Jr., não é necessária a vontade de impor prejuízo, bastando a consciência que esse possa vir a ocorrer.

Consuma-se com o dano efetivo à parte, sendo, em tese, possível a tentativa.

Se patrocina várias pessoas na mesma demanda, traindo-as, há concurso formal de crimes. No entender de Costa Jr., concurso formal impróprio, com cumulação de penas, pois haveria desígnios autônomos.

13.4.10.1 Patrocínio simultâneo ou tergiversação

> Art. 355. (...)
> Parágrafo único. Incorre na pena deste artigo o advogado ou procurador judicial que defende na mesma causa, simultânea ou sucessivamente, partes contrárias.

Sujeitos ativos e passivos são idênticos ao do *caput*.

A conduta proibida é zelar, patrocinar, amparar partes contrárias na mesma causa. O termo causa não é entendido em seu sentido formal, podendo haver o crime ainda que se trate de diversos processos.

Há crime se o patrocínio for direto e também se por interposta pessoa.

Prevalece ser indispensável que se trate de processo judicial. Também que não há crime se há concordância das partes e os interesses não são antagônicos.

Não é necessário que o sujeito ativo tenha procuração, bastando que pratique ato processual.

Consuma-se com a prática de ato processual, sendo delito formal, ou seja, desprezando a ocorrência de efetivo prejuízo. Possível a tentativa.

Bibliografia

ANCEL, Marc. *A nova defesa social*. Trad. Osvaldo Melo. Rio de Janeiro: Forense, 1979.

ARANHA, Adalberto José Q. T. C. *Da prova no processo penal*. 5. ed. São Paulo: Saraiva, 1999.

ARAÚJO JR., João Marcello. Os grandes movimentos de política criminal do nosso tempo. In: ARAÚJO JR, João Marcello (org.) *Sistema penal para o terceiro milênio*. 2. ed. Rio de Janeiro: Revan, 1991.

ARENAL, Concepción. *Obras Completas de Da. Concepción Arenal*. Estúdios Penitenciarios. Madrid: Libreria de Victoriano Suarez, 1805.

BARROS, Flávio Augusto Monteiro de. *Direito penal*. Parte geral. São Paulo: Saraiva, 2001.

BATISTA, Nilo. *Introdução crítica do direito penal brasileiro*. Rio de Janeiro: Revan, 1999.

BIANCHINI, Alice. *Pressupostos materiais mínimos de tutela penal*. São Paulo: Ed. RT, 2002.

BITTENCOURT, César Roberto. *Código Penal comentado*. São Paulo: Saraiva, 2002.

_____. *Erro de tipo e erro de proibição*. São Paulo: Saraiva, 2000.

BRUNO, Aníbal. *Direito penal*. 2. ed. Rio de Janeiro: Forense, 1959.

CAPEZ, Fernando. *Direito penal*. 7. ed. São Paulo: Saraiva, 2004.

CARRARA, Francesco. *Derecho penal*. México: Harla, 1993.

CARVALHO, Américo Taipa. *Sucessão de leis penais*. Coimbra: Coimbra Editora, 1997.

COSTA JR., Paulo José da. *Comentários ao Código Penal*. 5. ed. São Paulo: Saraiva, 1997.

DELMANTO, Celso et al. *Código Penal comentado*. 5. ed. São Paulo: Renovar, 2000.

FERRAJOLI, Luigi. *Derecho e razón*. 5. ed. Trad. Perfecto Andrés Ibáñes et al. Madrid: Trotta, 2001.

FERRI, Enrico. *Princípios de direito criminal*. Campinas: Bookseller, 1998.

FIGUEIREDO Dias, Jorge de. *Questões fundamentais de direito penal revisitadas*. São Paulo: Ed. RT, 1999.

FOUCAULT, Michel. *Vigiar e punir*. 21. ed. Trad. Raquel Ramalhete. Petrópolis: Vozes, 1999.

FRAGOSO, Heleno Cláudio. *Lições de direito penal*. São Paulo: José Bushatsky, 1976.

FRANCO, Alberto Silva. *Crimes hediondos*. 4. ed. São Paulo: Ed. RT, 2000.

FREUD, Sigmund. *Totem e tabu*. Rio de Janeiro: Imago, 1999.

GALVÃO, Fernando. *Direito penal*. Belo Horizonte: Del Rey, 2007.

GOMES, Luiz Flávio. Assédio sexual. Primeiras notas interpretativas. Disponível em: [www.direitocriminal.com.br].

_____. *Direito penal*. São Paulo: Ed. RT, 2003.

_____. *O princípio da ofensividade no direito penal*. São Paulo: Ed. RT, 2002.

GONZAGA, João Bernardino. *Direito penal indígena*. São Paulo: Max Limonad.

HOBBES, Thomas. *Leviatã*. 4. ed. São Paulo: Nova Cultural, 1988.

HUNGRIA, Nélson. *Comentários ao Código Penal*. 5. ed. Rio de Janeiro: Forense, 1978.

JACOBS, Günther. *Derecho penal*. Parte general. 2. ed. Madrid: Marcial Pons, 1997.

JESCHECK, Hans-Heinrich. *Tratado de derecho penal*. Trad. S. Mir Puig. Barcelona: Bosch, 1981.

JESUS, Damásio Evangelista de. *Direito Penal*. 25. ed. São Paulo: Saraiva, 2002.

LOMBROSO, César. *O homem delinquente*. Porto Alegre: Ricardo Lens, 2001.

LOPES, Maurício Antônio Ribeiro. *Princípio da legalidade penal*. São Paulo: Ed. RT, 1994.

MARQUES, José Frederico. *Elementos de direito processual penal*. Campinas: Bookseller, 1998.

MARQUES, Oswaldo Henrique Duek. *Fundamentos da pena*. São Paulo: Juarez de Oliveira, 2000.

MESTIERI, João. *Teoria elementar do direito criminal*. Rio de Janeiro: Edição do Autor, 1990.

MIRABETE, Júlio Fabbrini. *Código Penal interpretado*. 8. ed. São Paulo: Atlas, 2000.

_____. *Execução Penal*. 5. ed. São Paulo: Atlas, 1994.

_____. *Manual de Direito Penal*. 18. ed. São Paulo: Atlas, 2002.

MOSSIN, Heráclito Antônio. *Assédio sexual e crimes contra os costumes*. São Paulo: LTr, 2002.

MUÑOZ Conde, Francisco. *Teoria general del delito*. Santa Fé de Bogotá: Temis, 1999.

NAHUM, Marco Antônio Rodrigues. *Exigibilidade de conduta diversa*. São Paulo: Ed. RT, 2001.

NORONHA, Edgard Magalhães. *Direito Penal*. Parte Geral. 24. ed. São Paulo: Saraiva, 1986.

PIERANGELI, José Henrique. *Manual de direito penal brasileiro*. Parte Especial. São Paulo: Ed. RT, 2005.

PRADO, Luiz Régis. *Curso de direito penal brasileiro*. 3. ed. São Paulo: Ed. RT, 2002.

QUEIRÓZ, Paulo de Souza. *Direito penal*. Introdução crítica. São Paulo: Saraiva, 2001.

REALE JR., Miguel. *Instituições de direito penal*. Rio de Janeiro: Forense, 2002.

ROCCO, Arturo. *Opere Giuridiche*. Roma: Società Editrice Del foro italiano, 1933.

ROXIN, Claus. *Derecho penal*. Parte general. Trad. Diego Manuel Luzón Peña et al. Madrid: Civitas, 1999.

_____. *Política criminal e sistema jurídico-penal*. Trad. Luís Greco. Rio de Janeiro: Renovar, 2000.

SALLES JR., Romeu de Almeida. *Curso completo de direito penal*. São Paulo: Saraiva, 2000.

SANTOS, Juarez Cirino dos. *A moderna teoria do fato punível*. Rio de Janeiro: Freitas Bastos, 2000.

SILVEIRA, Euclides Custódio da. *Crimes contra a pessoa*. São Paulo: Ed. RT, 1973.

SILVA SANCHES, Jesus Maria. *Aproximación al derecho penal contemporáneo*. Barcelona: Bosch, 1992.

_____. *Derecho penal y persona*. Buenos Aires: Ad Hoc, 2000.

TOLEDO, Francisco de Assis. *Princípios básicos de direito penal*. 5. ed. São Paulo: Saraiva, 2001.

TORNAGHI, Hélio. *Curso de processo penal*. 9. ed. São Paulo: Saraiva, 1995.

TOURINHO FILHO, Fernando. *Manual de processo penal*. 3. ed. São Paulo: Saraiva, 2001.

ZAFFARONI, Eugênio Raul. *Manual de direito penal brasileiro*. 4. ed. São Paulo: Ed. RT, 2002.

Diagramação eletrônica:
Editora Revista dos Tribunais Ltda., CNPJ 60.501.293/0001-12.
Impressão e encadernação:
Edelbra Indústria Gráfica e Editora Ltda., CNPJ 87.639.761/0001-76.